船舶焊接与实训指导

编著　陈倩清　唐永刚
参编　陈　斌　黄凤虎
主审　赵汉星

哈尔滨工程大学出版社

内容简介

本书以培养学生正确地掌握船舶焊接基本知识和操作技能为目标,为今后从事船舶建造、焊接操作、焊接检验等工作任务打下基础。全书内容包括焊接基础知识、焊条电弧焊、二氧化碳气体保护焊、埋弧自动焊、氩弧焊、气焊与气割、金属材料的焊接、焊接质量控制与保证、焊接应力与变形、船体结构焊接工艺共10个学习情境及30个项目,52个任务。

本书可作为高等职业学院、中等职业技术学校、技校的教材,也可作为船舶与海洋工程及钢结构企业职工培训教材。

图书在版编目(CIP)数据

船舶焊接与实训指导/陈倩清,唐永刚编著. —哈尔滨:
哈尔滨工程大学出版社,2011.12(2024.7 重印)
ISBN 978 – 7 – 5661 – 0303 – 1

Ⅰ.①船…　Ⅱ.①陈…　②唐…　Ⅲ.①造船 – 焊接工艺 – 技术培训 – 教材　Ⅳ.①U671.83

中国版本图书馆 CIP 数据核字(2012)第 003127 号

出版发行	哈尔滨工程大学出版社
社　　址	哈尔滨市南岗区南通大街 145 号
邮政编码	150001
发行电话	0451 – 82519328
传　　真	0451 – 82519699
经　　销	新华书店
印　　刷	哈尔滨午阳印刷有限公司
开　　本	787mm × 1 092mm　1/16
印　　张	16.75
字　　数	402 千字
版　　次	2012 年 5 月第 1 版
印　　次	2024 年 7 月第 2 次印刷
定　　价	35.50 元

http://press. hrbeu. edu. cn
E-mail:heupress@ hrbeu. edu. cn

前　　言

本书于 2010 年被浙江省教育厅立项为浙江省高校重点建设教材。该书根据高等职业技术教育船舶焊接课程对焊接技能的要求及国家有关的《工人技术等级标准》和《职业技能鉴定规范》、人力资源和社会保障部最新规定的《国家职业标准——焊工》要求，并结合多年来我们对该课程的教学实践，在完成了"基于工作过程船舶焊接课程的重构"的基础上结合教学经验编写而成。

编著者在本书策划和编写过程中，进行了深入的调研，听取了船舶行业与企业专家的意见，收集了大量的资料和案例，将企业工作任务和学校中的学习任务进行集成，从而构成了本书的 10 个学习情境，30 个项目，52 个任务。

本书具有如下特色与创新：

1. 本书编写符合船舶工程技术专业人才培养目标和培养规格，充分满足国家职业技能鉴定规范的要求，融入船舶焊接新技术、新工艺、新设备、新材料、新产品，遵循学生能力本位的原则，力求突出"理论够用、重在实操"和"简单明了、方便实用"的特色，强调适用性、针对性和先进性。

2. 基于船舶建造焊接工艺的实际工艺流程，以项目化教学来组织课程内容，以各种船舶焊接过程中的典型工作任务为载体，将课程内容设计为互相联系的学习项目，突出教、学、做一体，充分体现项目教学、任务驱动、工学结合的教学改革特点。

3. 根据船舶装配 - 焊接的实际工作过程和典型工作任务来设计学习项目，体现项目导向、任务驱动的教学改革理念。

4. 本书注重校企合作、工学结合。通过校企合作、校校合作的形式，聘请企业、院校和中国船级社的专家共同联合编写。在教学内容上，注重理论实践一体，注重实践能力培养，将职业素质培养融入到课程内容之中。

本书由浙江国际海运职业技术学院陈倩清副教授、江苏省无锡交通高等职业技术学校唐永刚副教授编著，浙江海运集团舟山五洲船舶修造有限公司赵汉星高级工程师主审。其中学习情境一、三、七、八、十由陈倩清副教授执笔，学习情境二、四、六由唐永刚副教授执笔，学习情境九由扬帆集团东海岸船业有限公司陈斌工程师执笔，学习情境五由江苏省无锡交通高等职业技术学校黄凤虎讲师执笔，全书由陈倩清副教授负责策划、设计与统稿。本书在编写过程中得到浙江海运集团舟山五洲船舶修造有限公司刘孝军工程师的大力支持和帮助，同时参考了国内一些专家学者的论著，在此表示衷心的感谢！

本书可作为高等职业学院、中等职业技术学校、技校的教材，也可作为船舶与海洋工程及钢结构企业职工培训教材。

由于编者学识水平有限，书中难免存在不当之处，恳请读者批评指正。

编著者

2011 年 8 月

目　　录

学习情境一　焊接基础知识

● 情境描述

电弧是所有电弧焊方法的能源,能有效而简便地把弧焊电源的电能转换成焊接过程所需要的热能和机械能,其实质是一种气体放电现象。

焊接是一个不均匀加热和冷却的过程,它势必会引起焊接接头的组织与性能的变化。焊接区内充满大量有害气体,包括氮气、氢气和氧气。这些气体不断地与熔化金属发生冶金反应,势必对焊接接头的成分和性能造成影响。焊接过程中,必须采取相应的控制措施和对策,才能保证焊接质量。

焊接熔池的凝固过程对焊缝金属的组织和性能具有重大的影响,焊接过程中的许多缺陷都是在这个过程中产生的;焊接冶金反应后,引起焊后残留在焊缝金属中的非金属夹杂对钢的性能有较大影响,需采取措施加以防止或消除。

高温的焊缝金属冷却到室温时,要经过一系列的相变过程,其转变后获得的组织与焊缝的化学成分和冷却条件有关。

焊接过程中,焊缝两侧虽未熔化但因受热影响而发生金相组织和机械性能变化的区域叫做热影响区或近缝区,研究热影响区在焊接过程中组织和性能的变化有着重要的意义。

【一】知识目标

1. 通过对焊接电弧基本理论的学习,理解电弧产生的机理,了解电弧的构造,掌握电弧极性对焊接电弧稳定性的影响及其应用,并逐步掌握电弧焊的实质。

2. 通过学习电弧的静特性,初步了解不同的焊接方法、焊接规范参数的调节范围。

3. 通过对电弧焊熔滴过渡特点的分析,理解并掌握实现熔滴过渡的条件及其应用。

4. 通过课程的学习,了解焊接区内的气体及其来源,理解气体对焊接接头的影响和作用,掌握控制这些有害气体入侵电弧区域的措施和对策。

5. 通过基础知识的学习,掌握焊缝熔池金属的结晶规律,理解焊接金属二次结晶过程及组织转变规律,深刻理解并掌握焊缝金属组织的调整及改善措施,了解焊接热循环规律。

6. 理解热影响区、易淬火钢和不易淬火钢的概念。

7. 深刻理解热影响区的区域划分、组织和性能特点。

【二】能力目标

1. 能够根据不同的焊接方法选择电源极性,决定焊接规范参数的选择范围。

2. 能够根据电弧区域各类气体对焊接接头的影响,采取相应的控制措施和对策。

3. 能够根据焊缝金属结晶规律,采取调整及改善焊缝金属组织的措施及对策。

4. 能够根据不易淬火钢与易淬火钢的热影响区组织和性能变化的规律,调整其焊接工艺参数。

【三】任务链接

1. 认知焊接电弧。
2. 焊接化学冶金过程。
3. 焊缝结晶过程。
4. 焊接接头的组织和性能。

项目一　概　述

一、焊接特征

随着相关学科技术的发展和进步,不断有新的知识融合在焊接技术之中。剖析现代的焊接,我们不难发现其愈发显现出以下几大特征:

1. 焊接已成为最广泛的连接技术

在当今工业社会,没有哪一种连接技术像焊接那样被如此广泛、如此普遍地应用在各个领域。而其中最主要的原因就是其极具竞争力的性价比。

2. 焊接显现了极高的技术含量和附加值

在人类社会步入 21 世纪的今天,焊接已经进入了一个崭新的发展阶段。当今世界的许多最新科技成果、前沿技术和高新技术,诸如计算机、微电子、数字控制、信息处理、工业机器人、激光技术等,已经被广泛地应用于焊接领域,这使得焊接的技术含量得到了空前的提高,并在制造过程中创造了极高的附加值。

3. 焊接已成为关键的制造技术

焊接作为组装工艺之一,通常被安排在制造流程的后期或最终阶段,因而对产品质量具有决定性作用。正因为如此,在许多行业中,焊接被视为一种关键的制造技术。

4. 焊接已成为现代工业不可分离的组成部分

在人类发展史上留下辉煌篇章的三峡水利工程、西气东输工程以及"神舟"载人飞船,哪个没有采用焊接结构!以西气东输工程项目为例,全长约 4 300 km 的输气管道,焊接接头的数量为 35 万个以上,整个管道上焊缝的长度至少为 15 000 km。

二、焊接方法分类、特点与应用

焊接是通过加热或加压,或者两者并用,并且用或不用填充材料,借助于金属原子的扩散和结合,使分离的材料牢固地连接在一起的加工方法。

焊接的方法种类很多,按焊接过程特点可分为熔焊、压焊、钎焊三大类。

熔焊方法的共同特点是把焊接局部连接处加热至熔化状态形成熔池,待其冷却结晶后形成焊缝,将两部分材料焊接成一个整体。因两部分材料均被熔化,故称熔焊。熔焊是金属焊接中最主要的一种方法。

在焊接过程中需要对焊件施加压力(加热或不加热)的一类焊接方法,叫做压焊。

利用熔点比母材低的填充金属(称为钎料)熔化后,填入接头间隙并与固态的母材通过扩散实现连接的一类焊接方法,叫做钎焊。

目前常用的焊接方法、特点及应用如表 1 – 1 – 1 所示。

表 1 - 1 - 1 常用焊接方法、特点及应用一览表

类别	焊接方法			特点	应用	
熔焊	电弧焊	焊条电弧焊		具有灵活、机动,适用性广泛,可进行全位置焊接;所用设备简单、耐用性好、维护费用低等优点。但劳动强度大,质量不够稳定,决定于操作者水平	在单件、小批、零星、修配中广泛应用,适于焊接 3 mm 以上的碳钢、低合金钢、不锈钢和铜、铝等非铁合金	
		埋弧焊		生产率高,比手工电弧焊提高 5～10 倍,焊接质量高且稳定,节省金属材料,改善劳动条件	在大量生产中适用于长直、环形或垂直位置的横焊缝,能焊接碳钢、合金钢以及某些铜合金等中、厚壁结构	
		气体保护焊	惰性气体	非熔化极(钨极氩弧焊)	气体保护充分、热量集中,熔池较小,焊接速度快,热影响区较窄,焊接变形小,电弧稳定,飞溅小,焊缝致密,表面无熔渣,成形美观,明弧便于操作,易实现自动化,限于室内焊接	最适用于焊接易氧化的铜、铝、钛及其合金,锆、钽、钼等稀有金属,以及不锈钢,耐热钢等	对大于 50 mm 厚板不适用
				熔化极(金属极氩弧焊)			对小于 3 mm 薄板不适用
			二氧化碳气体保护焊		成本低,为埋弧和手工弧焊的 40% 左右,质量较好,生产率高,操作性能好,大电流时飞溅较大,成形不够美观,设备较复杂	广泛应用于造船、机动车辆,起重机、农业机械中的低碳钢和低合金钢结构	
			窄间隙气保护电弧焊		高效率的熔化极电弧焊,节省金属,限于垂直位置焊缝	应用于碳钢、低合金钢、不锈钢、耐热钢、低温钢等厚壁结构	
	电渣焊			生产率高,任何厚度不开坡口一次焊成、焊缝金属比较纯净,热影响区比其他焊法都宽,晶粒粗大,易产生过热组织,焊后须进行正火处理以改善其性能	应用于碳钢、合金钢,大型和重型结构,如水轮机、水压机、轧钢机等全焊或组合结构的制造,常用于 35～400 mm 壁厚结构	
	气焊			火焰温度和性质可以调节,与电弧焊热源比热影响区宽,热量不如电弧焊集中,生产率比较低	应用于薄壁结构和小件的焊接和切割,可焊钢、铸铁、铝、铜及其合金、硬质合金等	

表 1 – 1 – 1（续 1）

类别	焊接方法			特点	应用
熔焊	等离子弧焊			除具有氩弧焊特点外,等离子弧能量密度大,弧柱温度高,穿透能力强,能一次焊透双面成形;电流小到 0.1 A 时,电弧仍能稳定燃烧,并保持良好的挺度和方向性	广泛应用于铜合金、合金钢、钨、钼、钴、钛等金属,如钛合金的导弹壳体、波纹管及膜盒,微型电容器、电容器的外壳封接以及飞机和航天装置上的一些薄壁容器的焊接
	电子束焊接			在真空中焊接,无金属电极沾污,保证焊缝金属的高纯度,表面平滑无缺陷;热源能量密度大、熔深大、焊速快、焊缝深窄能单道焊厚件,热影响区小,不产生变形,可防止难熔金属焊接时产生裂纹和泄漏。焊接时一般不填加金属,参数可在较宽范围内调节,控制灵活	用于焊接从微型电子线路组件、真空膜盒、钼箔蜂窝结构、原子能燃料元件到大型的导弹外壳,以及异种金属,复合结构件的焊接等,由于设备复杂,造价高,使用维护技术要求高,焊件尺寸受限制等,其应用范围受一定限制
	激光(束)焊接			辐射能量放出迅速,生产率高,可在大气中焊接,不需真空环境和保护气体;能量密度很高,热量集中、时间短、热影响区小;焊接电极不需与工件接触;焊接异种材料比较容易,但设备有效系数低、功率较小,焊接厚度受限	特别适用于焊接微型精密、排列非常密集,对受热敏感的焊接件,除焊接一段薄壁搭接外,还可焊接细的金属线材以及导线和金属薄板的搭接,如集成电路内外引线、仪表游丝等的焊接
压焊	电阻焊	点焊		低电压大电流,生产率高,变形小,限于搭接。不需添加焊接材料,易于实现自动化,设备较一般熔化焊复杂,耗电量大,缝焊过程中分流现象较严重	点焊主要适用于焊接各种薄板冲压结构及钢筋,目前广泛用于汽车制造、飞机、车厢等轻型结构,利用悬挂式点焊枪可进行全位焊接。缝焊主要用于制造油箱等要求密封的薄壁结构
		缝焊			
		接触对焊		接触(电阻)对焊,焊前对被焊工件表面清理工作要求较高,一般仅用于断面简单直径小于 20 mm 和强度要求不高的工件,而闪光焊工件表面焊前无须加工,但金属损耗多	闪光对焊用于重要工件的焊接,可焊异种金属(铝 – 钢、铝 – 铜等),从直径 0.01 mm 金属丝到约 20 000 mm 的金属棒,如刀具、钢筋、钢轨等
		闪光对焊			

表 1 – 1 – 1(续 2)

类别	焊接方法	特点	应用
压焊	摩擦焊	接头组织致密,表面不易氧化,质量好且稳定,可焊金属范围较广,可焊异种金属,焊接操作简单、不需添加焊接材料,易实现自动控制,生产率高,设备简单,电能消耗少	广泛用于圆形工件及管子的对接,如大直径铜铝导线的连接,管 – 板的连接
	气压焊	利用火焰将金属加热到熔化状态后加外力使其连接在一起	用于连接圆形、长方形截面的杆件与管子
	扩散焊	焊件紧密贴合,在真空或保护气氛中,在一定温度和压力下保持一段时间,使接触面之间的原子相互扩散完成焊接的一种压焊方法	接头力学性能高;可焊接性能差别大的异种金属,可用来制造双层和多层复合材料;可焊形状复杂的互相接触的面与面,代替整锻;焊接变形小
	高频焊	热能高度集中,生产率高,成本低;焊缝质量稳定,焊件变形小;适于连续性高速生产	适于生产有缝金属管;可焊低碳钢、工具钢、铜、铝、钛、镍、异种金属等
	爆炸焊	爆炸焊接好的双金属或多种金属材料,结合强度高,工艺性好,焊后可经冷热加工。操作简单,成本低	适于各种可塑性金属的焊接
钎焊	软钎焊	焊件加热温度低,组织和机械性能变化很小,变形也小,接头平整光滑,工件尺寸精确。软钎焊接头强度较低,硬钎焊接头强度较高。焊前工件需清洗,装配要求较严	广泛应用于机械、仪表、航空、空间技术装配中,如电真空器件、导线、蜂窝和夹层结构、硬质合金

项目二　焊接基础知识

任务一　认知焊接电弧

　　电弧是所有电弧焊方法的能源,能简便而有效地把弧焊电源的电能转换成焊接过程所需要的热能和机械能。电弧实质是一种气体放电现象,电弧分阴极区、阳极区和弧柱区三个区域。不同的焊接方法,它们的电弧静特性曲线是不同的。熔滴过渡时在熔滴上作用着多种力,每种力对熔滴过渡有着不同的影响,并且直接影响到熔滴的大小和过渡的形式。

一、焊接电弧

1. 焊接电弧的产生

电弧实质上是在一定条件下,电荷通过两电极之间的气体空间的一种导电现象,或者说是一种气体放电现象(即电流通过气体的导电现象)。焊接电弧是由焊接电源提供的,具有一定电压的两电极间或电极与焊件间,气体介质产生强烈而持久的放电现象,其原理见图 1-2-1。

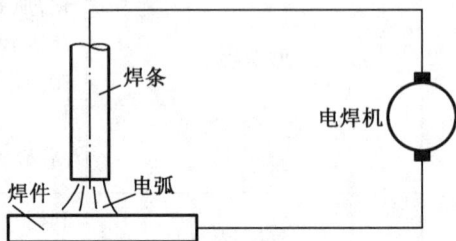

图 1-2-1 焊接回路示意图

2. 焊接电弧的构造

电弧的三个区:阴极区、阳极区和弧柱区(如图 1-2-2 所示)。

焊接电弧的温度和热量分布规律见表 1-2-1。

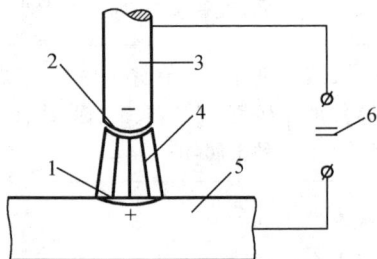

图 1-2-2 焊接电弧构造图
1—阳极区;2—阴极区;3—焊条;
4—电弧柱;5—焊件;6—焊接电源

表 1-2-1 焊接电弧温度与热量分布表

电弧区域	温度/℃	热量分布/%
阳极区	2 600	43
弧柱区	6 000~8 000	21
阴极区	2 400	36

3. 焊接时的极性

采用直流电源焊接时,直流电焊机的正、负极与焊条、工件有两种不同接法,即直流电弧的极性。

(1)正接法 如图 1-2-3(a)所示,焊件接电焊机的正极(阳极),焊条接负极(阴极)。因此,焊件温度较高,能获得较大熔深,适用于焊接厚板。

(2)反接法 如图 1-2-3(b)所示,焊件接负极,焊条接正极,适合于焊接薄板,以防烧穿。

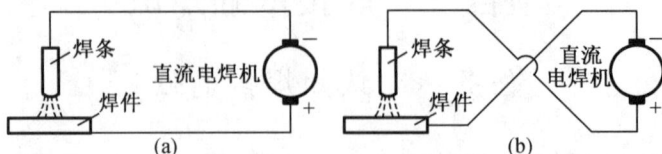

图 1-2-3 直流电焊机的不同接法示意图
(a)正接法;(b)反接法

采用交流电焊机焊接时,因电源极性不断地交替变化,两极区的温度趋于一致。

4.焊接电弧的静特性

在电极材料、气体介质和电弧长度一定时,电弧两端的电压与焊接电流之间的关系称为电弧静特性,或称伏安特性。电弧静特性曲线呈 U 形,如图 1 - 2 - 4 曲线 2 所示。电弧两端的电压降与通过电弧的电流不成正比,且随着电流值的不同而变化,即焊接电弧是非线性负载。

对于各种不同的焊接方法,它们的电弧静特性曲线是不同的,而且在其正常的使用范围内,并不包括电弧静特性曲线的所有部分。焊条电弧焊时,其静特性曲线通常在水平段;细丝熔化极气体保护焊(如 CO_2 焊)时,其静特性曲线为上升段;而埋弧自动焊在正常电流密度下焊接时,其静特性曲线也在水平段。

在一般情况下,电弧电压 U_h 与弧长 l 成正比变化,如图 1 - 2 - 5 所示,即电弧越长电压越高。

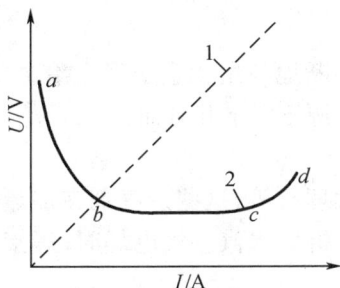

图 1 - 2 - 4　普通电阻静特性与
电弧静特性曲线图
1—普通电阻静特性;2—电弧静特性

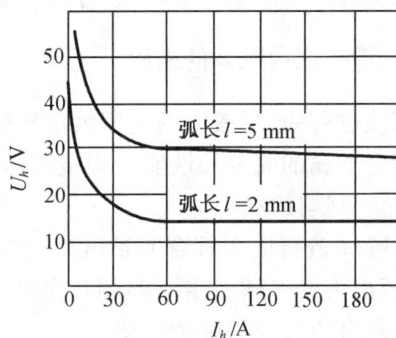

图 1 - 2 - 5　不同电弧长度的
电弧静特性曲线图

二、电弧焊的熔滴过渡

电弧焊时,焊条(或焊丝)末端在电弧高温作用下加热熔化形成的向熔池过渡的液态金属滴叫做熔滴。熔滴通过电弧空间向熔池转移的过程叫做熔滴过渡。

熔滴过渡时在熔滴上作用着多种力,每种力对熔滴过渡有着不同的影响,并且直接影响到熔滴的大小和过渡的形式。熔滴上的作用力有重力、表面张力、电磁压缩力、斑点压力、等离子流力、电弧气体的吹力等。

金属熔滴向熔池过渡的形式一般有三种,即颗粒过渡、喷射过渡和短路过渡,如图 1 - 2 - 6 所示。熔滴过渡对焊接稳定性、焊缝成形、飞溅及焊接接头质量产生直接的影响。

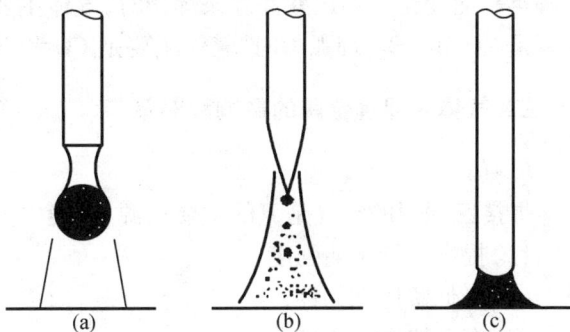

图 1 - 2 - 6　熔滴过渡的主要形式示意图
(a)颗粒过渡;(b)喷射过渡;(c)短路过渡

（1）颗粒过渡特点　焊接电流较小而电弧电压较高时形成；因焊缝成形不好，通常不宜采用。

（2）喷射过渡特点　在氩或富氩保护气体中，当电流增大到某临界值时，熔滴呈细小颗粒，并以喷射状态快速通过电弧空间向熔池过渡；喷射过渡时其飞溅小，过程稳定，熔深大，焊缝成形美观。

（3）短路过渡特点　小电流焊接而低电弧电压时（即短弧焊时）形成，短路过渡时电弧稳定，飞溅小，焊缝成形良好。广泛用于薄板焊接和全位置焊接。

任务二　焊接化学冶金过程

焊接过程中，焊接区内充满大量气体，这些气体不断地与熔化金属发生冶金反应，势必对焊接接头的成分和性能造成影响，这些有害气体包括氮气、氢气和氧气。焊接过程中，必须采取相应的控制措施和对策，才能保证焊接质量。

一、焊接区内气体的来源

焊接过程中，焊接区内充满大量气体，这些气体不断地与熔化金属发生冶金反应，从而影响焊缝金属的成分和性能。焊接区内的气体主要来源于以下几方面：

1. 来自焊接材料

一般焊条药皮中都含有造气剂，如淀粉、木粉、大理石等，这些造气剂在加热时分解或燃烧，析出大量气体。用潮湿的焊条或焊剂焊接时将析出水汽。气电焊时，焊接区内的气体主要来自所采用的保护气体。

2. 来自空气

焊接过程中，虽然对焊接区域采取了各种保护措施，但并不能完全排除周围空气的侵入。例如风大时未加挡风板；焊条电弧焊时出现严重的偏吹现象；气体保护焊时，气体流量过大或过小等。

3. 来自焊丝和母材表面上的杂质

如油污、铁锈、油漆和吸附的水分等，这些物质受热后将析出气体进入电弧空间。

4. 来自高温蒸发产生的气体

如金属和熔渣的蒸气。焊接时，气体的成分、数量随焊接方法、工艺参数、药皮或焊剂的种类等而变化。如用酸性焊条焊接时，气体主要是 CO，H_2，H_2O；用碱性焊条焊接时，气体主要是 CO 和 CO_2；埋弧焊时，气体主要是 CO 和 H_2。

二、气体对焊缝金属的影响和对策

1. 氮

焊接区周围的空气是氮的主要来源，焊缝中氮是有害的元素，其危害如下：

（1）提高焊缝金属强度；

（2）降低塑性和韧性；

（3）在焊缝中产生气孔。

控制焊缝含氮量的主要措施是加强对电弧区域的保护，隔离空气与液态金属发生接触。

2. 氢

氢主要来源于焊条药皮、焊剂中的水分、药皮中的有机物、焊件和焊丝表面上的污物（铁锈、油污）、空气中的水分等。不同焊接方法焊缝中的含氢量各不相同,见表 1-2-2。

表 1-2-2　焊接碳钢时焊缝中的含氢量

焊接方法	焊条电弧焊					埋弧自动焊	CO₂ 气体保护焊
	纤维素型	钛型	钛铁矿型	氧化铁型	低氢钠型		
含氢量/（cm³/100 g）	42.1	46.1	36.8	38.8	6.8	5.9	1.54

低碳钢板和焊丝中的原始含氢量都很低,一般为 0.2~0.5 cm³/100 g。从表 1-2-2 中可以看到,各种焊接方法均使焊缝增氢,只是增氢的程度不同。手弧焊时用纤维素焊条焊得的焊缝,含氢量高达 42.1 cm³/100 g,是母材的 70 倍;只有用低氢型焊条时,焊缝含氢量才比较低;而 CO₂ 气体保护焊时,含氢量最低。

氢是焊缝中十分有害的元素,它的危害性主要有如下几点:

（1）氢脆性　氢引起钢的塑性严重下降的现象称为氢脆性,见图 1-2-7。

（2）冷裂纹　氢是在焊接接头中产生冷裂纹的主要因素之一。

（3）气孔　熔池中的氢气如果在熔池凝固前来不及逸出就会关闭在焊缝中形成气孔。

（4）白点　碳钢或低合金钢焊缝如含氢量较多,常常在焊缝金属的拉断面上出现的鱼目状的一种白色圆形斑点,称为白点。白点的直径一般为 0.5~3 mm,白点的出现使焊缝金属的塑性大大降低。

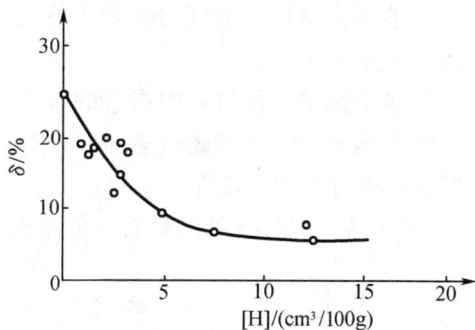

图 1-2-7　含氢量对低碳钢塑性的
影响示意图

为了减少氢的有害作用,焊接时应严格控制焊缝中的含氢量,常用的措施具体如下:

（1）烘干焊条和焊剂　焊条、焊剂中的水分是氢的主要来源之一,所以在焊材库内应放置去湿机,将周围环境的相对湿度控制在 60% 以下,并且焊条在使用前应按规定进行烘干。例如,碱性焊条应在 350~400 ℃烘干 1~2 h,烘干的焊条应放在 100~150 ℃保温箱（筒）内,随用随取;酸性焊条在 75~150 ℃烘干 1~2 h;焊剂应在 250 ℃烘干 1~2 h。过高的烘干温度虽然可以大大降低含氢量,但将使焊条药皮中的铁合金过早地被烧损,造气剂过早地分解,丧失保护功能。

（2）清除焊件和焊丝表面上的杂质　焊件坡口和焊丝表面上的铁锈、油污,吸附的水分以及其他含氢物质,是增加焊缝含氢量的主要原因之一,因此在焊前应对焊件进行仔细清理。

（3）冶金处理　在焊条药皮和焊剂中加入适量的 CaF₂（萤石）、SiO₂（石英砂）,这些物质具有较强的去氢作用,效果显著。适当增加焊接材料的氧化性（CO₂）,也有较好的去氢作用。所以,碱性焊条的药皮中都要加入一定的 CaF₂,而 CO₂ 气体保护焊就具有较高的抗氢气孔能力。

（4）焊后脱氢处理（后热）　焊后立即对焊件的全部（或局部）进行加热或保温，使其缓冷的工艺措施称为后热。后热可以促使氢扩散外逸，从而减少接头中的含氢量。经验指出，将焊件加热到 $300 \sim 400\ ℃$，保温 $1 \sim 2\ h$ 的后热处理叫做脱氢处理，脱氢处理几乎可将扩散氢全部去除。生产中，对于容易产生延迟裂纹的焊件，常常要求进行脱氢处理（后热）。

综上所述，限制氢含量应以防为主。首先，应限制氢及水分的来源；其次，应尽量防止氢溶入金属；最后，氢一旦进入焊缝可进行脱氢处理。

3. 氧

焊接时，氧主要来自电弧中的氧化性气体（O_2，CO_2，H_2O 等）、药皮中的氧化物以及焊接材料表面的氧化物。通常氧是以原子氧和氧化亚铁（FeO）两种形式溶解在液态铁中。

氧在焊缝中是属于有害元素，其危害性如下：

（1）随着焊缝含氧量的增加，其强度、硬度和塑性明显下降；

（2）氧还会引起金属的热脆、冷脆和时效硬化；

（3）氧对焊缝金属的物理和化学性能也有影响，如降低焊缝的导电性、导磁性和抗腐蚀性等；

（4）溶解在熔池中的氧与碳发生作用，生成不溶于金属的 CO，在熔池结晶时来不及逸出，就会形成气孔；

（5）氧会烧损焊接材料中有益的合金元素，使焊缝性能变坏；

（6）在熔滴中含氧和碳过多时，它们互相作用生成的 CO 受热膨胀，使熔滴爆炸，造成飞溅，影响焊接过程的稳定性。

生产中减少焊缝含氧量最有效的措施是进行脱氧。

任务三　焊缝结晶过程

焊接熔池的凝固过程对焊缝金属的组织和性能具有重大的影响，焊接过程中的许多缺陷都是在这个过程中产生的；焊接冶金反应后，焊后残留在焊缝金属中的非金属夹杂对钢的性能有较大影响，需采取措施加以防止或消除。

高温的焊缝金属冷却到室温时，要经过一系列的相变过程，即焊缝金属会发生组织转变，这种相变叫做二次结晶，其转变后获得的组织与焊缝的化学成分和冷却条件有关。因此，必须在焊缝金属二次结晶过程中，通过细化晶粒、改善固态组织、锤击焊道表面、跟踪回火等措施对焊缝金属组织进行调整及改善。

焊接是一个不均匀加热和冷却的过程，它势必会引起焊接接头的组织与性能的变化。因此，必须对焊接时加热和冷却的特点以及影响加热和冷却的因素有所了解。

一、焊缝熔池金属的结晶

热源离开后，焊接熔池的金属开始了由液态转变为固态的凝固（结晶）过程，叫做焊接熔池的一次结晶。焊接熔池的凝固过程对焊缝金属的组织和性能具有重大的影响，焊接过程中的许多缺陷（如气孔、裂纹、夹杂和偏析等）大都是在这个过程中产生的。因此，讨论和研究熔池金属的凝固过程在生产上具有重要的意义。

1. 焊接熔池凝固结晶的特点

（1）熔池的体积小，冷却速度快。

（2）熔池中的液态金属处于过热状态。

（3）熔池在运动状态下结晶。

2. 焊缝中的偏析

在熔池的凝固结晶过程中，由于冷却速度快，已凝固的焊缝金属中的化学成分来不及扩散，因此，合金元素的分布是不均匀的，这种现象称为偏析。

根据焊接过程的特点，焊缝中的偏析有三种，即显微偏析、区域偏析、层状偏析。

3. 焊缝中夹杂物的种类及其危害性

由于焊接冶金反应，引起焊后残留在焊缝金属中的非金属夹杂物（如氧化物、硫化物等），称为夹杂物。焊接过程中，在焊缝内部形成的夹杂物有以下几种：

（1）氧化物　焊接钢铁材料时，氧化物夹杂的主要成分是 SiO_2，其次是 MnO，TiO_2 和 Al_2O_3 等，一般都以硅酸盐的形式存在。这些夹杂物的危害性较大，是在焊缝中引起热裂纹的原因之一。

（2）硫化物　硫化物主要来源于焊条药皮或焊剂，经冶金反应而进入熔池，也可能是母材或焊丝中的含硫量偏高而形成的。

钢中的硫化物夹杂主要是 MnS 和 FeS。以 FeS 形式存在的夹杂物，对钢的性能影响最大，它是促使形成热裂纹的主要因素之一。

4. 防止焊缝中产生夹杂物的措施

对于极细小的夹杂，如果分布很细、很均匀，对塑性和韧性没有显著的影响，则不必采取措施加以防止。对于粗大的夹杂物，由于对焊接性能影响较大，一般需采取措施加以防止或消除。

防止焊缝中产生夹杂物的重要方法有如下几种：

（1）正确选择焊条和焊剂，使之能更好地脱氧、脱硫等；

（2）选用合适的焊接工艺参数，使熔池存在的时间不要太短；

（3）多层焊时，要注意清除前层焊缝的熔渣；

（4）焊接时焊条要作适当的摆动，以利熔渣排出；

（5）操作时要注意保护熔池，防止空气的侵入。

二、焊缝金属的二次结晶

随着凝固结晶的结束，熔池就由液态转变为固体的焊缝。高温的焊缝金属冷却到室温时，要经过一系列的相变过程，即焊缝金属会发生组织转变，这种相变叫做二次结晶，其转变后获得的组织与焊缝的化学成分和冷却条件有关。

以低碳钢为例，凝固结晶刚结束时即形成含碳量小于 0.07% 的 $\delta - Fe$ 组织。当焊缝金属继续冷却到温度低于 1 486 ℃时，开始发生 $\delta - Fe \rightarrow \gamma - Fe$ 的转变，即形成奥氏体组织。当温度达到 Ac_3 时发生 $\gamma - Fe \rightarrow \alpha - Fe$ 的转变，温度再降低，至 723 ℃时，余下的奥氏体转变分解为珠光体，此时钢的组织为铁素体和珠光体。所以低碳钢焊缝在室温下的组织为铁素体加珠光体。在低碳钢的平衡组织中（即非常缓慢地冷却下来所得到的组织），珠光体含量是很少的，但由于焊缝的冷却速度较大，所得珠光体的含量要较平衡组织中的含量多。冷却速度越大，珠光体含量也越多，焊缝的硬度和强度也随之增加，而塑性和韧性随之降低。

冷却速度对低碳钢焊缝的组织和性能的影响，见表 1-2-3 所示。

表 1 - 2 - 3　冷却速度与焊缝金属的组织和性能的关系

冷却速度 /(℃/s)	组织/%		含碳量/%		焊缝金属硬度 (HBS)
	铁素体	珠光体	按总化学成分	在珠光体中	
110	38	62	0.13	0.18	96
60	40	60	0.13	0.22	93
50	49	51	0.14	0.21	91
35	61	39	0.13	0.27	90
10	65	35	0.14	0.33	88
5	79	21	0.13	0.47	83
1	82	18	0.15	0.82	83

三、焊缝金属组织的调整及改善

1. 细化晶粒

通过焊接材料(焊条、焊剂)向熔池中加入某些合金元素如 V,Mo,Ti,Nb,Al,B,N 等,可以细化晶粒,得到细晶组织,从而既可保证强度和塑性,又能提高抗裂性,这种方法称为变质处理。如 E5015 - MoV 焊条,就是在原来 E5015 焊条的基础上,在药皮中再加入少量的钒铁和钼铁,因此焊条具有更高的抗裂性能。

2. 改善固态组织

(1)焊后热处理　低碳钢焊件焊后一般不经热处理。某些合金钢焊件焊后,可以通过热处理来提高焊缝金属的性能,以充分发挥材料的潜力。例如珠光体耐热钢的焊接、厚板结构的电渣焊焊接,焊后都要经过不同的热处理(回火、正火和调质等)。

(2)多层焊接　焊接厚度相同的焊件时,采取多层焊接可以提高焊缝金属的质量,因为后层焊缝对前层焊缝具有热处理的作用,相当于对前层焊缝进行了一次正火处理,因而改善了固态组织。对最后一道焊缝,可在其焊缝上多焊一层退火焊道。

应当指出,多层焊接对于提高手弧焊质量的效果较好。埋弧焊时,由于每层焊道较厚(约 6 ~ 10 mm),次一层的热作用只有 3 ~ 4 mm,所以热处理效果较差;其次,对于淬硬倾向较大钢种的较长焊缝,多层焊接的热处理效果也不大,因为当焊第一层焊道以后、敷焊第二层焊道以前,焊缝或热影响区的基本金属由于淬硬倾向较大,已经有产生裂纹的可能。焊接这种钢时,应该采取其他工艺措施,如焊前预热等。

(3)锤击焊道表面　多层焊时,锤击可使前一层焊道的晶粒不同程度地被破碎,使后一层焊缝晶粒细化,同时逐层锤击可以使焊缝产生塑性变形而降低残余应力。因此,锤击焊道表面可以提高焊缝金属的机械性能,特别是冲击韧性。

(4)跟踪回火　跟踪回火是每焊完一层焊道后,立即用气体火焰加热焊道表面,温度控制在 900 ~ 1 000 ℃ 之间,这样在焊道表层下 3 ~ 10 mm 范围内,在不同程度上起到了回火作用。例如,高压汽轮机汽缸(20CrMnV 铸钢)进行裂纹补焊时,焊前预热 210 ℃,补焊后熔合区的平均冲击韧性为 52 J/cm^2。如果焊前也是预热到 210 ℃,但有跟踪回火,补焊后熔合区的平均冲击韧性可提高到 100 J/cm^2。

四、焊接热循环

焊接是一个不均匀加热和冷却的过程,它势必会引起焊接接头的组织与性能的变化。因此,必须对焊接时加热和冷却的特点以及影响加热和冷却的因素有一个基本的了解。

在焊接过程中热源沿焊件移动时,焊件上某点温度随时间的增长由低而高,达到最高温度后,又由高而低的变化过程称为焊接热循环。它由加热和冷却两部分组成,这两个过程可以用图 1-2-8 表示。从图中可看出热循环所经过的时间 t、最高温度 T_m 以及相变温度 T_A 以上的高温停留时间 t_A 和升温、冷却的速度等。

1. 焊接热循环参数

(1)加热速度。

(2)加热的最高温度。

(3)高温停留时间。

(4)冷却速度。

近缝区各点的热循环曲线如图 1-2-9 所示。

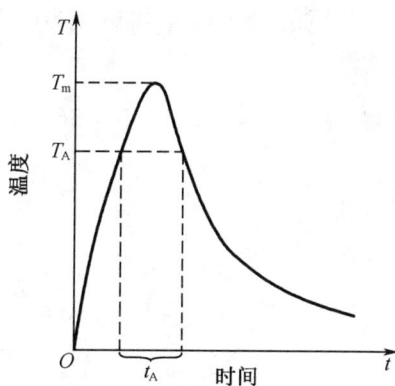

图 1-2-8 焊接热循环曲线图

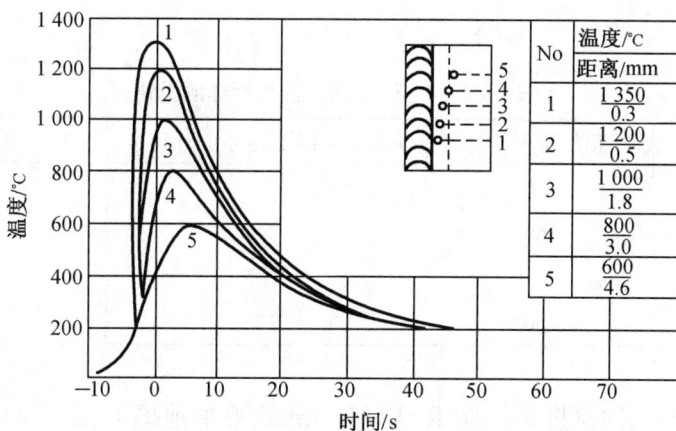

图 1-2-9 近缝区各点的热循环曲线图

显然,焊接热循环是焊接接头经历的特殊热处理过程,也是对焊件上热分布的清晰描述,这对于了解接头组织、应力与变形和提高焊接质量有着十分重要的意义。

2. 影响焊接热循环的因素

(1)焊接工艺参数和线能量 焊接工艺参数是指影响焊接质量的诸物理量,如焊接电流、电弧电压和焊接速度等,对焊接热循环有很大影响。焊接电流和电弧电压的乘积就是电弧的功率,当其他条件不变时,电弧功率越大,加热范围也越大。在同样大小的功率下,焊接速度快时,加热时间短,加热范围窄,冷却得快;焊接速度慢时则相反。

熔焊时,焊接热源输给单位长度焊缝上的能量,称为线能量,用 q 表示,有

$$q = \frac{IU}{v}$$

式中　I——焊接电流，A；

　　　　U——电弧电压，V；

　　　　v——焊接速度，cm/s；

　　　　q——线能量，J/cm。

　　例如某焊件厚度为 14 mm，采用 I 型坡口对接接头，用双面埋弧自动焊焊接。焊接工艺参数：焊丝直径 5 mm，焊接电流 800 A，电弧电压 36 V，焊接速度 500 mm/min。试计算其焊接线能量。

　　解　已知 $I = 800$ A，$U = 36$ V，$v = 500$ mm/min $= 50$ cm/min $= \dfrac{5}{6}$ cm/s，依据线能量公式：

$$q = \frac{IU}{v}$$

得

$$q = \frac{800 \times 36}{\dfrac{5}{6}} = 34\ 560\ （\text{J/cm}）$$

　　答：其焊接线能量为 34 560 J/cm。

　　线能量综合了焊接电流、电弧电压和焊接速度三个工艺参数对热循环的影响。线能量增大时，热影响区宽度增大，加热到高温的区域增宽，在高温的停留时间增加，同时冷却速度减慢，见表 1 - 2 - 4。

表 1 - 2 - 4　预热对焊接热循环的影响

线能量/(J/cm)	预热温度/℃	1 100 ℃以上的停留时间/s	650 ℃的冷却速度/(℃/s)
20 000	27	5	14
20 000	260	5	4.4
38 400	27	16.5	4.4
38 400	260	17	1.4

　　生产中根据不同的材料成分，在保证焊缝成形良好的前提下，适当调节焊接工艺参数，以及合适的线能量焊接，可以保证焊接接头具有良好的性能。例如，焊件装配点固焊时，由于焊缝长度短，截面积小，冷却速度快，较易开裂，特别是对于一些淬硬倾向较大的钢种更加如此，此时可以采用较大的线能量进行焊接以防焊缝开裂。但是对于低温钢、强度等级较高的低合金钢，线能量必须严格控制，因为线能量增大会导致焊接接头塑性和韧性的下降。

　　（2）预热和层间温度　焊接有淬硬倾向的钢材时，往往需要焊接预热。预热的主要目的是为了降低焊接接头的冷却速度，以减少淬硬倾向，防止生成裂纹。预热对冷却速度的影响见表 1 - 2 - 4。从表中可以看出，预热能够降低冷却速度，但基本上又不影响在高温停留的时间，这是十分理想的。所以焊接具有淬硬倾向的钢材，降低冷却速度减小淬硬倾向的主要工艺措施是进行预热，而不是增大线能量。

　　对预热焊接工艺而言，道间温度是指多层多道焊时，后道焊缝焊接时，处在前道焊缝的最低温度。对于要求预热焊接的材料，其多道焊接时，道间温度应等于或略高于预热温度。

控制道间温度的目的和预热相同,也是为了降低冷却速度,同时还可促使扩散氢逸出焊接区,有利于防止产生延迟裂纹。

(3)其他因素的影响　板厚、接头形式和材料的导热性对焊接热循环也有很大影响。板厚增大时,冷却速度增大,高温停留时间减少。角焊缝比对接焊缝的冷却速度大,例如当板厚为 12 mm 时,角焊缝的冷却速度是对接焊缝的 3 ~ 4 倍。

任务四　焊接接头的组织和性能

焊接过程中,焊缝两侧虽未熔化但因受热影响而发生金相组织和机械性能变化的区域叫做热影响区或近缝区。熔焊时,焊接接头由两个相互联系而其组织和性能又有区别的两个部分所组成,即焊缝区和热影响区。焊接时,由于焊接热循环的作用,热影响区金属实际上经受了一次相当于热处理的过程。因此,焊后热影响区的组织和性能都要随之发生相应的变化。由于母材的成分不同,热影响区各点经受的热循环不同,所以焊后热影响区发生的组织和性能变化也不相同。实践证明,焊接接头的质量不仅仅决定于焊缝区,同时还决定于热影响区,有时热影响区存在的问题比焊缝区还要复杂,特别是在合金钢焊接时更是如此。所以,研究热影响区在焊接过程中组织和性能的变化有着重要的意义。

用于焊接的结构钢,从热处理特性来看,可分为两类:一类是淬火倾向很小的钢,如低碳钢及含合金元素很少的普通低合金钢,称为不易淬火钢;另一类是含碳或其他合金元素较多的钢,如中碳钢、低中碳调质高强钢等,称为易淬火钢。由于淬火倾向不同,这两类钢的焊接热影响区的组织和性能也不相同。

一、不易淬火钢的热影响区组织和性能

不易淬火钢,如低碳钢和含合金元素较少的低合金高强度钢(如 16Mn,15MnTi,15MnV),其热影响区可分为过热区、正火区、部分相变区和再结晶区四个区域,见图 1 – 2 – 10。

1. 过热区

焊接热影响区中,具有过热组织或晶粒显著粗大的区域,对低碳钢为 1 100 ~ 1 490 ℃。该区母材中的铁素体和珠光体全部变为奥氏体,所以奥氏体晶粒急剧长大,冷却后使金属的冲击韧性大大降低,一般比基本金属低 25% ~ 30%,是热影响区中的薄弱区域。在焊接刚性较大的结构时,常在过热区产生脆化和裂纹。过热区的大小与焊接方法、焊接线能量及母材的板厚等因素有关。

2. 正火区

过热区以下加热温度在 Ac_3 以上的区域,对低碳钢为 900 ~ 1 100 ℃。该区母材中的铁素体和珠光体全部变为奥氏体,由于温度升得不高,晶粒长大得较慢,空冷后得到均匀而细小的铁素体和珠光体,相当于热处理中的正火组织。正火区由于晶粒细小均匀,

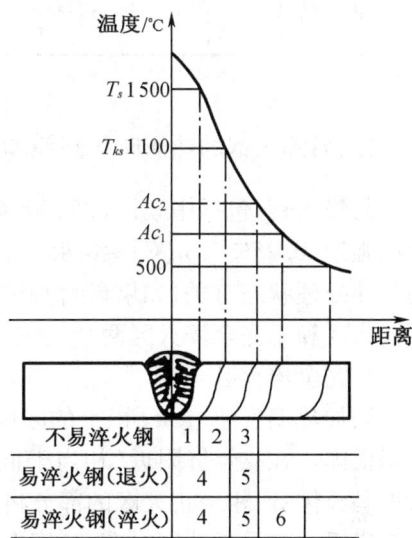

图 1 – 2 – 10　热影响区划分示意图
1—过热区;2—正火区;3—部分相变区;
4—再结晶区;5—部分淬火区;6—回火区

既具有较高的强度,又有较好的塑性和韧性,是热影响区中综合机械性能最好的区域。

3. 部分相变区

加热温度在 $Ac_1 \sim Ac_3$ 之间的区域,对低碳钢为 750 ~ 900 ℃。该区母材中的珠光体和部分铁素体转变为晶粒比较细小的奥氏体,但仍保留部分铁素体。冷却时,奥氏体转变为细小的铁素体和珠光体,而未溶入奥氏体的铁素体不发生转变,晶粒比较粗大,故冷却后的组织晶粒大小极不均匀,所以机械性能也不均匀,强度有所下降。该区又称为不完全重结晶区。

4. 再结晶区

加热温度在 450 ℃ ~ Ac_1 之间的区域,对低碳钢为 450 ~ 750 ℃。对于经过压力加工(即经过塑性变形)的母材,晶粒产生破碎现象,在此温度区域内就发生再结晶。本区域的组织没有变化,仅塑性稍有改善。对于焊前未经塑性变形的母材,则本区不出现。

焊接低碳钢时,热影响区可分为六个区段,即不完全熔化区、过热区、正火区、不完全重结晶区、再结晶区等,各段组织分布特征如表 1 - 2 - 5 所示。

表 1 - 2 - 5　低碳钢热影响区组织及力学性能特点

热影响区	温度/℃	特征
不完全熔化区	~ 1 545	焊缝金属到母材过渡部分区域很小,由固相和液相混合组成,此段易产生熔合线裂纹
过热区	Ac_3 + (200 ~ 400)	晶粒急剧长大,有时脱碳,快冷易产生魏氏组织/冲击值下降,是接头中的最危险区
正火区	Ac_3 + (100 ~ 200)	由于重结晶作用,晶粒细化,力学性能好
不完全重结晶区	$Ac_1 \sim Ac_3$	组织变化不完全,晶粒大小不均,力学性能较差
再结晶区	$Ac_1 \sim 500$	如焊前有塑性变形或有晶格扭曲存在,此段可再结晶,其他无变化

二、易淬火钢的热影响区组织和性能

易淬火钢,包括中碳钢(35,40,45,50 钢)、低碳调质高强钢($\omega(C) \leq 0.25\%$)、中碳调质高强钢($0.25\% < \omega(C) \leq 0.45\%$)、耐热钢和低温钢等,其热影响区的组织分布与母材焊前的热处理状态有关,如果母材焊前是正火或退火状态,则焊后热影响区的组织可分为完全淬火区和不完全淬火区两个区域,如果母材焊前是调质状态,则还要形成一个回火区。

1. 完全淬火区

当加热温度超过 Ac_3 以上的区域,由于钢种的淬硬倾向较大,故焊后冷却时得到淬火组织马氏体。在靠焊缝附近(相当于低碳钢的过热区),由于晶粒发生严重长大现象,故为粗大的马氏体;而相当正火区的部分将得到细小的马氏体,当冷却速度较慢或含碳量较低时,会有索氏体和马氏体同时存在,用大线能量焊接时,还会出现贝氏体,从而形成以马氏体为主的共存混合组织。该区由于存在淬火组织,强度和硬度增高,塑性和韧性下降,并且容易产生冷裂纹。

2. 不完全淬火区

母材被加热到 $Ac_1 \sim Ac_3$ 温度之间的热影响区。由于焊接时的快速加热,母材中的铁素体很少溶解,而球光体、贝氏体和索氏体等转变为奥氏体。在随后的快速冷却过程中,奥氏体转变为马氏体,原铁素体保持不变,仅有不同程度的长大,最后形成马氏体－铁素体的组织,故称为不完全淬火区。该区的组织和性能很不均匀,塑性和韧性下降。

3. 回火区

如果母材焊前是淬火状态,则在温度低于 Ac_1 的区域,还要发生不同程度的回火处理,称为回火区。由于回火区的温度不同,所得组织也不一样,紧靠 Ac_1 温度区,相当于瞬时高温回火,具有回火索氏体组织,温度越低,则淬火金属的回火程度降低,相应获得回火屈氏体、回火马氏体等组织。

任 务 考 核

一、名词解释

焊接 熔焊 压焊 钎焊 电弧 电弧静特性 直流正接法 直流反接法 熔滴过渡 氢脆性 脱氢处理 二次结晶 偏析 焊接热循环 焊接工艺参数 线能量 热影响区

二、简答题

1. 简述焊接方法的分类。
2. 简述焊接主要特点及应用。
3. 熔滴上的作用力有哪些?
4. 简述直流电弧极性选择的意义。
5. 简述熔滴过渡种类及其对焊接接头质量产生的影响。
6. 焊接区内气体的来源有哪些?
7. 简述氮在焊缝中的有害作用及控制措施。
8. 简述氢在焊缝中的有害作用及控制措施。
9. 简述氧在焊缝中的有害作用及控制措施。
10. 防止焊缝中产生夹杂物的措施有哪些?
11. 调整及改善焊缝金属组织的措施有哪些?
12. 简述焊后锤击焊道表面的作用。
13. 焊接热循环参数有哪些?
14. 影响焊接热循环的因素有哪些?
15. 简述不易淬火钢的热影响区组织和性能特点。
16. 简述易淬火钢的热影响区组织和性能特点。

学习情境二　焊条电弧焊

● 情境描述

　　焊条是焊接回路中的一个组成部分。在焊接过程中，它不仅可以传导电流，还作为与焊件产生电弧的一个电极。同时，焊条还起着填充金属的作用。在焊接热源的作用下，焊条受热熔化，以熔滴的形式进入熔池，并与熔化了的母材共同组成焊缝。焊条药皮是进行必要的冶金反应和保护焊接质量所必需的重要材料。因此，焊条不仅影响焊接过程的稳定性、焊接接头的性能及质量，同时也影响着焊接生产率。

　　欲使各种焊接电源保持良好的运行状态，工作状态稳定，使用寿命延长，就必须对焊条电弧焊焊机正常使用和合理的维护及保养，从而保证焊接操作的正常进行。

　　为了保证焊接质量而选定的焊接电流、电弧电压、焊接速度、焊条直径等物理量，称为手弧焊的焊接工艺参数。其中最主要的参数是焊条直径和焊接电流，至于电弧电压和焊接速度在手弧焊中一般不作具体规定，由焊工根据具体情况灵活掌握。

　　焊条电弧焊时，因焊接操作不当，或者焊接规范选择不正确，坡口装配质量原因，焊条质量等问题会导致焊缝形状缺陷。

　　焊条电弧焊的基本操作技术主要包括引弧方法、运条方法、接头方法和收弧方法。焊接操作过程中，掌握好这四种技能是焊缝质量保证的前提。

【一】知识目标

　　1. 理解焊接工艺参数对焊接质量的影响。

　　2. 理解各种焊缝符号的表达方法。

　　3. 理解各种焊接缺陷产生的原因，掌握预防措施。

　　4. 熟练掌握焊条电弧焊的基本运条要领。

　　5. 熟练掌握焊条电弧焊各种位置操作要领。

【二】能力目标

　　1. 能够根据不同牌号的焊条选择电源极性。

　　2. 能正确识读各种焊缝符号。

　　3. 能够正确选择焊接工艺参数。

　　4. 能够分析各种焊接缺陷产生的原因，并提出预防措施。

　　5. 能够熟练进行焊条电弧焊的基本运条。

　　6. 能够熟练掌握焊条电弧焊各种位置操作要领。

【三】任务链接

1. 认知焊条。

2. 焊接设备的使用、维护和保养常识。

3. 焊条电弧焊工艺。

4. 焊接质量控制。

5. 焊条电弧焊的基本运条。

6. 焊条电弧焊基本位置操作。

项目一　焊条电弧焊的基础知识

任务一　认知焊条

一、焊条的组成

1. 焊芯

焊条由焊芯和药皮组成。焊条直径往往指焊芯的直径,焊条规格有 2 mm,2.5 mm,3.2 mm 或3 mm,4 mm,5 mm,5.8 mm 及6 mm 等几种,常用的有3.2 mm,4 mm,5 mm三种。

焊条中被药皮包裹的具有一定长度和直径的金属丝称为焊芯。焊芯在焊接过程中的作用有二:一是导电产生电弧;二是作为填充金属与接头中的母材金属熔合并形成焊缝。

2. 药皮

压涂在焊芯表面上的涂料层称为药皮。由于焊芯不含某些必要的合金元素,且焊接过程中要补充焊芯烧损(氧化或氮化)的合金元素,所以焊缝具有的合金成分可通过药皮添加;同时,通过药皮中加入的不同物质在焊接时所起的冶金反应和物理、化学变化,能起到改善焊条工艺性能和改进焊接接头性能的作用。由此可知,药皮也是决定焊接质量的重要因素之一。

(1)药皮类型及原材料的作用

根据药皮组成物中主要成分的不同,焊条药皮可分为8 种不同的类型,即氧化钛型(简称钛型)、氧化钛钙型(简称钛钙型)、钛铁矿型、氧化铁型、纤维素型、低氢型、石墨型、盐基型。表2－1－1 主要介绍了前6 种。

当前制造电焊条所使用的原材料近百种,而常用的有30 余种。药皮原材料的作用归纳起来有以下七项:稳弧、造渣、造气、脱氧、合金化、黏结、成形。

表 2 - 1 - 1　　焊条药皮类型、主要成分及其工艺性能

焊条药皮类型	药皮主要成分	工艺性能	适用范围
钛型 （氧化钛型）	氧化钛（金红石或钛白粉）	焊接工艺性能良好。熔深较浅。交、直流两用。电弧稳定，飞溅小，脱渣容易。能进行全位置焊接。焊缝美观，但焊缝金属塑性和抗裂性能较差	用于一般低碳钢结构的焊接，特别适于薄板焊接
钛钙型 （氧化钛钙型）	氧化钛及钙和镁的碳酸盐矿石	焊接工艺性能良好。熔深一般。交、直流两用，飞溅小，脱渣容易。适用于全位置焊接，焊缝美观	用于较重要的低碳钢结构和强度等级较低的普低钢一般结构的焊接
钛铁矿型	钛铁矿	焊接工艺性能良好。熔深一般。交、直流两用，飞溅一般，电弧稳定，适于全位置焊接，焊缝美观	用于较重要的低碳钢结构和强度等级较低的普低钢一般结构的焊接
氧化铁型 （铁锰型）	氧化铁矿及锰铁	焊接工艺性能较差。熔深较大，熔化速度快，焊接生产率高。飞溅稍多，但电弧稳定，再引弧容易，立焊及仰焊操作性较差。焊缝金属抗热裂性能较好。交、直流两用	用于较重要的低碳钢结构和强度等级较低的普低钢一般结构的焊接。特别适用于中等厚度以上钢板的平焊
纤维素型	有机物及氧化钛	焊接时能产生大量气体保护熔敷金属，熔深大。交、直流两用。电弧强，熔化速度快，熔渣少，脱渣容易，飞溅一般。对各种位置焊接的适应性好	用于一般低碳钢结构的焊接，特别适用于立焊向下焊及深熔焊接
低氢型	碳酸钙（大理石或石灰石）、萤石和铁合金	焊接工艺性能一般。适用于全位置焊接。焊接时要求药皮干燥，采用短电弧焊接。焊缝金属具有特别良好的抗热裂性能、低温冲击性能和机械性能。此焊条一般采用直流电，但药皮中加入稳弧剂后，也能采用交流焊接	用于低碳钢及普低钢重要结构的焊接

（2）药皮的作用

①防止空气对熔化金属的不良作用　焊接时，药皮熔化后产生的大量气体笼罩着电弧和熔池，使熔化金属与空气隔绝，同时还形成了熔渣，覆盖在焊缝的表面保护焊缝金属，而且熔渣还能使焊缝金属缓慢冷却，有利于已溶入液体金属中的气体逸出，减少生成气孔的可能性，并能改善焊缝的成形和结晶。

②冶金处理渗合金的作用　通过熔渣与熔化金属的冶金反应,除去有害杂质(如氧、氢、硫、磷)和添加有益的合金元素,使焊缝获得所需的机械性能。

③改善焊条工艺性能的作用　焊条的工艺性能主要包括焊接电弧的稳定性、焊缝成形,在各种位置上焊接的适应性、脱渣性、飞溅大小、焊条的熔敷率及焊条发尘量等一些评定指标。因此,药皮中所加入的物质一定要尽可能满足这些指标要求,使电弧能稳定燃烧、飞溅少、焊缝成形好、易脱渣及熔敷效率高等。

总之,一种好的电焊条,不仅要求焊缝金属具有优良的内在质量,即保证焊缝获得合乎要求的化学成分和机械性能,而且要求焊条工艺性能良好。要做到这些,焊条药皮往往起到重要的作用。

二、焊条的分类

焊条的分类方法很多,可以从不同角度对焊条进行分类。如按用途分类、按熔渣的碱度分类,甚至可以按船级社认可分类等。

1. 按用途分类

我国现行的焊条分类方法,主要是根据国家标准按照用途进行分类。按用途进行分类具有较大的实用性。通常,焊条按用途可分为 10 大类:

(1)结构钢焊条　主要用于焊接低碳钢和低合金高强钢。

(2)钼和铬钼耐热钢焊条　主要用于焊接珠光体耐热钢。

(3)不锈钢焊条　主要用于焊接不锈钢和热强钢(高温合金)。

(4)堆焊焊条　主要用于堆焊具有耐磨、耐热、耐腐蚀等性能的各种合金钢零件的表面层。

(5)低温钢焊条　主要用于焊接各种在低温条件下工作的结构。

(6)铸铁焊条　主要用于焊补各种铸铁件。

(7)镍及镍合金焊条　主要用于焊接镍及其合金,有时也用于堆焊、焊补铸铁、焊接异种金属等。

(8)铜及铜合金焊条　主要用于焊接铜及其合金、异种金属、铸铁等。

(9)铝及铝合金焊条　主要用于焊接铝及其合金。

(10)特殊用途焊条　主要用于焊接具有特殊要求和施焊部位的结构。

2. 按熔渣的碱度分类

按熔渣性质分为酸性焊条和碱性焊条两大类。熔渣以酸性氧化物为主的焊条称为酸性焊条,熔渣以碱性氧化物为主的焊条称为碱性焊条,其焊接特性见表 2 - 1 - 2。

相同强度级别的碱性焊条与酸性焊条相比,前者熔敷金属的延性和韧性高,扩散氢含量低,抗裂性能强。因此,当产品设计或焊接工艺规程规定用碱性焊条施焊,就必须用碱性焊条施工,切不可用酸性焊条替代。要说明的是:碱性焊条的工艺性能(包括稳弧性、脱渣性、飞溅等)较差,对锈、水、油污的敏感性大,容易出现气孔,有毒气体和烟尘多。

表 2 - 1 - 2　酸性焊条和碱性焊条的特性比较

酸性焊条	碱性焊条
1. 对水、铁锈的敏感性不大,使用前经过 100 ~ 150 ℃烘焙 1 h;	1. 对水、铁锈的敏感性较大,使用前经过 300 ~ 350 ℃烘焙 1 ~ 2 h;
2. 电弧稳定,可用交流和直流施焊;	2. 须用直流反接施焊,药皮加稳弧剂后,可交、直流两用施焊;
3. 焊接电流较大;	3. 与同规格酸性焊条相比,电流约小 10 %;
4. 可长弧操作;	4. 须短弧操作,否则易引起气孔;
5. 合金元素过渡效果好;	5. 合金元素过渡效果好;
6. 熔深较浅,焊缝成形较好;	6. 熔深稍深,焊缝成形一般;
7. 熔渣成玻璃状,脱渣较方便;	7. 熔渣成结晶状,脱渣不及酸性焊条;
8. 焊缝的常、低温冲击韧度一般;	8. 焊缝的常、低温冲击韧度较高;
9. 焊缝的抗裂性较差;	9. 焊缝的抗裂性好;
10. 焊缝的含氢量较高,影响塑性;	10. 焊缝的含氢量低;
11. 焊接时烟尘较少	11. 焊接时烟尘较多

三、焊条的工艺性能

焊条的工艺性能是指焊条在焊接操作中的使用性能。它是衡量焊条质量的重要指标之一。焊条的工艺性能主要包括焊接电弧的稳定性、焊缝成形、在各种位置焊接的适应性、飞溅、脱渣性、焊条的熔化速度、焊条药皮发红的程度及焊条发尘量等。

（1）焊接电弧的稳定性

电弧稳定性就是指电弧保持稳定燃烧(不产生断弧、飘移和偏吹等)的程度。电弧稳定性直接影响着焊接过程的连续性及焊接质量。焊接电源的特性、焊接工艺参数、焊条药皮类型及组成物等诸多因素都影响着电弧的稳定性。

（2）焊缝成形

良好的焊缝成形要求表面光滑,波纹细密美观,焊缝的几何形状及尺寸正确。焊缝应圆滑地向母材过渡,余高符合标准,无咬边等缺陷。焊缝表面成形不仅影响美观,更重要的是影响焊接接头的力学性能。成形不好的焊缝会造成应力集中,引起焊接部件的早期破坏。

（3）在各种位置焊接的适应性

工艺性能良好的焊条能适应空间全位置焊接。不同类型的焊条在各种位置上焊接的适应性是不同的。几乎所有的焊条都能进行平焊,而横焊、立焊、仰焊就不是所有焊条都能做到的。进行横焊、立焊、仰焊时的主要困难有:在重力的作用下熔滴不易向熔池过渡;熔池金属和熔渣向下流淌以致不能形成正常的焊缝。因此,应适当增加电弧和气流的吹力,以便把熔滴送入熔池,并阻止金属和熔渣下流。调节熔渣的熔点、黏度及表面张力也是解决焊条全位置焊接的技术措施,因为这不但可以阻止熔渣及铁水的下淌,而且能使高温熔渣尽快地凝固。

（4）飞溅

焊接过程中由熔滴或熔池中飞出的金属颗粒称为飞溅。飞溅不仅弄脏焊缝及其附近的部位,增加清理工作量,而且过多的飞溅还会破坏正常的焊接过程,降低焊条的熔敷效率。

熔渣的黏度较大或焊条含水量过多、焊条偏心率过大等均会造成较大飞溅。增大焊接电流及电弧长度,飞溅也随之增加。此外,电源类型、熔滴过渡形态对于飞溅也有一定的影响。一般钛钙型焊条电弧燃烧稳定,熔滴为细颗粒过渡,飞溅较小。低氢型焊条的电弧稳定性较差,熔滴多为大颗粒短路过渡,所以飞溅较大。

（5）脱渣性

脱渣性是指焊后从焊缝表面清除渣壳的难易程度。脱渣性差的焊条不仅造成清渣的困难,降低焊接生产率,而且在多层焊施工时,还往往会产生夹渣的缺陷。

（6）焊条的熔化速度

焊条的熔化速度反映着焊接生产率的高低,药皮成分经由下述方面对焊条熔化系数产生影响:药皮成分影响电弧电压,电弧气氛的电离电位越低,电弧电压就越低,电弧的热量也就越少,因此焊条的熔化系数就越小;药皮成分影响熔滴过渡形态,调整药皮成分可以使熔滴由短路过渡变为颗粒过渡,从而提高了焊条的熔化系数;当药皮中含有放热反应的物质时,由于化学反应热加速焊条熔化,也提高了焊条的熔化系数。此外,药皮中加入铁粉,可以提高焊条的熔化系数。

（7）焊条药皮发红的程度

焊条药皮发红,是指焊条在使用到后半段时由于药皮温升过高而发红、开裂或药皮脱落的现象。显然,这时药皮就失去保护作用及冶金作用。药皮发红引起焊接工艺性能恶化,严重影响焊接质量,同时也造成了材料的浪费。不锈钢焊条药皮发红的原因是由于不锈钢焊芯的电阻大,焊条的熔化系数小造成了焊条熔化所需的时间长,并且产生的电阻热量多,使得焊条的温度升高而导致药皮发红。解决药皮发红的关键技术就是调整焊条药皮配方,改善熔滴过渡形态,提高焊条的熔化系数,减少电阻热以降低焊条的表面温升。

（8）焊条发尘量

在焊接电弧的高温作用下,焊条端部的液态金属和熔渣剧烈蒸发。同时,在熔滴和熔池的表面也发生蒸发。蒸发而产生的高温蒸气从电弧区被吹出后迅速被氧化和冷凝,变为细小的固态粒子,这些微小的颗粒分散飘浮于空气中,弥散于电弧周围,就形成了焊接烟尘。

低碳钢和低合金钢焊条一般均采用低碳钢焊芯,因此焊接烟尘主要取决于药皮成分。低氢型焊条的发尘速度和发尘量均高于其他类型的焊条。

综上所述,焊条的工艺性能主要决定于焊条药皮的组成。因此,为了获得工艺性能良好的焊条,必须合理地确定焊条药皮配方。

四、焊条的型号

焊条型号是以国家标准为依据,反映焊条主要特性的一种表示方法。其主要内容包括焊条、焊条类别、焊条特点(主要指熔敷金属的机械性能、化学成分)、药皮类型、焊接电源种类及焊接位置。不同类型焊条的型号表示方法也不同。现举几个常用焊条的型号来加以说明。

1. 碳钢焊条型号的编制规定(依据《碳钢焊条》GB/T 5117—1995)

（1）型号的第一个字母"E"表示焊条。

（2）"E"后面的两位数表示熔敷金属的抗拉强度的最小值。

（3）"E"后面的第三位数字表示焊条的焊接位置。其中"0"及"1"表示焊条适用于全位置焊接（即可进行平、横、立、仰焊），"2"表示焊条适用于平焊及平角焊，"4"表示焊条适用于向下立焊。

（4）"E"后面第三位和第四位数字组合时表示焊接电流种类及药皮类型。

（5）"E"后面第四位数字后附的大写字母"R"表示耐吸潮焊条，"M"表示耐吸潮和力学性能有特殊规定的焊条；"-1"表示冲击性能有特殊规定的焊条。

碳钢焊条型号的表示方法总结如下：

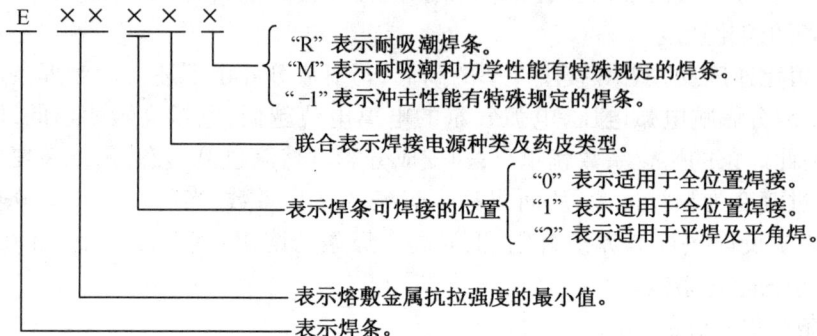

$$E \times \times \times \times$$

- "R" 表示耐吸潮焊条。
- "M" 表示耐吸潮和力学性能有特殊规定的焊条。
- "-1" 表示冲击性能有特殊规定的焊条。
- 联合表示焊接电源种类及药皮类型。
- 表示焊条可焊接的位置：
  - "0" 表示适用于全位置焊接。
  - "1" 表示适用于全位置焊接。
  - "2" 表示适用于平焊及平角焊。
- 表示熔敷金属抗拉强度的最小值。
- 表示焊条。

碳钢焊条型号举例如下：

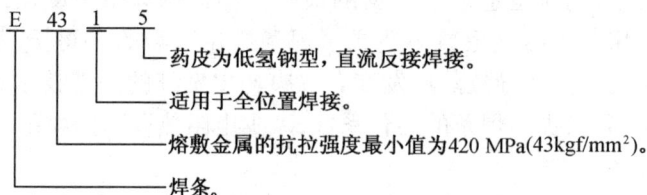

$$E \quad 43 \quad 1 \quad 5$$

- 药皮为低氢钠型，直流反接焊接。
- 适用于全位置焊接。
- 熔敷金属的抗拉强度最小值为 420 MPa（43 kgf/mm^2）。
- 焊条。

碳钢焊条的型号划分见表 2-1-3。

表 2-1-3　碳钢焊条型号划分

焊条型号	药皮类型	焊接位置	电流种类
E43 系列熔敷金属抗拉强度 >420 MPa（43 kgf/mm^2）			
E4300	特殊型	平、立、仰、横	交流或直流正、反接
E4302	钛铁矿型		
E4303	钛钙型		
E4310	高纤维钠型		直流反接
E4311	高纤维钾型		交流或直流反接
E4312	高钛钠型		交流或直流正接
E4313	高钛钾型		交流或直流正、反接
E4315	低氢钠型		直流反接
E4316	低氢钾型		交流或直流反接

表 2-1-3(续)

焊条型号	药皮类型	焊接位置	电流种类
E4320	氧化铁型	平、平角焊	交流或直流正、反接
E4322			交流或直流正接
E4323	铁粉钛钙型	平、平角焊	交流或直流正、反接
E4324	铁粉钛型		
E4327	铁粉氧化铁型		交流或直流正反接
E4328	铁粉低氢型		交流或直流反接
E50 系列熔敷金属抗拉强度≥490 MPa(50 kgf/mm²)			
E5001	钛铁矿型	平、立、仰、横	交流或直流正、反接
E5003	钛钙型		
E5011	高纤维钾型		交流或直流反接
E5014	铁粉钛型		交流或直流正、反接
E5015	低氢钠型		直流反接
E5016	低氢钾型		交流或直流反接
E5018	铁粉低氢钾型		
E5024	铁粉钛型	平、平角焊	交流或直流正、反接
E5027	铁粉氧化铁型		交流或直流正接
E5028	铁粉低氢型		交流或直流反接
E5048		平、横、仰、立向下	

注:①焊接位置栏中文字含义:平——平焊,立——立焊,仰——仰焊,横——横焊,平角焊——水平角焊,立向下——立向下焊。

②焊接位置栏中立和仰系指适用于立焊和仰焊的直径不大于 4.0 mm 的 E5014,E5015,E5016 和 E5018 焊条及直径不大于 5.0 mm 的其他型号的焊条。

③E4322 型焊条适用于单道焊。

2. 低合金钢焊条型号的编制规定(依据《低合金钢焊条》GB/T 5118—1995)

(1)型号的第一个字母"E"表示焊条。

(2)"E"后面的两位数表示熔敷金属的抗拉强度的最小值。

(3)"E"后面的第三位数字表示焊条的焊接位置。其中"0"及"1"表示焊条适用于全位置焊接,"2"表示焊条适用于平焊及平角焊,"4"表示焊条适用于向下立焊。

(4)"E"后面第三位和第四位数字组合时表示焊接电流种类和药皮类型。

(5)短划"—"后的字母为熔敷金属化学成分的分类代号,如还具有附加化学成分时,直接用元素符号表示,并再以短划"—"与前面后缀字母分开。

(6)对于 E50××—×,E55××—×型低氢焊条的熔敷金属化学成分分类后缀字母或附加化学成分后面加字母"R"时,表示耐吸潮焊条。

低合金钢焊条型号的编制总结如下:

```
E ×× ×× - ×× - ×
```

- 熔敷金属中含有的合金元素。
- 表示熔敷金属化学成分的分类代号。
- 联合表示焊接电源种类和药皮类型。
- 表示焊条可焊接的位置
  - "0" 表示焊条可全位置焊接。
  - "1" 表示焊条可全位置焊接。
  - "2" 表示焊条适用于平焊及平角焊接。
  - "4" 表示焊条适用于向下立焊。
- 表示熔敷金属抗拉强度的最小值。
- 表示焊条。

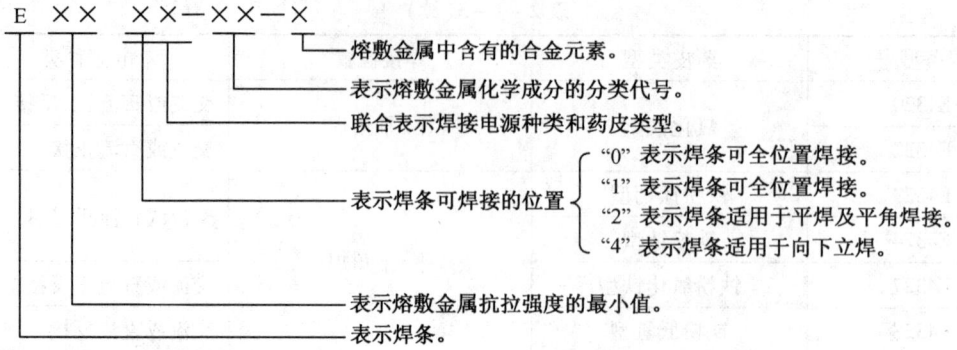

低合金钢焊条型号举例如下：

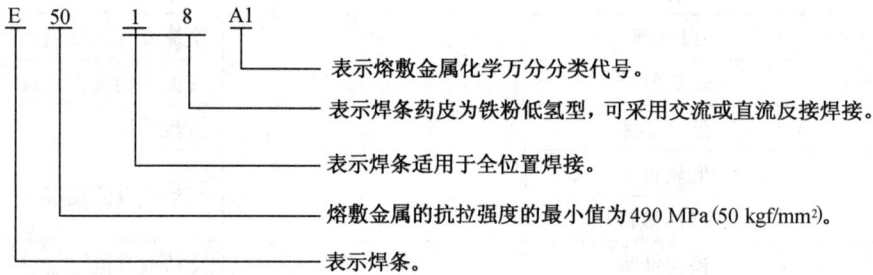

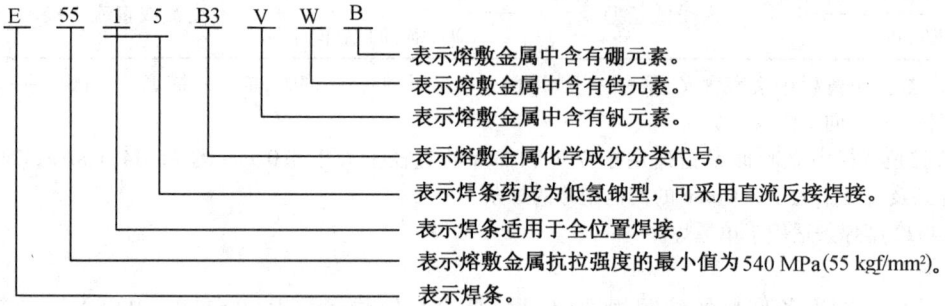

```
E 50 1 8 A1
```

- 表示熔敷金属化学万分分类代号。
- 表示焊条药皮为铁粉低氢型，可采用交流或直流反接焊接。
- 表示焊条适用于全位置焊接。
- 熔敷金属的抗拉强度的最小值为 490 MPa(50 kgf/mm²)。
- 表示焊条。

```
E 55 1 5 B3 V W B
```

- 表示熔敷金属中含有硼元素。
- 表示熔敷金属中含有钨元素。
- 表示熔敷金属中含有钒元素。
- 表示熔敷金属化学成分分类代号。
- 表示焊条药皮为低氢钠型，可采用直流反接焊接。
- 表示焊条适用于全位置焊接。
- 表示熔敷金属抗拉强度的最小值为 540 MPa(55 kgf/mm²)。
- 表示焊条。

低合金钢焊条型号划分见表 2 - 1 - 4。

表 2 - 1 - 4　低合金钢焊条型号

焊条型号	药皮类型	焊接位置	电流种类
E50 系列熔敷金属抗拉强度 >490 MPa(50 kgf/mm²)			
E5003— ×	钛钙型	平、立、仰、横	交流或直流正、反接
E5010— ×	高纤维素钠型		直流反接
E5011— ×	高纤维素钾型		交流或直流反接
E5015— ×	低氢钠型		直流反接
E5016— ×	低氢钾型		交流或直流反接
E5018— ×	铁粉低氢型		

表 2 - 1 - 4(续 1)

焊条型号	药皮类型	焊接位置	电流种类
E5020—×	高氧化铁型	平角焊	交流或直流正接
		平	交流或直流正、反接
E5027—×	铁粉氧化铁型	平角焊	交流或直流正接
		平	交流或直流正、反接
E55 系列熔敷金属抗拉强度≥540 MPa(55 kgf/mm²)			
E5500—×	特殊型	平、立、仰、横	交流或直流正、反接
E5503—×	钛钙型		
E5510—×	高纤维素钠型		直流反接
E5511—×	高纤维素钾型		交流或直流反接
E5513—×	高钛钾型		交流或直流正、反接
E5515—×	低氢钠型		直流反接
E5516—×	低氢钾型		交流或直流反接
E5518—×	铁粉低氢型		
E60 系列熔敷金属抗拉强度≥590 MPa(60 kgf/mm²)			
E6000—×	特殊型	平、立、仰、横	交流或直流正、反接
E6010—×	高纤维素钠型		直流反接
E6011—×	高纤维素钾型		交流或直流反接
E6013—×	高钛钾型		交流或直流正、反接
E6015—×	低氢钠型		直流反接
E6016—×	低氢钾型		交流或直流反接
E6018—×	铁粉低氢型		
E70 系列熔敷金属抗拉强度≥690 MPa(70 kgf/mm²)			
E7010—×	高纤维素钠型	平、立、仰、横	直流反接
E7011—×	高纤维素钾型		交流或直流反接
E7013—×	高钛钾型		交流或直流正、反接
E7015—×	低氢钠型		直流反接
E7016—×	低氢钾型		交流或直流反接
E7018—×	铁粉低氢型		
E75 系列熔敷金属抗拉强度≥740 MPa(75 kgf/mm²)			
E7515—×	低氢钠型	平、立、仰、横	直流反接
E7516—×	低氢钾型		交流或直流反接
E7518—×	铁粉低氢型		

表 2－1－4(续 2)

焊条型号	药皮类型	焊接位置	电流种类
E80 系列熔敷金属抗拉强度≥780 MPa(80 kgf/mm²)			
E8015—×	低氢钠型		直流反接
E8016—×	低氢钾型	平、立、仰、横	交流或直流反接
E8018—×	铁粉低氢型		
E85 系列熔敷金属抗拉强度≥830 MPa(85 kgf/mm²)			
E8515—×	低氢钠型		直流反接
E8516—×	低氢钾型	平、立、仰、横	交流或直流反接
E8518—×	铁粉低氢型		
E90 系列熔敷金属抗拉强度≥880 MPa(90 kgf/mm²)			
E9015—×	低氢钠型		直流反接
E9016—×	低氢钾型	平、立、仰、横	交流或直流反接
E9018—×	铁粉低氢型		
E100 系列熔敷金属抗拉强度≥980 MPa(100 kgf/mm²)			
E10015—×	低氢钠型		直流反接
E10016—×	低氢钾型	平、立、仰、横	交流或直流反接
E10018—×	铁粉低氢型		

注:①后缀×代表熔敷金属化学成分的分类代号 A1,B1,B2 等。

②焊接位置栏中文字含义:平——平焊,立——立焊,仰——仰焊,横——横焊,平角焊——水平角焊。

③表中立和仰系指适用于立焊和仰焊的直径不大于 4.0 mm 的 E××15—×,E××16—×及 E××18—×型焊条及直径不大于 5.0 mm 的其他型号焊条。

3. 不锈钢焊条型号的编制规定(依据《不锈钢焊条》GB/T 983—1995)

(1)型号的第一个字母"E"表示焊条。

(2)"E"后面数字表示熔敷金属化学成分的分类代号(熔敷金属化学成分见表 2－1－4)。

(3)熔敷金属的化学成分有特殊要求时,其元素符号标在上述数字的后面。

(4)"—"后面的两位数字表示焊条药皮类型,焊接位置及焊接电流种类(见表 2－1－5)。

表 2－1－5　焊接电流种类及焊接位置

焊条型号	焊接电流种类	焊接位置
E×××(×)—15	直流反接	全位置
E×××(×)—25		平焊、横焊
E×××(×)—16	交流或直流反接	全位置
E×××(×)—17		
E×××(×)—26		平焊、横焊

注:直径大于或等于 5.0 mm 焊条不推荐全位置焊接。

不锈钢焊条型号的编制总结如下：

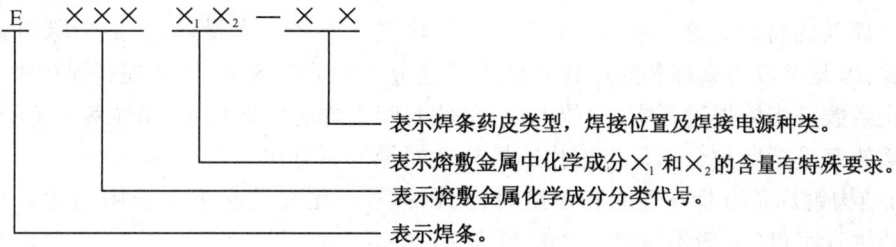

```
E  ×××  X₁X₂ — × ×
```

- 表示焊条药皮类型，焊接位置及焊接电源种类。
- 表示熔敷金属中化学成分X_1和X_2的含量有特殊要求。
- 表示熔敷金属化学成分分类代号。
- 表示焊条。

不锈钢焊条型号举例如下：

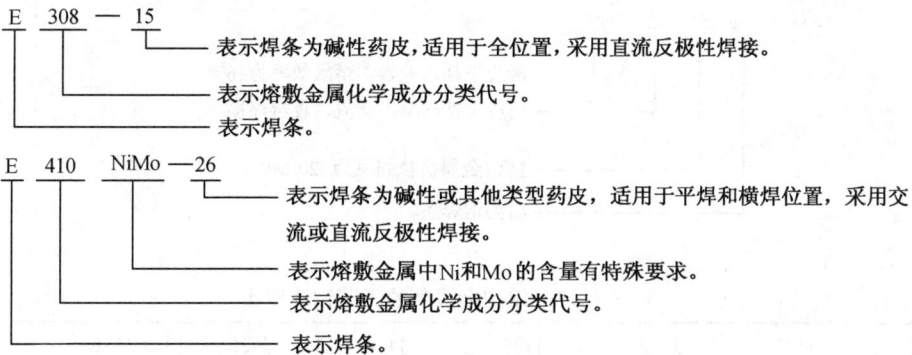

```
E  308 — 15
```

- 表示焊条为碱性药皮，适用于全位置，采用直流反极性焊接。
- 表示熔敷金属化学成分分类代号。
- 表示焊条。

```
E  410  NiMo — 26
```

- 表示焊条为碱性或其他类型药皮，适用于平焊和横焊位置，采用交流或直流反极性焊接。
- 表示熔敷金属中Ni和Mo的含量有特殊要求。
- 表示熔敷金属化学成分分类代号。
- 表示焊条。

五、焊条的牌号

焊条牌号是对于焊条产品的具体命名，是焊条制造厂对生产出厂焊条规定的统一牌号，即属于同一药皮类型，符合相同焊条型号、性能的产品统一命名为同一牌号，并同时标明"符合×××型"或"相当GB×××型"，以便用户结合焊条性能要求按照标准进行选用。它主要根据焊条的用途及性能特点来命名，如结构钢、低温钢、不锈钢、铜、铝及其合金等共分10大类。

1. 结构钢焊条牌号的编制规定

（1）牌号的第一个汉语拼音大写字母"J"或汉字"结"表示结构钢焊条。

（2）"J"后面的两位数表示熔敷金属抗拉强度等级。

（3）"J"后面的第三位数字表示药皮类型和电源种类，见表2-1-6。

表2-1-6 焊条药皮类型及电源

牌号	类及类型	焊接电源种类	牌号	类及类型	焊接电源种类
××0	不属于规定的类型	不规定	××5	纤维素型	直流或交流
××1	氧化钛型	直流或交流	××6	低氢钾型	直流或交流
××2	氧化钛钙型	直流或交流	××7	低氢钠型	直流
××3	钛的矿型	直流或交流	××8	石墨型	直流或交流
××4	氧化铁型	直流或交流	××9	盐基型	直流

（4）药皮中铁粉含量约为30%或熔敷效率为105%以上，在牌号末尾只加注元素符号"Fe"或汉字"铁"即可；其后缀为两位数，说明是以效率的1/10表示。

铁粉焊条的特点是在焊接时，由于铁粉受热氧化而产生大量热量，成为除电弧以外的补加热源，因此可以提高焊芯的熔化系数和焊缝金属的熔敷效率，从而提高焊接生产率。

熔化系数是指熔焊过程中，单位电流、单位时间内焊芯的熔化量，单位为 $g/(A \cdot h)$。

熔敷效率是指熔敷金属量与熔化的填充金属量的百分比。

（5）结构钢焊条有特殊性能和用途时，则在牌号末尾加注起主要作用的元素符号或主要用途的拼音字母（一般不超过2个），见表2-1-7。

结构钢焊条牌号举例如下：

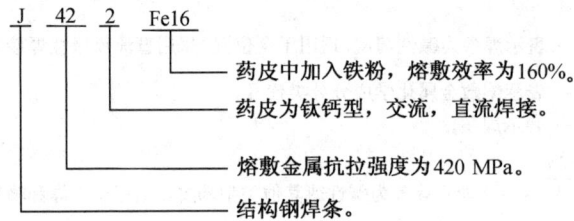

```
J    42   2   Fe16
│    │    │    │
│    │    │    └── 药皮中加入铁粉，熔敷效率为160%。
│    │    └─────── 药皮为钛钙型，交流，直流焊接。
│    └──────────── 熔敷金属抗拉强度为420 MPa。
└───────────────── 结构钢焊条。
```

表2-1-7　结构钢焊条的工艺性能对比

焊条分类	J421	J422	J423	J424	J425	J426	J427
	钛型	钛钙型	钛铁矿型	氧化铁型	纤维素型	低氢型	低氢型
熔渣特性	酸性、短渣	酸性、短渣	酸性、较短渣	酸性、长渣	酸性、较短渣	碱性、短渣	碱性、短渣
电弧稳定性	柔和、稳定	稳定	稳定	稳定	稳定	较差、交、直	较差、直流
电弧吹力	小	较小	稍大	最大	最大	稍大	稍大
飞溅	少	少	中	中	多	较多	较多
焊缝外观	纹细、美	美	美	稍粗	粗	稍粗	稍粗
熔深	小	中	稍大	最大	大	中	中
咬边	小	小	中	小	大	小	小
焊脚形状	凸	平	平、稍凸	平	平	平凹	平凹
脱渣性	好	好	好	好	好	较差	较差
熔化系数	中	中	稍大	大	大	中	中
粉尘	少	少	稍多	多	少	多	多
平焊	易	易	易	易	易	易	易
立向上焊	易	易	易	不可	极易	易	易
立向下焊	易	易	困难	不可	易	易	易
仰焊	稍易	稍易	易	不可	极易	稍难	稍难

2. 不锈钢焊条牌号的编制规定

（1）牌号的第一个汉语拼音大写字母"G"及"A"或汉字"铬"及"奥"，表示铬不锈钢焊条和奥氏体不锈钢焊条。

（2）"G"或"A"后面的第一位数字表示熔敷金属主要化学成分组成等级,如表2-1-8所示。

表2-1-8　不锈钢焊条

牌号	熔敷金属主要化学成分组成等级
G2××	含Cr量为13%
G3××	含Cr量为17%
A0××	含C量为小于或等于0.04%（超低级）
A1××	含Cr量为18%,含Ni量为8%
A2××	含Cr量为18%,含Ni量为12%
A3××	含Cr量25%,含Ni量为13%
A4××	含Cr量25%,含Ni量为20%
A5××	含Cr量16%,含Ni量为25%
A6××	含Cr量15%,含Ni量为35%
A7××	铬锰氮不锈钢
A8××	含Cr量为18%,含Ni量为18%
A9××	待发展

（3）"G"或"A"后面的第二位数字表示同一熔敷金属主要化学成分等级中的不同编号。对同一药皮类型焊条,可有10个编号,按0,1,2,…,9顺序编排。

（4）"G"或"A"后面第三位数字表示药皮类型和电源种类,见表2-1-6。

不锈钢焊条牌号举例如下:

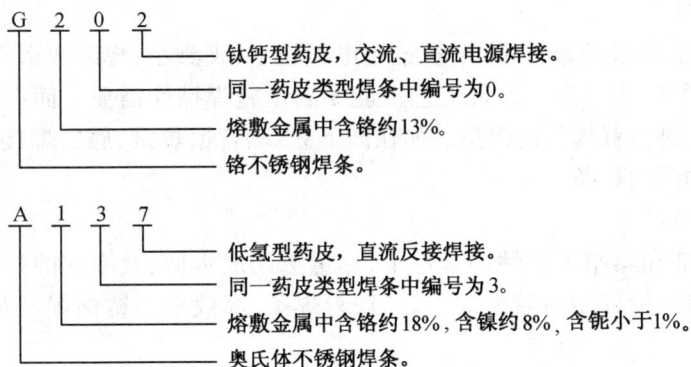

六、焊条的选用原则

焊条的种类繁多,每种焊条均有一定的特性和用途。选用焊条是焊接准备工作中一个很重要的环节。在实际工作中,除了要认真了解各种焊条的成分、性能及用途外,还应根据被焊接件的状况、施工条件及焊接工艺等综合考虑。选用焊条一般应考虑以下原则:

1. 焊接材料的力学性能和化学成分

（1）对于普通结构钢，通常要求焊缝金属与母材等强度，应选用抗拉强度等于或稍高于母材的焊条。

（2）对于合金结构钢，通常要求焊缝金属的主要合金成分与母材金属相同或相近。

（3）在被焊结构刚性大、接头应力高、焊缝容易产生裂纹的情况下，可以考虑选用比母材强度低一级的焊条。

（4）当母材中 C 及 S,P 等元素含量偏高时，焊缝容易产生裂纹，应选用抗裂性能好的低氢型焊条。

2. 焊件的使用性能和工作条件

（1）对承受动载荷和冲击载荷的焊件，除要满足强度要求外，还要保证焊缝具有较高的韧性和塑性，应选用塑性和韧性指标较高的低氢型焊条。

（2）接触腐蚀介质的焊件，应根据介质的性质及腐蚀特征，选用相应的不锈钢焊条或其他耐腐蚀焊条。

（3）在高温或低温条件下工作的焊件，选用相应的耐热钢或低温钢焊条。

3. 焊件的结构特点和受力状态

（1）对结构形状复杂、刚性大及大厚度焊件，由于焊接过程中产生很大的应力，容易使焊缝产生裂纹，应选用抗裂性能好的低氢型焊条。

（2）对焊接部位难以清理干净的焊件，应选用氧化性强，对铁锈、氧化皮、油污不敏感的酸性焊条。

（3）对受施工条件限制不能翻转的焊件，有些焊缝处于非平焊位置，应选用全位置焊接的焊条。

4. 施工条件及设备

（1）在没有直流电源而焊接结构又要求必须使用低氢型焊条的场合，应选用交、直流两用低氢型焊条。

（2）在狭小或通风条件差的场所，应选用酸性焊条或低尘焊条。

5. 操作工艺性能

在满足产品性能要求的条件下，尽量选用电弧稳定、飞溅小、焊缝成形均匀整齐、容易脱渣的工艺性能好的酸性焊条。焊条工艺性能要满足施焊操作需要。而在非水平位置施焊时，应选用适于各种位置焊接的焊条。如在向下立焊、管道焊接、底层焊接、盖面焊、重力焊时，可选用相应的专用焊条。

6. 合理的经济效益

在满足使用性能和操作工艺性的条件下，尽量选用成本低、效率高的焊条。对于焊接工作量大的结构，应尽量采用高效率焊条，如铁粉焊条、高效率不锈钢焊条及重力焊条等，以提高焊接生产率。

七、焊条的保管、发放和使用

焊接材料的保管、限量发放和使用，以及必要的复验是保证焊接质量的重要一环，它将直接影响焊接的质量。每一个焊工、保管人员和技术人员都应该熟悉焊接材料的储存和保管规则，熟悉焊接材料的烘焙和使用要求。

1.焊接材料的保管

（1）进厂的焊接材料应先由技术检验部门派人核对焊接材料的生产单位、质量证书、牌号、规格、质量、批号、生产日期。对无证书和无船检局认可标记或包装破损、运输过程受潮以及不符合标准规定的焊接材料,检验人员有权拒绝验收入库。

（2）当发现已入库的焊接材料因保管不善、存放时间过长或发放错误等情况时,质检人员可按有关产品验收技术条件进行抽样检查,不合格的应予报废,并通知车间停止使用。

（3）焊接材料的仓库保管条件如下:

①通风良好、干燥。

②室温应不低于 18 ℃,对含氢量有特殊要求的焊条,其相对湿度应不大于 60%。

③货架或垫木应离墙、离地不小于 300 mm。

④按品种、牌号分类堆放,并涂以明显标志。

2.焊接材料的发放和使用

从仓库领回的焊接材料,车间焊条房须按产品说明书规定的湿度和时间烘干后才能发放生产使用。

（1）由于酸性焊条对水分不敏感,不易产生气孔,所以酸性焊条可根据受潮情况决定是否进行烘焙;对于受潮严重的焊条要进行 $70 \sim 150$ ℃的烘焙,保温 1 h,使用前不再烘焙。对一般未受潮的焊条,焊前不必烘焙。

（2）碱性焊条在使用前必须烘干,以降低焊条的含水量,防止焊缝气孔、裂纹等缺陷的产生。烘干温度一般为 $350 \sim 400$ ℃,保温 2 h。烘焙时不可将焊条在高温炉中突然冷却,以免药皮开裂。对含氢量有特殊要求的合金钢焊条,烘干温度应提高到 $450 \sim 470$ ℃,保温 2 h。经烘干的碱性焊条最好放入另一个温度控制在 $100 \sim 150$ ℃的保温电烘箱中存放,随用随取。

（3）露天作业时,规定碱性焊条一次领取不得超过 4 h 的用量;酸性焊条一次领取不得超过 8 h 的用量,如果到时间未用完应立即归还焊条房。

（4）在现场作业时,焊工应将焊条存放在焊条箱（盒）或自垫式焊条保温筒内（如图 2 - 1 - 1 所示）,不得随地乱放,以免受潮或破损影响焊接质量。

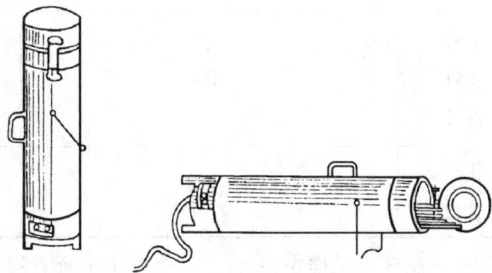

图 2 - 1 - 1　焊条保温筒示意图

八、船用电焊条

凡焊接材料制造厂生产的船用电焊条,必须首先经过我国国家船舶检验局根据《钢质海船入级与建造规范》的规定进行认可。如果建造出口船舶还必须通过持证国的有关船级社的认可,方能用于船舶焊接生产。

目前,我国已有很多的电焊条厂家生产的焊接材料得到如下各船级社的认可:中国船舶检验局（简称 ZC）、英国劳埃德船级社（简称 LR）、德国埃劳埃德船级社（简称 GL）、法国船级社（简称 BV）、日本海事协会（简称 NK）、挪威船级社（简称 DNV）和美国船级社（简称 ABS）等。

我国生产的多种焊条既能用于国内船舶的生产又能用于出口船舶的生产,已逐步满足了国内外船舶建设的需要。

2. 船用电焊条的级别

船用电焊条按其熔敷金属的抗拉强度可分为 $\sigma_b \geqslant 400$ MPa(41 kgf/mm²)及 $\sigma_b \geqslant 460$ MPa(47 kgf/mm²)两个强度等级。每一强度等级又按其冲击韧性进一步划分为三个级别。各级别电焊条熔敷金属和对接接头的拉力试验结果应符合表2-1-9和表2-1-10的要求。

表2-1-9　各级别电焊条熔敷金属的拉力实验结果

焊条级别	屈服强度 σ_s（不少于）/MPa	抗拉强度 σ_b/MPa	伸长率 δ_5（标距长度50mm时不少于）/%	V型缺口冲击试验	
				温度/℃	平均功（不小于）/J
Ⅰ41 Ⅱ41 Ⅲ41	300	400~560	22	20 0 -20	4.8
Ⅱ47 Ⅲ47	370	460~660	22	0 -20	4.8

注:一组3个冲击试样中,允许有一个值小于所需的平均值,但不得小于平均值的70%。

表2-1-10　各级别电焊条对接接头的拉力实验结果

焊条级别	抗拉强度 σ_b（横向拉力试验）（不小于）/MPa	V型缺口冲击试验		
		温度/℃	平均功（不小于）/J	
			平焊　横焊	立焊
Ⅰ41 Ⅱ41 Ⅲ41	400	20 0 -20	4.8	3.5
Ⅱ47 Ⅱ47	490	0 -20	4.8	3.5

注:一组3个试样中,允许有一个值小于所需的平均值,但不得小于平均值的70%。

各个级别符号分别为Ⅰ41(1级),Ⅱ41(2级),Ⅲ41(3级)和Ⅱ47(2Y级),Ⅲ47(3Y级)。所有低氢型焊条或超低氢型焊条在满足其机械性能要求后,应进行扩散氢的测定,并在焊条后面加上字母"H"或"HH"的标志,以表示符合测定要求的低氢型焊条或超低氢型焊条,如Ⅲ41H(3H级),41HH(3HH级),Ⅲ47H(3YH级),Ⅲ47HH(3YHH级)等。

任务二 焊接设备的使用、维护和保养常识

一、弧焊电源的分类及特点

弧焊电源分交流电源和直流电源两大类。交流电源即弧焊变压器,直流电源包括弧焊发电机和弧焊整流器两类。所以弧焊电源设备有三个品种,即弧焊变压器、弧焊发电机和弧焊整流器。各类弧焊电源的特点见表2-1-11。

表2-1-11 各种弧焊电源的特点

主要指标(项目)	直流		交流
	弧焊发电机	弧焊整流器	弧焊变压器
效率/%	低(30~60)	较高(60~75)	高(65~90)
功率因数	高(0.86~0.90)	较高(0.65~0.70)	低(0.3~0.6)
每千克熔敷金属耗电/(kW·h)	6~8	3.4~4.2	3~4
空载功率损耗/kW	2~3	0.1~0.35	0.2
制造材料消耗/%	100	60~65	20~30
生产弧焊电源工时/%	100	50~70	20~30
触电危险	较小	较小	较大
电弧稳定性	好	好	较差
极性可换性	有	有	无
磁偏吹	较大	较大	很小
构造与维护	复杂	较简单	简单
噪音	大	小	小
供电	三相	一般为三相	一般为单相
功率因素	高	较高	低
空载损耗	较大	较小	小
成本	高	较高	较低
质量	较重	较轻	轻
适用范围	一般或重要焊接结构	一般或重要焊接结构	一般焊接结构
代表型号	AX-320/AX1-500 AX1-165/AX7-400 AX4-300	ZXG-300/AXG-400 AXG7-300-1 ZXG1-250/ZPG6-1000	BX-500/BX3-300 BX2-1000/BX1-330 BX6-120-1

交流弧焊机是一种特殊的降压变压器,具有陡降的外特性。焊接电源的调节主要是通过调节焊机感抗值来实现的,其基本方式为变动铁芯或动绕组的位置或调节铁芯的饱和程度等。交流弧焊机主要有动铁芯式、同体式和动圈式三种。

旋转式直流弧焊机是一种专供电弧焊用的特殊型式的发电设备,由发电机和原动机两部分组成。原动机可以是电动机或内燃机,在工厂中常见的是用电动机驱动。直流弧焊机除了具有产生直流电的功能外,还具有满足焊接工艺所要求的性能。

整流式直流弧焊机由主变压器、整流器组、调节装置和冷却风扇等装置组成。这类焊机由于多采用硅整流元件进行整流,又称为硅整流焊机。

目前使用的手弧焊机按照输出的电流性质不同,可分为直流焊机和交流焊机两大类;按照结构不同,又可分为弧焊变压器、弧焊发电机和弧焊整流器三种类型。

二、弧焊电源的使用

1. 每台焊机的铭牌上都有焊机的主要技术参数,焊工应按规定的技术参数使用,严禁超载。

2. 调节电流或变换极性时,应在空载状态下进行。

3. 焊机工作时,不允许有长时间短路现象,特别要防止在空载情况下焊钳与焊件的短路。

4. 在使用焊机前,应作必要的检查,以避免发生损坏焊机的事故,检查项目如下:

(1)电源的接线与网络电压是否相符。

(2)连接导线的接头是否松动,确认接头的螺母拧紧。

(3)闸箱的熔丝或熔片是否完好,调节性能是否完好。

(4)直流焊机的极性是否正确,发电机电枢是否清洁无污。如果发现电刷和电枢有接触不良或污物,应用细砂纸磨平擦净。另外,还要注意电刷和电枢转动是否自如,可在静止状态下用手拨动,观察是否有阻碍。如有,应立即修理。

(5)启动时,应注意发电机电枢旋转方向是否正确,若出现反转,应立即拉闸停机,改变接线,使电枢按规定方向旋转。同时,还要注意转动是否有杂音,若声音不正常,也应停机修理。

(6)检查电源各转动部分是否有障碍物,以防各转动部分损坏。

三、弧焊电源的保养

1. 应把电源设备放在干燥通风处,并保持电源的平稳。

2. 使用时,应用帆布罩好,以防灰尘或雨水进入电源内部。

3. 移动电源时,防止电源受到剧烈的振动。

4. 应经常给电源调节电流装置的螺杆、螺母等转动部件加润滑油,以保证这些部件的正常工作;同时要检查各接线板是否有烧损或其他损坏现象。

5. 应经常检查焊接电缆线是否有破裂处,如有破裂,应立即用绝缘胶布包好,以避免与焊件相碰而短路。

6. 工作完毕或临时离开工作场地时,必须及时切断电源。

四、弧焊电源的常见故障、产生原因及处理

各种弧焊电源在使用过程中出现的一般故障、可能产生的原因和处理方法如表 2-1-12,表 2-1-13,表 2-1-14 所示。

表 2 – 1 – 12　弧焊变压器的常见故障、可能产生的原因及排除方法

故障特征	可能产生的原因	排除方法
焊机过热	1. 焊机过载； 2. 变压器线圈短路； 3. 铁芯螺杆绝缘破坏	1. 减小焊接电流； 2. 更换或重绕线圈； 3. 恢复铁芯螺杆的绝缘
焊接过程中电流忽大忽小	1. 焊接回路连接处接触不良； 2. 可动铁芯随焊机振动而移动	1. 检查接触处，使接触可靠； 2. 加固可动铁芯，防止铁芯移动
焊机振动及响声不正常	1. 铁芯叠片的坚固螺栓未旋紧； 2. 绕组短路； 3. 动、定铁芯间隙过大	1. 检查并消除绕组碰壳处； 2. 消除碰壳现象； 3. 铁芯重新叠片
焊机外壳带电	1. 一次绕组或二次绕组碰壳； 2. 电源线或焊接电缆碰到外壳； 3. 焊机外壳未接地或接触不良	1. 检查并消除绕组碰壳处； 2. 消除碰壳现象； 3. 接妥地线
焊接电流过小或过大	1. 焊接过细过长、压降太大； 2. 焊接电线卷成盘形，电感太大； 3. 电抗绕组； 4. 电缆接线柱与焊件接触不良； 5. 铁芯绝缘破坏，涡流增大	1. 减小电缆长度或加大直径； 2. 将电线放开，不使它成盘状； 3. 切断电源，检查并修复电抗绕组； 4. 使接触处接触良好； 5. 检查磁路绝缘状况，排除故障
熔丝经常烧断	1. 电源线有短路或接地； 2. 一次或二次绕组短路	1. 检查电源线，消除短路； 2. 更换绝缘材料或重绕线圈

表 2 – 1 – 13　弧焊整流器的常见故障、可能产生的原因及排除方法

故障特征	可能产生的原因	排除方法
焊机空载电压太低	1. 网路电压过低； 2. 变压器一次绕组匝间短路； 3. 交流电接触器接触不良； 4. 硅元件损坏	1. 调整电源电压至额定值； 2. 检修变压器线圈； 3. 更换或修复； 4. 更换硅元件
焊接电流调节失灵，调不出大电流	1. 控制绕组接反或匝间短路； 2. 焊接电流控制器接触不良； 3. 控制整流元件击穿； 4. 控制电路整流器极性接反	1. 纠正接线，消除短路现象； 2. 使电流控制器接触良好； 3. 更换元件； 4. 纠正接线
焊接电流不稳定	1. 主回路交流接触器抖动； 2. 风压开关抖动； 3. 控制电路接触不良； 4. 稳压器补偿线圈匝数不合适	1. 检修接触器； 2. 消除抖动； 3. 使其接触良好； 4. 调整补偿线圈匝数

表 2 – 1 – 13（续）

故障特征	可能产生的原因	消除方法
风扇电动机不转	1. 熔断器烧断； 2. 电动机引线或绕组断线； 3. 开关接触不良； 4. 启动电容接触不良或损坏	1. 更换熔断器； 2. 接线或修复电动机； 3. 修复或更换开关； 4. 修复或更换启动电容
焊接时焊接电压突然降低	1. 主回路全部或部分产生短路； 2. 整流元件击穿； 3. 控制回路短路； 4. 三相熔断器断了一相	1. 修复线路； 2. 更换元件,检查保护线路； 3. 检修控制回路； 4. 更换熔断器
焊机外壳带电	1. 电源线误碰罩壳； 2. 变压器、电抗器、风扇及控制线路元件等碰罩壳； 3. 未接地线或接地线不良	1. 检查并消除碰壳现象； 2. 消除碰壳现象； 3. 接妥地线

表 2 – 1 – 14　弧焊发电机常见故障、可能产生的原因及排除方法

故障特征	可能产生的原因	排除方法
焊机启动后电动机反转	三相异步电动机与网络接线位置有错误	将三相电源线中任意两相换接
启动后电动机转速慢,有嗡嗡声	1. 三相熔丝中有一相被烧断； 2. 电动机的定子线圈断线	1. 更换熔丝； 2. 消除断线
电刷和换向器间有火花	1. 电刷与换向器接触不良； 2. 电刷被卡住或松动； 3. 换向片间的云母突出； 4. 个别换向片凹下或突出	1. 清洁并修整电刷和换向器的接触面； 2. 调整电刷在电刷架中的间隙； 3. 去除突出的云母,拉深云母槽,使云母低于换向器表面； 4. 研磨或上车床车削
焊接电流忽大忽小	1. 焊接回路的接触处接触不良； 2. 电流调节器的可动部分随焊机的振动而移动	1. 检查焊接回路接触处,并使之接触良好； 2. 检修电流调节器,使可动部分不易移动
焊机过热	1. 焊机过载； 2. 发电机的电枢绕组短路； 3. 换向器表面污染或短路	1. 减小焊接电流或降低负载持续率； 2. 消除短路处； 3. 清理换向器表面,消除短路
电缆接线处过热	接线处接触电阻过大或接线处螺帽松动	将接线松开,用砂纸或小刀将接触导线处清理出金属光泽,然后旋紧螺帽
一组电刷中个别电刷跳火	1. 接触不良； 2. 在无火花电刷的刷绳间接触不良,引起相邻电刷过载或跳火	1. 仔细观察接触表面并松开接线,清除污物； 2. 更换不可靠的电刷

任务三　焊条电弧焊工艺与焊接质量控制

一、焊接工艺参数

1. 焊条直径

焊条直径是根据焊件厚度、焊接位置、接头形式、焊接层数等进行选择的。

厚度较大的焊件、搭接和 T 型接头的焊缝应选用直径较大的焊条。对于小坡口焊件，为了保证底层的熔透，宜采用较细直径的焊条，如打底焊时一般选用 $\phi 2.5$ mm 或 $\phi 3.2$ mm 焊条。不同的焊接位置选用的焊条直径也不同。通常平焊时选用较粗的 $\phi(4.0 \sim 6.0)$ mm 的焊条；立焊和仰焊时选用 $\phi(3.2 \sim 4.0)$ mm 的焊条；横焊时选用 $\phi(3.2 \sim 5.0)$ mm 的焊条。对于特殊钢材，需要小工艺参数焊接时可选用小直径焊条。

根据工件厚度选择时，可参考表 2-1-15。

表 2-1-15　焊条直径与焊件厚度的关系

焊件厚度/mm	2	3	4 ~ 5	6 ~ 12	>13
焊条直径/mm	2	3.2	3.2 ~ 4	4 ~ 5	4 ~ 6

对于重要结构应根据规定的焊接电流范围（根据热输入确定）参照表 2-1-16 焊接电流与焊条直径的关系来决定焊条直径。

表 2-1-16　各种直径焊条使用电流参考值

焊条直径/mm	1.6	2.0	2.5	3.2	4.0	5.0	6.0
焊接电流/A	25 ~ 40	50 ~ 80	40 ~ 60	100 ~ 130	160 ~ 210	200 ~ 270	260 ~ 300

2. 焊接电流

焊接电流是焊条电弧焊的主要工艺参数，焊工在操作过程中需要调节的只有焊接电流，而焊接速度和电弧电压都是由焊工控制的。焊接电流的选择直接影响着焊接质量和劳动生产率。

焊接电流越大，熔深越大，焊条熔化越快，焊接效率也高。但是焊接电流太大时，飞溅和烟雾大，焊条尾部易发红，部分涂层要失效或崩落，而且容易产生咬边、焊瘤、烧穿等缺陷，增大焊件变形，还会使接头热影响区晶粒粗大，焊接接头的韧性降低；焊接电流太小，则引弧困难，焊条容易粘连在工件上，电弧不稳定，易产生未焊透、未熔合、气孔和夹渣等缺陷，且生产率低。

因此，选择焊接电流时，应根据焊条类型、焊条直径、焊件厚度、接头形式、焊缝位置及焊接层数来综合考虑。首先应保证焊接质量，其次应尽量采用较大的电流，以提高生产效率。板厚较大的 T 型接头和搭接头，在施焊环境温度低时，由于导热较快，所以焊接电流要大一些，但主要考虑焊条直径、焊接位置和焊道层次等因素。

（1）考虑焊条直径　焊条直径越粗，熔化焊条所需的热量越大，必须增大焊接电流，每种焊条都有一个最合适的电流范围,表2-1-16是常用的各种直径焊条合适的焊接电流参考值。

当使用碳钢焊条焊接时,还可以根据选定的焊条直径,用下面的经验公式计算焊接电流:

$$I = Kd$$

式中　　I——焊接电流,A;

　　　　K——经验系数,A/cm;

　　　　d——焊条直径,mm。

(2)考虑焊接位置　在平焊位置焊接时,可选择偏大些的焊接电流;非平焊位置焊接时,为了易于控制焊缝成形,焊接电流比平焊位置小10%~20%。

(3)考虑焊接层次　通常焊接打底焊道时,为保证背面焊道的质量,使用的焊接电流较小;焊接填充焊道时,为提高效率,保证熔合好,使用较大的电流;焊接盖面焊道时,为防止咬边和保证焊道成形美观,使用的电流稍小些。

焊接电流一般可根据焊条直径进行初步选择,焊接电流初步选定后,要经过试焊,检查焊缝成形和缺陷,才可确定。对于有力学性能要求的(如锅炉、压力容器等)重要结构,要经过焊接工艺评定合格以后,才能最后确定焊接电流等工艺参数。

3. 电弧电压

当焊接电流调好以后,焊机的外特性曲线就决定了。实际上电弧电压主要是由电弧长度来决定的。电弧长,电弧电压高;反之则低。焊接过程中,电弧不宜过长,否则会出现电弧燃烧不稳定、飞溅大、熔深浅及产生咬边、气孔等缺陷;若电弧太短,容易粘焊条。一般情况下,电弧长度以等于焊条直径的0.5~1倍为好,相应的电弧电压为16~25 V。碱性焊条的电弧长度不超过焊条的直径,为焊条直径的一半较好,应尽可能地选择短弧焊;酸性焊条的电弧长度应等于焊条直径。

4. 焊接速度

焊条电弧焊的焊接速度是指焊接过程中焊条沿焊接方向移动的速度,即单位时间内完成的焊缝长度。焊接速度过快会造成焊缝变窄,严重凸凹不平,容易产生咬边及焊缝波形变尖等现象;焊接速度过慢会使焊缝变宽,余高增加,功效降低。焊接速度还直接决定着热输入量的大小,一般根据钢材的淬硬倾向来选择。

5. 焊缝层数

厚板的焊接一般要开坡口并采用多层焊或多层多道焊。多层焊和多层多道焊接头的显微组织较细,热影响区较窄。前一条焊道对后一条焊道起预热作用,而后一条焊道对前一条焊道起热处理作用。因此,接头的延性和韧性都比较好。特别是对于易淬火钢,后焊道对前焊道的回火作用,可改善接头组织和性能。

对于低合金高强钢等钢种,焊缝层数对接头性能有明显影响。焊缝层数少,每层焊缝厚度太大时,由于晶粒粗化,将导致焊接接头的延性和韧性下降。

二、焊缝形状缺陷及防止措施

焊缝形状缺陷有焊缝尺寸不符合要求、咬边、底层未焊透、未熔合、烧穿、焊瘤、弧坑、电弧擦伤、飞溅等,产生的原因和防止措施如下:

1. 焊缝尺寸不符合要求

焊缝尺寸不符合要求主要指焊缝余高及余高差、焊缝宽度及宽度差、错边量、焊后变形量等不符合标准规定的尺寸,焊缝高低不平,宽窄不齐,变形较大等,见图 2－1－2。焊缝宽度不一致,除了造成焊缝成形不美观外,还影响焊缝与母材的结合强度。焊缝余高过大,造成应力集中,而焊缝低于母材,则得不到足够的接头强度。错边和变形过大,会使传力扭曲及产生应力集中,造成强度下降。

（1）产生原因　坡口角度不当或钝边及装配间隙不均匀;焊接工艺参数选择不合理;焊工的操作技能较低等。

（2）预防措施　选择适当的坡口角度和装配间隙;提高装配质量:选择合适的焊接工艺参数;提高焊工的操作技术水平等。

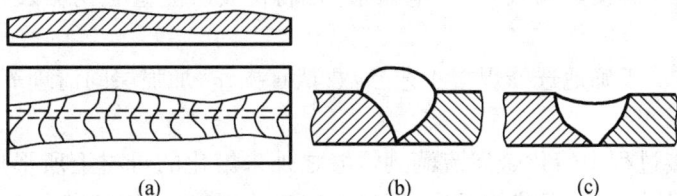

图 2－1－2　焊缝尺寸不符合要求示意图

（a）焊缝不直,宽窄不均;（b）余高太大;（c）焊肉不足

2. 咬边

由于焊接工艺参数选择不正确或操作工艺不正确,在沿着焊趾的母材部位烧熔形成的沟槽或凹陷称为咬边,见图 2－1－3。咬边不但减弱了焊接接头强度,而且因应力集中容易引发裂纹。

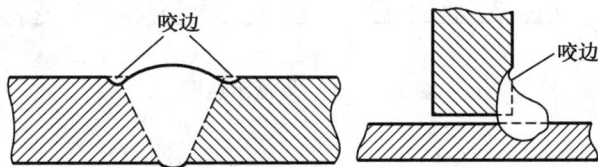

图 2－1－3　咬边示意图

（1）产生原因　电流过大,电弧过长,焊条角度不正确,运条方法不当等。

（2）防止措施　焊条电弧焊焊接时要选择合适的焊接电流和焊接速度,电弧不能拉得太长,焊条角度要适当,运条方法要正确。

3. 未焊透

未焊透是指焊接时焊接接头底层未完全熔透的现象,见图 2－1－4。未焊透处会造成应力集中,并容易引起裂纹,重要的焊接接头不允许有未焊透现象。

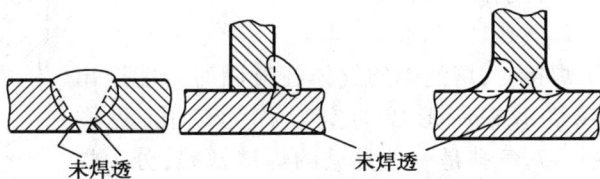

图 2－1－4　未焊透示意图

（1）产生原因　坡口角度或间隙过小、钝边过大，焊接工艺参数选用不当或装配不良，焊工操作技术不良。

（2）预防措施　正确选用和加工坡口尺寸，合理装配，保证间隙，选择合适的焊接电流和焊接速度，提高焊工的操作技术水平。

4. 未熔合

未熔合是指熔焊时，焊道与母材之间或焊道与焊道之间，未完全熔化结合的部分，见图 2 - 1 - 5。未熔合直接降低了接头的力学性能，严重的未熔合会使焊接结构根本无法承载。

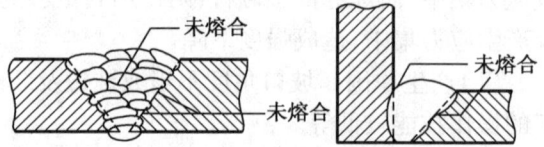

图 2 - 1 - 5　未熔合示意图

（1）产生原因　焊接热输入太低，电弧指向偏斜，坡口侧壁有锈垢及污物，层间清渣不彻底等。

（2）防止措施　正确地选择焊接工艺参数；认真操作，加强层间清理等。

5. 焊瘤

焊瘤是指焊接过程中熔化金属流淌到焊缝之外未熔化的母材上所形成的金属瘤，见图 2 - 1 - 6。焊瘤不仅影响了焊缝的成形，而且在焊瘤的部位，往往还存在夹渣和未焊透。

（1）产生原因　熔池温度过高，液体金属凝固较慢，在自重的作用下形成焊瘤。

（2）防止措施　焊条电弧焊时根据不同的焊接位置选择合适的焊接工艺参数，严格控制熔孔的大小。

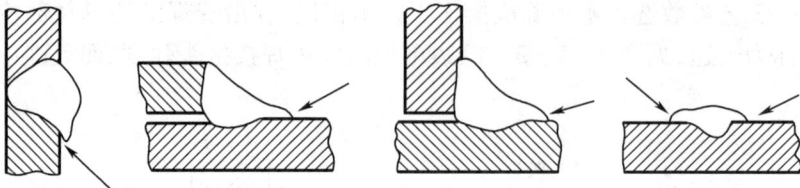

图 2 - 1 - 6　焊瘤示意图

6. 弧坑

焊缝收尾处产生的下陷部分叫做弧坑。弧坑不仅使该处焊缝的强度严重削弱，而且由于杂质的集中，会产生弧坑裂纹。

（1）产生原因　熄弧停留时间过短，薄板焊接时电流过大。

（2）防止措施　焊条电弧焊收弧时焊条应在熔池处稍作停留或作环形运条，待熔池金属填满后再引向一侧熄弧。

7. 气孔

焊接时，熔池中的气体在凝固时未能逸出而残留下来所形成的空穴称为气孔，见图 2 - 1 - 7。气孔是一种常见的焊接缺陷，分为焊缝内部气孔和焊缝外部气孔。气孔有圆形、椭圆形、虫形、针状形和密集形等多种。气孔的存在不但会影响焊缝的致密性，而且将减少焊缝的有效面积，降低焊缝的力学性能。

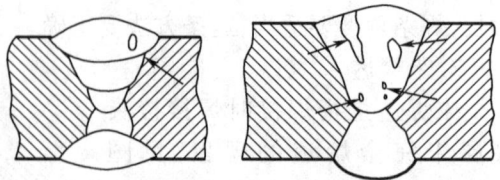

图 2 - 1 - 7　气孔示意图

（1）产生原因　焊件表面和坡口处有油、锈、水分等污物存在；焊条药皮受潮，使用前没有烘干；焊接电流大小或焊接速度过快；电弧过长或偏吹，熔池保护效果不好，空气侵入熔池；焊接电流过大，焊条发红、药皮提前脱落，失去保护作用；运条方法不当，如收弧动作太快，易产生缩孔，接头引弧动作不正确，易产生密集气孔等。

（2）防止措施　焊前将坡口两侧 20～30 mm 范围内的油污、锈、水分清除干净；严格按照焊条说明书规定的温度和时间烘焙；正确地选择焊接工艺参数，正确操作；尽量采用短弧焊接，野外施工要有防风设施；不允许使用失效的焊条，如焊芯锈蚀，药皮开裂、剥落，偏心度过大等。

8. 夹杂和夹渣

夹杂是残留在焊缝金属中由冶金反应产生的非金属夹杂和氧化物。夹渣是残留在焊缝中的熔渣，见图 2－1－8。夹渣可分为点状夹渣和条状夹渣两种。夹渣削弱了焊缝的有效断面，从而降低了焊缝的力学性能，夹渣还会引起应力集中，容易使焊接结构在承载时遭受破坏。

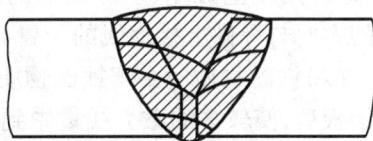

图 2－1－8　焊缝中的夹渣示意图

（1）产生原因　焊接过程中的层间清渣不净；焊接电流太小；焊接速度太快；焊接过程中操作不当；焊接材料与母材化学成分匹配不当；坡口设计加工不合适等。

（2）防止措施　选择脱渣性能好的焊条；认真地清除层间熔渣；合理地选择焊接工艺参数；调整焊条角度和运条方法。

三、磁偏吹产生的原因及防止措施

正常情况下，焊接电弧的轴线与焊条的轴线是保持一致的，如图 2－1－9 所示。但在焊接过程中，有时因受气流的干扰、焊条偏心或磁场作用等影响，使电弧偏离焊条轴线而形成偏吹，如图 2－1－10 所示。电弧偏离熔池以后，熔池金属容易被有害气体侵入，结果使焊缝产生气孔、未焊透、飞溅、焊偏等缺陷。焊接电弧的偏吹，尤以磁偏吹对焊缝成形和质量影响最大。

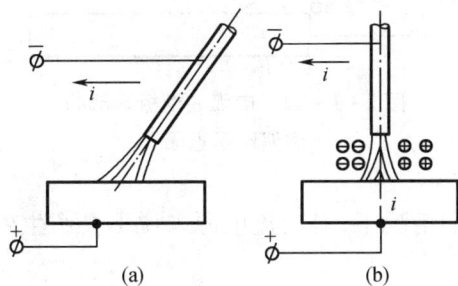

图 2－1－9　正常电弧示意图

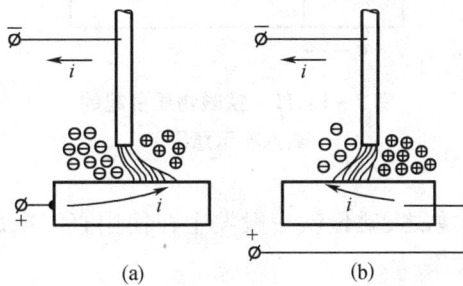

图 2－1－10　有磁偏吹的电弧示意图

所谓磁偏吹就是在采用直流电源焊接时，电弧周围磁场强度分布不均匀而造成电弧向磁场强度较弱一侧偏吹的现象。

1.产生电弧磁偏吹的原因

(1)接地线位置不正确　焊接时,由于连接焊件的接地线与焊接电弧离得较远,造成电弧周围的磁场强度分布不均匀而产生磁偏吹,如图2-1-10所示。图2-1-10(a)表示焊接电流从左边接点"+"流经焊件,通过电弧到焊条再进入接点"-"。这时,电弧左侧的磁力线密度大于右侧,结果造成电弧左侧的磁场强度高于右侧的磁场强度,使电弧向右偏吹。图2-1-10(b)表示焊接电流从右边接点"+"流经焊件,通过电弧到焊条再进入接点"-"。电弧右侧的磁场强度明显高于左侧的磁场强度,造成电弧向左侧偏吹。

如果把图2-1-10(a)的正接法改为反接法,焊接电流方向和磁力线方向都会同时改变,但作用于电弧左、右两侧上的磁场作用力的方向不变,即磁偏吹方向不变。因此,磁偏吹的方向与焊件上接地线的位置有关,而与电弧极性无关。

(2)铁磁物质　由于铁磁物质(钢板等)的导磁能力远远大于空气,因此,当电弧一侧放置钢板后,使较多的磁力线集中到钢板上,电弧空间右侧的磁力线密度显著降低,破坏了空间磁力线分布的均匀性,电弧偏向钢板的一侧,如图2-1-11所示。看上去好像钢板吸引了电弧,实质上电弧是被另一侧较强的磁场推了过去。电弧一侧放的钢板越大或距离越小,引起磁力线密度分布越不均匀,电弧的磁偏吹就越严重。

(3)电弧在钢板端部的磁偏吹　当焊接电弧移到钢板的端部时,也容易产生电弧向钢板中心偏吹的现象,如图2-1-12所示。这是因为电弧在端部时导磁面积发生了变化,造成钢板边缘外侧一方磁力线密度增加。钢板边缘的内侧一方磁力线密度减少,这就促使空间磁力线分布不均匀,产生了指向钢板端部内侧的磁偏吹。

另外,焊接电弧的磁偏吹与焊接电流有关。焊接电流越大,磁偏吹现象也就越严重。

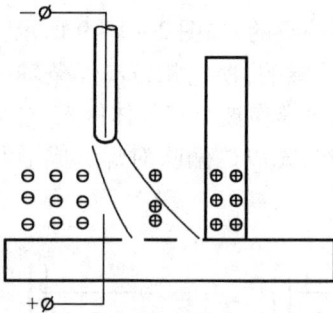

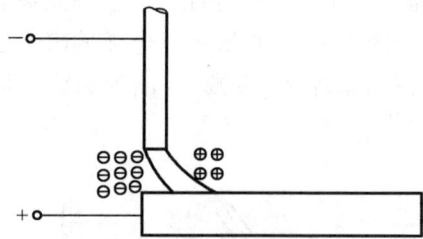

图2-1-11　铁磁物质引起的　　　　　　　　图2-1-12　电弧在钢板端部的
　　　　磁偏吹示意图　　　　　　　　　　　　　　　　磁偏吹示意图

总之,磁偏吹一般发生在使用直流电源焊接的情况下,对交流电源来说不会产生磁偏吹现象。

2.磁偏吹的防止方法

(1)适当改变接地线位置。例如把图2-1-10(a),(b)的接地线位置改成图2-1-9(b)的方式,就可以使心弧周围的磁场强度分布均匀而减少磁偏吹现象。

(2)在焊件接缝两端各加一小块钢板(引弧板和引出板),如图2-1-13所示。结果使两边的导磁面积相等,磁力线分布一致,又减少了热对流的影响。

(3)焊条向磁偏吹的相反方向倾斜。这样做的目的,是通过改变电弧左右空间的大小,从而使磁力线密度趋于平衡,减少了磁偏吹程度。

　　(4)短弧焊接。因为短电弧能减少磁力线的有效截面,将磁力线分布的不均匀程度降低到最小限度。同时,短电弧受气流影响较小,也有利于防止磁偏吹的产生。

　　(5)尽可能用交流电源焊接。因为交流电源在工作时,由于变化的磁场在导体内引起感应电流的产生,感应电流又产生一定的磁力线,从而削弱了焊接电流所引起的磁场。

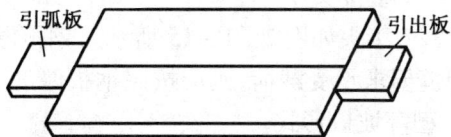

图 2 - 1 - 13　焊件端部的引弧板和引出板示意图

任务四　认知焊接坡口及焊缝符号

一、焊接接头形式

1. 对接接头

对接接头如图 2 - 1 - 14 所示,钢板厚度在 6 mm 以下时,一般采用不开坡口对接;钢板厚度为 6 ~ 40 mm 时,采用 V 型坡口,这种坡口便于加工,但焊后焊件容易变形;钢板厚度为 12 ~ 60 mm 时可采用 X 型坡口,这种坡口比 V 型坡口好,在同样厚度下,它能减少填充金属量近 1/2,焊件变形及产生的内应力也较小,所以它主要用于大厚度以及要求变形较小的焊件坡口准备;单 U 型和双 U 型坡口的填充金属量更少,焊件产生的变形也小,但这种坡口加工较困难,一般用于较重要的焊接结构坡口准备。

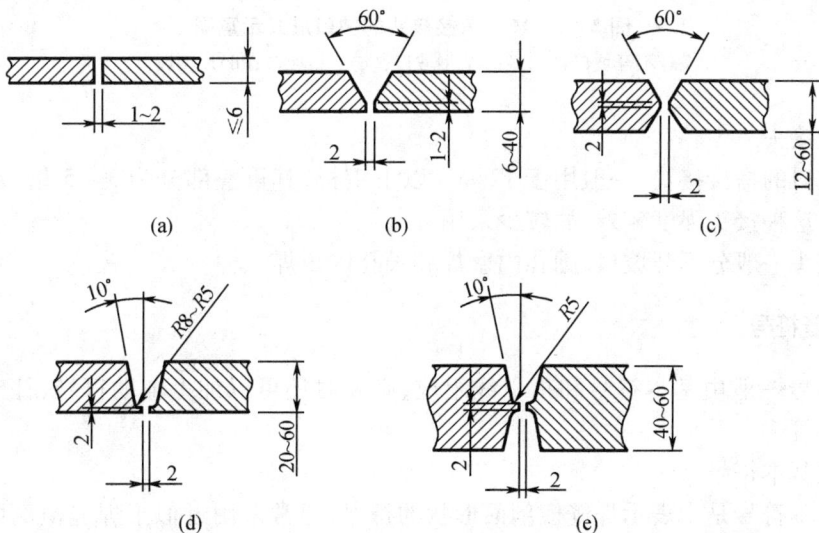

图 2 - 1 - 14　不同板厚对接钢板的坡口形式示意图

(a)不开坡口;(b)V 型坡口;(c)X 型坡口;(d)单 U 型坡口;(e)双 U 型坡口

2. T 型接头

T 型接头如图 2 − 1 − 15 所示。钢板厚度在 2 ～ 30 mm 时,可采用不开坡口;若 T 型接头的焊缝要求承受载荷,则应按照钢板厚度和对结构强度的要求,分别选用单边 V 型、K 型或双 U 型等坡口形式。

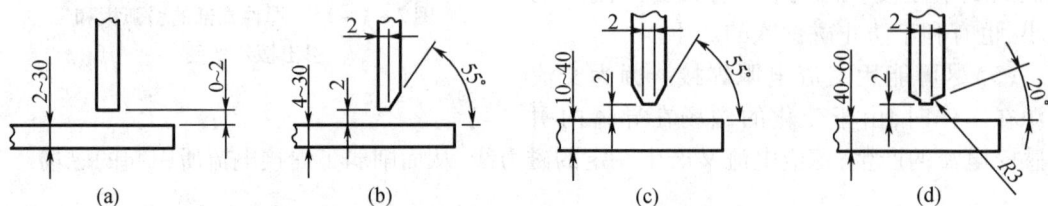

图 2 − 1 − 15 不同板厚 T 型接头的坡口形式示意图
(a)不开坡口;(b)单边 V 型坡口;(c)K 型坡口;(d)双 U 型坡口

3. 角接接头

角接接头如图 2 − 1 − 16 所示,一般用于不重要结构的焊件。

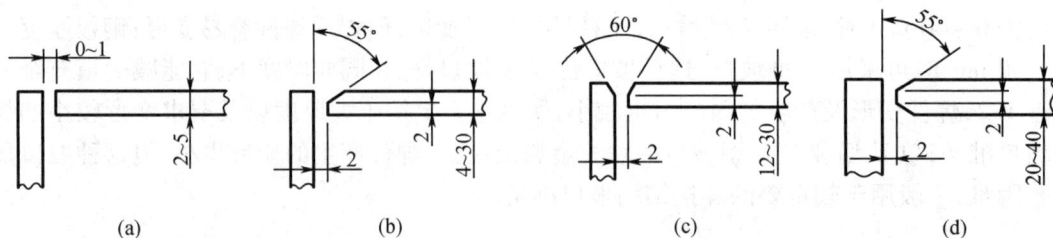

图 2 − 1 − 16 角接接头的坡口形式示意图
(a)不开坡口;(b)单边 V 型坡口;(c)V 型坡口;(d)K 型坡口

4. 搭接接头

不开坡口的搭接接头,一般用于 12 mm 以下钢板,其重叠部分为 3 ～ 5 倍板厚,并采用双面焊接。这种接头强度较差,故较少采用。

搭接接头一般分不开坡口、圆孔内塞焊和长孔内角焊三种。

二、焊缝符号

焊缝符号一般由基本符号和指引线组成,必要时还可以加上辅助符号、补充符号和焊缝尺寸符号等。

1. 焊缝基本符号

焊缝基本符号是指表示焊缝横剖面形状的符号,通常采用近似于焊缝横剖面形状的图形表示(I 型、V 型、带钝边的 V 型、封底、角焊缝等)。基本符号见表 2 − 1 − 17。

表 2 – 1 – 17　基本符号（摘自 GB 324—88）

序号	名称	示意图	符号
1	卷边焊缝（卷边完全熔化）		八
2	I 型焊缝		‖
3	V 型焊缝		∨
4	单边 V 型焊缝		∨
5	带钝边 V 型焊缝		Y
6	带钝边单边 V 型焊缝		Y
7	带钝边 U 型焊缝		Y
8	带钝边 J 型焊缝		Y
9	封底焊缝		⌣
10	角焊缝		◺

表 2 – 1 – 17（续）

序号	名称	示意图	符号
11	塞焊缝或槽焊缝		⊔
12	点焊缝		◯
13	缝焊缝		⊖

2. 焊缝辅助符号

焊缝辅助符号是指表示焊缝表面形状特征的符号（平、凹、凸焊缝），见表 2 – 1 – 18 所示。

表 2 – 1 – 18　焊缝辅助符号（摘自 GB 324—88）

序号	名称	示意图	符号	说明
1	平面符号		—	焊缝表面齐平 （一般通过加工）
2	凹面符号		⌣	焊缝表面凹陷
3	凸面符号		⌢	焊缝表面凸起

不需要确切地说明焊缝的表面形状时，可以不用辅助符号。辅助符号的应用示例见表 2 – 1 – 19。

表 2 - 1 - 19　辅助符号的应用示例（摘自 GB 324—88）

名称	示意图	符 号
平面 V 型对接焊缝		
凸面 X 型对接焊缝		
凹面角焊缝		
平面封底 V 型焊缝		

3.焊缝补充符号

焊缝补充符号是指为了补充说明焊缝某些特征而采用的符号（带垫板、三面焊、周围焊、尾部等）。焊缝补充符号及其应用示例见表 2 - 1 - 20 和表 2 - 1 - 21 所示。

表 2 - 1 - 20　焊缝补充符号（摘自 GB 324—88）

序号	名称	示意图	符号	说明
1	带垫板符号			表示焊缝底部有垫板
2	三面焊缝符号			表示三面带有焊缝
3	周围焊缝符号			表示环绕工件周围焊缝

表 2 −1 −20（续）

序号	名称	示意图	符号	说明
4	现场符号	—	 ▶	表示在现场或工地上进行焊接
5	尾部符号	—	 <	可以参照 GB 5185 标注焊接工艺方法等内容

表 2 −1 −21　补充符号应用示例（摘自 GB 324—88）

示意图	标注示例	说明
	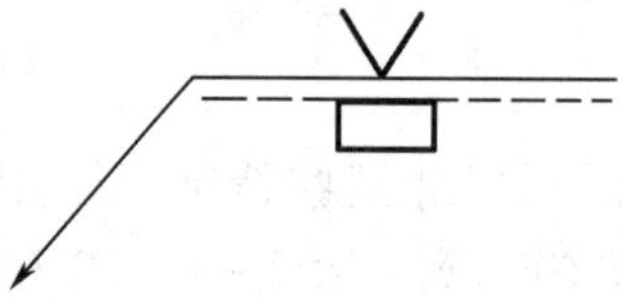	表示 V 型焊缝的背面底部有垫板
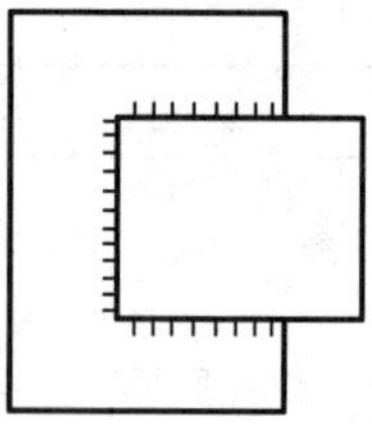	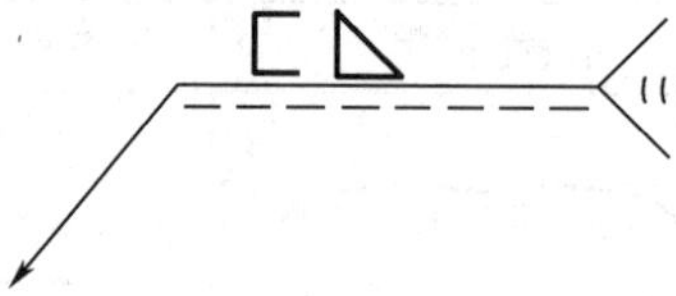	工件三面带有焊缝,焊接方法为手工电弧焊
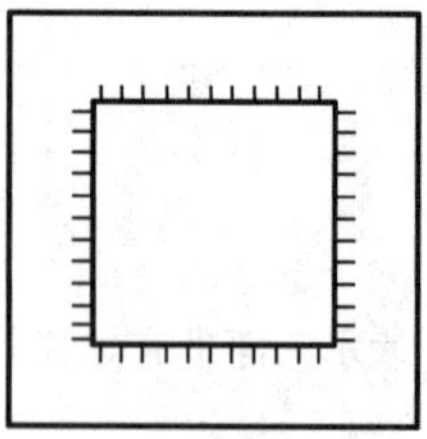	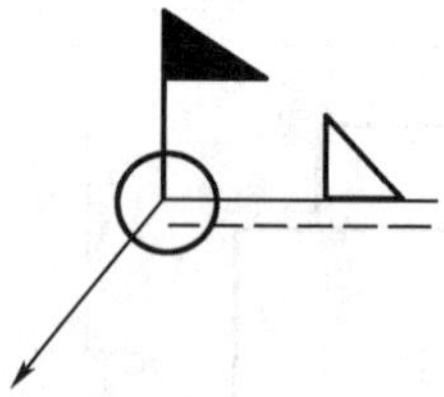	表示在现场沿工件周围施焊

4. 指引线

完整的焊缝表示方法除了上述基本符号、辅助符号、补充符号以外,还包括指引线、一些尺寸符号及数据。

指引线一般由带有箭头的指引线(简称箭头线)和两条基准线(一条为实线,另一条为虚线)两部分组成,如图 2 −1 −17 所示。

基准线应与图样的底边相平行,虚线基准线可以画在基准线的下侧或上方。如果焊缝在接头的箭头所指一侧,则将焊缝基本符号标在基准线的实线侧;如果焊缝在接头的非箭头所指一侧,则将基本符号标在基准线的虚线侧。对于对焊焊缝,可不画虚线基准线。

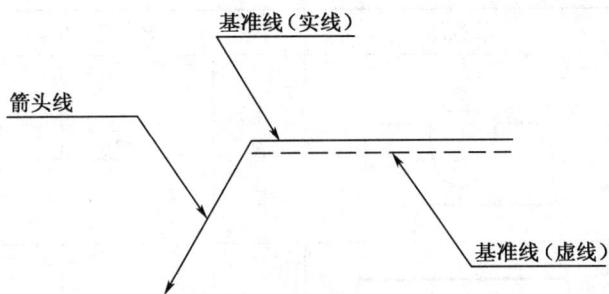

图 2 - 1 - 17　焊缝符号指引线示意图

5.焊缝尺寸符号及其标注位置

基本符号必要时可附带尺寸符号及数据,这些尺寸符号见表 2 - 1 - 22 所示。

表 2 - 1 - 22　焊缝尺寸符号(摘自 GB 324—88)

符号	名称	示意图	符号	名称	示意图
δ	工件厚度		e	焊缝间距	
α	坡口角度		K	焊角尺寸	
b	根部间隙		d	熔核直径	
p	钝边		S	焊缝有效厚度	
c	焊缝宽度		N	相同焊缝数量符号	

表 2 – 1 –22（续）

符号	名称	示意图	符号	名称	示意图
R	根部半径		H	坡口深度	
l	焊缝长度		h	余高	
n	焊缝段数	$n=2$	β	坡口面角度	

6. 焊缝尺寸符号及数据的标注原则

焊缝尺寸符号及数据的标注原则如图 2 – 1 –18 所示，其标注示例如表 2 – 1 –23 所示。

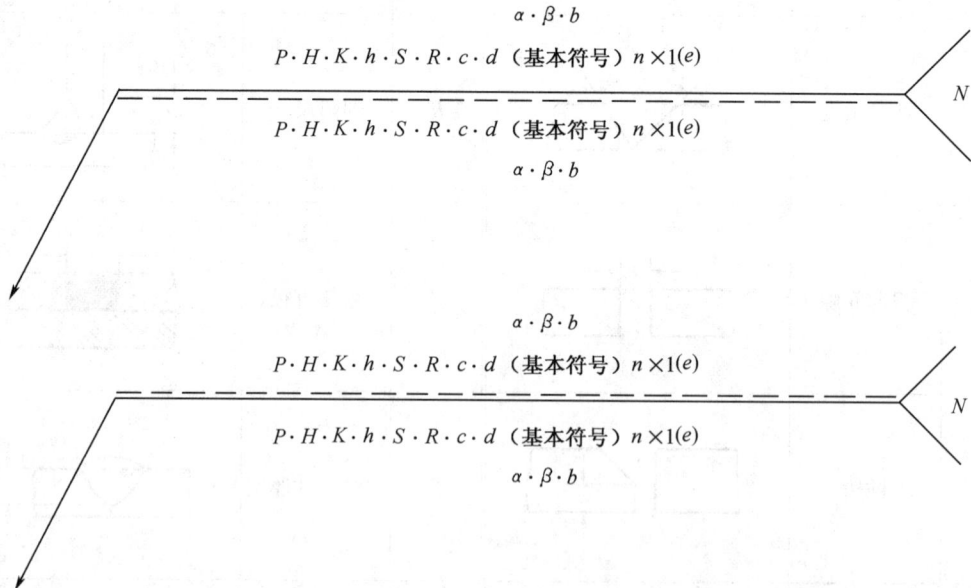

$$\alpha \cdot \beta \cdot b$$
$$P \cdot H \cdot K \cdot h \cdot S \cdot R \cdot c \cdot d \text{（基本符号）} n \times 1(e)$$
$$P \cdot H \cdot K \cdot h \cdot S \cdot R \cdot c \cdot d \text{（基本符号）} n \times 1(e)$$
$$\alpha \cdot \beta \cdot b$$

N

$$\alpha \cdot \beta \cdot b$$
$$P \cdot H \cdot K \cdot h \cdot S \cdot R \cdot c \cdot d \text{（基本符号）} n \times 1(e)$$
$$P \cdot H \cdot K \cdot h \cdot S \cdot R \cdot c \cdot d \text{（基本符号）} n \times 1(e)$$
$$\alpha \cdot \beta \cdot b$$

N

图 2 – 1 –18　焊缝尺寸的标注原则

（1）焊缝横截面上的尺寸标在基本符号的左侧；

（2）焊缝长度方向尺寸标在基本符号的右侧；

（3）坡口角度、坡口面角度、根部间隙等尺寸标在基本符号的上侧或下侧；

（4）相同焊缝数量符号标在尾部；

（5）当需要标注的尺寸数据较多又不易分辨时，可在数据前面增加相应的尺寸符号。当箭头线方向变化时，上述原则不变。

表 2－1－23　焊缝尺寸的标注示例（摘自 GB 324—88）

序号	名称	示意图	焊缝尺寸符号	示例
1	对接焊缝		S：焊缝有限厚度	S ∨
				S ‖
				S Y
2	卷边焊缝		S：焊缝有限厚度	S ‖
				S 八
3	连续角焊缝		K：焊角尺寸	K ◺
4	断续角焊缝		l：焊缝长度（不计弧坑） e：焊缝间距 n：焊缝段数	K ◺ $n\times l(e)$

表 2 − 1 − 23(续)

序号	名称	示意图	焊缝尺寸符号	示例
5	交错断续角焊缝		l e } 见序号 4 n K:见序号 3	
6	塞焊缝或槽焊缝		l e } 见序号 4 n c:槽宽	
			n } 见序号 4 e d:孔的直径	
7	缝焊缝		l e } 见序号 4 c:焊缝宽度	
8	点焊缝		n:见序号 4 e:间距 d:焊点直径	

项目二　焊条电弧焊的基本操作训练

任务一　焊前准备及要求

一、对操作者的基本素质要求

焊接操作者在训练及焊接生产中,必须做到"眼精、手稳、心静、气匀"八个字。这八个字是焊工在焊接操作过程中经过多年实践经验总结而成,在单面焊双面成形训练中,尤为重要。

所谓"眼精",是指在焊接过程中,焊工的眼睛要时刻注意观察焊接熔池的变化,注意"熔孔"尺寸和变化,每个焊点与前一个焊点重合面积的大小,熔池中熔化金属与熔渣的分离情况等。

所谓"手稳",是指眼睛看到哪儿,焊条就应该按选用的运条方法、合适的弧长,准确果断地送到哪儿,旨在保证正、背面焊缝表面成形良好。

所谓"心静",是指在焊接操作中,专心观察熔池的变化和运、送及摆动焊条,避免出现任何与操作无关的杂念。

所谓"气匀",是指在操作过程中,无论站位焊接、蹲位焊接还是躺位焊接,操作者都必须保持呼吸平稳、均匀,切不可憋大气,也不可大喘气,否则都会影响"手稳",从而影响焊缝成形质量。

"心静""气匀"是前提,只有做到"心静"和"气匀","眼精"和"手稳"才能发挥作用。

二、安全操作规程

1.焊工工作前,应先检查电焊机和工具是否安全,不允许未进行安全检查就开始操作。特别是应检查焊机外壳接地、接零是否安全可靠。

2.电焊设备接通电源后,人体不应接触带电部分。检修工作应在切断电源后进行。

3.工作前要认真检查焊接电缆是否完好,有无破损、裸露,无问题才能使用,如发现电缆线损坏,应立即进行修理或更换。

4.焊工工作时,应穿棉白帆布或其他不易燃的工作服,戴焊工手套。工作服要扣好纽扣,不要束在裤子里,口袋应盖好。在仰焊时,焊工应在颈部围毛巾,穿着用防燃材料制成的护肩、长套袖、围裙和鞋盖。必须使用合格的焊接防护面罩,并配有合适的护目镜片。

5.焊工焊接时,应注意不要超负荷使用焊机(即焊接电流过大,焊接时间过长),以免焊机过热,发生火灾。

6.焊接工作地点应有遮光板,避免其他人员受到弧光伤害。

7.焊接作业场所必须有良好的通风条件和设施。

8.工作过程中,不得随意移动焊机、改变焊机接头,如发现故障立即切断电源,并通知电工来排除故障。

9.焊钳应有可靠的绝缘,中断工作时,焊钳要放在安全的地方,防止焊钳与焊体之间产生短路而烧坏弧焊机。

10.更换焊条时,不仅应戴好手套,而且应避免身体与焊件接触。

11.弧焊设备的初接接线、修理和检查应由电工进行,焊工不得私自随便拆修。

12.弧焊设备的外壳必须接零或接地,而且接线应牢靠,以免由于漏电而造成触电事故,接地线不得裸露。

13. 推拉电源闸刀时,应戴好干燥的手套,面部不要面对闸刀,以免推拉闸刀时可能产生电弧火花而灼伤脸部。

14. 在潮湿的地方工作时,应用干燥的木板或橡胶片等绝缘物作垫板,阴雨天严禁室外作业。

15. 工作地周围应放置遮光屏,以免扰乱及损伤周围其他工作人员。

16. 焊接区 10 m 内不得堆放易燃、易爆物,注意红热焊条头的堆放。

17. 风力六级以上的天气,不得露天作业。

18. 焊接完毕后应关掉焊机,如焊机温度过高时,应开着风扇冷却,但下班前必须关掉焊机及各级电源。

19. 工作完毕后,应仔细清理和检查现场,消除火种,防止留下事故隐患。

20. 焊接作业现场,应备有消防器材。

三、坡口准备

坡口尺寸加工及坡口两侧的清理统称坡口准备,坡口成形加工方法的选用需根据钢板厚度和焊接接头的形式来确定,其加工方法主要有以下几种。

1. 剪切　开坡口的钢板可用剪板机进行加工,此法生产率高,加工方便,但不能剪切厚钢板和加工有角度的坡口。

2. 氧–乙炔焰切割　这是一种广泛的坡口成形加工方法,能切割直线的各种角度以及曲线形状的板材,此法更适用于厚钢板的切割,生产率很高。

3. 刨削　用刨边机或刨床加工,能加工任何复杂形状的坡口,加工后的坡口较平直,适用于自动焊的焊件边缘加工。

4. 车削　主要用于管类构件及圆形截面杆件的坡口加工。

5. 碳弧气刨　主要用于多层焊背面清理焊根及开坡口。

焊件在最终装配后,在焊接之前,应将焊件表面或坡口及坡口两侧 20 ~ 50 mm 范围内表面上的水、锈、氧化膜、油污和有碍焊接的杂物除掉。

四、常用工具

1. 电焊钳

电焊钳是用以夹持焊条进行焊接的工具,电焊钳应在任何角度上都能迅速牢固地夹持不同直径的焊条,夹持处导电良好,手柄有良好的绝缘和隔热性能。

2. 面罩

面罩是防止焊接时的飞溅、弧光及熔池和高温施焊时对焊工面部及颈部灼伤的一种遮蔽工具,分手持式和头盔式两种,正面开有长方形孔,内嵌白色玻璃和黑玻璃以保护眼睛。

3. 焊接电缆

焊接电缆指二次回路用的焊接电缆,用来传导焊接电流。导线截面积与焊接电流、导线长度有关。

4. 辅助用具

辅助用具包括电焊条保温筒、电焊条烘干箱、敲渣锤、錾子、钢丝刷等。

电焊条保温筒用于已烘干焊条的保温,以维持焊条药皮中的含水量不超过 0.4% ,其加热器以电焊机的二次电压为电源,使用方便,便于携带,特别适用于流动、露天作业场合。

电焊条烘干箱采用远红外辐射加热,分层抽屉结构,加热均匀;能自动恒温,定时报警,适用于电焊条烘干。

敲渣锤是清除焊渣用的尖锤,可提高清渣效率。

錾子用于清除焊渣,也可铲除飞溅物和焊瘤。

钢丝刷用于清除焊件表面的铁锈、油污等。清理坡口和多层焊道时,宜用2~3行窄形弯把钢丝刷。

任务二　电弧的引燃、运条和收弧

一、引弧方法

焊接开始时,引燃焊接电弧的过程叫做引弧。引弧是焊条电弧焊操作中最基本的操作,如果引弧方法不当会产生气孔、夹渣等焊接缺陷。引弧方法有敲击法和划擦法两种。

1. 敲击法

敲击法是一种理想的引弧方法,将焊条垂直与焊件接触形成短路后迅速提起2~4 mm的距离后电弧即引燃。敲击法不容易掌握,但焊接淬硬倾向较大的钢材时最好采用敲击法,如图2-2-1所示。

2. 划擦法

划擦法是将焊条在焊件表面上划动一下,即可引燃电弧。但这种方法容易在焊件表面造成电弧擦伤,所以必须在焊缝前方的坡口内划擦引弧,如图2-2-2所示。

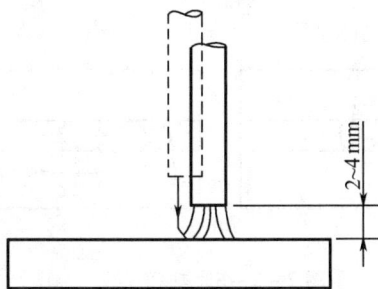

图2-2-1　敲击法示意图

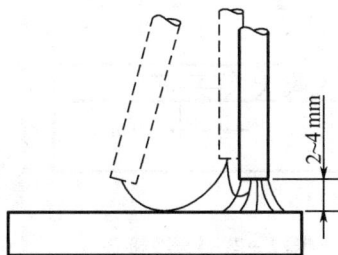

图2-2-2　划擦法示意图

二、常用的运条方法及适用范围

焊接过程中,焊条相对焊缝所做的各种动作的总称叫做运条。电弧引燃后运条时,焊条末端有三个基本动作要互相配合,即焊条沿着轴线向熔池送进、焊条沿着焊接方向移动、焊条作横向摆动,这三个动作组成焊条有规则的运动,如图2-2-3所示。

运条的方法有很多,焊工可以根据焊接接头形

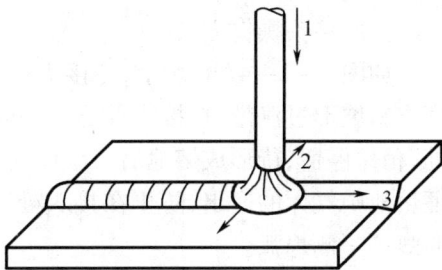

图2-2-3　运条的基本动作示意图

1—焊条送进;2—焊条摆动;3—沿焊缝移动

式、焊接位置、焊条规格、焊接电流和操作熟练程度等因素合理地选择各种运条方法。

三、焊缝接头方法

焊条电弧焊时,由于受到焊条长度的限制,在焊接过程中产生焊缝接头的情况是不可避免的。常用的施焊接头的连接形式大体可以分为两类:一类是冷接头,即焊缝与焊缝之间的接头连接,见图2-2-4;另一类为热接头,即焊接过程中由于自行断弧或更换焊条时,熔池处在高温红热状态下的接头连接,见图2-2-5。根据不同的接头形式,可采用不同的操作方法。

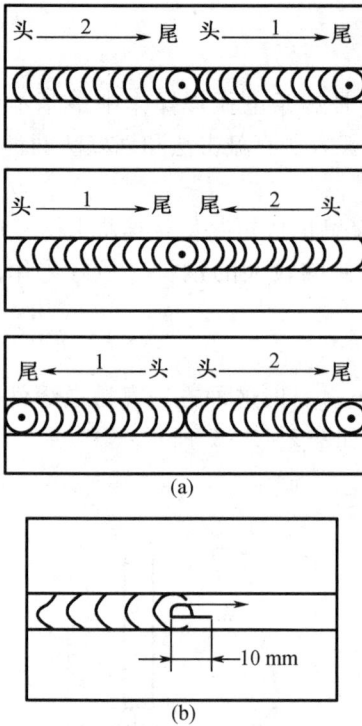

图2-2-4　冷接头
(a)接头形式;(b)接头操作方法
1—先焊焊缝;2—后焊焊缝

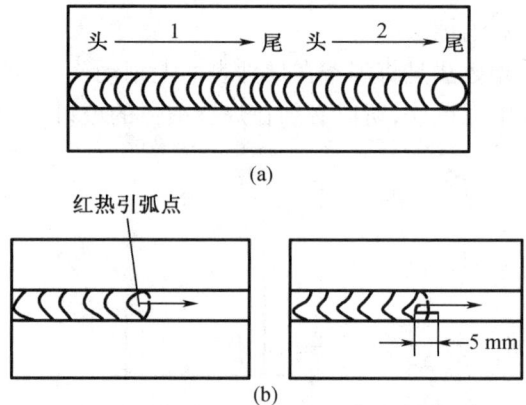

图2-2-5　热接头
(a)接头形式;(b)接头操作方法
1—先焊焊缝;2—后焊焊缝

1.冷接头操作方法

如图2-2-4(b)所示,冷接头在施焊前,应使用砂轮机或机械方法将焊缝被连接处打磨出斜坡形过渡带,在接头前方10 mm处引弧,电弧引燃后稍微拉长一些,然后移到接头处,稍作停留,待形成熔池后再继续向前焊接。用这种方法可以使接头得到必要的预热,保证熔池中气体的逸出,防止在接头处产生气孔。收弧时要将弧坑填满后,慢慢地将焊条拉向弧坑一侧熄弧。

2.热接头操作方法

热接头的操作方法可分为两种:一种是快速接头法;另一种是正常接头法。快速接头法是在熔池熔渣尚未完全凝固的状态下,将焊条端头与熔渣接触,在高温热电离的作用下重新引燃电弧后的接头方法,如图2-2-5(b)所示。这种接头方法适用于厚板的大电流焊接,它要求焊工更换焊条的动作要特别迅速而准确。正常接头法是在熔池前方5 mm左右处引弧后,将电弧迅速拉回熔池,按照熔池的形状摆动焊条后正常焊接的接头方法。如果等到收弧处完全冷却后再接头,则以采用冷接头操作方法为宜。

四、收弧方法

收弧是焊接过程中的关键动作,大体可以分为两种操作方法:一种是连弧法操作技术中的收弧方法;另一种是断弧法操作技术中的收弧方法。如果操作不当,可能会产生弧坑、缩孔和弧坑裂纹等焊接缺陷。

1. 连弧法收弧

连弧焊收弧方法可分为焊接过程中更换焊条的收弧方法和焊接结束时焊缝收尾处的收弧方法。更换焊条时,为了防止产生缩孔,应将电弧缓慢地拉向后方坡口一侧约10 mm后再衰减熄弧。焊缝收尾处的收弧应将电弧在弧坑处稍作停留,待弧坑填满后将电弧慢慢地拉长,然后熄弧。

2. 断弧法收弧

采用断弧法操作技术时,焊接过程中的每一个动作都是起弧和收弧的动作。收弧时,必须将电弧拉向坡口边缘后再熄弧,焊缝收尾处应采取反复断弧的方法填满弧坑。

任务三　焊条电弧焊基本位置操作实训

一、平对接焊

平对接焊是在平焊位置上焊接对接接头的一种操作方法。

1. 不开坡口的平对接焊

适用于厚度3~6 mm钢板装配及定位焊。焊件装配应保证两板对接处齐平,间隙均匀。定位焊缝长度和间距与焊件厚度有关,见表2-2-1。

表2-2-1　不开坡口的平对接焊定位焊尺寸

焊件厚度	定位焊缝尺寸	
	长度/mm	间距/mm
<4	5~10	50~100
4~12	10~12	100~200
>12	15~30	100~300

为保证定位焊缝的质量,应注意定位焊一般都作为以后正式焊缝的一部分,所用焊条应与以后正式焊接时相同;为防止未焊透等缺陷,定位焊时电流应比正式焊时大10%~15%;定位焊的余高不应过高,定位焊缝的两端应与母材平缓过渡,以防止正式焊时产生未焊透等缺陷;如定位焊缝开裂,必须将裂纹处的焊缝铲除后重新定位焊。在定位之后,如出现接口不平齐,应进行校正,然后才能正式焊接。

　　焊缝起头处的质量一般难以保证,因为焊件未焊之前温度较低,而引弧后又不能迅速使焊件温度升高,所以起点部分的熔深较浅,对焊条来说在引弧后的2 s内,由于焊条药皮未形成大量的保护气体,最先熔化的熔滴几乎是在保护气氛的情况下过渡到熔池中去的。这种保护不好的熔滴中有不少气体,如果这些熔滴在施焊中得到二次熔化,其内部气体就会残留在焊道中而形成气孔。

　　为了解决熔深太浅的问题,可在引弧后先将电弧稍微拉长,使电弧对端头有预热作用,然后适当缩短电弧进行正式焊接。

　　为了减少气孔,一种方法是将前几滴熔滴甩掉。操作时采用跳弧焊,即电弧有规律地瞬间离开熔池,把熔滴甩掉,但焊接电弧并未中断;另一种方法是采用引弧板,即在焊前装配一块金属板,从这块板上开始引弧,然后割掉。采用引弧板,不但保证了起头处焊缝质量,而且能使焊接接头始端获得正常尺寸的焊缝,常在焊接重要结构时应用。

　　焊接时首先进行正面焊接,选好焊条直径(3.2 mm)及焊接电流(90～120 A),直线形运条,短弧焊接,焊条角度与焊接方向成65°～80°夹角。为了获得较大的熔深和宽度,运条速度可慢些,使熔深达到板厚的2/3,焊缝宽度应为5～8 mm,余高小于1.5 mm。

　　操作中如发现熔渣与铁水混合不清,可把电弧稍拉长一些,同时将焊条向焊接方向倾斜,并向熔池后面推进熔渣,这样熔渣被推到熔池后面,减少了焊接缺陷,维持焊接的正常进行。

　　在正面焊完之后,接着进行反面封底焊;封底焊之前,应消除焊接的熔渣。当用直径3.2 mm的焊条焊接时,电流可稍大些,运条速度快些,以熔透为原则。

　　当选用直流焊机时,要消除磁偏吹对焊接质量的影响。产生磁偏吹的原因之一是由于接线(连接焊件的电缆线)的位置不正确。因此,只要改变接地线的部分,使电弧周围的磁力线分布较均匀,就能克服磁偏吹。此外,在操作时适当调整焊条角度,使焊条向偏吹一侧倾斜,或采用短弧焊接,都能有效地减少电弧磁偏吹。

　　2. 薄板平对接焊

　　适用于厚度2 mm以下的钢板。当焊接薄板件时,最容易产生烧穿、焊缝成形不良、焊后变形等严重缺陷。操作要做到装配间隙最大不超过0.5 mm;剪切留下的毛边在装配时应锉修掉;两块钢板装配时的上下错边间隙不应超过板厚的1/3。对于某些要求高的焊件,错边不应大于0.2 mm,可采用夹具组装。采用直径较小的焊条进行焊接时,定位焊缝亦短,近似点状,定位焊缝间距应小些,如果间隙稍大,间距更应减小。如焊接1.5～2 mm的钢板,用直径2 mm的焊条,60～90 A电流进行定位焊,定位间距为80～100 mm。焊接时,最好将焊件一头垫起,使其倾斜15°～20°进行下坡焊。这样可提高焊速和减小熔深,以防止烧穿和减小变形。由于薄板受热时易产生翘曲变形,焊后应进行校正,直至符合要求。

　　3. 开坡口的平对接焊

　　适用于厚度6 mm以上的钢板。焊接较厚的钢板应开坡口,以保证根部焊透。一般开V型和X型坡口,采用多层焊法和多层多道焊法。

　　(1)多层焊　是指熔敷两个以上焊层,完成整条焊缝所进行的焊接,而且焊缝的每一层由一条焊道完成。焊接第一层(打底层)焊道时,选用直径较小的焊条(一般为3.2 mm)。运条方法视间隙大小而定,间隙小时,用直线形运条法;间隙大时,用直线往复形运条法,以防烧穿;当间隙很大而无法一次焊成时,可采用缩小间隙焊法完成打底层的焊接,即先在坡口两侧各堆敷一条焊道,使间隙变小,然后再焊一条中间焊道,完成底层焊道的焊接。在焊第二层时,应先将第一层熔渣清除干净,随后用直径较大的焊条(一般4~5 mm),采用短弧焊接,并增加焊条摆动,摆动方法一般有锯齿形、月牙形、三角形、环形、8字形。由于第二层焊道并不宽,采用直线形或小锯齿形运条较合适。以后各层也可用锯齿形运条,但摆动范围应逐渐加宽。摆动到坡口两边时,应稍作停留,否则易产生熔合不良、夹渣等缺陷。注意每层焊道不应过厚,否则会使熔渣流向熔池前面,造成焊接困难。为保证各焊层质量和减小变形,各层之间的焊接方向应相反,其接头最小错开20 mm。每焊完一层焊道都同样要把表面的熔渣和飞溅清除干净,才能焊下一层。

(2)多层多道焊　　是指一条焊缝由三条或三条以上窄焊道依次施焊,并列组成一条完整的焊缝。其焊接方法与多层焊相似,每条焊道施焊时宜采用直线运条法,短弧焊接,操作技术不难掌握,每完成一条焊道,必须清渣一次。

有些焊接结构,不能进行双面焊,只能从接头一面焊接,而又要整个接头完全熔透,这种焊道称为熔透焊道焊接法,一般指单面焊双面成形焊道。

对于较厚件(如12 mm厚的低碳钢板)的熔透焊道,一般开V型坡口,留钝边1~1.5 mm,组装时留3~4 mm间隙。如若可能,在反面加紫铜垫板强制成形,效果更好。焊接时,选用直径3.2 mm的E4303(J422)焊条,用100~120 A的焊接电流进行打底层焊接。焊条运动较为特殊,常用间断熄弧法,它是通过掌握燃弧和熄弧时间及运条动作来控制熔池温度、熔池存在时间、熔池形状和焊层厚度,以获得良好的反面成形和内部质量。

操作时要达到焊件熔透的目的,需依靠电流的穿透能力来熔透坡口钝边,焊件每侧熔化1~2 mm,并在熔池前沿形成一个略大于装配间隙的熔孔。熔池金属有一部分过渡到焊缝根部及焊缝背面,并与母材熔合良好,在熄弧瞬间形成一个焊波,当前一个焊波未完全凝固时,马上又引弧,重复上述熔透过程,如此往复,直至完成打底层焊接。注意不能单纯依靠熔化金属的渗透作用来形成背面焊缝,这样容易产生边缘未熔合,使坡口根部没有真正焊透。更换焊条动作要快,使焊道在炽热状态下连接,以保证连接处质量。其余各焊道均按多层焊或多层多道焊要求施焊。

二、平角焊

平角焊包括角接接头、搭接接头平焊。角焊缝各部位名称如图2-2-6所示。增大焊脚尺寸可增加接头的承载能力,一般焊脚尺寸随焊件厚度的增大而增加,具体见表2-2-2。

角焊缝尺寸决定焊接层次与焊道数,一般当焊角尺寸在8 mm以下时,多采用单层焊;焊脚尺寸为8~10 mm时,采用多层焊;焊脚尺寸大于10 mm时,采用多层多道焊。

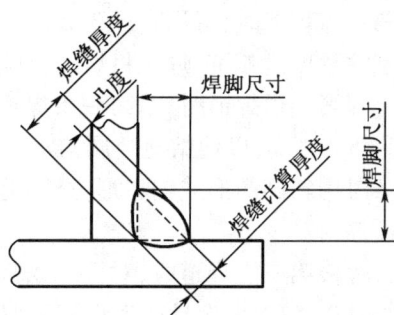

图2-2-6　角焊缝各部位名称示意图

表2-2-2　角焊缝焊脚尺寸要求

焊件厚度/mm	≥2~3	>3~6	>6~9	>9~12	>12~16	>16~23
最小焊脚尺寸/mm	2	3	4	5	6	8

1. 单层焊

适用于厚度 8 mm 的低碳钢板焊接。

焊脚尺寸较小时，进行单层焊，焊条直径根据焊件厚度不同可选择 3.2 mm 或 4 mm，焊接电流比相同条件下的平对接焊增大 10% 左右。操作时焊条位置应按焊件厚度不同来调节。若两焊件厚度不同，电弧偏向厚板，才能使两焊件温度均匀。对相同厚度的焊件，焊脚尺寸小于 5 mm 时，保持焊条角度与水平焊件成 45°，与焊接方向成 60°~80° 的夹角。如果角度太小，则会造成根部熔深不足；角度过大，熔渣容易跑到熔池前面而形成夹渣，运条时采用直线形短弧焊接。对焊脚尺寸为 5~8 mm 的焊缝，可采用斜圆圈形或锯齿形运条方法，但运条必须有规律，否则容易产生咬边、夹渣、边缘熔合不良等缺陷。斜圆圈形运条方法要求：在水平焊件平行移动时要慢速，以保证水平焊件熔深；由水平焊件向上运条时稍快，以防熔化金属下淌；在最高点稍作停留，以保证垂直焊件的熔深，避免咬边；向下时稍慢，以保证根部焊透和水平焊件的熔深，防止夹渣；如此反复，同时注意收尾时填满弧坑，就能获得良好的焊接质量。

2. 多层焊

适用于厚度 12 mm 的低碳钢板焊接。

当焊脚尺寸为 8~10 mm 时，宜采用两层两道焊法。焊第一层时，采用直径 3.2 mm 的焊条，焊接电流稍大（100~120 A），以获得较大的熔深。运条时采用直线形，收尾时应把弧坑填满或略高些，这样在第二层收尾时，不会因焊缝温度增高而产生弧坑过低现象。焊第二层之前，必须将第一层的熔渣清除干净，如发现夹渣，应用小直径焊条修补后方可焊第二层，这样才能保证层与层之间的紧密结合。在焊第二层采用斜圆圈形或锯齿形这种方式时，如发现第一层焊道有咬边，则应适当多停留一些时间，以消除咬边缺陷。

3. 多层多道焊

适用于厚度 12 mm 以上的低碳钢板焊接。

当焊脚尺寸大于 10 mm 时，由于焊脚表面较宽，坡口较大，熔化金属容易下淌，给操作带来一定困难，所以采用多层多道焊较合适。当焊脚为 10~12 mm 时，一般用二层三道焊。焊第一道焊缝时，可用直径 3.2 mm 的焊条、较大的焊接电流和直线形运条方式。收尾时要特别注意填满弧坑，焊完将熔渣清除干净。

焊第二道焊道时，对第一条焊道覆盖不小于 2/3，焊条与水平焊件的角度要稍大些，在 45°~55° 之间，以使熔池金属与水平焊件很好地熔合，焊条与焊接方向夹角仍为 65°~80°。运条时用斜圆圈形或锯齿形方法，运条速度与多层焊时基本相同，所不同的是在最高点时不需停留。

焊接第三道焊道时，对第二条焊道的覆盖应达到 1/3~2/3，焊条与水平焊件的角度为 40°~45°，角度太大易产生焊脚下偏现象。运条仍用直线形，速度保持均匀，但不宜太慢，因为太慢易产生焊瘤，使整个焊缝形状不美观。

在焊接第三道时，若发现第二道焊道覆盖第一条焊道大于 2/3，则可采用直线往复形运条，以免第三道焊道过高。如果第二道覆盖太少，则可采用斜圆圈运条法，运条时在垂直焊件处要稍作停留，以防止咬边，这样就能弥补由于第二道覆盖过少而产生的焊脚下偏现象。

如果焊脚尺寸大于 12 mm，可采用三层六道或四层十道来完成焊接。操作仍按上述方法进行，但这样的平角焊缝只适用于承受较小静载荷的焊件。对于承受重载荷或动载荷的较厚钢板，平角焊时应开坡口。开坡口焊接方法同多层多道焊接法，但要保证焊缝根部焊透。

4. 船形焊

为了克服平角焊时易产生咬边和焊脚不均匀的缺陷,在实际生产中,往往将焊件旋转成为图 2-2-7 所示位置,这种位置的焊接称为船形焊。

这样,可采用平对接焊的操作方法,有利于选用大直径的焊条和较大的焊接电流。运条时可采用月牙形或锯齿形方法。焊接第一层仍用小直径焊条及稍大的焊接电流,其他各层与开坡口的平对接焊操作相似。所以船形焊不但能获得较大的熔深,而且一次焊成的焊脚尺寸最大可达 10 mm 以上,与平角焊相比不但生产率提高了,而且比较容易地获得平整美观的焊缝。因此,如有条件应尽量用船形焊。平角焊后,焊脚断面形状应符合图 2-2-8(c)的要求,因为这种形状是圆滑过渡,应

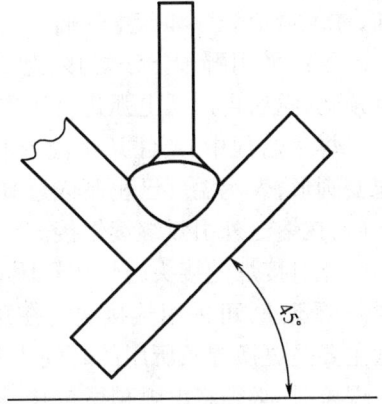

图 2-2-7 船形焊位置示意图

力集中最小,可提高焊件的承载力。当对焊后角变形有严格要求时,焊前需预留一定的变形量,可采用反变形法,使焊后焊件变形最小;也可在定位焊时,用圆钢、角钢等进行固定,待焊件全部焊完后再去掉。

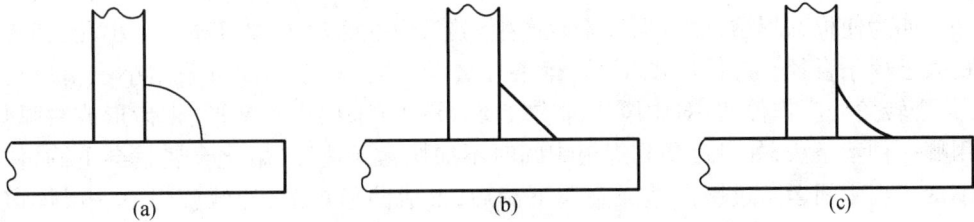

图 2-2-8 平角焊缝形状示意图

(a)凸形角焊缝;(b)平角焊缝;(c)凹形角焊缝

三、立对接焊

立对接焊是指对接接头处于立焊位置的操作,生产中经常由下向上施焊。

1. 不开坡口的立对接焊

薄板焊接采用向上立焊时,为防止熔化金属因重力作用而向下淌,焊接时需采取一些措施,如采用小直径的焊条(直径 4 mm 以下),使用较小的焊接电流(比平对焊小 10%~15%),使熔池体积小,冷却快。采用短弧焊接,弧长不大于焊条直径,利用电弧吹力托住铁水。焊接时,焊条应处于通过两焊件接口而垂直于焊件的平面内,并与焊件成 60°~80°夹角。这样,电弧吹力对熔池有向上的推力,有利于熔滴过渡并托住熔池。

为了防止烧穿,除采取上述措施外,还可以采用跳弧法和灭弧法。所谓跳弧法,是指当熔滴脱离焊条末端过渡到熔池后,立即将电弧向焊接方向提起,这时为不使空气侵入,其长度不应超过 6 mm,目的是让熔池金属迅速冷却凝固,形成一个台阶,当熔池缩小到焊条直径 1~1.5 倍时,再将电弧(或重新引弧)移到台阶上面,在台阶上形成一个新熔池,如此不断地重复"熔化—冷却—凝固—再熔化"的过程,应能由下向上形成一条焊缝。所谓灭弧法,是

指当熔滴从焊条末端过渡到熔池后,立即将电弧熄灭,使熔化金属有瞬时凝固的机会,随后重新在弧坑引燃电弧,灭弧时间在开始时可以短些,随着焊接时间的延长,灭弧时间也要增加,才能避免烧穿和产生焊瘤。

不论采用哪种方法焊接,起头时,当电弧引燃后,都应将电弧稍微拉长,对焊缝端头稍有预热,随后再压低电弧进行正常焊接。

焊接过程中,要注意熔池形状,如发现椭圆形熔池下部边缘由比较平直的轮廓逐渐凸起变圆形,表示温度已稍高或过高,应立即灭弧,让熔池降温,避免产生焊瘤,待熔池瞬时冷却后,在熔池外引弧继续焊接。

立对接焊的接头施焊比较困难,容易产生夹渣和造成焊缝凸起过高等缺陷,因此,更换焊条要迅速,可采用热接法。在接头时,往往有铁水拉不开或熔渣、铁水混在一起的现象,这主要是更换焊条所用的时间太长,引弧后预热不够及焊条角度不正确等引起的;出现这种现象时,必须将电弧稍微拉长一些,并适当延长在接头处的停留时间,同时将焊条角度增大(与焊缝成 90°),这样熔渣就会自然滚落下去。

2. 开坡口的立对接焊

由于焊件较厚,多采用多层焊,层数多少要根据焊件厚度来确定,并注意每一层焊道的成形。如果焊道不平整,中间高、两侧很低,甚至形成尖角,则不仅给清渣带来困难,而且会因成形不良而造成夹渣、未焊透等缺陷。操作时要注意打底层和表面层焊道的焊接。打底层焊道即在施焊正面第一层焊道时,选用直径 3.2 mm 的焊条。根据间隙大小,灵活运用操作手法。如为使根部焊透,而背面又不致产生塌陷,应在熔池上方熔穿一个小孔,其直径等于或稍大于焊条直径。焊件厚度不同,运条方法也不同,对厚焊件可采用小三角形运条方法,在每个转角处应作停留;对中厚焊件或较薄焊件,可采用小月牙形、锯齿形或跳弧焊法。不论用哪一种运条法,如果运条到焊道中间时不加快运条速度,熔化金属就会下淌,使焊道外观不良。当中间运条过慢而造成金属下淌后,形成凸形焊道,导致施焊下一层焊道时产生未焊透和夹渣等缺陷。

表面层焊道焊接时,首先要注意靠近表面层的前一层焊道的焊接质量。一方面要使各层焊道凹凸不平的成形在这一层得到调整,为焊好表面层打好基础;另一方面这层焊缝一般应低于焊件表面 1 mm 左右,而且焊道中间略有些凹,以保证表面层焊缝成形美观。运条方法可根据对焊缝余高的不同要求加以选择,如果要求余高稍大时,焊条可作月牙形摆动;如果要求稍平时,焊条可作锯齿形摆动。运条速度要均匀,摆动要有规律。运条到两端时,应将电弧进一步缩短并稍作停留,这样才能有利于熔滴的过渡和防止咬边;在中间运条时,应稍快些,以防止产生焊瘤。有时表面焊缝也可采用较大电流,在运条时采用短弧,使焊条末端紧靠熔池快速摆动,并在坡口边缘稍作停留,这样表层焊缝不但较薄,而且焊波较细,平整美观。

四、立角焊

立角焊是指 T 型接头焊件处于立焊位置时的焊接操作。

立角焊与立对接焊的操作有许多相似之处,如用小直径焊条和短弧焊接等。但还应注意采取一些措施,例如,在与立对接焊相同的条件下,焊接电流可稍大些,以保证焊透;在焊件厚度相同时,焊条与两焊件的夹角应左右相等,而焊条与焊缝中心线的夹角保持在 75°~90°范围,以使两焊件均匀受热,保证熔深;在施焊过程中控制好熔化金属,当引弧后出现第一个熔池时,电弧应较快地抬高,当看到熔池瞬间冷却成一个暗红点时,将电弧下降到弧坑处,并使熔滴下落时与前面熔池重叠 2/3,然后电弧再抬高,这样有节奏地形成立角焊缝。如果焊条放置的位置不正确,会使焊波脱节,影响焊缝美观和焊接质量。焊条摆动要根据不同板厚和焊脚尺寸的要求选择。对焊脚尺寸较小的焊缝,可采取直线往复运条方法,焊脚尺寸要求较大时,可采用月牙形、三角形、锯齿形运条方法。为了避免出现咬边等缺陷,除选用合适的电流外,焊条在焊缝两侧应稍作停留,使熔化金属能填满焊缝两侧边缘部分。焊条摆动宽度应不大于所要求的焊脚尺寸。

五、横焊

横焊是指焊件处于垂直而接口处于水平方位的一种焊接操作。

1. 不开坡口的横焊操作

当焊件厚度小于 5 mm 时,一般不开坡口,可采取双面焊接。操作时,左手或左臂可以有依托,右手或右臂的动作与平对接焊操作相似。焊接时宜用直径 3.2 mm 的焊条,并向下倾斜,与水平面成 15°左右的夹角,使电弧吹力托住熔化金属,防止下淌;同时焊条向焊接方向倾斜,与焊缝成 70°左右的夹角。选择焊接电流时可比平对接焊小 10%~15%,否则会使熔化温度增高,金属片在液体状态时间长,容易下淌形成焊瘤。操作时要特别注意,如焊渣超前时,要用焊条前沿轻轻地拨掉,否则熔滴也会随之下淌。

当焊件较薄时,可作往复直线形运条,这样可借焊条向前移的机会,使熔池得到冷却,防止烧穿和下淌。

当焊件较厚时,可采用短弧直线形或小斜圆圈形运条。斜圆圈的斜度与焊缝中心约成 45°夹角,以得到合适的熔深。但运条速度应稍快些,且要均匀,避免焊条熔滴金属过多地集中在某一点上而形成焊瘤和咬边。

2. 开坡口的横焊操作

当焊件较厚时,一般可开 V 型、U 型、单边 V 型或 K 型坡口。横焊时的坡口特点是下面焊件不开坡口或坡口角度小于上面的焊件,这样有助于避免熔池金属下淌,有利于焊缝成形。

对于开坡口的焊件,可采用多层焊或多层多道焊。焊接第一焊道时,应选用直径 3.2 mm 的焊条,运条方法可根据接头间隙大小来选择。间隙较大时宜用直线往复形运条;间隙较小时可采用直线形运条,焊接第二焊道用直径 3.2 mm 或 4 mm 焊条,采用斜圆圈形运条。

施焊过程中,应保持较短的电弧和均匀的焊接速度。为了更好地防止焊缝出现咬边和下边熔池金属下淌现象,每个斜圆圈形与焊缝中心的斜度不得大于 45°。当焊条末端运动到斜圆圈上面时,电弧应更短,并稍停片刻,使较多的熔化金属过渡到焊道中去,然后缓慢地将电弧引到焊道下边,这样使电弧往复循环,有效地避免各种缺陷,使焊缝成形良好。

背面封底焊时,首先进行清根,然后使用直径 3.2 mm 的焊条,较大的焊接电流和直线形运条方式焊接。

对焊件厚度大于 8 mm 的多层多道焊,采用直径 3.2 mm 的焊条,直线形或小圆圈形运条方式,并根据各道焊缝具体情况,始终保持短弧和适当的焊接速度,同时焊条速度也应根据各焊道的位置进行调节,才能获得较好的焊缝成形。

六、仰焊

仰焊是指焊条位于焊件下方,焊工仰视焊件所进行的焊接。

1.不开坡口的对接仰焊

焊接厚度不超过 4 mm 时,一般可不开坡口,用砂纸打光待焊处之后,组装进行定位焊。焊接时选用直径 3.2 mm 的焊条,焊接电流比平对接焊小 15%~20%,焊条与焊接方向成 70°~80°角,与焊缝两侧成 90°角。在整个焊接过程中,应保持在上述位置均匀运条不要中断,运条方法可采用直线形和直线往复形。直线形可用于焊接间隙小的接头,直线往复形可用于间隙较大的接头。焊接电流虽比平对接焊时小,但不宜过小,否则不能得到足够的熔深,并且电弧不稳,操作难掌握,焊缝质量也难保证。在运条过程中,要保持最短的电弧长度,以使得熔滴能顺利过渡到熔池中去。为了防止液态金属的流淌,熔池不宜太大,操作中应注意控制熔池的大小,也要注意熔渣流动情况,只有熔渣浮出正常,才能避免焊缝夹渣,保证熔合良好。收尾动作要快,以免焊漏,但要填满弧坑。

2.开坡口的对接仰焊

当焊件厚度大于 5 mm 时,均应开坡口焊接。一般开 V 型坡口,坡口角度比平对接焊时大一些,钝边厚度小些(1 mm 以下),间隙要大些。其目的是便于运条和变换焊条位置,从而克服仰焊熔深不足以至焊不透的现象,保证焊缝质量。

开坡口的对接仰焊,可采用多层焊或多层多道焊。在焊第一道时,采用直径 3.2 mm 的焊条,焊接电流比平对接焊小 10%~20%,多用直线形运条法,间隙稍大时,用直线往复形运条,从接缝的起头处开始焊接。首先用长弧预热起焊处,稍有预热后,迅速压低电弧于坡口根部,稍停 2~3 s,以便熔透根部,然后将电弧向前移动。正常焊接时,焊条沿焊接方向移动的速度,应在保证焊透的前提下尽可能快些,以防止烧穿及熔池金属下淌。第一焊道表面应平直,避免凸形,因凸形焊道不仅给焊接下一层焊道的操作增加困难,而且容易造成焊道边缘未焊透或夹渣、焊瘤等缺陷。

焊接第二层焊道时,应将第一层焊道熔渣及飞溅物清除干净,若有焊瘤应铲平后才能施焊。焊接时用直径 4 mm 焊条,焊接电流 180~200 A,这样可提高生产效率。第二层和以后各层焊道的运条均可采用月牙形和锯齿形,运条到两侧稍停片刻,中间稍快,以形成较薄的焊道。

多层多道焊时,焊道排列的顺序与横焊相似。按照上述要求焊完第一层焊道和第二层焊道之后,其他各层焊道用直线形运条,但焊条角度应根据各焊道的位置作相应的调整,以利于熔滴的过渡和获得较好的焊道形状。

任 务 考 核

1.简述焊条的作用。

2.焊条有哪些种类? 药皮的作用是什么?

3.比较酸性焊条与碱性焊条的特点、性能和使用要求。

4.简述焊条的工艺性能有哪些。

5.简述下列焊条牌号与型号的含义:J422,J427,J507,J506,E4303,E4315,E5015,E5016,A137,A307。

6. 简述焊条的选用原则。

7. 简述焊条保管与使用要求。

8. 简述弧焊电源的分类。

9. 简述弧焊发电机的常见故障,可能产生的原因及解决措施。

10. 简述弧焊电源的常见故障,可能产生的原因及解决措施。

11. 简述弧焊整流器的常见故障,可能产生的原因及解决措施。

12. 弧焊电源的使用要求有哪些?

13. 如何对弧焊电源进行保养?

14. 焊条电弧焊的工艺参数有哪些,选择依据分别是什么?

15. 简述编制焊缝符号的原则,识读各种焊缝符号。

16. 常见的焊接缺陷有哪些?

17. 试分析各种焊接缺陷产生的原因。

18. 简述预防各种焊接缺陷的措施。

19. 分析电弧偏吹产生的原因及预防措施。

20. 简述加工坡口有哪些方法。

21. 通过实际操作练习,试分析焊条电弧焊的工艺参数对接头外观形状、焊接质量是怎样影响的。

22. 在焊接操作过程中怎样才能保持焊接工艺参数稳定? 通过实训,你有什么体会?

23. 通过实训,试分析焊条电弧焊焊接过程中常见缺陷有哪些,防止对策有哪些。

24. 通过实训,总结焊条电弧焊有哪些特点。

学习情境三　二氧化碳气体保护焊

● 情境描述

　　CO_2 气体保护焊是由送丝机构将盘状焊丝(实芯或药芯)送到焊枪,焊丝自身作为电极,与母材间产生电弧,并在二氧化碳气体的保护下,熔化焊丝及母材达到接头牢固连接的一种焊接方法。它是一种高效率、高质量的先进技术,目前已广泛地被造船业、桥梁建造业等钢结构行业所应用,并已逐步取代焊条电弧焊。

　　CO_2 气体保护焊工艺相对于焊条电弧焊工艺具有其独特之处,该方法生产效率高,材料成本低,设备复杂,焊接参数多,因此,熟练掌握焊接设备的使用、维护和保养常识,掌握工艺参数对焊接过程和质量的影响,对控制和保证焊接质量有重要的意义。

　　由于半自动 CO_2 气体保护焊电弧移动由人工完成,因此需要熟练掌握 CO_2 气体保护焊的安全操作规程。通过实训应掌握焊接设备的使用、维护和保养知识,掌握各种位置下控制焊缝成型的基本技能。

【一】知识目标

　　1. 熟悉 CO_2 气体保护焊的特点。

　　2. 了解 CO_2 气体保护焊的设备;熟悉 CO_2 气体保护焊机的组成及所用的焊接材料;掌握焊接设备的使用、维护和保养常识。

　　3. 掌握 CO_2 气体保护焊的工艺参数对焊接过程和质量的影响。

【二】能力目标

　　1. 能正确合理地选择 CO_2 气体保护焊的焊接工艺参数。

　　2. 能够熟练调节 CO_2 气体保护焊各工艺参数;熟悉 CO_2 气体保护焊机;掌握焊接设备的使用、维护和保养。

　　3. 能够熟练掌握 CO_2 气体保护焊的基本操作技术。

【三】任务链接

　　1. 认知 CO_2 气体保护焊工艺。

　　2. CO_2 气体保护焊工艺。

　　3. 焊接设备的使用、维护和保养常识。

　　4. CO_2 气体保护焊质量控制。

　　5. CO_2 气体保护焊的基本操作。

　　6. CO_2 气体保护焊各种位置的基本操作实训。

项目一　二氧化碳气体保护焊工艺

任务一　认知二氧化碳气体保护焊工艺

一、二氧化碳气体保护焊原理

二氧化碳气体保护焊（简称 CO_2 焊），是利用从喷嘴中喷出的二氧化碳气体隔绝空气，保护熔池的一种先进的熔焊方法。这种焊接方法与手工电弧焊相比有着明显的优越性。

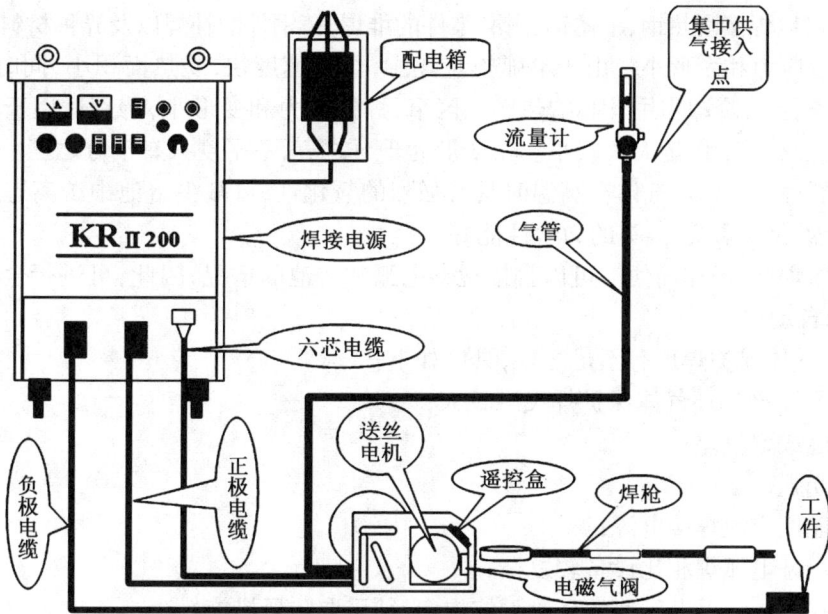

图 3 - 1 - 1　二氧化碳气体保护焊示意图

二、二氧化碳气体保护焊的分类

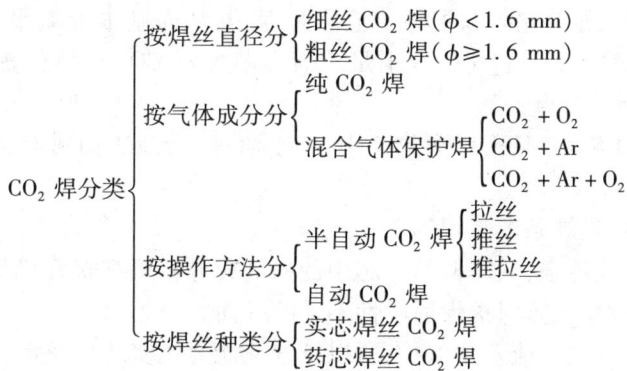

$$
CO_2\text{焊分类}
\begin{cases}
\text{按焊丝直径分}
\begin{cases}
\text{细丝 } CO_2 \text{ 焊}(\phi < 1.6 \text{ mm}) \\
\text{粗丝 } CO_2 \text{ 焊}(\phi \geqslant 1.6 \text{ mm})
\end{cases} \\
\text{按气体成分分}
\begin{cases}
\text{纯 } CO_2 \text{ 焊} \\
\text{混合气体保护焊}
\begin{cases}
CO_2 + O_2 \\
CO_2 + Ar \\
CO_2 + Ar + O_2
\end{cases}
\end{cases} \\
\text{按操作方法分}
\begin{cases}
\text{半自动 } CO_2 \text{ 焊}
\begin{cases}
\text{拉丝} \\
\text{推丝} \\
\text{推拉丝}
\end{cases} \\
\text{自动 } CO_2 \text{ 焊}
\end{cases} \\
\text{按焊丝种类分}
\begin{cases}
\text{实芯焊丝 } CO_2 \text{ 焊} \\
\text{药芯焊丝 } CO_2 \text{ 焊}
\end{cases}
\end{cases}
$$

三、二氧化碳气体保护焊的特点

1. 实芯焊丝 CO_2 气体保护焊的特点

CO_2 气体保护焊与其他焊接方法相比较,具有下述独到的特点:

(1)效率高　电流密度大,焊丝熔化速度快,熔敷率高,生产效率高。

(2)成本低　CO_2 气体来源广,价格低廉,材料电能消耗少,焊接材料成本小于埋弧焊和焊条电弧焊成本的一半。

(3)对各种板厚均可焊接　熔滴用短路过渡可焊接 1 mm 左右的钢板,也可用射流过渡(加适量的氢)焊接中厚板,如采用多层焊钢板厚度几乎不受限制。

(4)可用于多种金属材料的焊接　不仅可用于低碳钢的焊接,也能焊接低合金钢。在某些情况下还可以焊接耐热钢、不锈钢、耐磨零件的堆焊、铸钢件的补焊以及异种材料的焊接。

(5)焊接应力和变形小　由于电弧热量集中,焊接速度快,受热面积小,同时 CO_2 气流对电弧具有较强的冷却作用,因此,热影响区窄,焊接应力和变形小,特别适用于薄板焊接,并且焊后火工校正工作量大大减小。角变形为千分之五,不平度只有千分之三。

(6)抗裂性好　CO_2 气体在高温时具有强烈的氧化性,可减少熔池中游离态氢的含量,所以焊缝金属含氢量低,接头的力学性能好。

(7)明弧焊接,操作简便　可以直接观察电弧和熔池的情况,因此,可进行全位置焊接,并便于实现自动化。

但 CO_2 气体保护焊也有不足之处,具体如下:

(1)实芯焊丝 CO_2 气体保护焊飞溅较大;

(2)焊缝成型较差;

(3)弧光强;

(4)不能用交流焊接电源;

(5)与焊条电弧焊相比设备较复杂;

(6)若在 2 m/s 以上风速的环境下施焊,必须采取防风措施;

(7)不能焊接易氧化的有色金属等。

2. 药芯焊丝 CO_2 气体保护焊的特点

药芯焊丝是冷轧薄钢带,经轧机纵向折叠加粉剂后拉拔成所需规格直径的焊丝,因此,药芯焊丝具有焊条的部分特点。药芯焊丝 CO_2 气体保护焊既有 CO_2 气体保护焊的特点,又有焊条电弧焊的特点,显然它采取了气－渣联合保护,从而基本上克服了实芯焊丝 CO_2 焊飞溅大、成形差、焊缝中易产生气孔等不足。与实芯焊丝 CO_2 气体保护焊相比,药芯焊丝 CO_2 气体保护焊有下述特点:

(1)电弧稳定,飞溅小,且飞溅颗粒细小,易于清理;熔池表面覆有熔渣,因此焊缝成形美观。

(2)生产效率高,是焊条电弧焊的 3～5 倍。

(3)对钢材的适应性强,只需调整焊芯中的粉剂成分就可焊接和堆焊不同成分的钢材,故克服了实芯焊丝 CO_2 气体保护焊适应性不足的一面。

(4)由于熔池受到气－渣双重保护,所以抗气孔能力比实芯焊丝强。

(5)对焊接电源无特殊要求,直流反极性电源和交流电源、平特性或陡降外特性电源均可使用。

（6）焊接电流及电弧电压的选择范围更宽，焊接电流按焊丝直径不同，可在 200～700 A 之间选择，电弧电压在 25～35 V 之间选择。

药芯焊丝 CO_2 气体保护焊的主要不足是焊丝制造比较复杂，送丝较实芯焊丝困难，焊丝外表容易锈蚀，粉剂容易吸潮。所以开包后应尽快用完，否则粉剂中吸收的水分将会在焊接时引起气孔并使焊缝金属的韧性显著降低。

3. $CO_2 + O_2$ 混合气体保护焊的特点

$CO_2 + O_2$ 混合气体保护焊和纯 CO_2 气体保护焊相比有如下特点：

（1）熔敷速度高，熔深大　CO_2 气体中加入一定量的 O_2 后，氧化反应加剧，因而放出更多的热量，使焊丝熔化率增加，同时熔池温度提高，熔深增大。这样厚板焊接时，可以减小坡口角度，而且 10～12 mm 厚的钢板不开坡口也可以一次焊透。因此，$CO_2 + O_2$ 混合气体保护焊是一种高效焊接方法。

（2）焊缝金属含氢量低　$CO_2 + O_2$ 混合气体的氧化性很强，必须配用具有强脱氧能力的焊丝（提高焊丝中的 Si，Mn 含量或加入 Ti，Al 等脱氧元素），当焊丝具有较强的脱氧能力时，可加入适量的 O_2。这样焊缝金属中总的含氧量并不至于增加，而 O_2 的加入却降低了弧柱中游离氢和熔入液态金属中氢的浓度，因此焊缝金属中含氢量比纯 CO_2 气体保护焊焊缝低，并具较强的抗氢气孔能力，接头的抗裂性更强。

（3）能采用大电流进行焊接　因电弧温度高，焊丝熔化率高，因此可以尽量增大焊接电流。采用大电流焊接时，电弧稳定、飞溅很小。由于熔池表面覆盖有较多的熔渣，焊缝表面成形较好。

4. 陶质衬垫 CO_2 半自动单面焊特点

陶质衬垫 CO_2 单面对接焊，是一种采用硅式陶质衬垫块衬在接缝反面，利用衬垫的耐高温性作反面焊缝成型的依托，并配以 CO_2 半自动焊进行平、立、横位置焊，实现单面焊双面成形的一种高效焊接方法。CO_2 单面对接焊工艺具有下述特点：

（1）焊接效率高，是焊条电弧焊的 4～6 倍以上，其衬垫安装拆除方便可靠，使用方便工艺简单。

（2）衬垫可进行一定程度的弯曲，因此可进行曲面分段拼板对接、分段中合拢对接。焊后可减少其翻身工作量，既降低了对焊接场所空间高度要求，又节约了起重、吊运工时，还节省了分段堆放场地。

（3）对于船台总段大合拢对接缝，采用 CO_2 单面焊后，可使大量的手工仰焊工作转化为平焊，既提高了焊接效率，又减轻了焊工劳动强度，且确保了焊接质量。

（4）基本上取消了焊缝背面的碳刨，节约了电能、焊接材料、工时等，更重要的是缩短了建造周期。

（5）焊接位置的适应性强，可进行全位置角接、对接缝及各种倾斜位置的焊接。

任务二　二氧化碳气体保护焊工艺参数

一、二氧化碳气体保护焊施工工艺条件

在二氧化碳气体保护焊施工中，由于各项工艺条件的不同，所得的焊缝外观、熔深，以及焊缝内部质量和接头力学性能也有很大的区别，因此正确选择二氧化碳气体保护焊的工艺参数是该

焊接方法的关键。二氧化碳气体保护焊的工艺参数有焊接电流、电弧电压、焊接速度、焊接回路电感值、焊丝伸出长度、气体流量、焊丝直径以及电源极性等,见图3－1－2。

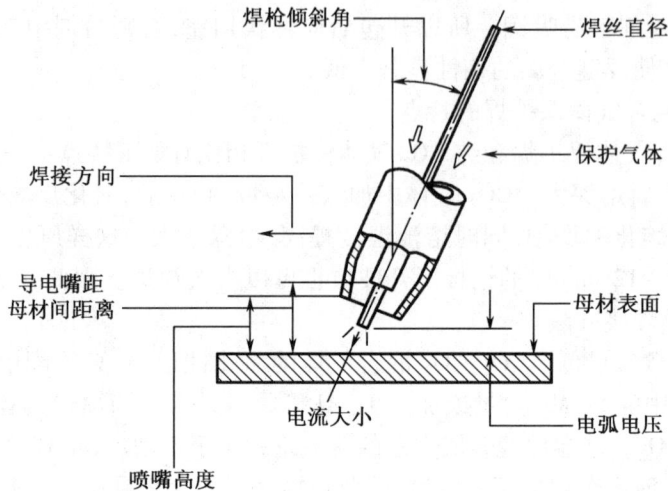

图3－1－2　二氧化碳气体保护焊施工工艺条件示意图

一、焊接工艺参数对焊接接头质量的影响

1. 焊接电流

焊接电流应根据焊件厚度、坡口形式、焊丝直径和所需熔滴过渡形式来确定。

细丝 CO_2 焊焊接电流的大小,直接关系到焊接过程的稳定性、焊缝成形、焊接质量以及焊接生产率。通常细丝 CO_2 焊在使用等速给送式时,电流的调节主要是通过改变焊丝的给送速度予以实现的。焊丝给送速度越快,焊接电流就越大。一般情况下,焊丝直径一定时,焊接电流的增加,使焊缝的熔深、熔宽、余高都有所增加,而以熔深增加最为明显。当焊接电流过大时,易产生飞溅、焊穿及气孔等缺陷;反之,当焊接电流太小时,电弧不能连续燃烧,易出现未焊透或成形不良等问题。

2. 电弧电压

电弧电压是指从导电嘴到焊件之间的电压,它对于电弧的稳定性、焊缝成形、飞溅大小、短路过渡频率以及接头力学性能都有很大的影响。

正确选择和调整细丝 CO_2 焊的电弧电压,必须与一定的焊丝直径和焊接电流相适应,允许的电弧电压波动只有 $1 \sim 2$ V。各种焊丝直径常用的焊接电流和电弧电压范围见表3－1－1所示。

表3－1－1　不同直径焊丝常用的焊接电流与电弧电压范围

焊丝直径 /mm	0.6	0.8	1.0	1.2	1.2	1.6	1.6	2.0	2.5	3.0	4.0
焊接电流 /A	30 ~ 70	50 ~ 100	70 ~ 120	90 ~ 150	160 ~ 350	140 ~ 200	200 ~ 500	200 ~ 600	300 ~ 700	400 ~ 800	450 ~ 800
电弧电压 /V	17 ~ 19	18 ~ 21	18 ~ 22	19 ~ 23	25 ~ 38	20 ~ 24	26 ~ 40	27 ~ 36	30 ~ 34	32 ~ 36	32 ~ 40

电弧电压过低,弧长过短,会引起焊丝插入熔池的现象,使飞溅增大,甚至引起焊接过程不稳定;电弧电压过高,弧长增大,短路频率很快下降,使熔滴粗大,飞溅的颗粒尺寸增大,金属飞溅增加,接头氧化性加剧。对使用平特性电源的 CO_2 焊,当所用的焊丝直径为 $0.8 \sim 1.2$ mm,焊接电流 250 A 以下,在短路过渡时,电弧电压可按下述经验公式推算:

$$U = 16 + 0.04I \pm 2$$

焊接电流 250 A 以上时,电弧电压的经验公式为

$$U = 20 + 0.04I \pm 2$$

式中　U——电弧电压,V;

　　　I——焊接电流,A。

例如,$I = 130$ A 时,$U = 0.4 \times 130 + 16 \pm 2 = 21 \pm 2$,取 $19 \sim 23$ V 比较合适。

另外,这个公式将连接 5 m 长的软管的电压降已估计在内,但是在软管长度变动的情况下,有必要选用补偿后的电弧电压。

在一般情况下,电弧电压随焊接电流的增加而升高,电弧电压增大(或减小),焊缝的宽度有明显的增大(或减小),而对余高及熔深影响较小。由于电弧电压允许变化范围较小,所以细丝 CO_2 焊调节电弧电压只是考虑焊接过程的稳定性,极少作为改变焊缝成形的手段。

3. 焊接速度

焊接速度不仅影响到焊缝的单位线能量、焊缝形状尺寸,而且还关系到接头机械性能、裂缝和气孔等缺陷的产生。特别在焊接高强度钢和合金钢时,为了防止裂纹,保证焊缝的塑性和韧性,更需要选择合适的焊接速度,综合考虑线能量。

随着焊接速度增加,余高、熔宽和熔深都相应地减小;反之,焊接速度减小,则余高、熔宽、熔深相应增加。但焊接速度过慢,对薄板易焊穿;对较厚板熔深不但不会增加反而减小,因熔宽过大,熔池变大,电弧产生在熔池上面,电弧热难以到达焊缝根部和两边缘,容易产生熔合不良、满溢等缺陷。若焊接速度过快,使焊接区的保护层受到破坏,同时焊缝的冷却速度加快,降低了接头的塑性,并使焊缝成形变差。

半自动焊接时,熟练焊工的焊接速度为 $18 \sim 36$ m/h;自动焊时,焊接速度可高达 150 m/h。

总之,焊接电流、电弧电压和焊接速度三者匹配恰当,才能获得良好的焊接质量和焊缝外形。

4. 焊接回路的电感值

电感值应根据焊丝直径和电弧电压来选择。不同直径焊丝的合适电感值见表 3 – 1 – 2。在短路过渡的细丝 CO_2 焊焊接时,调节电感的目的:一是为了调节电源的动特性,以保证焊接过程的稳定性;二是调节短路频率和燃弧时间,控制电弧的热量,以适合不同厚度的焊件焊接。若电感值过小,则使短路电流增长速度过快,会造成很细的颗粒飞溅,焊缝边缘不齐,成形不良;若电感值过大,则短路电流速度增长过快,而使焊接过程不稳定,产生大颗粒飞溅以及熄弧,并造成引弧困难,易使焊丝成段地爆断。

表 3 – 1 – 2　不同直径焊丝合适的电感值

焊丝直径/mm	0.8	1.2	1.6
电感值/mH	$0.01 \sim 0.08$	$0.10 \sim 0.16$	$0.30 \sim 0.70$

在细丝 CO_2 半自动焊焊接时,一般先选好焊接电流,再调节电弧电压以得到最佳短路频率,最后调节电感量,使得飞溅最少,熔透适当。

5. 焊丝伸出长度

焊丝伸出长度是指焊丝伸出导电嘴的那段距离,又叫干伸长。一般焊丝中伸出长度是焊丝直径的 10 倍(5 ~ 15 mm 范围内)。伸出长度过长,则焊丝电阻热增加,焊接电流变小,降低了熔池热量,容易引起未焊透,同时会使焊丝过热而熔断,造成焊接过程不稳定,飞溅严重,焊缝成形不良以及降低气体的保护效果等;伸出长度过短,则缩短了喷嘴与焊件之间的距离,使喷嘴过热,飞溅黏住和堵塞喷嘴,影响气体的流通,易出气孔,还会影响焊工对熔池的观察。

6. 气体流量

CO_2 气体流量主要影响气罩保护的可靠性。当焊接电流较大、焊接速度较快、焊丝伸出长度较长以及在室外焊接时,气体流量必须随之加大。正常焊接时,200 A 以下薄板焊接,CO_2 的流量为 10 ~ 25 L/min;200 A 以上厚板焊接,CO_2 的流量为 15 ~ 25 L/min。粗丝大规范自动焊为 25 ~ 50 L/min。气体流量过小时,气体挺度不够,对熔池的保护作用减弱,而容易产生气孔等缺陷;气体流量过大时,对熔池的吹力增大,冷却作用加强,但是反而使保护气体紊乱,空气卷入,降低了保护效果。另外,CO_2 气体过多时,在电弧作用下,分解出来的氧浓度增加,从而加大了熔池的氧化性,不但降低了接头的机械性能,而且使焊缝表面失去光泽。

7. 电源极性

细丝 CO_2 焊普遍采用直流反极性,这是因为焊件接负极时的电弧稳定性比接正极时高,而且飞溅也较小(熔滴受到的极点压力小),同时在 CO_2 气体保护下的电弧气氛中,有利于形成较多的阴离子,因此,阴极温度较高,使焊件熔透深度大。正极性时,焊丝接负极,这时焊丝的熔化速度要比接反极性时快 1.5 ~ 1.6 倍,且熔深浅。利用正极性接法,进行修补或堆焊工作,可以提高生产率。

8. 导电嘴孔径

细丝 CO_2 焊时,焊丝通过与导电嘴的摩擦接触传送焊接电流。由于二者不断地摩擦,使导电嘴的孔径磨损扩大。一般细丝 CO_2 焊导电嘴的孔径比焊丝直径大 0.1 ~ 0.25 mm。当导电嘴孔径过大时,引起焊丝与导电嘴之间的接触不良,并使焊丝的导向失控而影响焊接过程的稳定性,造成焊缝成形不良。但当导电嘴孔径过小时,会增大焊丝给送的阻力,造成送丝不均甚至导致焊丝在给送滚轮与软管进口之处产生卷曲或打结的现象。

任务三 焊接设备的使用、维护和保养常识

一、二氧化碳气体保护焊设备

1. 焊接电源

CO_2 气体保护焊设备一般采用直流焊接电源。细丝焊接时电弧具有强的自调节作用,通常选用平特性或缓降特性的电源,配等速送丝机构。这种匹配可保证在受到外界干扰时,弧长迅速恢复,保证焊接工艺参数的稳定。这种匹配方式通过改变送丝速度可调节电流,改变电源外特性可改变电压,工艺参数的调节非常方便。

细丝 CO_2 气体保护焊一般采用短路过渡进行焊接,要求电源具有良好的动特性。要保证合适的短路电流峰值及短路电流的上升速度;电源要具有较大的空载电压上升速率。短路电流上升速率应能调节,以适应不同直径及成分的焊丝。目前,硅整流电源、晶闸管电源、逆变电源均能满足对空载电压上升速率的要求。但是,短路电流上升速率及短路电流峰值需要通过在焊接设备中串接一适当的电抗器来调节。新型的逆变式焊机普遍采用电子电抗器来调节短路电流上升速度。

粗丝 CO_2 气体保护焊一般采用均匀送丝机构配下特性的电源,采用弧压反馈调节来保持弧长的稳定。粗丝 CO_2 气体保护焊时一般是细颗粒过渡,采用直流反接,这种熔滴过渡对电源动特性无特殊要求,焊接回路中可不加电感。利用弧焊整流器作电源时,为了抑制输出电流的脉动性,并减少飞溅,通常也加上适当的电感。

2. 控制系统

控制系统有两部分:一部分是基本控制系统;另一部分是程序控制系统。基本控制系统包括焊接电源输出调节系统、送丝速度调节系统、小车或行走速度调节系统和气体流量调节系统等。控制系统的作用是对焊接电流、电弧电压、送丝速度、行走机构等进行调节。程序控制系统控制提前送气、滞后停气、引弧、电流衰减、熄弧等。程序控制系统的主要作用如下:

(1)控制焊接设备的启动和停止;

(2)控制电磁气阀动作,实现提前送气和滞后停气,使焊接区受到良好的保护;

(3)控制水压开关动作,保证焊枪受到良好的冷却;

(4)控制引弧和熄弧;

(5)控制送丝和小车移动。

CO_2 气体保护焊的熄弧方式有两种:焊丝反烧熄弧和电流衰减熄弧。焊丝反烧熄弧时,先停止送丝,电弧继续燃烧,弧长逐渐增大,经过一定时间后切断焊接电源,电弧熄灭。电流衰减熄弧时,首先使焊接电流及送丝速度衰减,防止焊丝与工件粘连,填满弧坑后再停止送丝并切断电源。

3. 送丝机构

CO_2 气体保护焊焊接过程中,送丝机构质量的好坏直接影响电弧燃烧的稳定性。特别是细丝 CO_2 气体保护焊对送丝机构的要求更加严格。根据送丝方式的不同,送丝机构分为推丝式、拉丝式、推拉丝式和行星式四种类型。

送丝机构一般由送丝电动机、减速装置、送丝滚轮、送丝软管和焊丝盘等组成。

送丝机使用的注意事项:

(1)送丝机必须与规定的焊接电源和焊枪配套使用;

(2)送丝机与焊接电源、焊枪和供气系统的连接必须紧固、密封,否则易造成送丝机的损坏或焊接过程的不稳定;

(3)焊接工作中应避免金属飞溅物落在送丝机上,并注意及时清理;

(4)送丝机应避免受到外力的强烈撞击,不要在潮湿的地面上工作;

(5)不要用拉动焊枪的方式来移动送丝机,以免造成损坏;

(6)送丝轮和 SUS 导套帽应注意清理,磨损严重或损坏应及时更换;

(7)送丝机发生非使用故障时应请专业人员进行修理。

CO_2 气体保护焊送丝系统故障产生原因及排除方法见表 3 - 1 - 3。

表 3 - 1 - 3　　CO₂ 气体保护焊送丝系统故障产生原因及排除方法

常见故障	产生原因	排除方法
焊丝送进不均匀	1. 焊枪开关或控制线接触不良; 2. 送丝滚轮压力调整不当; 3. 送丝滚轮磨损; 4. 减速器故障; 5. 送丝软管接头处或内层弹簧松动或堵塞; 6. 焊丝绕线不好,时松时紧,或有弯曲; 7. 焊枪导电部分接触不良,导电嘴孔径大小不均匀	1. 检修拧紧; 2. 调整送丝滚轮压力; 3. 更新新滚轮; 4. 检修; 5. 清洗检修; 6. 换一盘焊丝或者重绕,调直焊丝; 7. 检修或换新
焊丝在送丝滚轮和导电杆进口管处打结	1. 导电嘴与焊丝熔合; 2. 导电嘴孔径太小,送丝不畅; 3. 导电杆进口离送丝轮太近; 4. 弹簧软管内径小或堵塞; 5. 送丝滚轮、导电杆与送丝管不同心	1. 更换导电嘴; 2. 更换导电嘴; 3. 调整两者之间的距离; 4. 清洗或更换弹簧软管; 5. 调直
焊丝停止送进和送丝电机不转动	1. 送丝滚轮打滑; 2. 焊丝和导电嘴熔合; 3. 焊丝卷曲卡在焊枪进口管处; 4. 电动机碳刷磨损; 5. 电动机电源变压器受损; 6. 保险丝烧断	1. 调整送丝滚轮压紧力; 2. 更换导电嘴; 3. 推出焊丝,剪去一段焊丝; 4. 更换; 5. 检修或更换; 6. 换新

4. 焊枪

CO₂ 气体保护焊焊枪可用来进行手工操作(半自动焊)和自动焊(安装在机械装置上)。

半自动焊枪通常有两种形式:鹅颈式和手枪式。鹅颈式焊枪应用广泛,适合于细焊丝,使用灵活方便。典型的鹅颈式焊枪结构如图 3 - 1 - 3 所示。手枪式焊枪适合于较粗的焊丝,一般采用水冷方式。常用的手枪式焊枪的结构如图 3 - 1 - 4 所示。自动焊焊枪的基本构造与半自动焊焊枪相似,但其载流容量较大,工作时间较长,一般都采用水冷。

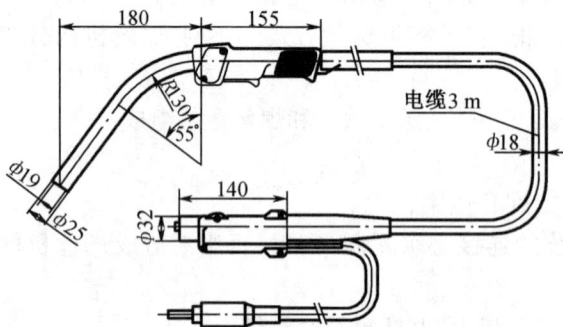

图 3 - 1 - 3　鹅颈式焊枪结构示意图

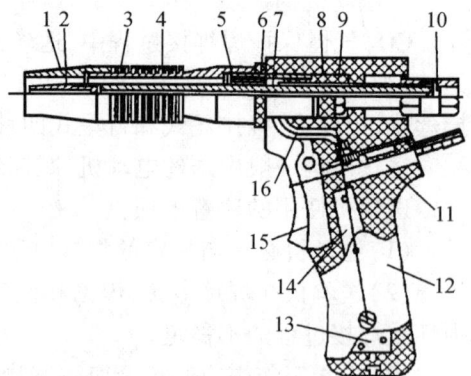

图 3 - 1 - 4　手枪式焊枪结构示意图

1—喷嘴;2—导电嘴;3—套筒;4—导电杆;5—分流环;
6—挡圈;7—气室;8—绝缘圈;9—紧固螺母;
10—锁紧螺母;11—球型气阀;12—枪把;
13—退丝开关;14—焊丝;15—扳机;16—气管

除了推丝式焊枪外,有的焊枪装有小型送丝机构,通过送丝软管与焊丝盘相连。还有一种焊枪上不但装有小型送丝机构,还装有小型焊丝盘,质量约 5 kg,如图 3 - 1 - 5 所示。这种焊枪主要用于细丝焊和软焊丝(如铝焊丝)。虽然推丝焊枪轻便、灵活,但难以长距离送丝,如果与拉丝焊枪结合起来,可以形成推拉式送丝方式,这样既保持了操作的灵活性,又有利于扩大工作范围。

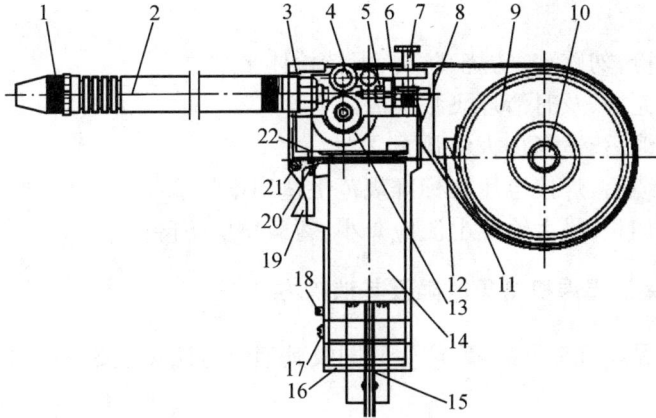

图 3 - 1 - 5　推拉式焊枪结构示意图

1—喷嘴;2—外套 ;3—绝缘外壳;4—送丝滚轮;5—螺母;6—导丝杆;7—调节螺杆;
8—绝缘外套;9—焊丝盘;10—压拴;11,15,17,21,22—螺钉;12—压片;
13—减速箱;14—电动机;16—底板;18—退丝按钮;19—扳机;20—触点

5. 气路系统

CO_2 气体保护焊的供气系统和氩弧焊基本相同,除了一般气体保护焊气路系统中必须有的气瓶、减压阀、流量计、软管及气阀以外,CO_2 气体保护焊的气路系统还需安装预热器及干燥器,如图 3 - 1 - 6 所示。

干燥器的选用根据 CO_2 气体纯度和对焊接质量的要求而定。一般情况下,只需安装高压干燥器。如果对焊缝质量的要求不高,也可不加干燥器。有的工厂将高压干燥器和预热器做成一个整体,称为预热干燥器。

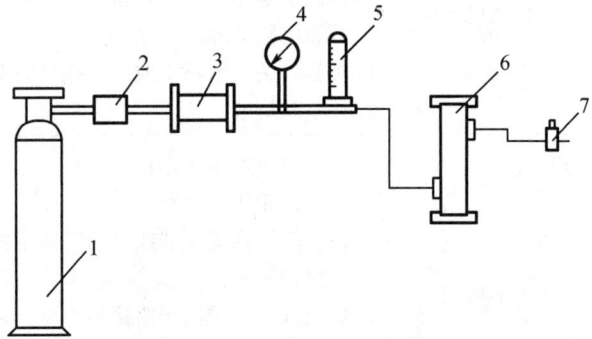

图 3 - 1 - 6　CO_2 气体保护焊气路系统示意图

1—气瓶;2—预热器;3—高压干燥器;4—气体减压阀;
5—气体流量计;6—低压干燥器;7—气阀

转子流量计一般用来测量 CO_2 气体的流量。

6. 水路系统

水路系统通以冷却水,用于冷却焊炬及电缆。

四、CO_2 气体保护焊焊机使用注意事项

1. 供电电源应连接可靠、网压正常稳定。

2. 综合线缆连接紧密可靠、盘绕有序、不打死弯。电缆线应选用足够截面积的铜制电缆。

3. 气瓶压力、气体流量应符合规范,加长综合电缆时最小气瓶压力、气体流量均应适当提高。

4. 注意保护焊枪,勿踩踏、防烧、防烫,保持枪体平顺。

5. 保证导电嘴完好,及时清理飞溅焊渣。

6. 加长综合线缆后,适当加大电弧力。

7. 加长综合线缆后,焊接电压在标准规范上适当增加。

8. 随综合线缆加长,最大输出电流应减小,暂载率应下降。

五、CO_2 气体保护焊焊机常见故障及其消除方法

CO_2 气体保护焊焊机常见故障、产生原因及其消除方法见表 3 – 1 – 4 所示。

表 3 – 1 – 4　CO_2 气体保护焊焊机常见故障、产生原因及其消除方法

常见故障	产生原因	消除方法
当按启动开关时,送丝电动机不转	1. 电动机碳刷磨损; 2. 电动机电源变压器或自耦变压器损坏; 3. 电枢、激磁整流器损坏; 4. 控制继电器的触点烧损; 5. 调速电路故障; 6. 焊枪开关接触不良或控制线路断头; 7. 保险丝烧断	1. 换碳刷; 2. 检修或更换; 3. 换电枢、激磁整流器; 4. 换继电器或修理触点; 5. 检修; 6. 检修和接通线路; 7. 换熔断器
送丝不均匀	1. 送丝电机本身故障; 2. 送丝滚轮压力调整不当; 3. 送丝软管强度不够或管内阻塞不畅; 4. 减速箱故障; 5. 焊枪开关或控制线路接触不良; 6. 导电嘴孔径不合适; 7. 焊丝盘上的焊丝缠绕不好,焊丝扭曲或变形	1. 检修电机; 2. 调整送丝压力; 3. 更换软管或清洗软管; 4. 检修; 5. 检修; 6. 更换孔径合适的导电嘴; 7. 一定要保证盘丝质量
焊丝在送丝辊轮和软管进口处卷曲或打结	1. 送丝辊轮离软管接头进口处太远; 2. 送丝辊轮压力太大,焊丝变形; 3. 送丝辊轮、软管接头和导丝接头不在一条直线上; 4. 导电嘴与焊丝粘住; 5. 导电嘴内孔太小; 6. 送丝软管内径小或堵塞	1. 加长接头,移近距离; 2. 调整压力; 3. 调直; 4. 更换导电嘴; 5. 更换导电嘴; 6. 清洗或更换软管

表 3 - 1 - 4（续）

常见故障	产生原因	消除方法
焊接过程不稳定，规范波动很大	1. 送丝不均匀，导电嘴磨损严重； 2. 送丝辊轮磨损； 3. 送丝软管弯曲太大； 4. 焊件和焊丝不清洁，接触不良； 5. 焊接规范选择不当； 6. 焊接电源直流回路元件接触不良	1. 检修调整，更换导电嘴； 2. 更换辊轮； 3. 尽量拉直软管； 4. 清理焊件和焊丝； 5. 调整规范； 6. 检修电路元件
焊接电压低	1. 网路电压低； 2. 三相电路相位接错； 3. 三相电源单相断路； 4. 三相变压器单相断路或短路； 5. 接触器单相不供电	1. 检查网路电压； 2. 调整相位顺序； 3. 检查保险丝和硅整流元件，更换； 4. 检修变压器； 5. 检修触点
焊接电流小	1. 二次电缆导线接触不良； 2. 导电嘴间隙太大，导电不良； 3. 送电机转速提不高	1. 清理接触面拧紧； 2. 更换导电嘴； 3. 检修电机及供电系统
气体保护不良	1. 气瓶内气体不足，甚至没气； 2. 预热器断电，造成减压阀冻结； 3. 电磁气阀故障； 4. 气管阻塞或漏气； 5. 喷嘴内被飞溅堵塞； 6. 保护气体被风吹偏； 7. 焊件上有油污； 8. 保护气体质量差	1. 更换新气瓶； 2. 检修预热器； 3. 检修； 4. 检修气路，紧固接头； 5. 清理喷嘴； 6. 设挡风屏障； 7. 清理焊件表面； 8. 更换气体

六、二氧化碳气体保护焊机日常保养

1. 日检项目（见表 3 - 1 - 5）

表 3 - 1 - 5　二氧化碳气体保护焊机日检项目

检查项目	检查内容
供电电源	连接可靠、网压正常稳定
导电嘴	无磨损、烧损现象
焊枪	无死弯、无破损、连接可靠
焊丝	无油污、无死弯、直径均匀
电缆连接	正、负极电缆连接可靠
保护气	气瓶压力正常、气体流量适当
焊接规范	电流/压匹配正确、电弧力适当

2.周检项目(见表 3 - 1 - 6)

表 3 - 1 - 6　二氧化碳气体保护焊机周检项目

检查项目	检查内容
综合线缆	无破损、无漏气,放置平顺
导丝管	清洁完好,请用压缩空气及有机溶剂清洗
送丝机构	出口嘴及中间嘴完好、压紧装置完好、压丝轮无磨损、焊枪插座完好,清洁灰尘及金属屑

3.月检项目(见表 3 - 1 - 7)

表 3 - 1 - 7　二氧化碳气体保护焊机月检项目

检查项目	检查内容
焊机性能	对焊机及送丝机各部件用压缩空气及有机溶剂清洗,根据说明书检查焊机各种性能是否完好

通过日检、周检、月检,随时掌握焊机使用情况,提供备件采购计划,及时发现故障隐患。

七、故障检修(见表 3 - 1 - 8)

表 3 - 1 - 8　二氧化碳气体保护焊机故障检修项目

故障现象	检修措施
电流不稳	1.调整焊接规范; 2.保证电缆线、地线连接可靠; 3.使用优质焊丝; 4.更换导电嘴
堵丝	1.使用优质焊丝; 2.清理导丝管; 3.更换导电嘴; 4.送丝轮磨损; 5.调整合理的焊接电流、电压
气孔	1.防风措施是否到位; 2.检查更换保护气; 3.调整焊接规范; 4.检修焊枪、气阀; 5.加大气体流量

任务四　二氧化碳气体保护焊质量控制

CO_2 气体保护焊之所以获得如此迅速的推广应用,是因为除了明显的高效率外,还有突出的优良焊接质量。尽管如此,CO_2 气体保护焊在实际应用过程中仍然会出现一些质量问题。

1. 焊接接头的外表成形和致密性

采用实芯焊丝的 CO_2 气体保护焊电弧热量集中,焊丝熔化量大,而焊件承受的热量相对较少,结果熔化金属(焊丝)流动性差,堆积现象十分明显。凝固后,形成的焊缝表面显得很"粗糙",焊宽"不足"而余高却很凸出,焊缝向母材过渡处存在尖角,如图 3-1-7 所示。在多层多道焊时,焊道间的凹槽如图 3-1-8 所示。

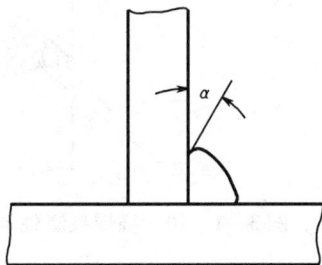

图 3-1-7　焊趾过渡角示意图　　　　图 3-1-8　焊道凸槽示意图

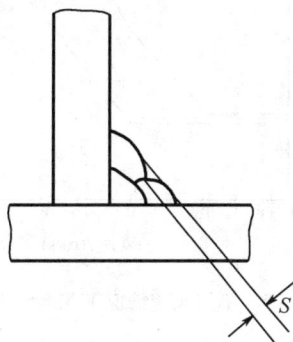

总之,中厚板采用焊丝焊接,焊缝的成形是不够"美观"的,这是由实芯焊丝工艺特点所决定的。此外实芯焊丝还有一个不足之处,就是焊缝的致密性较差,焊后对焊缝进行密性试验时往往过不了关,需要返修,花费很大的人力、物力。有的场合规定具有密性要求的部位,不可使用实芯焊丝。

使用药芯焊丝时情况就大为改观,由于熔渣的良好作用,焊缝的外表成形和致密性都是优良的,因此造船厂中药芯焊的使用量大大超过实芯焊丝。

2. 焊缝表面的气沟

采用药芯焊丝焊接,焊后除焊渣,有时焊缝的表面会出现较长的凹坑或气沟(亦称压痕或气疤),用陶质衬垫单面焊时,封底焊道的背面也会出现这种缺陷。做好焊前的清洁工作,保证药芯焊丝的干燥度,杜绝产生氢气体的源头是防止这类缺陷的主要措施。

此外焊接时如果 CO_2 气体的保护气罩被破坏,就会给氮气侵入熔池创造机会,特别是有风的场合出现氮气孔的可能性增加。如图 3-1-9 所示,当风速达到 2 m/s 以上时气孔发生量出现明显突变。

为防止风速对气体保护罩的破坏,焊接时应有防风罩等防风措施(尤其在室外焊接时),另外应适当缩短喷嘴与工件间的距离以增加气体的保护效果。

3. 焊缝中的夹渣

实芯焊丝的 CO_2 气体保护焊后,焊缝表面残留少量薄的熔渣,由于熔渣与焊缝的"结合"力较强,尽管量少清渣反而不易,往往疏忽不予彻底清理,多层多道焊后,X光拍片也不易发现,但当取样进行冷弯试验时才会"原形毕露"。清理这种熔渣的最好办法是用风磨机打磨。重要焊缝(包括工艺认可和焊工技能考试)更是如此。

横对接缝焊接时,不管是用实芯焊丝还是药芯焊丝均极易形成产生夹渣的"死角",如图 3-1-10 所示,由于重力作用焊缝易凸出和下坠,焊缝与坡口边缘形成尖角,熔渣处在其中,即使花费很大的精力清渣,也很难清理干净,因此横焊时对焊接规范的选择、操作技能的要求更加严格,特别是与坡口边缘直接结合的焊道的余高越小越好,焊接电流切勿过大。

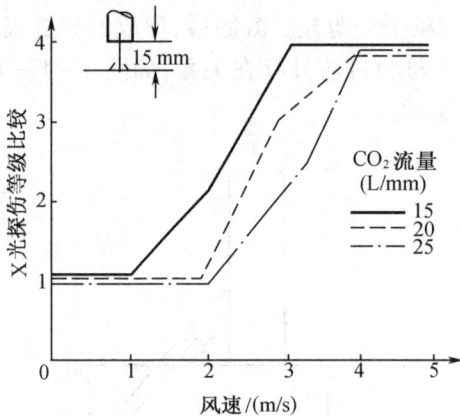

图 3-1-9 不同风速情况下 X 射线探伤结果示意图

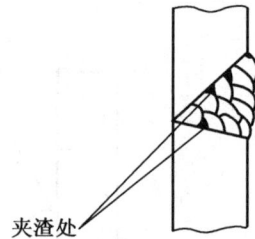

图 3-1-10 横焊夹渣处示意图

4. 焊缝中的裂缝

CO_2 气体保护焊偶面也会出现裂纹(热裂缝),典型的裂缝有两种:一种是在对接接头陶质衬垫单面焊封底层的焊道上,如图 3-1-11 所示;另一种是在平角焊(大焊脚)上边缘焊道上,如图 3-1-12 所示。

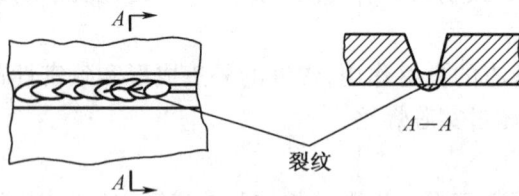

图 3-1-11 对接接头封底焊道裂纹示意图

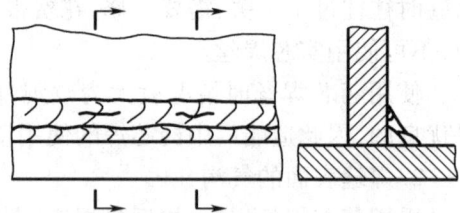

图 3-1-12 平角焊焊道上的边缘裂纹示意图

产生这种形式裂纹的原因是焊接电流过大,焊速过快,造成焊道过薄,在焊接应力作用下开裂,因此 CO_2 气体保护焊焊速不宜过快,在结构刚性较大的情况下,焊道的厚度应适当增大。

CO_2 气体保护焊的焊接缺陷的产生原因及防止方法见表 3-1-9。

表 3 – 1 – 9　CO₂ 气体保护焊焊接缺陷的产生原因及防止方法

缺陷	产生原因	防止方法
焊缝金属裂纹	1. 焊缝深宽比太大,焊道太窄(特别是角焊缝和底层焊道); 2. 焊缝末端处的弧坑冷却过快; 3. 焊丝或工件表面不清洁(有油、锈、漆等); 4. 焊缝中含 C,S 量高而 Mn 量低; 5. 多层焊的第一道焊缝过薄	1. 增大电弧电压或减小焊接电流以加宽焊道而减小熔深,减慢行走速度以加大焊道的横截面; 2. 采用衰减控制以减小冷却速度,适当地填充弧坑,在完成焊缝的顶部采用分段退焊技术,一直到焊缝结束; 3. 焊前仔细清理; 4. 检查工件和焊丝的化学成分,更换合格材料; 5. 增加焊道厚度
夹渣	1. 采用多道焊短路电弧(熔焊渣型夹杂物); 2. 高的行走速度(氧化膜型夹杂物)	1. 在焊接后续焊道之前,清除掉焊缝边上的渣壳; 2. 减小行走速度,采用含脱氧剂较高的焊丝;提高电弧电压
气孔	1. 保护气体覆盖不足,有风; 2. 焊丝的污染; 3. 工件的污染; 4. 电弧电压太高; 5. 喷嘴与工件距离太大; 6. 气体纯度不良; 7. 气体减压阀冻结而不能供气; 8. 喷嘴被焊接飞溅物堵塞; 9. 输气管路堵塞	1. 增加保护气体流量以排除焊缝区的全部空气,减小保护气体的流量以防止卷入空气,清除气体喷嘴内的飞溅,避免周边环境的空气流过大而破坏气体保护,降低焊接速度,减小喷嘴到工件的距离,焊接结束时应在熔池凝固之后移开焊枪喷嘴; 2. 采用清洁而干燥的焊丝,清除焊丝在送丝装置中或导丝管中黏附的润滑剂; 3. 在焊接之前,清除工件表面上的全部油脂、锈、油漆和尘土,采用含脱氧剂的焊丝; 4. 减小电弧电压; 5. 减小焊丝的伸出长度; 6. 更换气体或采用脱水措施; 7. 应串接气瓶加热器; 8. 仔细清除附着在喷嘴内壁的飞溅物; 9. 检查气路有无堵塞和弯折处
咬边	1. 焊接速度太高; 2. 电弧电压太高; 3. 电流过大; 4. 停留时间不足; 5. 焊枪角度不正确	1. 减慢焊接速度; 2. 降低电压; 3. 降低送丝速度; 4. 增加在熔池边缘的停留时间; 5. 改变焊枪角度,使电弧力推动金属流动

表 3 - 1 - 9(续)

缺陷	产生原因	防止方法
未熔合	1. 焊缝区表面有氧化膜或锈皮; 2. 热输入不足; 3. 焊接熔池太大; 4. 焊接技术不合适; 5. 接头设计不合理	1. 在焊接之前,清理全部坡口面和焊缝区表面上的轧制氧化皮或杂质; 2. 提高送丝速度和电弧电压,减小焊接速度; 3. 减小电弧摆动以减小焊接熔池; 4. 采用摆动技术时应在靠近坡口面的熔池边缘停留,焊丝应指向熔池的前沿; 5. 坡口角度应足够大,以便减少焊丝伸出长度(增大电流),使电弧直接加热熔池底部,坡口设计为 J 型或 U 型
未焊透	1. 坡口加工不合适; 2. 焊接技术不合适; 3. 热输入不合适	1. 接头设计必须合适,适当加大坡口角度,使焊枪能够直接作用到熔池底部,同时要保持喷到工件的距离合适,减小钝边高度,设置或增大对接接头中的底层间隙; 2. 使焊丝保持适当的行走角度,以达到最大的熔深;使电弧处在熔池的前沿; 3. 提高送丝速度以获得较大的焊接电流,保持喷嘴与工件的距离合适
熔透过大	1. 热输入过大; 2. 坡口加工不合适	1. 减小送丝速度和电弧电压,提高焊接速度; 2. 减小过大的底层间隙,增大钝边高度
蛇形焊道	1. 焊丝干伸长过大; 2. 焊丝的校正机构调整不良; 3. 导电嘴磨损严重	1. 保持适合的干伸长; 2. 再仔细调整; 3. 更换新导电嘴
飞溅	1. 电感量过大或过小; 2. 电弧电压过高或过低; 3. 导电嘴磨损严重; 4. 送丝不均匀; 5. 焊丝与工件清理不良; 6. 焊机动特性不合适	1. 仔细调节电弧力旋钮; 2. 根据焊接电流仔细调节电压,采用一元化调节焊机; 3. 更换新导电嘴; 4. 检查压丝轮和送丝软管(修理或更换); 5. 焊前仔细清理焊丝及坡口处; 6. 对于整流式焊机应调节直流电感,对于逆变式焊机须调节控制回路的电子电抗器
电弧不稳	1. 导电嘴内孔过大; 2. 导电嘴磨损过大; 3. 焊丝纠结; 4. 送丝轮的沟槽磨耗太大引起送丝不良; 5. 送丝轮压紧力不合适; 6. 焊机输出电压不稳定; 7. 送丝软管阻力大	1. 使用与焊丝直径相适合的导电嘴; 2. 更换新导电嘴; 3. 仔细解开; 4. 更换送丝轮; 5. 再调整; 6. 检查控制电路和焊接电缆接头,有问题及时处理; 7. 更换或清理弹簧软管

项目二　二氧化碳气体保护焊操作实训

任务一　二氧化碳气体保护焊的基本操作

一、CO_2 半自动焊基本安全操作技术

CO_2 焊的安全操作技术有如下特定要求：

1. CO_2 焊，电弧光辐射比手工电弧焊强，因此更应加强防护措施，采用较好的护目镜。

2. CO_2 焊时，飞溅较大，尤其是粗丝 CO_2 焊，更会产生大颗粒飞溅。因此，防护用具应完善，穿戴好工作服和手套，防止灼伤人体。

3. CO_2 气体在高温下会分解出对人体有害的气体，焊接时还会排出其他有害气体和金属烟尘。特别在狭小舱室或容器内施焊，更应加强通风，且要有人在外面监护。

4. CO_2 气体预热器所使用的电压不得高于 36 V。

5. 在使用 CO_2 气瓶时，必须遵守"气瓶安全监察规程"的规定。

6. 大电流粗丝 CO_2 气体保护焊时，应防止焊枪水冷系统漏水破坏绝缘，发生触电事故。

二、焊前准备工作

CO_2 焊在操作前应做好如下准备工作：

1. 检查焊机的外部接线是否正确和牢固，并检查导电嘴孔径和压轧轮子上的焊丝槽规格是否和焊丝直径相一致。

2. 仔细核实压紧滚轮的压力是否与焊丝直径相符。

3. 检查送气系统是否正常。

4. 清除焊丝和焊件表面以及坡口内侧的铁锈、水分、油漆等杂物。

5. 按照施工工艺文件的要求调整好规范参数。

6. 焊前在喷嘴内侧涂上防堵塞的防堵剂（如硅油等）。

三、CO_2 气体保护焊的基本操作

1. 引弧

细丝 CO_2 焊通常都采用短路接触法引弧。引弧时，焊丝伸出长度不宜过长，应将多余部分剪去，尤其应把焊丝端头的球形头去掉，否则引弧困难，飞溅增多，引弧处易出现问题。由于平外特性弧焊电源的空载电压较低，又是实芯焊丝，所以引弧时，电弧稳定燃烧点不易建立，焊丝容易产生大段飞爆现象。又因焊件始焊时温度低，引弧处容易出现缺陷，因此要求引弧时一定要选好位置，焊丝端头与焊件保持约 3 mm 的距离，见图 3 - 2 - 1。为了避免在焊缝始端出现因

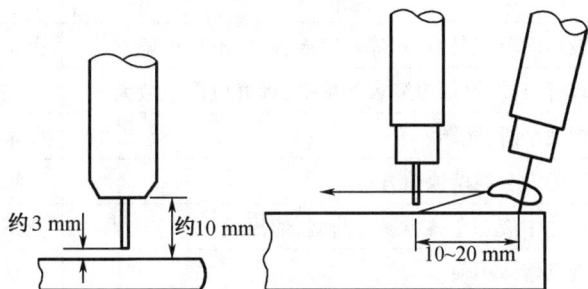

约3 mm　约10 mm　10~20 mm

图 3 - 2 - 1　引弧示意图

未焊透的焊缝堆得过高的现象,应在离端头 10～20 mm 处先引弧,然后缓慢地移向端头,待金属熔合后,再以正常焊接速度前进。

2. 焊缝连接和收弧

焊缝连接时,为避免脱节或凸起现象,要在弧坑前方 10～20 mm 处引弧,见图 3 - 2 - 2 中①点,电弧引燃后快速移向弧坑中心点②,再向③的方向开始焊接。窄焊缝的连接按图 3 - 2 - 2(a) 的运动方法进行,宽焊缝连接要按图 3 - 2 - 2(b)的运动方法进行。

收弧时,速度过快易在弧坑处产生裂缝和孔缩,因此,必须使大量的熔滴金属填满弧坑,并在熔池未凝固前保持良好的气体保护作用。通常采用间断送丝电弧点焊或采用焊接电流自动衰减装置。

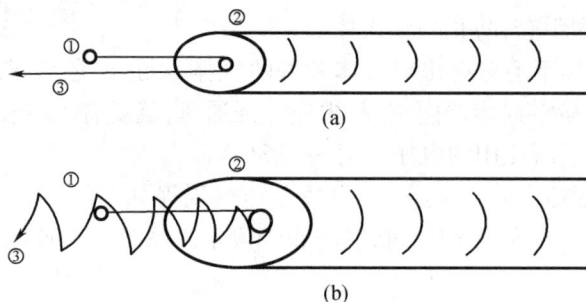

图 3 - 2 - 2　焊缝连接示意图

四、左焊法与右焊法

二氧化碳气体保护焊的操作法根据焊枪倾斜方向不同和行进方向不同可分为右焊法和左焊法,如图 3 - 2 - 3 所示。这两种不同的操作方法具有互补的特点,其特点见表 3 - 2 - 1。焊工可根据实际施工情况灵活选择使用。施工中一般均选用左焊法,右焊法仅在大电流坡口内打底时选用,表 3 - 2 - 2 为左焊法和右面焊法选用实例。

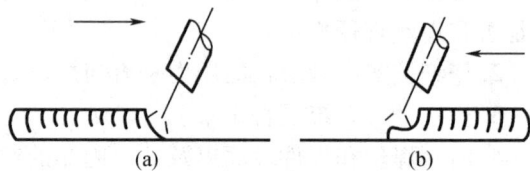

图 3 - 2 - 3　二氧化碳气体保护焊操作法示意图
(a)右焊法;(b)左焊法

表 3 - 2 - 1　左焊法和右焊法的特点比较

左焊法	右焊法
坡口间隙容易看清,焊丝对准容易,不易焊偏	由于喷嘴的影响,不易看清坡口间隙,易焊偏
焊缝余高较低,焊缝表面扁平,焊缝成形系数大	余高较高,焊宽较狭,焊缝成形系数小
焊波平滑、光顺	较难焊得平滑、光顺的焊波
飞溅大多在熔池前方	飞溅较少
熔池中液态金属容易向前淌,熔深浅	液态金属不易向前淌,熔深大
观察熔池不便	容易观察熔池状态,余高、焊宽控制方便

表 3 - 2 - 2　左焊法、右焊法选用实例

实例	左焊法	右焊法	选用理由
薄板、平焊	○	×	容易看清坡口间隙，熔深浅，焊缝成形扁平
中、厚板、平焊	○	◎	熔深较深，操作方便，能达到较厚的焊层
水平单层角焊	○	×	焊缝成形扁平，焊缝形状系数大
水平多层角焊	○	○	最外一层盖面用左焊法，其余用右焊法

注：◎表示最适用；○表示适用；×表示不适用。

任务二　二氧化碳气体保护焊各种位置的基本操作实训

一、平焊的基本操作要领

在焊缝尺寸不大的情况下一般采用直线运条。直线运条的操作，要求运条速度尽可能均匀，同时喷嘴距母材间的距离也要保持稳定。因喷嘴与母材间距离产生波动，焊丝伸出长度会产生变化，焊丝的熔化速度就快慢不一，焊缝外观就高低不平。除此以外，电弧的燃烧点要始终保持在熔池前端，如图 3 - 2 - 4 所示。若电弧燃烧点保持在熔池后端，液态金属容易向前流淌而造成熔合不良。

在焊缝较宽的情况下，焊枪除作直线运条外，还作横向摆动。横向摆动的方式有锯齿形和月牙形，如图 3 - 2 - 5 所示。

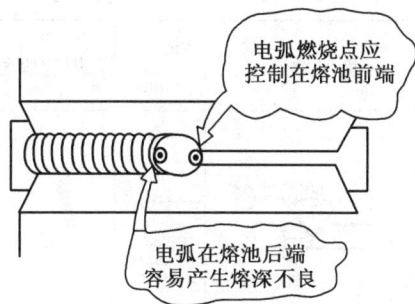

电弧燃烧点应控制在熔池前端

电弧在熔池后端容易产生熔深不良

图 3 - 2 - 4　电弧燃烧点的控制示意图

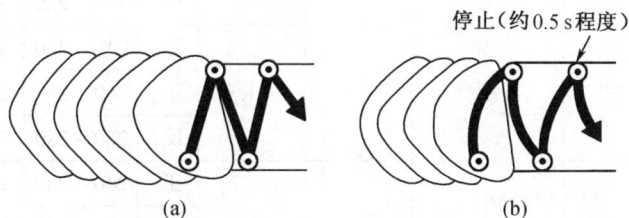

停止（约 0.5 s 程度）

(a)　　　　　　(b)

图 3 - 2 - 5　横向摆动方式示意图

(a)锯齿形；(b)月牙形

上面两种横向摆动运条除要求横向摆动幅度及速度始终均匀外，电弧的燃烧点要保持在熔池前端与两侧母材相交的左右两点上，电弧就在两个燃烧点间作横向摆动，并在燃烧点作 0.5 s 左右的停留。若焊层要厚一点，停留时间可适当长一点；相反，焊层要薄一点，停留时间应适当短一点。

二、V 型坡口平对接操作要领

在对接焊中，很多情况下都采用 V 型坡口。在 V 型坡口平对接时，由于焊缝较宽，每一层焊接都要作横向摆动运条，第一层摆动的宽度可与坡口的间隙相同，其余各层焊道的横

向摆动宽度视所焊焊层的厚度来决定，但
要求最后一层填充道高度应低于母材表面
1 mm 左右，盖面层横向摆动宽度应比坡口
宽度宽 2 ~ 4 mm，如图 3 - 2 - 6 所示。横
向摆动的速度应与焊丝的熔化速度协调一
致。摆动速度过快，会造成焊缝中心部分
过分下凹，焊缝根部熔合不良；摆动速度过
慢，会造成焊缝中心凸起、两边缘凹陷而很
难消除焊渣。这在打底层焊接时尤其要注
意，否则两边缘很容易产生夹渣。

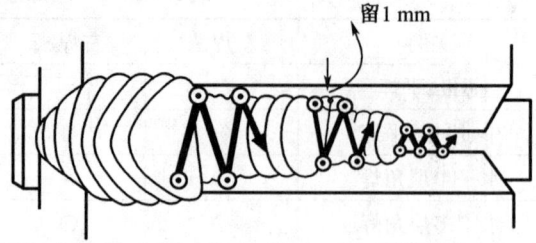

留 1 mm

图 3 - 2 - 6　V 型坡口平对接要领示意图

　　V 型坡口平对接焊接规范参数可参考表 3 - 2 - 3。

表 3 - 2 - 3　V 型坡口平对接焊规范参数推荐表

坡口形式	板厚/mm	焊丝牌号	焊丝直径/mm	坡口间隙/mm	焊接电流/A		电弧电压/V	焊接速度/(cm/min)
	9		1.2	< 1.0	正2	180 ~ 200	22 ~ 23	30 ~ 40
					反1	200 ~ 220	23 ~ 24	30 ~ 40
	12		1.2	< 1.0	正1	160 ~ 180	21 ~ 22	30 ~ 40
					正2	220 ~ 240	25 ~ 26	40 ~ 50
					反1	220 ~ 240	25 ~ 26	30 ~ 40
	16	H08Mn2SiA	1.2	< 1.0	正1	200 ~ 220	23 ~ 24	30 ~ 40
					正2	260 ~ 280	29 ~ 30	40 ~ 50
					反1	260 ~ 280	29 ~ 30	20 ~ 30
	20		1.2	< 1.0	正1	240 ~ 260	27 ~ 28	30 ~ 40
					正2	260 ~ 280	29 ~ 30	20 ~ 30
					反1	260 ~ 280	29 ~ 30	20 ~ 30
	22		1.2	1.0	正1	240 ~ 260	27 ~ 28	30 ~ 40
					正2	260 ~ 280	29 ~ 30	20 ~ 30
					反1	260 ~ 280	29 ~ 30	20 ~ 30

三、平角焊操作要领

　　平角焊根据所要求的焊脚高度分别采用单道焊与多道焊。单道焊采用左焊法，多道焊
的盖面层采用左焊法，打底层左焊法、右焊法均可采用。

　　当焊脚高度 < 8 mm 时采用单道焊，操作要领如图 3 - 2 - 7 所示。

　　当焊脚高度 ≥ 8 mm 时采用多道焊。焊脚高度在 8 ~ 12 mm 时焊接 2 道，操作要领如图
3 - 2 - 8 所示；焊脚高度 > 12 mm 时焊接 3 道以上，操作要领如图 3 - 2 - 9 所示。

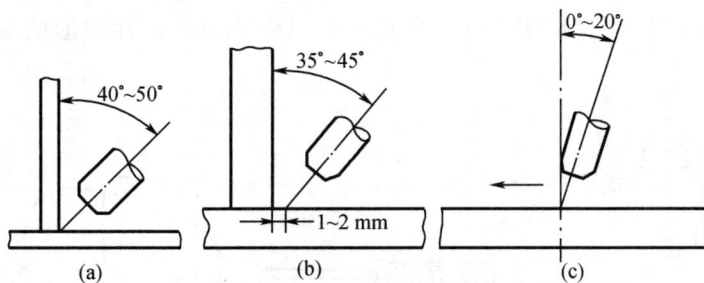

图3-2-7　单层平角焊操作要领示意图

(a)5 mm 以下焊脚高度;(b)5 mm 以上焊脚高度;(c)焊枪后倾角度

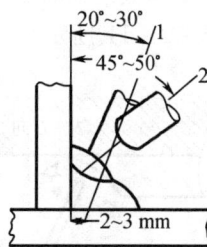

**图3-2-8　多道平角焊
操作要领示意图(一)**

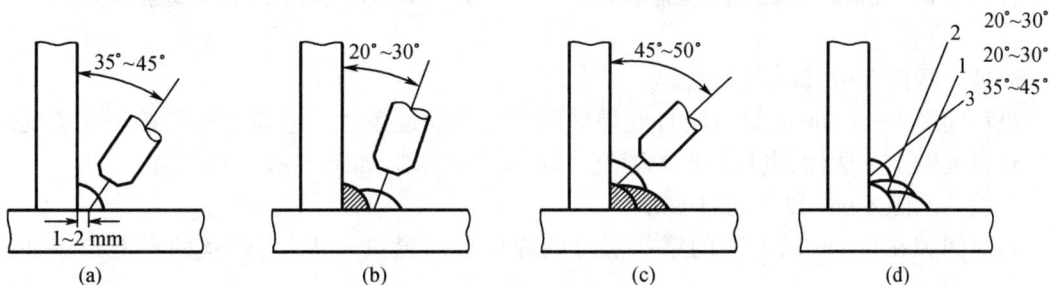

图3-2-9　多道平角焊操作要领示意图(二)

平角焊焊接规范参数可参考表3-2-4。

表3-2-4　平角焊规范参数推荐表

焊脚 /mm	焊丝直径 /mm	焊丝牌号	焊接电流 /A	电弧电压 /V	焊接速度 /(cm/min)
3			150 ~ 160	21 ~ 22	80 ~ 90
4			170 ~ 180	22 ~ 23	70 ~ 80
5	1.2	H08Mn2SiA	190 ~ 220	23 ~ 24	50 ~ 60
6			230 ~ 250	27 ~ 29	40 ~ 50
7			250 ~ 270	27 ~ 29	30 ~ 40
8			260 ~ 280	29 ~ 31	30 ~ 40

注:立角焊及仰角焊规范参数可比平角焊规范参数小15%~20%。

四、横对接焊操作要领

1. 焊枪角度

横向对接焊时为有利于焊缝宽度及成型控制,焊枪前倾与母材成60°~80°,如图3-2-10所示,以便能清楚地观察焊缝成型过程。

2. 坡口间隙 5 mm 以下的打底焊

坡口间隙 5 mm 以下的第一层打底焊采用直线运条法。电弧燃烧点控制在熔池前端,如图 3 - 2 - 11 所示。

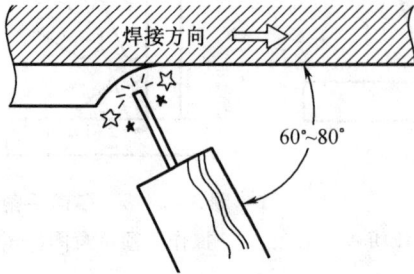

图 3 - 2 - 10　横向对接焊时焊枪角度示意图　　　图 3 - 2 - 11　横向焊的直线运条法示意图

3. 坡口间隙 5 ~ 8 mm 的打底焊

坡口间隙 5 ~ 8 mm 时第一层打底焊采用横向摆动运条法。电弧燃烧点控制在熔池前端靠母材处的上下两侧,电弧在两侧燃烧点间作横向摆动,如图 3 - 2 - 12 所示。

4. 坡口间隙 8 mm 以上的打底焊

坡口间隙在 8 mm 以上时的第一层打底焊可分两道进行焊接,焊丝的对准位置如图 3 - 2 - 13 所示。

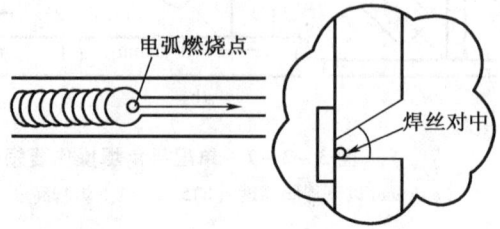

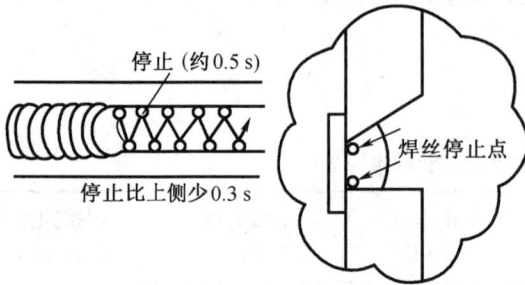

图 3 - 2 - 12　横向焊的横向摆动运条法示意图　　　图 3 - 2 - 13　一层两道焊接示意图

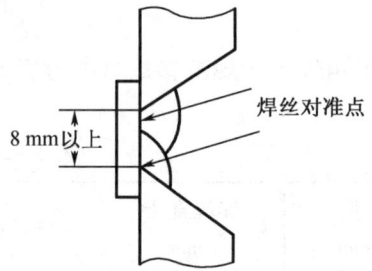

5. 后续焊道的焊接

后续焊道也进行多道焊,焊丝的对准位置及层次如图 3 - 2 - 14 所示,焊盖面层前,要求

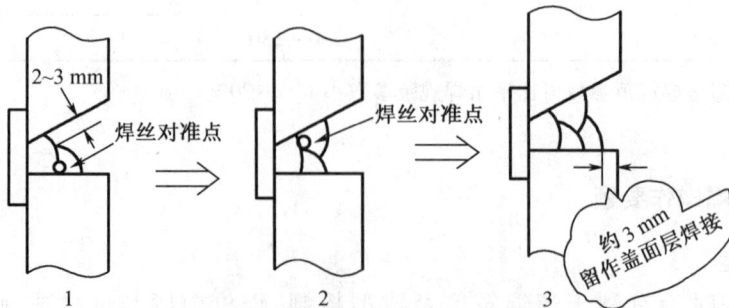

图 3 - 2 - 14　后续打底层焊接示意图

前层焊缝高度距母材表面 2~3 mm,以利于控制盖面层的焊接。

五、立对接焊操作要领

1. 焊枪角度

立焊时焊枪与母材夹角处于 90°位置,如图 3 - 2 - 15 所示。

2. 运条方法

立焊时无论打底焊、盖面层焊还是角焊均采用横向摆动运条法。电弧燃烧点控制在熔池前端靠近母材的左右两侧,电弧在左右两侧燃烧点间作横向摆动,摆动速度应与焊丝熔化速度协调一致,如图 3 - 2 - 16 所示。

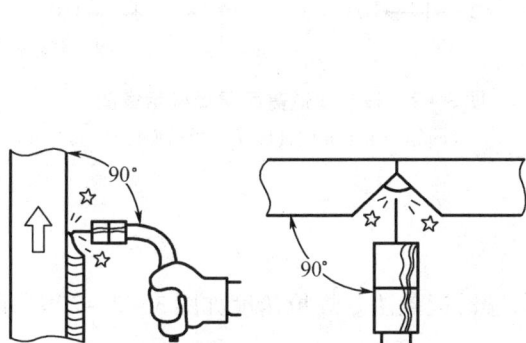

图 3 - 2 - 15　立焊焊枪角度示意图　　　　图 3 - 2 - 16　立焊操作要领示意图

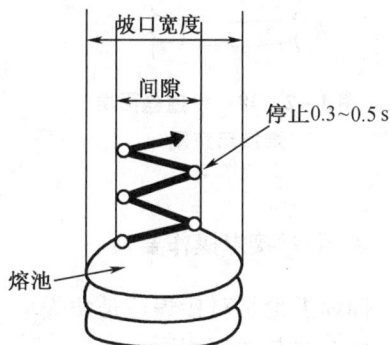

3. 多层焊操作

多层焊均采用横向摆动运条方法,层次及操作要求见图 3 - 2 - 17,盖面层前的最后一层焊缝表面应距母材表面 2~3 mm 为宜。

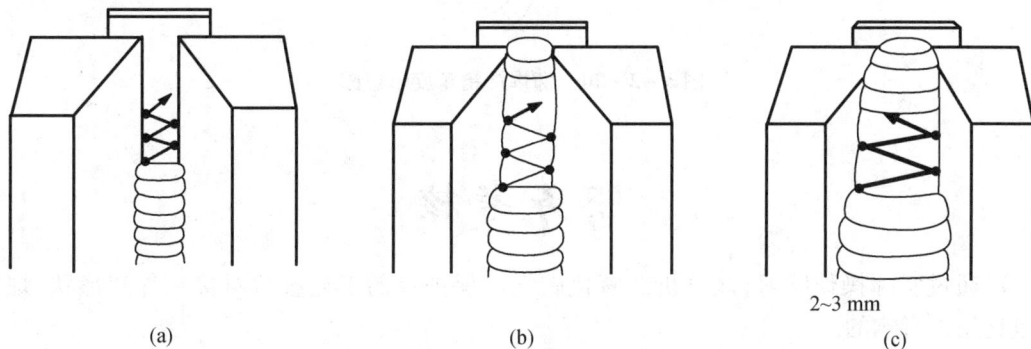

图 3 - 2 - 17　多层焊示意图
(a)第一层;(b)第二层;(c)盖面前一层

4. 盖面层焊接

盖面层焊接可根据焊缝宽度进行单道焊或双道焊。单道盖面层焊的电弧燃烧点可控制在熔池前端靠母材左右两侧的两点,在焊缝较宽的情况下也可在两点间增加一个燃烧点,如图 3 - 2 - 18 所示。

双道盖面层焊的电弧燃烧点如图 3 – 2 – 19 所示。

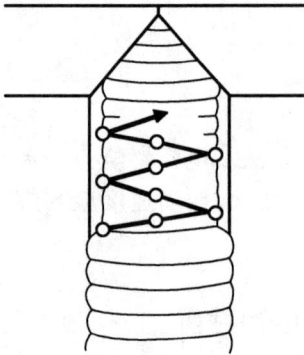

图 3 – 2 – 18　单道盖面层
焊接示意图

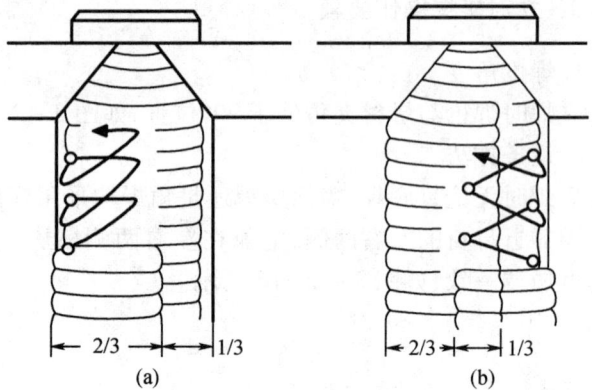

图 3 – 2 – 19　双道盖面层焊接示意图
（a）第一道盖面层；（b）第二道盖面层

六、仰对接焊操作要领

仰焊无论是对接焊还是角焊均采用横向摆动运条法。焊枪角度如图 3 – 2 – 20 所示,其他操作方法与立焊相同。

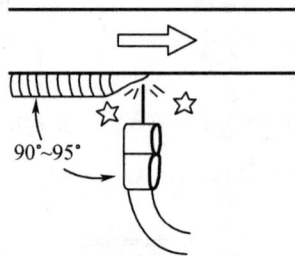

图 3 – 2 – 20　仰焊焊枪角度示意图

任 务 考 核

1. 通过实际操作练习,试分析二氧化碳气体保护焊的工艺参数对接头外观形状、焊接质量是怎样影响的。

2. 在焊接操作过程中怎样才能保持焊接工艺参数稳定? 通过实训,你有什么体会?

3. 通过实训,试分析二氧化碳气体保护焊焊接过程中常见缺陷有哪些,防止对策有哪些。

4. 通过实训,对比二氧化碳气体保护焊与焊条电弧焊有哪些特点。

学习情境四　埋弧自动焊

● 情境描述

　　埋弧自动焊是将电弧引燃,电弧均匀移动及填满弧坑、熄弧等动作在焊剂覆盖下机械完成的一种焊接方法。该焊接方法操作技术简单、焊接质量稳定、生产效率高,已在各船厂板材对接时广泛应用。

【一】知识目标

　　1.熟悉埋弧焊的特点,掌握埋弧焊的分类及适用范围。
　　2.熟悉埋弧焊的设备,掌握焊接设备的使用、维护和保养常识。
　　3.掌握埋弧焊规范参数对焊接过程和质量的影响。
　　4.理解并掌握埋弧自动焊常见缺陷及其防治措施。

【二】能力目标

　　1.能根据接头类型、材料、工件厚度、技术要求等,合理选用埋弧焊焊接材料。
　　2.会正确选择埋弧焊的焊接工艺参数。
　　3.熟悉埋弧焊机结构,熟练掌握焊接设备的使用、维护和保养。
　　4.能够熟练掌握埋弧焊操作技术之引弧和收弧的方法,掌握埋弧焊的基本操作技术。

【三】任务链接

　　1.认知埋弧自动焊工艺。
　　2.埋弧自动焊工艺参数。
　　3.埋弧自动焊基本操作训练。
　　4.埋弧自动焊焊接技术。
　　5.埋弧自动焊常见缺陷及其防止方法。
　　6.总结。

项目一　认知埋弧自动焊工艺

任务一　埋弧焊设备

一、概述

　　一般电弧焊的焊接过程是:引燃电弧阶段,均匀移动电弧并保持电弧稳定燃烧的焊接阶段,停止移动、填满弧坑、熄弧(即结束)三个阶段。焊条电弧焊时这三个阶段是由焊工的手工操作完成的。所谓自动焊的自动,就是将这三个阶段的动作由手工操作转为机械完成而实现自动化。埋弧自动焊又称焊剂层下自动焊,即焊接时电弧被颗粒状的焊剂所覆盖掩埋而不外露,电弧的一端为焊件,电弧的另一端为自动送给的焊丝。当焊接电弧移动也是自动完成时称为埋弧自动焊,焊接电弧移动为人工操作完成时称为埋弧半自动焊。

电弧将焊丝、焊件、焊剂熔化形成熔池,熔池受到同时被熔化的焊剂形成的熔渣和焊剂蒸汽保护,随着电弧向前移动,熔池随之冷却凝固形成焊缝,熔渣也随之冷却凝固形成渣壳,因密度较小而覆盖在焊缝上。

埋弧自动焊过程如图4-1-1所示,焊剂斗,焊丝动作开关,小车动作开关,启动、停止开关及仪表装置均设在焊接小车的控制盘上。焊剂斗挂在焊接小车上。调整、点动焊丝使之与焊件坡口对中并接触良好,打开焊剂斗铺撒焊剂适量,启动焊机电源,电流通过导电嘴传到焊丝并与焊件产生电弧,焊丝经送丝轮均匀输送保持电弧稳定燃烧,焊接小车匀速行走,电弧稳定地向前移动,注意保证各仪表数值稳定,焊剂铺撒通畅均匀至终点停止,回收焊剂,敲开焊渣,便是已成形的焊缝。

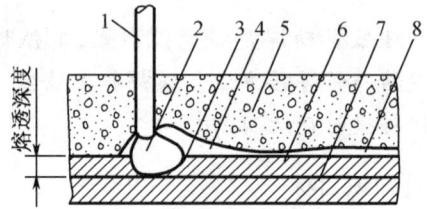

图4-1-1　埋弧自动焊过程示意图

1—焊丝;2—电弧;3—熔池;4—焊缝;
5—焊剂;6—熔渣;7—焊件;8—焊渣

二、埋弧自动焊的主要特点与焊机分类

1. 埋弧自动焊的主要特点

(1)生产效率高　焊接时,电弧将电能转换为热能而作功,当焊接电流和电流密度提高时,电弧的熔深和焊丝的熔敷效率都会大大提高。埋弧自动焊的焊接电流是通过特制的具有良好导电性、耐磨性的导电嘴传导给作为金属电极的焊丝,而焊丝从导电嘴到焊件的长度远远小于焊条电弧焊时的电焊条长度,所以能使用比焊条电弧焊时大得多的焊接电流和电流密度,增加了电弧的熔深,提高了焊接熔敷率。两种焊接方法的焊接电流值、电流密度值比较见表4-1-1。

表4-1-1　焊条电弧焊与埋弧自动焊焊接电流值、电流密度值比较

焊丝直径 /mm	焊条电弧焊		埋弧自动焊	
	焊接电流/A	电流密度/(A/mm^2)	焊接电流/A	电流密度/(A/mm^2)
2	50～65	16～21	200～400	64～127
3	80～130	11～18	350～600	50～85
4	125～200	10～16	500～800	40～64
5	190～250	10～13	700～1 000	36～51

另外,由于在焊剂的覆盖下,埋弧焊的电弧空间被液态的渣膜包围,电弧辐射、气流和飞溅等造成的热量损失很小,虽然用于熔化焊剂的热量损耗有所增大,但总的效率仍然很大,在常用的几种电弧焊方法中,埋弧焊的热效应系数是最高的,表4-1-2所示为常用电弧焊热效应系数对照表。

表 4 – 1 – 2　常用电弧焊热效应系数对照表

弧焊方法	热效应系数
药皮焊条电弧焊	0.65 ~ 0.85
埋弧自动焊	0.80 ~ 0.90
CO_2 气体保护焊	0.75 ~ 0.90
熔化极氩弧焊(MIG)	0.70 ~ 0.80
钨极氩弧焊(TIG)	0.65 ~ 0.70

由于埋弧自动焊具有焊接电流密度增大,电弧的熔深显著增加,热效应大等特点,在实际生产中对钢板厚度 16 mm 以下的对接焊缝不开坡口采用双面埋弧自动焊已是很成熟的焊接工艺。

焊接速度快,以厚度 8 ~ 10 mm 钢板对接焊为例,单丝埋弧焊速度可达 30 ~ 50 m/h,而焊条电弧焊则不超过 6 ~ 8 m/h。

因为埋弧自动焊不开坡口可熔透从而减少焊缝的填充金属,节约了焊接材料和电能,与焊条电弧焊相比还没有飞溅与焊条头的损失。

综上可见,埋弧自动焊特别适宜于厚钢板、长直焊缝的焊接。为提高生产率还有双丝、三丝埋弧自动焊。

(2)焊接质量好　因埋弧焊电弧受到焊剂良好的保护,其隔离空气的效果远比焊条电弧焊好,焊缝金属的含氧量、含氮量大大降低。熔池存在时间长,液态金属与熔化的焊剂间有较长时间进行冶金反应,减少了焊缝中产生气孔、裂纹等缺陷的可能性。又因熔深大而不易产生未焊透、夹渣。焊缝表面成形光顺平直均匀。

焊接过程稳定,排除人为因素的影响,只要焊接参数和工艺正确,埋弧自动焊的质量是可以得到保证的。

(3)焊接变形小　埋弧自动焊热量集中,焊接速度快,焊件受热均匀,焊接层数少,焊接变形小。

(4)改善劳动条件　焊接过程的自动化和大的焊接功率使焊工劳动强度降低,另外,埋弧焊有毒气体较少,同时消除了弧光辐射的危害,改善了劳动条件。

由于埋弧自动焊特别适用于中厚板金属结构的长焊缝的焊接,在造船、锅炉、压力容器、桥梁、车辆、核电站、海洋结构等制造部门得到广泛的应用,是现在焊接生产中普遍使用的高效焊接方法之一。在某些有特殊要求(如阀门、轧辊、核电站、压力容器等构件采用特制的焊丝、焊带和焊剂用埋弧焊堆焊具有耐磨、耐腐蚀要求)的表面层,因焊接质量稳定,焊后变形小,埋弧自动焊也是经常采用的。埋弧自动焊用于焊接镍基合金、铜合金也比较理想。

与焊条电弧焊相比,其局限性具体如下:

(1)目前埋弧自动焊只适用于直线、正圆的平面位置,使用范围受到限制。国外也有研究用特殊装置和焊剂实现横、立、仰位置的埋弧焊,但应用均不普遍。

(2)由于焊剂主要是 MnO,SiO_2 等金属和非金属氧化物而难以用来焊接 Al,Ti 等氧化性强的金属。

（3）对焊件的预处理，装配质量要求高得多，辅助准备时间长。对现场条件有一定的要求，不如焊条电弧焊方便。

（4）当焊接电流过小时，焊接电弧不太稳定，所以薄板焊接难度较大。

2. 埋弧自动焊机的分类

虽然在生产中使用的埋弧自动焊机有很多品种，但按其送丝方法或焊接电弧自动调节原理，一般可分为两大类：焊丝等速输送式（电弧自调节式）典型机如国产 MZ1 - 1000 型埋弧自动焊机；焊丝变速输送式（电弧电压反馈自动调节式），典型机如国产 MZ - 1000 型埋弧自动焊机。

按用途可分为：万能式埋弧自动焊机；专用埋弧自动焊机，如角焊机、带极堆焊机。

按焊丝数目可分为：单丝埋弧自动焊机；多丝埋弧自动焊机。

按机头行走方式可分为：悬挂机头式、自动小车式。

另外还有自动送丝而行走为人工操作的半自动埋弧焊机。

任务二 埋弧自动焊焊接材料

一、埋弧自动焊焊剂的作用

1. 焊接时覆盖焊接区，防止空气中氮、氧等有害气体侵入熔池。焊后熔渣覆盖在焊缝金属层上，减缓了焊缝金属的冷却速度，改善焊缝的结晶状况及气体逸出的条件，从而减少气孔。

2. 焊缝金属渗入合金，改善了焊缝的化学成分，提高了力学性能。焊接低碳钢和普通低合金钢时，焊缝的力学性能主要通过焊剂和焊丝的渗合金获得（渗合金元素是锰和硅）。为此，焊剂中应含有足够数量的氧化锰和二氧化硅。

3. 防止焊缝中产生气孔和裂纹。焊剂中含有一定数量的萤石，它有去氢作用，防止焊缝中产生氢气孔。另外，焊剂中的萤石和氧化锰对熔池金属有去硫作用，可防止焊缝中产生裂纹。

二、焊剂牌号的编制方法

通用的焊剂统一牌号在形式上与焊剂型号相同，但是牌号中数字的含义与焊剂型号是不相同的。因此在使用中极易混淆，应当特别引起注意。

1. 熔炼焊剂（如表 4 - 1 - 3,4 - 1 - 4 所示）

表 4 - 1 - 3　熔焊剂牌号中第一位数字含义

焊剂牌号	焊剂类型	$\omega(MnO)/\%$
HJ1 × ×	无锰	>2
HJ2 × ×	低锰	2 ~ 15
HJ3 × ×	中锰	15 ~ 30
HJ × ×	高锰	>30

表 4 - 1 - 4　　熔炼焊剂牌号中第二位数字含义

焊剂牌号	焊剂类型	$\omega(SiO_2)/\%$	$\omega(CaF_2)/\%$
HJ×1×	低硅低氟	<10	<10
HJ×2×	中硅低氟	10~30	<10
HJ×3×	高硅低氟	>30	<10
HJ×4×	低硅中氟	<10	10~30
HJ×5×	中硅中氟	10~30	10~30
HJ×6×	高硅中氟	>30	10~30
HJ×7×	低硅高氟	<10	>30
HJ×8×	中硅高氟	10~30	>30

牌号前"HJ"表示埋弧焊用熔炼焊剂。

牌号中第一位数字表示焊剂中氧化锰的含量

牌号中第二位数字表示二氧化硅、氟化钙的含量。

牌号中第三位数字表示同一类型焊剂的不同牌号,按 0,1,2,…,9 顺序编排。

同一牌号生产两种颗粒度时,在细颗粒焊剂号后面加×。

举例:

$$HJ \quad 4 \quad 3 \quad 1 \quad \times$$

- 表示细颗粒焊剂
- 表示牌号编号为1
- 表示高硅低频型
- 表示高锰型
- 表示熔炼焊剂

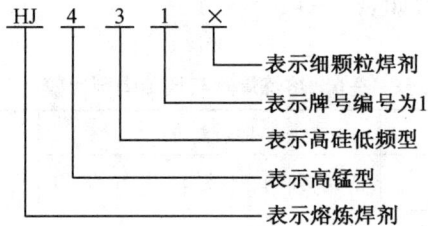

2.烧结焊剂(如表 4 - 1 - 5 所示)

表 4 - 1 - 5　　烧结焊剂牌号中第一位数字含义

焊剂牌号	熔渣渣系类型	主要组成范围(质量分数)/%
SJ1××	氟碱型	$\omega(CaF_2) \geqslant 15$ $\omega(CaO) + \omega(MgO) + \omega(MnO) + \omega(CaF_2) > 50$ $\omega(SiO_2) \leqslant 20$
SJ2××	高铝型	$\omega(Al_2O_3) \geqslant 20$ $\omega(Al_2O_3) + \omega(CaO) + \omega(MgO) > 45$
SJ3××	硅钙型	$\omega(CaO) + \omega(MgO) + \omega(SiO_2) > 60$
SJ4××	硅锰型	$\omega(MgO) + \omega(SiO_2) > 50$
SJ5××	铝钛型	$\omega(Al_2O_3) + \omega(TiO_2) > 45$
SJ6××	其他型	

牌号前"SJ"表示埋弧焊用烧结焊剂。

牌号中第一位数字表示焊剂熔渣渣系的类型。

牌号中第二位、第三位数字表示同一渣系类型焊剂中的不同牌号焊剂，按 01,02,…,09 顺序编排。

三、焊剂质量要求

1. 焊剂应具有良好的冶金性能

在焊接时配合适当的焊丝及合理的焊接工艺,焊缝金属应能得到适宜的化学成分及良好的力学性能,以及较强的抗气孔、抗裂纹的能力。

2. 焊剂应具有良好的工艺性能

焊接过程中电弧燃烧稳定,熔渣具有适宜的熔点、黏度和表面张力。焊缝表面成形良好,脱渣容易,以及产生的有毒气体少。

3. 焊剂颗粒度应符合要求

普通焊剂的颗粒度为 0.450 ~ 2.500 mm,0.450 mm 以下的细粒不得大于 5% ,2.500 mm 以上的粗粒不得大于 2% ,细颗粒度焊剂的粒度为 0.280 ~ 1.425 mm,0.280 mm 以下的细粒不得大于 5% 。1.425 mm 以上的粗粒不得大于 2% 。

4. 焊剂的含水量 ≤ 0.10% 。

5. 焊剂中机械夹杂物的含量不得大于 0.30% (质量分数) 。

6. 焊剂的的含硫量 ≤ 0.06% ,含磷量 ≤ 0.08% 。

熔炼焊剂与烧结焊剂比较,如表 4 – 1 – 6 所示。

表 4 – 1 – 6　熔炼焊剂与烧结焊剂比较

	比较项目	熔炼焊剂	烧结焊剂
焊接工艺性能	高速焊接性能	焊道均匀,不易产生气孔和夹渣	焊道无光泽,易产生气孔,夹渣
	大电流焊接性能	焊道凹凸显著,易粘渣	焊道均匀,易脱渣
	吸潮性能	比较小,可不必再烘干	比较大,必须再烘干
	抗锈性能	比较敏感	不敏感
	韧性	受焊丝成分和焊剂碱度影响大	比较容易得到较好的韧性
焊缝性能	成分波动	焊丝参数变化时,成分波动小,均匀	焊丝参数变化时,成分波动大,不容易均匀
	多层焊性能	焊缝金属的成分变动小	焊缝金属的成分波动比较大
	合金剂的添加	几乎不可能	容易

四、使用焊剂注意事项

1. 焊剂应妥善运输,防止破损,应存放在干燥的库房内,防止受潮。

2. 焊前焊接处应清除铁锈及油污。

3. 使用回收的焊剂,应清除其中的渣壳、碎粉及其他杂物,并与新焊剂混匀后使用。

4. 使用直流电源时,一般采用直流反接。

五、焊丝、焊剂的使用与保管

1. 焊丝和焊剂应存放于干燥通风的室内,严防焊丝生锈及焊剂受潮。

2. 焊剂在使用前应在 250 ℃下烘干 1 ~ 2 h(有特殊要求者除外)。

3. 焊丝在使用前盘入焊丝盘时应清除焊丝上的油污和锈蚀,带有油污、锈蚀、毛刺和压痕的焊丝不允许使用。

任务三　埋弧自动焊工艺参数

一、焊缝形状与尺寸、焊缝成形系数及熔合比概述

图 4 – 1 – 2 所示为焊缝横截面的形状和尺寸示意图,其中焊缝宽度(B)与焊缝计算厚度(H)之比称为成形系数(ψ)。

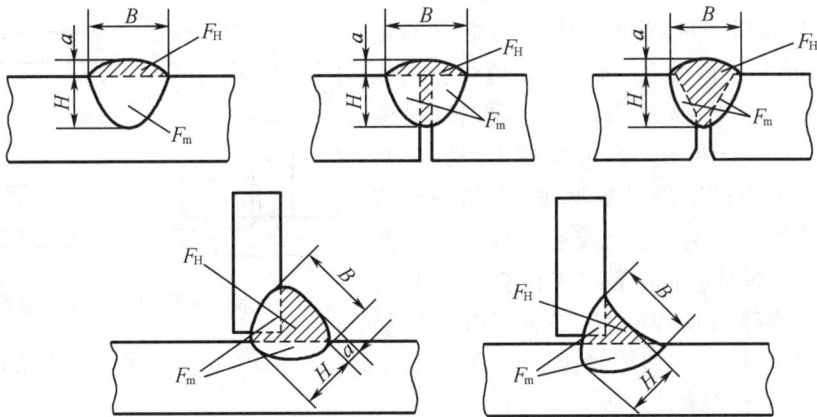

图 4 – 1 – 2　焊缝横截面的形状和尺寸示意图

α—焊缝余高;B—焊缝宽度;H—焊缝计算厚度;
F_m—母材金属在焊缝横截面中所占的面积;F_H—填充金属在焊缝横截面中所占的面积

可以认为,焊缝即凝固了的熔池,熔池形状即焊缝形状。当 ψ 值过小时说明焊接电流过大,电弧深入基本金属之内,熔深显著增加,则焊缝的宽度小而焊缝计算厚度增大,焊缝呈深而窄状。当 ψ 值过大时则说明焊接电弧作用于基本金属较浅,焊缝的熔深浅,则焊缝计算厚度小而宽度大。ψ 值的大小会影响到熔池中的气体逸出的难易,熔池的结晶方向,焊缝中心偏析严重程度等,这些条件直接影响到焊缝产生气孔、裂纹的敏感性、致密性及焊缝的机械性能。当 ψ 值过小时,因冷却时熔池结晶方向的原因,低熔点夹杂物会富集在焊缝最后结晶的树枝晶会合处(即焊缝的中心),形成局部偏析,容易造成焊缝的气孔、裂纹缺陷,同时形成焊缝余高过大,焊缝成形不良,不能与母材光滑过渡,造成应力集中。当 ψ 值过大时,则因电弧熔深不够造成未焊透缺陷。埋弧自动焊对接焊缝成形系数一般要求大于 1.3。而在堆焊时为了保证堆焊层材料成分尽量小的变化和较高的生产率,则要求焊缝计算厚度小而宽度大,此时 ψ 可达到 10。

焊缝余高可避免熔池金属凝固收缩时形成的缺陷，也可增大焊缝截面，提高承受静载荷能力，但余高不能过大，并应与母材表面光滑过渡，否则会引起应力集中或疲劳寿命的下降，所以焊缝成形在满足规定尺寸的同时还要保证焊缝的外表成形。一般对接接头埋弧自动焊缝的余高要求 $\alpha = 0 \sim 3$ mm。

焊缝剖面中母材金属熔化横截面积（F_m）与焊缝金属横截面积（$F_m + F_H$）之比称为熔合比（γ）。即

$$\gamma = F_m / (F_m + F_H)$$

式中　　F_m——母材金属在焊缝横截面中所占面积；

　　　　F_H——填充金属在焊缝横截面中所占面积。

从上述式子和图 4 – 1 – 2 可见，当接头的坡口、焊缝熔池改变时熔合比将随之变化。而熔合比的变化会直接影响焊缝的化学成分、金相组织和机械性能，特别是在焊高合金钢或堆焊时更敏感。通过改变熔合比来调整焊缝金属的化学成分，在焊接生产中具有重要的实用价值，为保证焊缝金属成分和性能的稳定性，必须正确选择并严格控制焊接规范参数。

必须严格区分焊缝计算厚度（H）与熔深之间的不同，GB/T 3375—94《焊接术语》对熔深的定义是"在焊接接头横截面上，母材或前道焊缝熔化的深度"。由图 4 – 1 – 3 可以清楚地看出这是两个不同的概念，不能混淆。当堆焊或 I 型坡口对接焊时熔深尺寸等同焊缝计算厚度，而角焊缝或 Y 型坡口焊缝熔深仅为"母材或前道焊缝熔化的深度"（多层多道焊同理），不应将计算厚度与熔深等同。对于埋弧自动焊而言，确定焊缝熔深尺

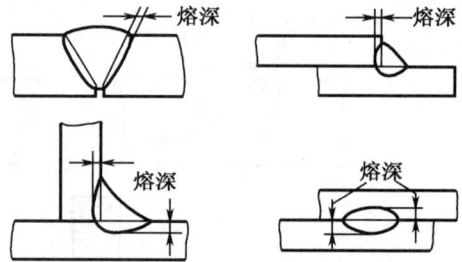

图 4 – 1 – 3　熔深示意图

寸至关重要，它直接影响到焊缝是否熔透、致密，配合适当熔宽才能形成合格的焊缝，这一点明显有别于其他电弧焊方法。

二、焊接规范参数对焊缝形状的影响及其选择

通过调节焊接规范参数可调节焊缝的形状、成形系数和熔合比，埋弧自动焊的焊接参数主要有焊接电流、电弧电压、焊接速度、焊丝直径、焊丝伸出长度等。

另外焊件、焊丝的倾斜程度等也会对焊缝的形状等带来影响。

1. 焊接电流

焊接电流对焊缝成形的影响见图 4 – 1 – 4。当其他条件不变时，增加焊接电流，焊缝熔深增加，焊缝余高增加，而焊缝宽度变化不大。这是因为首先焊接电流增大后，母材所受的电弧吹力和热输入量都增大，电弧能较深地潜入母材而使熔深显著增加。随着焊接电流增大，电弧弧柱直径增大，但因电弧深入母材的深度增大后电弧斑点移动范围受到限制，所以

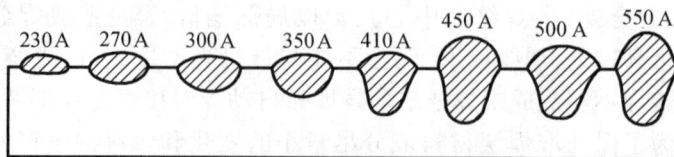

图 4 – 1 – 4　焊接电流对焊缝成形的影响示意图

熔宽几乎不变。焊接电流的增大使焊丝熔化量近似比例地增多,而熔宽不变,所以焊缝余高增大,此时,焊缝成形系数则由于熔深增大、熔宽不变而减小,熔合比则因母材熔化量增大而增大。所以,为获得适当的焊缝成形系数,在提高焊接电流的同时,必须相应地提高电弧电压,即提高电弧的长度。

焊接电流继续增大,电弧吹力增大,焊缝熔深、焊缝余高都增加,焊缝宽度变化仍很小,此时焊缝成形系数变小,焊缝成形恶化易促成热裂纹缺陷产生,并不利于焊缝结晶,直至影响焊接接头的机械性能,所以低合金钢埋弧焊时焊接电流不宜过大。

当焊接电流小时焊缝熔深减小、焊缝余高减小、焊缝宽度变化不大。当焊接电流更小时焊缝熔深随之进一步减小,并因电弧吹力减小而容易造成未焊透、夹渣等焊缝缺陷。由于焊接电流过小电弧燃烧不稳定,焊接冶金不充分,熔池凝固过快还会造成气孔缺陷。

随着焊接电流的增加焊缝熔深随之增加,焊接电流与焊缝熔深存在近似正比的关系:熔深 $=K_m I$。K_m 为熔深系数,与焊接电流种类、极性、焊丝直径、焊剂成分有关。表 4 – 1 – 7 所示为焊接时不同直径焊丝的熔深系数。表 4 – 1 – 8 所示为不同直径焊丝适用电流范围。

表 4 – 1 – 7　不同直径焊丝的熔深系数

焊丝直径 /mm	焊接电流 /A	电弧电压 /V	焊接速度 /(m/h)	电流密度 /(A/mm)	熔深系数 K_m /(mm/100 A)
2	200 ~ 700	32 ~ 40	15 ~ 100	63.6 ~ 222.9	1.0 ~ 1.7
5	450 ~ 1 200	34 ~ 44	30 ~ 60	22.9 ~ 61.1	0.7 ~ 1.3

表 4 – 1 – 8　不同直径焊丝适用焊接电流范围

焊丝直径/mm	焊接电流范围/A
3	320 ~ 650
4	400 ~ 800
5	500 ~ 1 000

注:焊丝牌号:H08A,10Mn2;焊剂:HJ431,HJ350。

2. 电弧电压

电弧电压是焊接时电弧长度的量化,其数值与电弧长度成正比关系。焊条电弧焊时电弧长度靠肉眼观察,被焊剂掩埋的埋弧焊电弧长度则通过电压表显示。电弧电压升高即焊接电弧拉长,电弧作用于母材的面积增大,焊缝熔宽明显增加,而被熔化的焊丝填充量不变,所以焊缝余高相应减小。同时,因电弧拉长部分电弧热量被更多的焊剂吸收熔化,拉长的电弧对熔池底部液体金属作用减弱而使焊缝熔深略有减小。当焊接电流不变时,电弧电压减小,即电弧压短,作用于母材的面积减小而填充金属量不变,所以焊缝熔宽减小,余高增大,熔深有所增加。

当焊接电流不变时,电弧电压过小,即焊接电弧过短致使焊缝成形尖窄,成形系数过小,多层焊时会造成夹渣缺陷。电弧电压过大,焊接电弧过长而飘忽不稳易使空气侵入,焊缝成形不良,并会造成夹渣、气孔、未熔合等缺陷,角焊缝时易造成焊缝咬边缺陷。当使用大的焊接电流时,电弧电压对熔深的影响不敏感,而使用小电流焊接薄板时电弧电压的影响则是一个很重要的因素。

注意电弧电压是根据焊接电流而确定的,即一定的焊接电流要保持一定范围的电弧长度以保证电弧的稳定燃烧,所以,电弧电压的调节范围是有限的,应综合焊接电流、焊接速度及焊件具体情况确定。需要强调的是,当电弧电压不稳定时,焊接电流肯定也不稳定,而究其原因可能是工艺参数、电焊机的电路、机械或焊接回路中任何一个环节的异常所致。

焊剂成分、焊接电源极性不同时,即使电弧电压不变焊缝成形也将发生变化。

3. 焊接速度

根据线能量公式 $q = \eta IU/v$,当焊接速度 v 提高时,线能量减小,焊缝熔宽和熔深都减小,余高也随之减小,因为单位长度焊缝上的焊丝金属的熔化量与焊接速度成反比关系,而熔宽则近似于与焊接速度成反比关系。所以,焊接速度对焊缝成形的影响明显,焊缝的熔深、熔宽随焊接速度变化而变化。焊接速度快,焊缝熔深、熔宽小;焊接速度慢,焊缝熔深、熔宽大。

当焊接速度过慢,电弧下的液态金属不易后排,垂直向下的电弧吹力受到熔池液态金属的阻挡,焊缝熔深反而减小,并引起液态金属满溢造成夹渣、未熔合,严重时焊缝不能成形。当焊接速度适当时电弧弧柱向后倾斜,有利于熔池内液态金属向后流动而保证熔深。随着焊接速度的增快熔池存在时间缩短,焊缝凝固速度增快,有利于防止晶粒长大和减少焊缝热影响区高温停留时间,如在奥氏体不锈钢埋弧焊时焊接速度一般较快。但焊接速度太快则电弧作用时间过短,焊缝单位长度内得到的电弧热量太少使焊缝的熔深、熔宽和余高都减小,并会造成未焊透、气孔、咬边等缺陷。

为提高生产率,根据埋弧自动焊的特点,当然希望尽量使用大的焊接速度,注意在提高焊接速度的同时要相应地提高焊接电流和电弧电压,才能满足焊缝的内部质量和规定的焊缝尺寸。焊接速度对焊缝成形的影响见图 4 - 1 - 5。

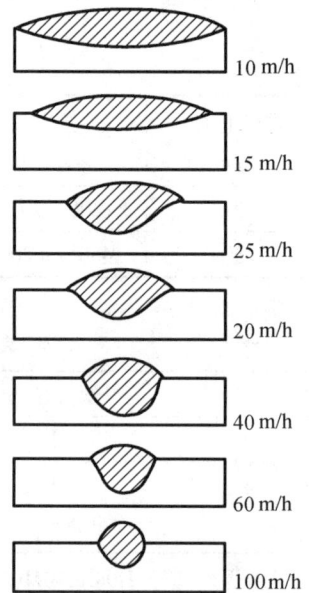

图 4 - 1 - 5　焊接速度对焊缝成形的影响示意图

（图中标注：10 m/h、15 m/h、25 m/h、20 m/h、40 m/h、60 m/h、100 m/h）

4. 焊丝直径

随着焊丝直径增大,焊缝熔宽增加,这是因为电弧弧柱直径也增大使电弧作用于母材热面积增加所致,而此时熔深则稍有下降。当焊接电流不变而改变焊丝直径时,焊缝形状发生较大的变化,这是因为电流密度发生了变化。焊丝直径减小电流密度增大,电弧热量更集中,熔深增加。从表 4 - 1 - 1 可看出,当达到同样熔深时,焊丝直径越细,所需的焊接电流越小,相应的电流密度却显著提高,同时说明细焊丝的熔深系数大。

从电弧自身调节原理上讲,对于一定直径的焊丝,如果电流足够大,即有足够大的电流密度时,就有足够的电弧自身调节灵敏度,而电流密度不够大时电弧自身调节灵敏度相应降低。在一定的工艺条件下,每一直径的焊丝都有一个能依靠自身调节作用保证焊接电弧过程稳定的最小电流值。不同直径的焊丝各有其焊接电流使用范围值(见表 4 - 1 - 8),但在焊接实践中以取其中间值为宜。

5. 焊丝伸出长度

焊丝伸出长度是指焊丝从导电嘴伸出的长度,又叫做干伸长。伸出长度部分的焊丝也就是焊接电源的导体,显然这个长度是受到限制的,视焊丝直径而定,一般为焊丝直径的8~10倍左右。焊丝伸出长度过短,会形成"挂渣"影响焊缝成形或烧坏导电嘴;焊丝伸出长度过长,焊接电流通过产生的电阻热使其熔化速度加快,此时焊丝的熔化量增多,余高增大,熔深略有减小,熔合比也减小,特别是小直径或电阻系数大的焊丝更为敏感。在生产中用直径3 mm以下或不锈钢焊丝焊接时,焊丝伸出长度变化范围必须严格控制。

在焊接某些形状特殊的构件时,可采用加长导电嘴的办法以保证适当的焊丝干伸长。

6. 焊件、焊丝倾斜的影响

在大型构件焊接时,焊缝很难处在水平位置,便有向上方向或向下方向焊,习惯称为爬坡焊或溜坡焊。爬坡焊时,熔池液态金属后淌导致电弧对熔池液态金属后排作用加强,焊缝熔深增加,余高增加,而熔宽明显减小,即焊缝成形系数减小,会造成气孔、裂纹等缺陷,且造成严重咬边,使焊缝成形恶化。溜坡焊时,向前(焊接方向)流动的熔池液态金属阻挡了电弧对母材的吹力,这样,焊缝熔深减小而熔宽增大,易造成未焊透、夹渣、未熔合等缺陷且焊缝成形不良。

焊丝倾斜焊接时对焊缝成形的影响与上述现象相似。有时在焊缝间隙较大或薄板焊接时,会采用焊丝前倾的方法以防止焊穿。焊件、焊丝倾斜的影响见图4-1-6。

在实际生产中不可避免地会碰到一些非水平位置的焊缝,这时一般都根据焊缝所处位置具体情况,用调整焊接规范参数并结合其他手段的方法来改善焊缝成形。

(1)上坡焊时的调整

①为使焊缝熔宽不至于过窄,适度增大电弧电压,比水平位置的电弧电压增大1~3 V。

②因上坡焊时的熔深自然增加,焊接电流可比水平位置时稍小。

③将焊丝适当前倾以减小熔深,增加焊剂堆积高度。

(2)下坡焊时的调整

①为削弱熔池液态金属下淌,可适当减小电弧电压1~3 V。

②焊丝适当后倾以增加液态金属后排能力,增加焊接速度。

注意,上述方法都只是一种补救措施,其效果是有限的。

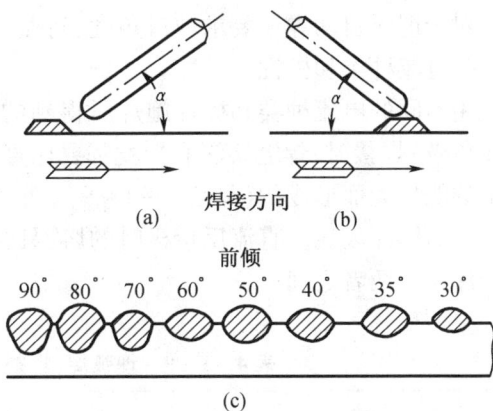

图4-1-6 焊件、焊丝倾斜的影响示意图

7. 坡口与间隙

当其他条件不变时,坡口或间隙的尺寸越大,焊缝余高越小,此时的熔合比减小,从横截面上看相当于整个焊缝空间位置下降(见图4-1-7)。因此,调整坡口角度可用来控制焊缝余高的大小以改善焊缝成形和调整熔合比。当厚板粗直径焊丝焊接时适当的间隙可增加熔深并对焊缝成形有利。

从GB 986—88《埋弧焊焊缝坡口的基本形式和尺寸》可看到,同样钢板厚度的对接焊缝

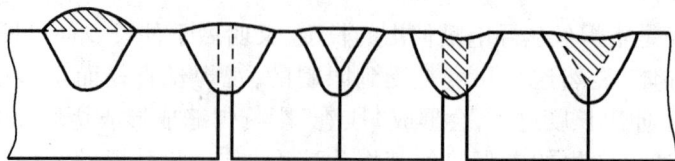

图 4 – 1 – 7　间隙和坡口对焊缝形状的影响示意图

坡口有开 I 型和 Y 型和 U 型的选择。因为在 I 型坡口对接焊时,必须有足够大的焊接电流才能保证焊缝熔透,虽然焊接接头并不存在超标缺陷,但因线能量过大而对焊缝金属组织的结晶不利,并使热影响区晶粒粗大而降低了接头的塑性和韧性。所以,在有一定综合性能要求的低合金钢焊接时会选择 Y 型或 X 型坡口多层焊的方法,采用多层焊法可以有效地提高焊缝金属的性能。这是因为一方面每层焊缝焊接线能量、焊缝截面变小、高温停留时间变短而改善了凝固结晶的条件;另一方面,即更重要的原因是后一层对前一层焊缝具有附加热处理的作用,从而改善了焊缝固态相变的组织。

注意:I 型坡口的熔深与 Y 型和 U 型坡口的熔深不能相提并论,当采用相同的焊接规范参数施焊时,Y 型、U 型坡口的熔深远远小于 I 型坡口的熔深。

对于埋弧自动焊还要求坡口角度、间隙一致不能有突变现象存在。

8. 电流种类和极性

用不同的电流种类和极性施焊所得到的焊缝形状和尺寸是不同的,如直流反接极(工件接负极)焊接时,焊缝熔深和熔宽都要比直流正接极大而熔敷率小,这是因为工件即负极析出的能量大而形成的(见表 4 – 1 – 9);而当直流正接极焊接时,焊丝为负极则焊丝的熔化率较大而熔深较浅。直流反接极时的熔深比正接极时大 40% ~ 50%,而用交流电源焊接时的熔深介于两者之间。

表 4 – 1 – 9　埋弧焊(焊剂 431)电源极性对熔宽的影响

电弧电压/V	焊缝宽度/mm	
	正极性	反极性
30 ~ 32	21 ~ 23	22 ~ 24
40 ~ 42	25 ~ 27	28 ~ 30
50 ~ 52	26 ~ 28	33 ~ 35

注:电流 500 A,焊丝直径 ϕ5 mm,焊接速度 24 m/h。

一般情况下,粗焊丝、大电流焊接时可选用交流电源;细焊丝、小电流、快速度焊接时宜选用直流电源。当薄板焊接时选用直流电源正接极可有效地防止焊穿;厚板焊接则应采用直流反接法或交流电源。

9. 焊剂的影响

焊剂对焊缝的形状、熔深都有影响,并影响到接头的使用性能。不同的焊剂具有不同的成分,会影响到电弧极区压降和弧柱电位梯度的大小。稳弧剂主要影响电弧的长度,稳弧性差的焊剂使焊缝的熔深较大;焊剂形成的熔渣黏度小则透气性好,焊缝表面成形光洁平滑;而熔渣黏度过大或熔化温度较高则透气性不良,在焊缝表面形成许多压痕而成形较差;当焊剂密度小颗粒度大时,堆积密度较小,电弧周围的压力小而弧柱膨胀,电弧在焊剂中燃烧的空间大,焊件受热面积也大,这样焊缝熔宽增加,熔深、余高会略减小。当厚钢板大功率焊接时,用浮石状焊剂可降低电弧压力,减小熔深,增大熔宽,改善焊缝成形。

常用的焊剂分熔炼型和烧结型两大类,它们的焊接工艺性能和对焊缝力学性能的影响都不相同。

三、焊接参数选择原则与方法

1. 焊接工艺参数选择原则

焊接参数的选择应根据产品的具体条件,以满足焊接接头的力学性能、焊缝的内在质量和外观成形、高生产率等要求综合考虑。首先保证电弧稳定燃烧,焊缝无缺陷,形状尺寸满足要求,表面成形光顺,然后在保证质量基础上求速度。

注意埋弧焊容易出现“单道焊的气孔,多道焊的夹渣”。

2. 焊接工艺参数选择方法

(1)焊接工艺评定指导书、工艺认可或有关工艺文件、资料提供的规范参数。

(2)根据生产中积累的经验数据拟定规范参数。

(3)比对焊件通过焊接试板的试验拟订规范参数。

必须指出,不论什么方法都要根据焊件的实际焊接情况加以修正。

项目二　埋弧自动焊操作技术

任务一　埋弧自动焊基本操作训练

一、埋弧焊机的维护保养和安全技术

1. 按外部接线图正确接线,要求外接网路电压与设备电压相一致。

2. 弧焊电源、控制箱和机头的接地线要可靠。

3. 外接电缆要有足够的容量和良好的绝缘,连接部位螺母要拧紧,带电部件绝缘情况要经常检查。

4. 经常注意电气元件触点情况,如有烧损情况应及时更换。

5. 要经常注意送丝滚轮运行情况,如发现显著磨损时,应立即调换。

6. 要经常检查和定期更换送丝机构和自动焊车减速箱内的润滑油。

7. 经常检查焊嘴与焊丝的接触情况,若接触不良,必须更换。

8. 接通三相电源时,应注意电动机转向,若转向相反,则应及时调整三相电源接线。

9. 控制线和电缆不应有过多弯曲。

10. 要保证焊机在运用过程中各部分动作灵活、可靠,特别是机头部分应避免焊剂、渣壳碎沫堵塞活动构件,为此要经常保持清洁、注意保养。

11. 要经常或定期校对电流表、电压表等仪表。

12. 焊机的控制箱外壳和接线板的防护罩必须盖好,防止触电及短路事故。

13. 焊接过程中防止焊剂中混入异物(如渣壳)等,导致阻塞焊剂引起弧光裸露。

14. 敲渣壳时要戴防护眼镜,防止渣粒飞出损伤眼睛。

二、操作训练

(一)焊前准备工作

良好而充分的焊前准备是埋弧自动焊质量保证的基本条件。由于埋弧自动焊的连续性和快速性,必须在施焊开始前对焊接相关问题作全面的准备。

1. 焊件的坡口尺寸、钝边及装配尺寸必须满足 GB 986—88《埋弧焊焊缝坡口的基本形式和尺寸》及相关的技术要求并检查其清洁状况。对局部超差处应在焊前处理完毕。

2. 焊缝两端必须装有牌号、厚度与焊件相同的一定尺寸的引弧板。

3. 对定位焊缝的检查,应无缺陷并满足规定的尺寸、长度要求。

4. 焊机、辅助设备等必须处在良好的运行状态,焊接回路电缆连接牢固,仪表应定期检测。

5. 焊丝清洁,焊剂按规定严格烘焙使用,HJ431 焊剂在焊前 250 ℃烘焙 2 h。

6. 对无预设功能的焊机,应先在焊接试板调试好焊接规范参数,再上产品施焊。

7. 剪去焊丝中已锈的部分。

8. 试件坡口两侧 20 mm 范围内清除油、锈、氧化皮等污物。

9. 适当烘干坡口两侧的湿气。

(二)焊接台车空载调试

1. 操作技术要领

(1)焊接电流调节　先将电源接通,然后将控制箱开关放在"开"的位置,再分别按台车控制盘上的按钮"增大"或"减小"电流,弧焊电源中的电流调节器即可工作。通过电流指示器预知电流的大致数值。也可以通过在 BX2—1000 型焊机外壳侧面的两个按钮"增大"或"减小"电流,同样可以得到电流调节。

(2)焊丝"向上"或"向下"调试　分别按台车控制盘上焊丝"向上"或"向下"按钮,按下时即焊丝上抽或下送。

(3)台车行走速度调试　把台车上"空载"与"焊接"开关拨至"空载"位置,台车行走方向的转向开关拨至"顺"位置,合上离合器(手柄扳上),焊车即沿着焊接方向行走。如果要改变行走方向,将转向开关拨至"倒"位置,台车即反方向行走。通过调节焊接速度电位器,可变换焊接台车的行走速度。

2. 操作要求

(1)焊丝直径为 4 mm 时,焊接电流为 600 ~ 650 A。

(2)按焊丝"向上"或"向下"按钮,焊丝动作正确上抽或下送。

(3)将开关置于"空载"位置上。初步确定焊接速度为 37.5 m/h。

3. 可能产生的问题

(1)电源接通后,控制部分无动作。

(2)调节电流按钮"增大"或"减小"搞错了。

(3)当按焊丝"向上"或"向下"按钮时,焊丝动作不对或不动作。

(4)焊接台车不行走。

(5)焊接速度可调电位器在"0"位置上导致台车不行走。

(6)可换电位器损坏。

4.防止措施

（1）将控制箱上的开关放置在"关"的位置。

（2）认清按钮"增大"或"减小"，通过指示器观察。

（3）检查控制线路是否断开。

（4）发电机组倒转，改变三相感应电动机接法。

（5）碳刷接触不良，调换碳刷或砂纸打磨。

（6）碳刷接触不良，用砂轮打磨。

（7）将焊接速度可调电位器放置预定的位置上，空载测试焊速为 37.5 m/h。

（8）调换可调电位器。

（三）焊机焊前准备

1.操作技术要领

合上电源闸刀，接通控制箱电源，试调好准备的焊接电流值。将台车控制盘上"电弧电压"和"焊接速度"可调电位器试调到最佳的焊接工艺参数。松开台车离合器（手柄压下），将台车推到预焊部位。焊车的轨道与焊缝平行，轨道与焊缝平行，轨道与焊缝之间的距离约 150 mm，通过台车前面的手轮调节机头，使焊丝对准焊件的接缝中心或线缝，还可以通过机头上的手轮，调节导电杆的高低。导电杆前面装有一根导向指针，其端头离焊件表面约 5~10 mm，焊缝中心，与焊丝在同一直线上。将换向开关拨至"顺"的焊接方向位置。

最后调节台车控制盘上的"向上"或"向下"按钮，使焊丝末端与焊件表面恰好摩擦接触。打开焊剂斗阀门，使焊剂堆满起弧部位，即准备焊接。

2.操作要求

（1）焊车轨道与焊缝平行，两者间的距离为 150 mm。

（2）导向指针对准线缝或接缝中心，离焊缝表面约为 5~10 mm。

（3）焊剂能畅通输送。

3.可能产生的问题

（1）导向指针与焊丝没有较好对在同一直线上，未能对准线缝或接缝，导致焊偏。

（2）焊剂输送不畅，导致电弧遮不住，影响焊接质量。

（3）台车行走时，焊丝偏离焊缝。

4.防止措施

（1）仔细、认真地调试，将焊接台车在焊车轨道边上试行，空走一段距离，观察指针与焊丝是否在同一直线上。

（2）若焊剂斗阀门处被渣壳或杂物堵塞，应清理及疏通焊剂斗阀门处的杂物。

（3）调整台车轨道或调节台车侧面的手轮，使其保持与焊缝中心平行。

（四）引弧

1.操作技术要领

按下"启动"按钮，此时焊丝向上抽（即引弧），当电弧引燃后，电弧电压瞬时增加到一定值时，电弧正常燃烧。立即松开"启动"按钮，焊丝向下送。此时随即合上离合器，台车正常行走，进入焊接状态。

2.操作要求

焊丝直径 4 mm，焊接电流应在 600~650 A，电弧电压 38~40 V，焊接速度 37.5 m/h 范围。

3. 可能产生的问题

电弧没引燃,焊丝将机头顶起,启动后电弧没正常引燃反而使焊丝粘住焊件。

4. 原因及防止措施

(1)焊件表面有锈、油污等脏物,导致焊丝与焊件接触不良,必须使焊丝与焊件摩擦接触好。

(2)焊丝与焊件接触太紧,电弧电压太低或电流太小,要适当增加焊接电流或调高电弧电压。

(五)焊接

1. 操作技术要领

在焊接过程中,应随时观察控制盘上的电流表和电压表的读数。准确的焊接工艺参数可以通过台车控制盘上电流"增大"或"减小"按钮和电弧电压调节器及焊缝速度调节器进行无级调节。

焊接时,如果导向指针偏离焊缝准线,可通过台车侧面手轮调节,及时调整焊丝与焊件接缝间的位置。

2. 质量目标

焊缝成形良好,无焊接缺陷。焊缝宽度一致,余高一致。

3. 检验方法

(1)通过观察电流电压表的读数,确定工艺参数准确与否。

(2)耳听"噗噗……"声音来判断焊接过程的正常情况。

4. 可能产生的问题

(1)电流电压表的读数偏离预定值,电压表指针摆动较大。

(2)焊缝窄而高或宽而低。

(3)焊穿。

(4)熔深浅。

(5)焊缝两边缘熔合不良,焊脚不齐,焊波成形忽大忽小。

(6)焊缝表面有压坑。

(7)焊缝表面粗糙。

5. 防止措施

(1)通过台车控制盘上"增大"或"减小"按钮,电弧电压调节器随时可进行调整;接地线螺栓未拧紧,使电弧不稳定,要使螺栓保持接触面良好。

(2)焊速太快,电流太小,通过减慢焊速及增加电流;或焊速太慢,电弧电压太高,通过减小电弧电压,适当增加焊接速度。

(3)电流太大,焊速太慢,应调整工艺参数。

(4)焊接电流过小,电弧电压过高。

(5)网路电压波动或导电嘴磨损而接触不良,应更换导电嘴。

(6)电弧电压偏大,焊速过大。

(7)电弧电压过大或过小。

（六）熄弧

1. 操作技术要领

电弧焊至焊缝终端或引出板上，先关上焊剂斗阀门，按下"停止"按钮。按下"停止"按钮时，应分两步：先按"停止"按钮至 1/2 处，使焊丝停送，电弧逐渐拉长到断弧；然后按到底，此时焊接电源才被切断；再按焊丝"向上"按钮，使焊丝回抽，距离加大，松开离合器。至此，焊接过程结束。

2. 检验要求

清除渣壳，检查焊缝表面质量及尺寸，收尾处无明显缺陷。

3. 可能产生的问题

（1）发生焊丝与焊件粘住的现象。

（2）电弧可能反烧到导电嘴，甚至将焊丝与导电嘴熔化在一起。

（3）焊丝继续下降，小车继续前进。

4. 防止措施

（1）"停止"一下按到底。当焊丝与焊件已粘住时，可采取再按"启动"按钮，然后"停止"按钮分两步按下。

（2）由于导电嘴与焊件距离较近，焊丝干伸长小于 15 mm，可换下导电嘴，更换之。

（3）中间继电器失灵。检查控制箱内中间继电器线路。

（七）焊后清理工作

1. 操作技术要领

打开离合器（手柄压下），推开台车，回收焊剂，敲去焊渣，检查焊缝表面质量。

2. 操作要求

焊剂回收干净，工完料清。

3. 可能产生的问题

用手推不动台车。

4. 防止措施

打开离合器（手柄压下）。

任务二　埋弧自动焊焊接技术

一、对接接头双面焊

所谓双面焊是指在接头的两面（侧）施焊的焊接法。首先，要合理选择焊接规范参数，双面单道焊时一般正面（第一面）焊道的熔深要达到焊件厚度的一半左右，而背面焊道的熔深应保证达到焊件厚度的 60%～70%，即在焊缝的横截面上两边焊道底部应有一定的重叠量。这是因为在施焊过程中焊接电弧很难保证总是对准焊缝中心，有时焊接规范参数也会因种种原因产生波动，所以用一定富余量的熔深来保证焊缝的致密性，防止未焊透缺陷，实践证明这种方法保证焊缝质量是方便而行之有效的。

注意，焊件的拼装，施焊时钢板一定不能直接贴在大地或钢平台表面上，可先用槽钢或 5# 以上角铁间隔排列然后再铺上焊件，以防止钢板吸潮而引起焊接缺陷。

二、中、厚板的焊接

厚板对接接头坡口形式的设计和焊接规范参数的选用并不仅仅决定于钢板的厚度,而是根据焊件的具体情况如接头的技术要求、焊件的几何形状尺寸、设备和施工条件来确定。焊接时主要注意以下问题:

1. 对于允许使用大线能量的焊接接头,应优先考虑用 I 型坡口(板厚≤16 mm)双面单道焊,按前述原则选择焊接规范参数,背面封底焊采用大线能量保证熔透,不清根或稍稍刨槽以改善封底焊缝成形即可。此时若采用完全清根后再施焊则不甚可取。

2. 对 Y 型坡口接头,打底焊道的焊接规范参数选择趋向焊接电流较大而电压适中,以保证其熔深并要求焊缝成形光顺,不能中间凸而两边凹;而盖面焊道的焊接规范参数选择趋向焊接电流稍减而电压稍增,以改善焊缝结晶状况并使表面成形光顺过渡;封底焊道焊接规范参数的选择,在条件允许时可稍稍刨槽后大线能量施焊以保证熔深和焊缝成形,当须完全清根且刨槽较深时,则应采用多层多道焊法进行封底焊。

3. X 型坡口大厚板对接一般都采用多层多道焊法,注意每道焊缝成形光顺既便于清渣又利于下道焊的进行,避免焊缝出现中间凸两边凹甚至尖角状,要求焊道布置合理并严格清理焊渣以防止夹渣缺陷的产生,实践中大焊道产生夹渣的可能性高于小焊道。为减少焊件的变形应尽可能采用双面交替施焊法。

4. 对有一定机械性能要求的低合金钢接头,可采用开 Y 型或 X 型坡口多层多道焊法,因为每层焊缝截面相应变小既改善了凝固结晶的条件,同时后一层对前一层焊缝相当于作了热处理的作用,从而改善了焊缝固态相变的组织而提高接头的机械性能。这种方法是可取的,既保持了较高的效率又满足焊接接头的综合性能。

5. 因焊件结构或工艺等原因,会采用焊条电弧焊、气体保护焊、打底埋弧焊填充盖面多种焊接组合法。这时应注意首道埋弧焊的焊接规范参数,以防止焊穿为要。

厚板双面埋弧焊焊接规范参数见表 4-2-1。

表 4-2-1　双面埋弧焊焊接规范参数

板厚/mm	坡口形式	焊丝直径/mm	焊道号	焊接电流/A	电弧电压/V	焊接速度/(m/h)
6	I 型 坡 口	4	正面	380～420	30	35
			反面	430～470	30	33
8			正面	440～480	30	30
			反面	480～520	31	30
10			正面	530～570	31	28
			反面	590～640	33	28
12			正面	620～660	35	25
			反面	680～720	35	24
14			正面	680～720	37	24
			反面	730～770	40	23

表 4 – 2 – 1(续)

板厚 /mm	坡口形式	焊丝直径 /mm	焊道号		焊接电流 /A	电弧电压 /V	焊接速度 /(m/h)
14	Y 型 坡 口	5	正面		600 ~ 640	36 ~ 38	36
			反面		820 ~ 860	38 ~ 40	35
16			正面		740 ~ 780	38 ~ 40	28
			反面		820 ~ 860	38 ~ 40	26
18			正面		780 ~ 820	38 ~ 40	28
			反面		930 ~ 970	38 ~ 40	26
20			正面		820 ~ 860	38 ~ 40	25
			反面		930 ~ 970	38 ~ 40	23
22			正面		840 ~ 880	38 ~ 40	23
			反面		930 ~ 970	38 ~ 40	21
24	Y 型 坡 口	5	正 面	1	680 ~ 720	38	24
				2	630 ~ 670	40	21
			反 面	3	830 ~ 870	37	24
				4	680 ~ 720	40	24
40	X 型 坡 口	5	正 面	1	780 ~ 820	37	20
				2	780 ~ 820	37	24
				3	680 ~ 720	38	23
				4	680 ~ 720	38	45
			反 面	1	780 ~ 820	37	20
				2	780 ~ 820	37	20
				3	780 ~ 820	35	24
				4	780 ~ 820	35	24
				5	730 ~ 770	32	30

三、单面焊双面成形工艺

单面焊双面成形是根据埋弧自动焊焊接电流大的特点,将焊件熔透,焊接熔池在坡口背面的衬垫内凝固而使焊缝一次成形。这种焊接工艺明显地提高了生产率,改善了劳动条件,例如不需焊件翻身,不需焊缝背面清根,节约工时、材料和能源,其生产效率比传统的双面焊法提高2 ~ 4 倍,是高效焊接技术之一,得到了广泛的应用和不断改进。由于埋弧焊熔池的体积、质量较大,焊缝背面只有采用强制成形的衬垫,使熔池从形成到凝固全过程都在衬垫内受到良好的保护,才能达到正反面焊缝一次成形,可以说衬垫保护效果的好坏是单面焊双面成形埋弧焊工艺的关键。国内外都积极研究采用多种衬垫及辅助方法并不断完善这一工艺。

埋弧自动焊单面焊双面成形工艺一般用于大型拼板对接焊,在固定工位上多采用龙门压力架、电磁平台对焊件进行定位。龙门压力架横梁装有压紧装置,通过压缩空气将焊件压紧在平台上,电磁平台则是以电磁作动力将焊件紧紧吸在平台上。其目的均是将焊件压平齐并与衬垫贴紧不使有空隙、松动,并保证焊缝与衬垫对中。衬垫包括焊剂衬垫、铜衬垫、焊剂铜衬垫等。

1. 焊剂衬垫法

以充满压缩空气的气带为动力,使焊剂与接头坡口背面紧贴,当电弧将焊件熔透时,焊剂垫表面的焊剂随之熔化并形成液态薄膜保护熔池凝固成形,此时焊剂同时起到了保护焊缝背面成形和顶托的作用。

焊剂衬垫的顶托力必须适当,顶托力小焊缝下塌,顶托力过大焊缝背面上凹甚至穿孔。另外,作为衬垫的焊剂颗粒度要细一些。

2. 铜衬垫法

以表面开有成形槽的紫铜块衬垫紧贴在焊缝坡口背面,利用紫铜良好的导热性(紫铜块一般通水冷却)将熔池强迫快速冷却成形,由于铜衬垫钢性较强,表面成形槽有类似模型的作用使背面焊缝成形均匀,但由于铜衬垫与焊件间是钢性对钢性的硬配合,当焊接过程中焊件产生焊接变形后两者之间很难保证紧贴而影响焊缝成形。

上述两种方法因其质量不稳定目前应用不多。

3. 焊剂铜衬垫法(FCB 法)

焊剂铜衬垫是将焊剂衬垫和铜衬垫结合的衬垫。如图4-2-1所示,在铜衬垫上均匀铺上细颗粒的焊剂,然后与焊件对中并顶升紧贴,可用压缩空气软管或液压作顶升装置,焊剂高出铜衬垫 2~4 mm,填实了铜衬垫焊件间压紧时可能出现的间隙,加强了压紧效果。

焊接时,与钢板和熔池直接接触的是焊剂,焊剂在铜垫的作用下对熔池的保护和顶托作用同时加强,更好地控制背面焊缝尺寸特别是余高的大小,并不易产生毛刺、咬边等缺陷。另

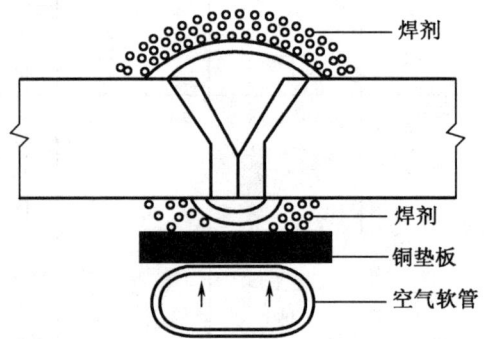

图 4-2-1 焊剂铜衬垫法(FCB 法)示意图

外,焊剂下的铜衬垫既不同熔融金属直接接触,又不受焊接电弧作用,所承受的温度不高而不必通水冷却。焊缝背面成形比前两种衬垫好并且质量稳定,同时对焊接参数的敏感程度降低,能使用较大焊接电流,对于接头坡口装配精度及焊接条件变化的允许范围也较宽,适用于大生产,所以焊剂铜衬垫得到更多的应用。

另外,还有专门作为衬垫用的焊剂,称为热固化焊剂,就是在焊剂中加入一定比例的具有热固化特性的物质(如酚醛或苯酚树脂及铁粉、硅铁、脱氧剂等),当焊剂被加热到 80~100 ℃时,树脂软化将周围的焊剂黏结在一起,当温度升到 100~150 ℃时树脂固化并使焊剂垫变成具有一定刚性的板条状即加强了顶托作用,而且它的成渣量少能有效地阻止液态金属溜溢,使焊缝成形更加稳定。需要注意的是,热固化焊剂在使用过程中与普通焊剂不同,在焊接时会全部固化而不能回收重新使用。另外,因为其含有热固化黏结剂所以使用前不能焙烘,开罐后应立即使用,用多少取多少,然后立即将储罐密封保存,由于该焊剂不能用焙烘去除水分,一旦焊剂受潮变色只能报废。

目前,在单面焊双面成形工艺中已较多使用专门的衬垫,即用热固化焊剂取代熔炼型、烧结型焊剂,有的同时还佐以铁粉填充使焊接质量更稳定。作为填充用的铁粉基本为纯铁

粉,其中含有一定数量的脱氧剂,焊前把铁粉均匀地填充在接头坡口内,一般要求将接头间隙填实,填充至一定高度或与钢板平齐即可。填充铁粉的目的如下:

(1)弥补接头坡口、间隙的不均匀度以便在同一焊接规范下获得较整齐的背面焊缝成形;

(2)防止电弧在坡口底部接近衬垫处发生而焊穿,保证电弧稳定;

(3)防止熔化金属前淌而造成焊接缺陷;

(4)增加熔敷率,提高焊接效率。

注意铁粉要均匀填实不能撒到坡口两侧,因为铁粉混入焊剂后会造成工艺性能恶化。要严格管理对铁粉的使用,因为铁粉实际上作为填充金属进入焊缝,所以一定不能受污染,另外铁粉不能焙烘,一旦潮湿只能废弃。

焊剂铜衬垫焊接参数见推荐表 4 – 2 – 2。

表 4 – 2 – 2　焊剂铜衬垫焊接参数推荐表

板厚/mm	电弧电压/V	焊接电流/A	焊接速度/(m/h)	剖口间隙/mm
6	34 ~ 36	600 ~ 650	32	1 ~ 1.5
8	36 ~ 38	650 ~ 700	32	1.5 ~ 2.5
10	39 ~ 41	700 ~ 750	28	2.5 ~ 3.5
12	42 ~ 44	750 ~ 800	24	3.4 ~ 4.0

注:焊丝 H08Aϕ4 mm;焊剂 HJ431 焊剂。

前述三种单面焊双面成形工艺只适用于龙门架、电磁平台等固定工位作业,而且只适于平面、等厚度对接焊缝,使用范围受到限制。

4. 焊剂石棉衬垫法(FAB 法)

一般在外场进行的大型装焊件对接焊时,已较多地采用焊剂石棉衬垫法(FAB 法),也称纤维耐火衬垫法。它适用于平面、曲面或带有结构的对接接头的焊接,如船体建造中的船台合拢时甲板对接、桥梁建造中钢厢梁段的对接等。其特点是简便、省力、材料成本低,技术管理、焊工操作技术要求高。

焊剂石棉衬垫中的焊剂为热固化焊剂,典型的焊剂石棉衬垫结构和安装使用方法示意图见图 4 – 2 – 2。

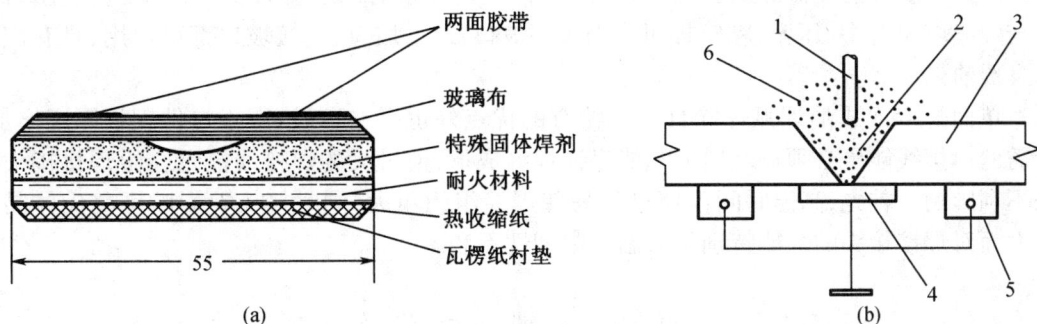

图 4 – 2 – 2　典型的焊剂石棉衬垫结构和安装使用方法示意图

(a)焊剂石棉衬垫结构图;(b)焊剂石棉衬垫安装使用方法图

1—焊丝;2—铁粉;3—焊件;4—焊剂石棉衬垫;5—磁力马板;6—焊剂

上图中焊剂石棉衬垫各部分的作用如下：

双面胶带——使衬垫与钢板紧贴并便于定位；

玻璃布——略有软性，保证衬垫与钢板贴紧并适应不等厚度钢板对接；

特殊固体焊剂层——保护控制背面焊缝成形；

耐火材料层——隔热防止衬垫被熔透；

瓦楞纸——使衬垫受压均匀。

焊剂石棉衬垫一般为长 600 mm，宽 55 mm，厚 15 mm 的板条状，也可根据缝口不同做成某些相应形状。

衬垫安装过程是将衬垫与焊缝中心对好后紧贴在焊缝背面，在衬垫上装上托板，用"卡马"、撑杆或磁铁等压紧装置将其与焊件夹紧即可施焊。通常 FAB 法先在接头坡口间隙内填充相应高度的铁粉（目的与 FCB 法填充铁粉相同），其背面焊缝保护原理与热固化焊剂铜衬垫保护原理相似。FAB 焊接规范参数见表 4 - 2 - 3。

表 4 - 2 - 3　FAB 法焊接规范参数表

板厚 /mm	坡口形状	铁粉填充高度 /mm	电流 /A	电压 /V	速度 /(cm/min)
6		6	700	34	50
7	I	7	750	34	47
8	型	8	800	35	45
9	间	9	850	35	40
10	隙	10	900	35	38
11	1 ~ 2 mm	11	930	36	36
12		12	950	36	34

注：焊剂 PF1 - 45，PF1 - 52；焊丝 US - 43，ϕ4.8 mm；铁粉 RR - 2。

5. 陶质衬垫法

近年来，陶质衬垫法受到普遍欢迎。它与 FAB 法相似，只是衬垫改为陶质型，它由无机硅酸盐材料制成，有较大的刚性，根据需要可做成各种几何形状。陶质衬垫的耐火度大于1 300 ℃，在电弧作用下小部分熔化对焊缝金属起润湿作用，增加漫流性，使焊缝背面成形光顺。其安装方法类似焊剂石棉衬垫，陶质衬垫包在带有耐热黏性的牛皮纸内，使用时打开与焊缝坡口对中、压紧、粘牢即可。对 I 型坡口、X 型坡口、角接坡口都可使用，具有广泛的发展前景。

单面焊双面成形埋弧焊除具备其特有的优点外也存在不足：由于焊件钢板厚度增加，所需的焊接线能量必须显著增大才能保证焊缝成形，但过大的焊接线能量会给焊接接头带来不利影响。首先，高温时间停留过长易使焊缝组织粗大，同时接头热影响区奥氏体晶粒长大而对焊接接头的性能特别是低温冲击韧性不利。

任务三　埋弧自动焊常见缺陷及其防止方法

埋弧焊焊接时可能出现的焊缝成形不良现象及常见缺陷有咬边、气孔、夹渣、未熔合、未焊透、裂纹等，它们的产生原因及其防止方法分别见表 4 - 2 - 4 和表 4 - 2 - 5。

表 4 – 2 – 4　埋弧焊焊缝成形不良产生原因及其防止方法

缺陷	产生原因	防止方法
宽度不均	1. 焊接速度不均匀； 2. 焊丝输送速度不均匀； 3. 焊丝导电不良	1. 找出原因排除故障； 2. 找出原因排除故障； 3. 更换导电嘴（器）
余高过大	1. 电流太大而电压过低； 2. 上坡焊时倾角过大； 3. 环缝焊接位置不当	1. 调节规范； 2. 调整角度； 3. 调整焊接位置
成形异常	1. 焊剂被压； 2. 挂渣	1. 排除； 2. 排除挂渣
焊缝金属满溢	1. 焊接速度过慢； 2. 下坡焊倾角过大； 3. 环缝电弧位置不当； 4. 焊丝前倾	1. 调节焊速； 2. 调整角度； 3. 调整焊接位置； 4. 调整焊丝角度

表 4 – 2 – 5　埋弧焊焊缝缺陷产生原因及其防止方法

缺陷	产生原因	防止方法
咬边	1. 焊丝位置或角度不对； 2. 焊接规范不当	1. 调整焊丝及焊件； 2. 调整焊接规范
未熔合	1. 焊丝未对准； 2. 焊缝局部弯曲过甚	1. 调整焊丝； 2. 精心操作
未焊透	1. 焊接规范不当； 2. 坡口不合适； 3. 焊丝未对准	1. 调整焊接规范； 2. 修正坡口； 3. 调整焊丝
夹渣	1. 多道焊时，道间清渣不干净； 2. 分道焊时，焊丝位置不对	1. 道间清渣彻底； 2. 调整焊丝
气孔	1. 接头未清理干净； 2. 焊剂潮湿； 3. 焊剂中含有垃圾； 4. 没有焊剂或焊剂覆盖厚度不够； 5. 焊丝表面未清理干净； 6. 电弧电压过高	1. 接头必须清理干净； 2. 焊剂按规定焙烘； 3. 清洁焊剂； 4. 保证焊剂覆盖厚度； 5. 焊丝必须清理干净； 6. 调整电弧电压
裂纹	1. 焊丝、焊剂、焊件配合不当； 2. 焊丝中含碳量、含硫量较高； 3. 焊接区冷却速度过快而使热影响区硬化； 4. 多道焊时第一道焊缝截面过小； 5. 焊缝形状系数太小； 6. 角焊缝熔深太大； 7. 焊接顺序不合理； 8. 焊件刚度大	1. 合理选配焊接材料； 2. 选用合格焊丝； 3. 降低焊速，焊前预热焊后缓冷； 4. 焊前预热，增加电流降低焊速； 5. 调整焊接规范，修整坡口； 6. 调整焊接规范； 7. 合理安排焊接顺序； 8. 焊前预热焊后缓冷

任务四 总 结

无论采用何种方法,在埋弧焊接操作过程中应做到如下几点:

(1)在引弧板上起弧、熄弧。对无预设功能的焊机应在最短时间内将各规范参数调整到规定值施焊。

(2)密切监视焊接电流、电弧电压读数的变化,因为焊机的机械、电路及焊件的异常都会通过焊接电流、电弧电压表变化表现出来。

当采用陡降的外特性电源时,电弧电压波动较大而焊接电流波动较小。

当采用缓降或平特性电源时,焊接电流波动较大而电弧电压波动较小。

(3)保证焊接过程和焊缝成形的连续性、一致性,从坡口、间隙、"马脚"的修正,到焊丝、焊剂的输送都应做好充分的准备。

(4)不论用什么种类焊接小车,必须防止焊偏。

(5)在酸性焊条焊缝上(如 J422)进行埋弧焊时,会经常性地造成埋弧焊缝出现气孔缺陷。其原因是酸性焊条合金含量少,脱氧能力差,并未严格焙烘或不焙烘,其焊缝气体(O_2,H_2,N_2)含量很高,抗气孔能力差。当采用熔深大、焊接速度快的埋弧焊覆盖时,会将该酸性焊条焊缝重熔并进入埋弧焊缝而形成气孔。因此埋弧焊接头的点固焊、打底焊和埋弧焊过程中的补焊(如焊穿处),均应采用碱性焊条。

任 务 考 核

1.通过实际操作练习,试分析埋弧自动焊的工艺参数对接头外观形状、焊接质量是怎样影响的。

2.埋弧焊操作过程中怎样实现自动控制的? 通过实训,你有什么体会?

3.通过实训,试分析埋弧自动焊过程中常见缺陷有哪些,防止对策有哪些。

4.通过实训,对比分析埋弧自动焊与焊条电弧焊的工艺特点。

学习情境五　钨极氩弧焊

● 情境描述

氩弧焊工艺是从焊枪喷嘴中喷出的氩气流,在焊接区形成厚而密的气体保护层而隔绝空气,同时在电极(钨极或焊丝)与焊件之间燃烧产生的电弧热量使被焊处熔化,并填充焊丝将被焊金属连接在一起,获得牢固的焊接接头。

不熔化极气体保护电弧焊的英文缩写代号是 GTAW,该方法采用的保护气体主要是惰性气体氩气、氦气或两者的混合气,不熔化极主要是钨及其合金。人们习惯称 GTAW 为钨极氩弧焊,有时也用 TIG 代号,也是钨极惰性气体保护电弧焊的缩写。手工钨极氩弧焊焊接接头质量较高,焊接变形与应力小,可焊的范围广,操作技术易于掌握,但是生产率低、成本较高。在实际生产中,对于重要接头的焊缝为保证根部质量,常用钨极氩弧焊进行打底焊缝的焊接。

【一】知识目标

1. 熟悉氩弧焊的特点;掌握氩弧焊的分类及适用范围。

2. 了解钨极氩弧焊的设备;熟悉钨极氩弧焊机的组成及所用的焊接材料;了解焊接设备的使用、维护和保养常识。

3. 熟悉钨极氩弧焊的电弧特性;掌握钨极氩弧焊中引弧和稳弧的方法;掌握氩弧焊中的阴极破碎作用。

4. 掌握钨极氩弧焊工艺参数对焊接过程和质量的影响。

【二】能力目标

1. 能根据接头类型、材料、工件厚度、技术要求等,合理选用氩弧焊的方法、焊机、焊接材料。

2. 能适当选择氩弧焊的焊接工艺参数。

3. 熟悉氩弧焊机;初步掌握氩弧焊设备操作规程;能够熟练地调节氩弧焊机的各个参数。

4. 熟悉钨极氩弧焊的引弧和稳弧技术,掌握钨极氩弧焊的基本操作技术。

【三】任务链接

1. 认知氩弧焊。

2. 钨极氩弧焊设备。

3. 钨极氩弧焊的焊接材料。

4. 钨极氩弧焊的工艺参数与焊接质量。

5. 焊前准备及安全防护。

6.手工钨极氩弧焊的基本操作技术。

项目一　认知氩弧焊工艺

任务一　认知氩弧焊

一、氩弧焊的过程

氩弧焊的焊接过程如图 5 - 1 - 1 所示。从焊枪喷嘴中喷出的氩气流，在焊接区形成厚而密的气体保护层而隔绝空气，同时在电极(钨极或焊丝)与焊件之间燃烧产生的电弧热量使被焊处熔化，并填充焊丝将被焊金属连接在一起，获得牢固的焊接接头。

图 5 - 1 - 1(a)所示为钨极氩弧焊，它能精巧地连接工件、精确地将填充焊丝输送到接头中，没有熔渣和飞溅，堪称洁净的电弧焊工艺。

图 5 - 1 - 1(b)所示为熔化极氩弧焊(常用的英文缩写代号是 MIG)，也是一种常用的电弧焊方法。在本书中不作介绍。

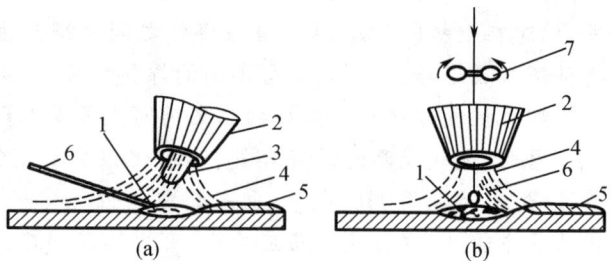

图 5 - 1 - 1　氩弧焊示意图

(a)钨极氩弧焊；(b)熔化极氩弧焊
1—熔池；2—喷嘴；3—钨极；4—气体；
5—焊缝；6—焊丝；7—送丝滚轮

二、氩弧焊的分类和适用范围

氩弧焊根据所用的电极材料，可分为钨极(不熔化极)氩弧焊和熔化极氩弧焊；按其操作方式可分为手工氩弧焊、半自动氩弧焊和自动氩弧焊；若在氩弧焊电源中加入脉冲装置又可分为钨极脉冲氩弧焊和熔化极脉冲氩弧焊。

氩弧焊的分类如图 5 - 1 - 2 所示。

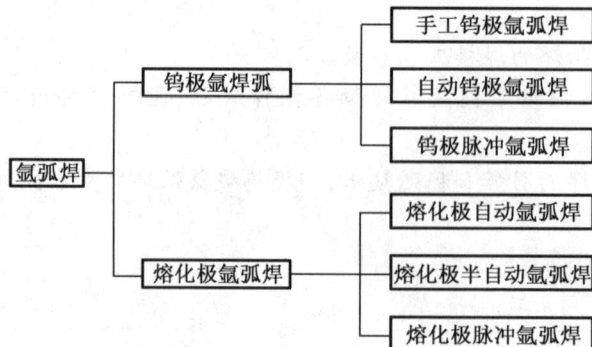

图 5 - 1 - 2　氩弧焊的分类图

各种氩弧焊方法的适用范围见表 5 – 1 – 1。

表 5 – 1 – 1　氩弧焊的适用范围

被焊材料	焊件厚度/mm	焊接方法	电源种类和极性
钛及钛合金	0.5 ~ 3.0 >2.0	钨极氩弧焊 熔化极氩弧焊	直流正接 直流反接
镁及镁合金	0.5 ~ 5.0 >2.0	钨极氩弧焊 熔化极氩弧焊	交流或直流反接 直流反接
铝及铝合金	0.5 ~ 4.0 >3.0	钨极氩弧焊 熔化极氩弧焊	交流或直流反接 直流反接
铜及铜合金	>0.5 >3.0	钨极氩弧焊 熔化极氩弧焊	直流正接 直流反接
不锈钢、耐热钢	0.5 ~ 3.0 >2.0	钨极氩弧焊 熔化极氩弧焊	直流正接或交流 直流反接

三、钨极氩弧焊的特点

1. 焊接接头质量较高

由于氩气是惰性气体,可在空气与电弧、熔化金属间形成稳定的隔绝层,保证高温下被焊金属中合金元素不会氧化烧损、不会受到有害气体侵袭,同时氩气不溶解于液态金属,故能有效地保护熔池金属,获得较高的焊接质量。在实际生产中,对于重要接头的焊缝为保证根部质量,常用钨极氩弧焊进行打底焊缝的焊接。

2. 焊接变形与应力小

由于氩弧焊热量集中,电弧受氩气流的冷却和压缩作用,使热影响区窄,焊接变形和应力小,特别适宜于薄板的焊接。

3. 可焊的范围广

几乎所有的金属材料都可进行氩弧焊。通常多用于焊接不锈钢以及铝、镁、钛等有色金属及其合金。

4. 操作技术易于掌握

采用氩气保护无熔渣,且为明弧焊接,电弧、熔池可见性好;适合各种位置焊接,容易实现机械化和自动化。

5. 生产率低、成本较高

与其他电弧焊方法比较,手工钨极氩弧焊熔敷率小,焊接速度较低;焊前对焊件的清理要求高;惰性气体昂贵、设备复杂。以上种种是成本高的主要原因。

此外,气体保护易受周围环境干扰,经常需要采取防风措施;焊缝金属易受钨的污染。

四、氩弧焊特性

1. 引弧较困难

气体电离是引燃电弧的必要条件之一,而氩气电离所需能量较高,即氩气电离电位较高,所以引燃电弧较困难,为此钨极氩弧焊常用专门的引弧电路帮助引弧。

2. 电弧燃烧稳定

氩弧一旦引燃后,就能比较稳定地燃烧。这是因为氩气是单原子气体,在高温下,氩气直接电离为正离子和电子,所以能量损耗低。同时,氩气的热容量与导热率较小,故将电弧空间加热到高温只需较少的热量,且电弧热量不易传失,这均有利于气体的电离,使电弧燃烧稳定。

五、"阴极破碎"作用

在焊接铝、镁及其合金时,由于金属的化学性质活泼,极易氧化,形成熔点很高的氧化膜(如三氧化二铝的熔点为 2 050 ℃,而铝的熔点为 658 ℃),焊接时氧化膜覆盖在熔池表面,阻碍了基体金属和填充焊丝的良好熔合,无法使焊缝很好成形。这时,要通过电弧的"阴极破碎"作用去除氧化膜。

钨极氩弧焊采用直流反接时(图 5 - 1 - 3(a)),焊件是阴极,由于金属氧化物的电子逸出功小,易发射电子,阴极斑点总是优先在氧化膜处形成,在质量很大的氩正离子的撞击下,可将铝、镁等金属表面致密难熔的氧化膜击碎并去除,使焊接顺利进行,这种现象称为"阴极破碎"作用。直流正接时(图 5 - 1 - 3(b)),因为焊件表面受到比正离子质量小得多的电子撞击,不能去除氧化膜,因此不会产生这种"破碎"作用。

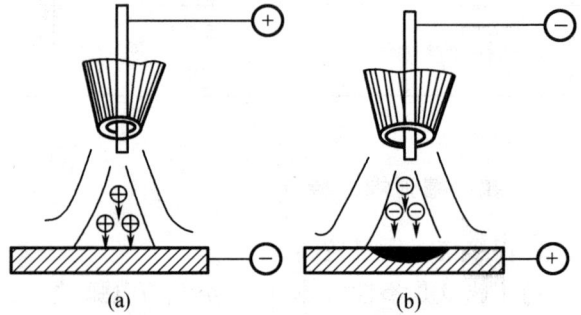

图 5 - 1 - 3　阴极破碎作用示意图
(a)直流反接;(b)直流正接

1. 直流钨极氩弧焊

焊接不锈钢、耐热钢、钛、铜及其合金时,直流钨极氩弧焊一般都采用直流正接。因为直流氩弧爆裂时,阳极(焊件)上的发热量远大于阴极,工件受热大,熔深大,生产率高;阴极(钨极)发热量少,不易过热,同样直径的钨极许用电流增大,电子发射能力增强,所以一经引弧便能稳定燃烧。同时,钨极不易熔化,损耗很小。因此大多数金属宜采用直流正接焊接。

直流钨极氩弧焊采用直流反接焊接时,钨极因接正极而温度较高(阳极温度高于阴极温度),容易过热而烧损。因此,钨极许用电流很小,使焊件上产生的热量少,影响电子发射能力,造成电弧不稳定。所以,直流反接一般不推荐使用,必要时只用于焊接薄件或在无交流钨极氩弧焊时焊接铝、镁及其合金(铝、镁及其合金应尽可能使用交流电进行焊接)。

2. 交流钨极氩弧焊

焊接铝、镁及其合金时,使用交流钨极氩弧焊能产生较好的焊接效果。

交流电的极性是不断变化的,在正极性的半周波里钨极为阴极,可以得到冷却,减少烧损,而在反极性的半周波里钨极为阳极,有阴极破碎作用,熔池表面的氧化膜可以得到去除。但是采用交流焊接电源时,必须采取引弧、稳弧及消除直流分量的措施。

图 5 - 1 - 4 所示为采用交流钨极氩弧焊时,利用示波器观察到的电压和电流波形。

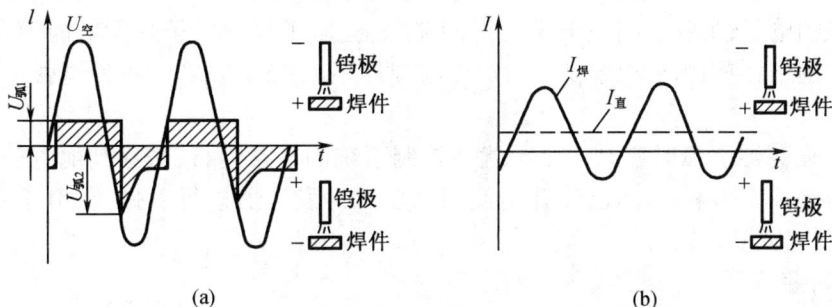

图 5－1－4　交流钨极氩弧焊的电压和电流示意图

(a)电压波形；(b)电流波形

$U_空$—空载电压；$I_焊$—焊接电流；$I_直$—直流分量；

$U_{弧1}$—正半波引弧电压；$U_{弧2}$—负半波引弧电压

从图 5－1－4 中可以看出，供给电弧的空载电压是正弦波，而电弧电压不是正弧波，受到电弧空间和电极表面温度变化的影响，两种波形相差很大。

由于交流电的电源是 50 Hz 的正弦波，所以焊接电流每秒有 100 次通过零点。每次通过零点时，电弧空间没有电场，电子发射和气体电离被大大削弱，弧柱温度下降，电弧将瞬时熄灭，然后再重新引燃。当极性换向时，电源空载电压必须超过一定的引燃电压，电弧才能复燃，然后过渡到正常的电弧电压。

交流钨极氩弧焊时，正半波钨极为负极。由于钨极的熔点高，导热系数低，且断面尺寸小，因此热量损失少，此时钨极的阴极斑点温度很高，电弧电流较大，电弧电压较低，对引燃电压的要求不高。

而在负半波时，焊件为负极。由于焊件熔点低，导热性能好，断面尺寸又大，热量散失得快，致使金属熔池表面阴极斑点的温度降低，电子发射能力减弱，因此电弧导电困难，电弧电流小，电弧电压及再引燃电压都较高，重新引燃困难，电弧稳定性很差。

在开始焊接时，电弧空间和焊件均处于室温，加之氩气的电离电位很高，引弧就更为困难。

由图 5－1－4 可知，两个半波的电弧电流不对称。钨极为负极时正半波的电流大于焊件为负极时负半波的电流。这样在交流焊接回路中，相当于串接一个正极性的直流电源，该电源产生的直流电叫做直流分量。直流分量的极性是电极为负，焊件为正，它将显著降低"阴极破碎"作用，影响熔化金属表面氧气化膜的去除，并使电弧不稳定，焊缝易出现未焊透等缺陷。同时，焊接变压器还会产生直流磁通，容易使铁芯饱和耗损加大，甚至会烧坏焊机。

由以上分析可知，交流钨极氩弧焊时，必须采取引弧、稳弧措施及消除直流分量。

3.引弧和稳弧措施及直流分量的消除

氩气的电离电位较高，引弧困难，提高焊机的空载电压虽然能改善引弧条件，但对人身安全不利，因此交流钨极氩弧焊一般使用高频振荡器协助引弧，还要使用脉冲稳弧器，以保证重复引燃电弧。一般采用在焊接回路中串联电容的方法消除交流电中的直流分量。

（1）高频振荡器

高频振荡器与焊接电源并联或串联使用，只供焊接时的第一次引弧，引弧后即切断。

高频振荡器是一个高频高压发生器,可在焊接回路中加入约 3 000 V 的高频电压,使电弧空间产生很强的电场,加强了阴极电子发射的能力,克服了焊件电子热发射能力差和氩气电离电位高的困难,使引弧变得容易。当钨极与焊件距离 2mm 左右时可使电弧引燃,不必接触引弧。

但高频振荡器引弧时容易产生干扰微控制系统的正常运行、击穿其他电子元器件、危及焊工安全等不良影响,目前已经开始使用高压脉冲发生器进行引弧,在引弧后高压脉冲发生器还可作为稳弧装置。

（2）脉冲稳弧器

交流钨极氩弧焊时,负半波的引燃电压较高,电流通过零点之后重新引燃困难,致使电弧不稳定。脉冲稳弧器可在负半波开始的瞬间外加一个高压脉冲,迅速地向电弧放电,使电弧重新引燃。在焊接过程中,输送的高压脉冲始终与焊接电流同步,即焊接电流经过零点的瞬间输出足够功率的脉冲,保证电弧的连续燃烧,从而起到稳弧的作用。目前,常用的脉冲电压为 200～250 V,脉冲电流 2 A 左右。

（3）串联电容消除直流分量

在焊接回路中串联电容,是交流钨极氩弧焊消除直流分量的常用方法,如图 5-1-5 所示。

由于电容对交流电的阻抗很小,交流电可以顺利通过,同时可以隔绝直流电,从而达到消除直流分量的目的。所需的电容根据焊接电流来计算,一般按 300 μF/A 左右估算。通过消除直流分量的交流电,可获得熔深良好、焊波均匀的焊接效果。

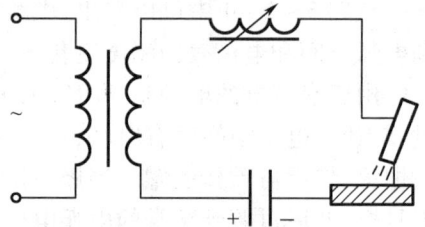

图 5-1-5　串联电容消除
直流分量示意图

任务二　钨极氩弧焊设备

钨极氩弧焊机一般用于厚度在 6～8 mm 以下焊件的焊接,厚焊件一般多采用钨极氩弧焊打底,其他诸如焊条电弧焊或者 CO_2 气体保护焊盖面的组合焊。

典型的手工钨极氩弧焊焊机,主要由焊接电源、控制系统、焊枪、供气及冷却系统等部分组成。

一、焊接设备

1. 焊接电源

钨极氩弧焊的电弧静特性曲线是水平的,故选用陡降外特性的焊接电源,当电弧长度受到干扰变化时,焊接电流的变化较小,电弧燃烧稳定,如图 5-1-6 所示。

目前,手工钨极氩弧焊焊机的种类较多,有弧焊变压器、弧焊发电机、弧焊整流器、逆变焊机等,常可同时用于焊条电弧焊。一般输入电源电压为 380 V,两相或三相;小型焊机也用 220 V 供电。输出为直流或交流(也有交、直流交替输出的)。部分焊机还带有脉冲电输出功能。

具体输出特性,可通过面板上的开关及旋钮等进行调

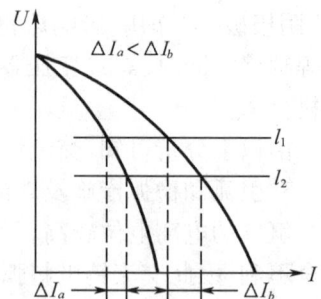

图 5-1-6　钨极氩弧焊电源
外特性与电弧静特性的关系图

节。面板上有电流表,可实时观察输出电流情况。

2. 控制系统

控制系统主要有引弧装置、稳弧装置、消除直流分量的措施以及对水电气路的控制等。其中电流衰减装置可以帮助收弧;提前送气、滞后停气可以确保焊接保护效果。

早期的控制系统安装在单独的控制箱内,目前使用的手工钨极氩弧焊焊机,焊接电源与控制系统一起放置在焊机内,已无独立的控制箱,这给使用、运输以及线路连接带来了方便。

3. 供气系统

供气系统包括氩气瓶、减压器、氩气流量调节器及电磁气阀等。通常把减压器和氩气流量调节器做成一体。

4. 冷却系统

冷却系统用来冷却焊接电缆、焊枪和钨极。如果焊接电流小于150 A可以不用水冷却。使用的焊接电流超过150 A时,必须通水冷却,并以水压开关进行控制。

5. 焊枪

焊枪主要由枪体、钨极夹头、进气管、电缆、喷嘴、按钮开关等组成。焊枪的作用是传导电流、夹持钨极、输送氩气。

焊枪喷嘴是决定氩气保护性能优劣的重要部件,常见的喷嘴形状如图5-1-7所示。圆柱带锥形或圆柱带球形的喷嘴,保护效果最佳,氩气流速均匀,容易保持层流。圆锥形的喷嘴,因氩气流速变快,保护效果较差,但操作方便,熔池可见性好,也经常使用。

手工钨极氩弧焊设备的焊接控制程序如图5-1-8所示。

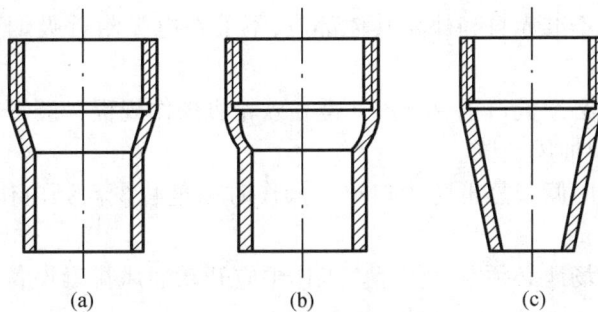

图5-1-7　常见喷嘴形状示意图
(a)圆柱带锥形;(b)圆柱带球形;(c)圆锥形

二、钨极氩弧焊机操作规程

(1)氩弧焊必须由专人操作开关。

(2)工作前检查设备、工具是否良好。

(3)检查焊接电源、控制系统是否有接地线,传动部分加润滑油。转动要正常,氩气、水源必须畅通。如有漏水现象,应立即通知修理。

(4)检查焊枪是否正常,地线是否可靠。

(5)检查高频引弧系统、焊接系统是否正常,导线、电缆接头是否可靠,对于自动丝极氩

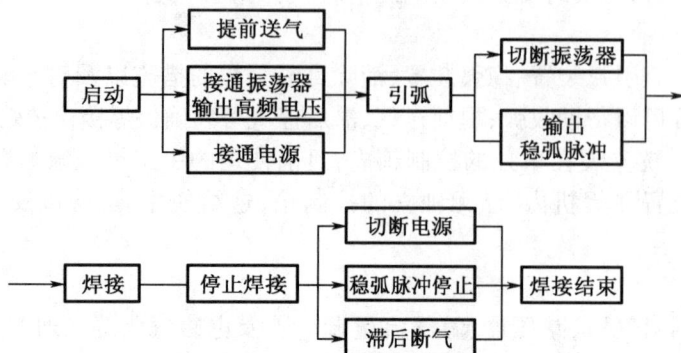

图 5 - 1 - 8　手工钨极氩弧焊焊接过程方框图

弧焊,还要检查调整机构、送丝机构是否完好。

(6)根据工件的材质选择极性,接好焊接回路,一般材质用直流正接,对铝及铝合金用反接法或交流电源。

(7)检查焊接坡口是否合格,坡口表面不得有油污、铁锈等,在焊缝两侧 200 mm 内要除油除锈。

(8)对于用胎具的要检查其可靠性,对焊件需预热的还要检查预热设备、测温仪器。

(9)氩弧焊操纵按钮不得远离电弧,以便在发生故障时可以随时关闭。

(10)采用高频引弧必须经常检查是否漏电。

(11)设备发生故障应停电检修,操作工人不得自行修理。

(12)在电弧附近不准赤身和裸露其他部位,不准在电弧附近吸烟、进食,以免臭氧、烟尘吸入体内。

(13)磨钍钨极时必须戴口罩、手套,并遵守砂轮机操作规程。最好选用铈钨极(放射量小些)。砂轮机必须装抽风装置。

(14)操作工应随时佩戴静电防尘口罩。操作时尽量减少高频电作用时间。连续工作不得超过 6 h。

(15)氩弧焊工作场地必须空气流通。工作中应开动通风排毒设备。通风装置失效时,应停止工作。

(16)氩气瓶不许撞砸,立放必须有支架,并远离明火 3 m 以上。

(17)在容器内部进行氩弧焊时,应戴专用面罩,以减少吸入有害烟气。容器外应设人监护和配合。

(18)钍钨棒应存放于铅盒内,避免由于大量钍钨棒集中在一起时,其放射性剂量超出安全规定而致伤人。

三、焊接设备常见故障排除

钨极氩弧焊焊机常见故障的排除见表 5 - 1 - 2。

表 5 – 1 – 2　钨极氩弧焊机常见故障分析及排除

故障特征	产生原因	排除方法
电源开关接通,指示灯不亮	1. 开关损坏; 2. 熔丝烧断; 3. 控制变压器损坏; 4. 指示灯损坏	1. 更换开关; 2. 更换熔丝; 3. 检修变压器; 4. 换指示灯
控制线路有电,但焊机不能启动	1. 脚踏开关或焊枪上开关接触不良; 2. 启动继电器或热继电器有故障; 3. 控制变压器损坏	1. 检修开关; 2. 检修继电器; 3. 更换或检修控制变压器
无振荡或振荡微弱	1. 高频引弧器或脉冲引弧器有故障; 2. 火花放电间隙不对; 3. 放电盘云母烧坏; 4. 放电盘电极烧坏	1. 检修引弧器; 2. 调整放电间隙; 3. 更换云母片; 4. 清理、调整电极
有振荡放电,但不起弧	1. 焊接回路接触器有故障; 2. 控制线路断线; 3. 焊件接触不良	1. 检修接触器; 2. 检修控制线路; 3. 清理焊件
焊接过程电流不稳定	1. 稳弧器有故障; 2. 消除直流分量的元件有故障; 3. 焊接电源故障	1. 检修稳弧器; 2. 更换或检修元件; 3. 检修焊接电源
焊机启动后,无氩气输出	1. 气路堵塞; 2. 电磁气阀有故障; 3. 控制线路有故障; 4. 气体延迟线路故障	1. 清理气路; 2. 检修电磁气阀; 3. 检查故障处并修复; 4. 检修延迟线路

任务三　钨极氩弧焊的焊接材料

一、氩气

氩气是一种理想的保护气体,一般是将空气液化后采用分馏法抽取,是制氧过程中的副产品。

氩气密度大(比空气重25%),可形成稳定的气流层,覆盖在电弧和熔池周围,对焊接区有良好的保护作用。氩气是惰性气体,在常温下不与其他物质发生化学反应,高温时也不溶于液态金属。因此用作焊接用保护气体可获得优良的焊缝,特别是对活泼性较强的有色金属焊接更能显示其优越性。

氩弧焊对氩气的纯度要求很高,按我国现行标准规定,其纯度应达到99.99%。

焊接用氩气以瓶装供应,其外表涂成灰色,并且注有绿色"氩气"字样。氩气瓶的容积一般为40 L,在环境温度为20 ℃时满瓶压力为14.7 MPa。

二、钨极材料

钨极氩弧焊对钨极材料的要求是耐高温、电流容量大、施焊损耗小,还应具有很强的电子发射能力,从而保证引弧容易、电弧稳定。

钨极的熔点高达 3 410 ℃,适合作为不熔化电极,常用的钨极材料有纯钨极、钍钨极、铈钨极和锆钨极。

1. 纯钨极

其牌号是 W1,W2,纯度 99.85% 以上。纯钨极要求焊机空载电压较高。使用交流电时,纯钨极承载电流能力较差,故目前很少采用。

2. 钍钨极

其牌号有 WTh – 10,WTh – 15,WTh – 30 等,是在纯钨中加入 0.3% ~ 2% 的氧化钍(ThO$_2$)而成。钍钨极电子发射率较钨极提高,增大了许用电流范围,降低了空载电压,改善了引弧和稳弧性能,但是具有微量放射性,使用时应注意安全。

3. 铈钨极

其牌号有 WCe – 13,WCe – 20 等,是在纯钨中加入 0.5% ~ 2% 的氧化铈(CeO)而成。铈钨极比钍钨极更容易引弧,烧损率比后者低 5% ~ 50%,使用寿命长,放射性低,是目前推荐使用的电极材料。

4. 锆钨极

其牌号有 WZr 等,是在纯钨中加入 0.15% ~ 0.4% 的氧化锆(ZrO)而成。它的性能在纯钨极和钍钨极之间。用于交流电焊接时,具有纯钨极理想的稳定特性和钍钨极的载流量及引弧特性等综合性能。但目前应用不多。

钨极的规格按长度范围供给,在 76 ~ 610 mm 之间,常用的钨极直径为 0.5 mm,1.0 mm,1.6 mm,2.0 mm,2.5 mm,3.2 mm,4.0 mm,5.0 mm,6.3 mm,8.0 mm,10 mm。

钨极端部的质量对焊接电弧稳定性及焊缝成形有很大的影响,因此使用前应对钨极端部进行磨削。使用交流电时,钨极端部应磨成球形,以减小极性变化对电极的损耗;使用直流电时,因多直流正接,为使电弧集中、燃烧稳定,钨极端部多磨成圆台形;用小电流施焊,可以磨成圆锥形,如图 5 – 1 – 9 所示。

磨削钨极时,应采用密封式或抽风式砂轮机,焊工应带口罩。磨削完毕,应洗净手脸。

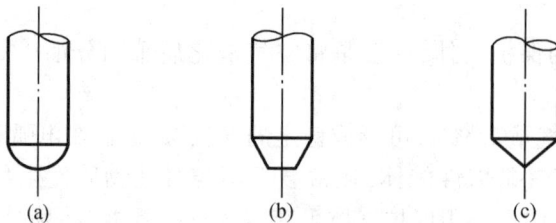

(a)   (b)   (c)

图 5 – 1 – 9 钨极端部的形状示意图
(a)球形;(b)圆台形;(c)圆锥形

任务四　钨极氩弧焊的工艺参数与焊接质量

一、工艺参数对接头质量的影响

手工钨极氩弧焊的主要工艺参数有钨极直径、焊接电流、电弧电压、焊接速度、电源种类和极性、氩气流量、喷嘴直径、喷嘴与焊件间的距离、钨极伸出长度等。

1. 钨极直径与焊接电流

焊接电流的大小通常根据焊件的材质、厚度以及焊接接头位置来选择。钨极直径应根据焊接电流大小而定。

如果钨极直径大而焊接电流小，钨极端部温度不够，电弧会在钨极端部不规则地飘移，电弧不稳定；反之，如果焊接电流超过钨极相应直径的许用电流时，钨极端部温度达到或超过钨极的熔点，会出现钨极端部熔化现象，破坏端部形状，会引起成形不良等问题，甚至导致焊缝产生夹钨缺陷。只有钨极直径与焊接电流选择匹配时，电弧才能稳定燃烧，才能保证焊接质量。

不锈钢、耐热钢和铝合金手工钨极氩弧焊的钨极直径和焊接电流的选择分别见表 5 – 1 – 3 和表 5 – 1 – 4。

表 5 – 1 – 3　不锈钢和耐热钢手工钨极氩弧焊的焊接电流

材料厚度/mm	钨极直径/mm	焊丝直径/mm	焊接电流/A
1.0	2	1.6	40 ~ 70
1.5	2	1.6	50 ~ 85
2.0	2	2.0	80 ~ 130
3.0	2 ~ 3	2.0	120 ~ 160

表 5 – 1 – 4　铝合金手工钨极氩弧焊的焊接电流

材料厚度/mm	钨极直径/mm	焊丝直径/mm	焊接电流/A
1.5	2	2	70 ~ 80
2	2 ~ 3	2	90 ~ 120
3	3 ~ 4	2	120 ~ 130
4	3 ~ 4	2.5 ~ 3	120 ~ 140

2. 电弧电压

电弧电压主要由弧长决定。电弧长度增加，电弧电压增大，焊缝宽度增加，熔深减小。但弧长太长，容易产生未焊透及咬边等缺陷，并使氩气保护效果变差。电弧太短则不易操作，既看不清熔池，又容易引起短路，加大钨极烧损，容易产生夹钨缺陷。因此应尽量控制电弧长度，一般弧长近似等于钨极直径，电弧电压为 10 ~ 20 V。

3. 焊接速度

焊接速度通常是由焊工根据熔池的大小、形状和焊件熔合情况随时调节。焊接速度增加时,熔深和熔宽减小,速度太快,焊缝容易产生未焊透,两侧熔合不好,且焊缝高而窄,过快的焊接速度还会使气体保护氛围破坏,易引起气孔;焊接速度太慢时,焊缝容易烧穿和咬边。

4. 焊接电源的种类和极性

钨极氩弧焊可以采用交流或直流两种焊接电源,采用哪种电源与所焊金属或合金种类有关;采用直流电源时还要考虑极性的选择,见表 5 – 1 – 5。

表 5 – 1 – 5　电源种类和极性的选择

材料	直流		交流
	正极性	反极性	
铝及铝合金	×	○	△
铜及铜合金	△	×	○
铸铁	△	×	○
低碳钢、低合金钢	△	×	○
高合金钢、镍及镍合金、不锈钢	△	×	○
钛合金	△	×	○

注:△—最佳;○—可用;×—最差。

5. 氩气流量与喷嘴直径

喷嘴直径的大小,直接影响保护区的范围和氩气的消耗量,一般根据钨极直径来选择。可按下列经验公式确定:

$$D = 2d + 4$$

式中　D——喷嘴直径,mm;

　　　d——钨极直径,mm。

通常焊枪选定之后,喷嘴直径很少改变,而是通过调整氩气流量来加强气体保护效果。流量合适时,熔池平稳,表面明亮无渣,无氧化痕迹,焊缝成形美观;流量不合适(过小、过大都影响保护效果)时,熔池表面有渣,焊缝表面发黑或有氧化皮。

氩气的合适流量可按下式计算:

$$q_v = (0.8 \sim 1.2)D$$

式中　q_v——氩气流量,L/min;

　　　D——喷嘴直径,mm。

当 D 较小时,q_v 取下限;D 较大时,q_v 取上限。

具体选择氩气流量时,还考虑外界气流、焊接速度及接头形式等对气体保护效果的影响。

6. 喷嘴与焊件间的距离

喷嘴与工件间的距离指的是喷嘴端面与工件间的距离。距离过大,气体保护效果差;距离过小,虽对气体保护有利,但能观察的范围和保护区域变小。喷嘴与焊件间的距离以 8 ~ 14 mm 为宜。

7. 钨极伸出长度

为了防止电弧热烧坏喷嘴,钨极端部应突出喷嘴以外,其伸出长度一般为 3 ~ 4 mm;焊接铜、铝时可再短些;角焊缝及管道打底焊焊接时,可增大到 7 mm 左右。伸出长度过小,焊工不便于观察熔化状况,对操作不利;伸出长度过大,气体保护效果会受到一定的影响。

气体保护效果的好坏,常用焊点试验法来判断。具体方法是在铝板上点焊,电弧引燃后焊枪固定不动,待燃烧 5 ~ 10 s 后断开电源。这时铝板上焊点周围因受到"阴极破碎"作用,出现银白色区域,这就是气体有效保护区域,称为去氧化膜区。其直径越大,说明保护效果好。另外,在生产实际中也可以通过直接观察焊缝表面色泽和是否存在气孔来判定气体保护效果如何,见表 5 - 1 - 6。

表 5 - 1 - 6 不锈钢、铝合金气体保护效果的判定

焊接材料	最好	良好	较好	最坏
不锈钢	银白、金黄	蓝色	红灰	黑色
铝合金	银白色			黑灰色

以下列举铝及铝合金的手工钨极氩弧焊主要焊接工艺参数,见表 5 - 1 - 7。

表 5 - 1 - 7 铝及铝合金手工钨极氩弧焊焊接工艺参数

板厚 /mm	坡口			焊丝直径 /mm	钨极直径 /mm	喷嘴直径 /mm	焊接电流 /A	氩气流量 /(L/min)	焊接层数 (正/反)
	形式	间隙 /mm	钝边 /mm						
1	I	0.5 ~ 2	—	1.5 ~ 2	1.5	5 ~ 7	30 ~ 60	4 ~ 6	1
1.5	I	0.5 ~ 2	—	2	1.5	5 ~ 7	40 ~ 70	4 ~ 6	1
2	I	0.5 ~ 2	—	2 ~ 3	2	6 ~ 7	60 ~ 80	4 ~ 6	1
3	I	0.5 ~ 2	—	3	3	7 ~ 12	120 ~ 140	6 ~ 10	1
4	I	0.5 ~ 2	—	3 ~ 4	3	7 ~ 12	120 ~ 140	6 ~ 10	(1 ~ 2)/1
5	V 70°	1 ~ 3	—	4	3 ~ 4	12 ~ 14	120 ~ 140	9 ~ 12	(1 ~ 2)/1
6	V 70°	1 ~ 3	2	4	4	12 ~ 14	180 ~ 240	9 ~ 12	2/1
8	V 70°	2 ~ 4	2	4 ~ 5	4 ~ 5	12 ~ 14	220 ~ 300	9 ~ 12	(2 ~ 3)/1
10	V 70°	2 ~ 4	2	4 ~ 5	4 ~ 5	12 ~ 14	260 ~ 320	12 ~ 15	(3 ~ 4)/(1 ~ 2)
12	V 70°	2 ~ 4	2	5 ~ 6	5 ~ 6	14 ~ 16	280 ~ 340	12 ~ 15	(3 ~ 4)/(1 ~ 2)

注:焊接电流适于纯铝,焊接铝镁、铝锰合金时,其电流值可降低 20 ~ 40 A。

二、常见的缺陷及防止措施

钨极氩弧焊一般不易产生焊接缺陷,但当出现焊工操作不当、清理不干净、保护不好等情况时,也会导致焊缝中产生焊接缺陷。氩弧焊焊缝中容易出现的缺陷、产生原因及防止措施见表 5 - 1 - 8。

表 5 - 1 - 8　焊缝中容易出现的缺陷及防止措施

缺陷名称	产生原因	防止措施
气孔	1. 母材上油、锈等污物； 2. 气体保护效果差； 3. 焊枪摆动速度不均匀； 4. 接触引弧所致	1. 焊前用化学或机械方法清理干净工件； 2. 勿使喷嘴过高，勿使焊速过大，采用合格的惰性气体； 3. 摆动速度均匀； 4. 采用自动引弧装置
夹钨	1. 钨极熔化； 2. 错用了氧化性气体； 3. 填丝触及热钨极之尖端； 4. 母材被污染； 5. 电极被污染	1. 采用较小电流和较粗的钨极，勿使钨极伸出长度过大； 2. 更换为惰性气体； 3. 熟练操作，勿使填丝与钨极相接触； 4. 焊前仔细清理母材； 5. 磨去被污染的部分
电弧不稳	1. 钨极太粗； 2. 钨极尖端形状不合理； 3. 电弧太长； 4. 采用了反极性接法	1. 选用适宜的较细钨极； 2. 重新将钨极端头磨好； 3. 适当压低喷嘴，缩短电弧； 4. 采用较粗的钨极或改为正极性接法
电极烧损严重	1. 气体保护不良； 2. 钨极直径与所用电流值不匹配	1. 加强保护（即加大气流量），压低喷嘴，减小焊速，清理喷嘴； 2. 采用较粗的钨极或较小的电流

项目二　手工钨极氩弧焊的基本操作实训

任务一　焊前清理及安全防护

一、焊前清理

除工艺参数外，焊前清理工作是一个常被忽略而又对钨极氩弧焊质量影响相当大的重要工艺环节。

钨极氩弧焊对焊件和填充金属表面的污染非常敏感，因此焊前必须去除母材表面上的油脂、油漆、涂层、加工用的润滑剂及氧化膜等。

清理的方法因材料而异，主要有机械清理和化学清理或两者组合。

1. 机械清理

此法操作简单，而且效果较好。采用打磨、刮削和喷砂等方法，可以清理金属表面的氧化膜。对于不锈钢，可用砂布打磨；铝合金可用钢丝刷、电动钢丝轮（采用直径小于0.15 mm 的不锈钢丝或直径小于0.1 mm 的钢丝刷），或用刮刀刮。用刮刀刮是清理铝合金表面氧化膜行之有效的方法，而用锉刀则不能彻底去除氧化膜。一般在机械清理后，用丙酮或酒精擦洗，以去除残留的脏物或油污。

2. 化学清理

用于脱脂去油及清除氧化膜的化学清理方法随材质不同而异。对于铝、镁、钛及其合金,在焊前需要化学清理。此方法对工件及填充丝都是合适的。

由于化学清理对大工件不太方便,因此此法多用于清理填充丝和小工件。

清洗后的焊丝应戴着洁净无油的手套取用。清洗过的焊丝和工件,应在 8 h 内焊接和使用完。否则会生成新的氧化膜,要重新清理后才可使用。

二、安全防护措施

氩弧焊采用氩气作为保护气体,利用高频电引弧和稳弧,电弧温度在 3 000 ℃以上,在焊接过程中有放射性、高频电、紫外线、臭氧、氮氧化合物等有害因素,危及焊接操作者的健康。

1.放射性的防护

氩弧焊所使用的钍钨棒电极中,含钍量一般为 1%~2.5%,在焊接过程中产生具有放射性的钍及其衰变物粉末,这些有害粉末进入人体形成内辐射。长期遭受超容许剂量的放射性物质的外辐射,或者经常有少量放射性物质进入体内时,可引起慢性放射性疾病,表现为身体衰弱、体重减轻以及对传染病的抵抗能力明显下降等,严重者会患有白血病和再生不良性贫血等疾病。

防止氩弧焊放射性危害的主要措施如下:

(1)钍钨极棒应采用固定的专用设备来储存,大储量的钍钨极应存放在封闭式铁箱里,并安装排气管道,将有害气体排出室外。

(2)采取综合性的防护措施,比如对施焊区域进行封闭,并采取机械操作;在焊接现场用薄金属板制作成密闭罩,将焊枪和焊件置于罩内,并在罩的一侧设观察防护镜,焊接过程中严禁打开罩体;手工作业时,戴送风防护头盔或采取其他防护措施。

(3)焊接场所的地面、墙壁上最好铺设瓷砖或水磨石,以利于清扫污物。

(4)采用专用砂轮来磨尖钍钨极棒,砂轮机要安装除尘设备;打磨钍钨极棒时,操作人员应将工作服的袖口扎紧,戴专用口罩、手套等;对于砂轮机附近地面上的磨屑,要经常进行湿式扫除并倒在指定的专用深井里,井底要封严,以免放射性物质顺地下水渗流扩散而污染水源。

(5)打磨钍钨极棒操作完毕后,不许穿工作服走出工作场所,下班时一定要洗澡,经常清洗工作服和手套等防护用品。

2.高频电磁场的防护

在焊接操作过程中,由于电机内高频振荡器的作用,焊钳部分往往带有高频电,高频电磁场的强度为 140~190 V/m。长时间受高频电磁场的作用后,人体某些器官温度升高,会出现植物神经功能失调的症状,如头昏、疲乏无力、记忆力减退、多梦和脱发等。

为了消除高频电磁场对人体的危害,应采取以下安全防护措施:

(1)降低振荡频率。高频电的频率越高,电磁场穿过空间和绝缘体的能力越强,对人体的影响越大,因此在保证电弧稳定性的基础上,尽量降低振荡频率。

(2)屏蔽焊钳线和导线。加设接地屏蔽装置能使高频电磁场局限在一定范围内,大大减小对人体的影响。屏蔽方法是采用细铜质金属丝编织成网状,套在电缆胶管外面(焊钳上装有开关线时须放在屏蔽线外面),铜丝的一端接在焊钳上,一端接地。

(3)减小高频电的作用时间。采用振荡器引弧时,可采用延时继电器使在引弧后很快切断振荡器回路,减小高频电磁场作用的时间。

（4）降低作业现场的温度和湿度。焊接作业现场的环境温度和湿度与高频电磁辐高压对肌体的影响有直接的关系，应加强通风，控制作业现场的温度和湿度。温度越高，湿度越大，肌体所表现出来的症状越明显。

3. 臭氧的防护

采用氩弧焊，特别是在焊接铝、镁等有色金属时，产生的臭氧较多，当周围的臭氧浓度超标时，能使焊接操作者出现喉干、咳嗽、胸闷等呼吸道症状。为防止氩弧焊臭氧等有害气体对焊接操作者的危害，对于焊接工艺自动化，对弧焊区实行焊接封闭，对周围环境采取良好的通风措施；对于焊接操作者的个体防护，有以下几种常用措施：

（1）戴静电口罩。静电口罩是在普通口罩的纱布之间夹上一层带负电荷的过氯乙烯纤维无纺薄膜，并用聚氯乙烯制成的支架来支撑，该口罩可防止带正电的有害气体和金属烟尘吸入人体。

（2）在焊接过程中，严禁在电弧附近吸烟、进食，以免有害烟尘进入人体内。设备发生故障时应停电检修，检修工作由专业维修人员操作。

（3）磨削钨极棒时应戴上口罩、手套，正确使用砂轮机；需要更换钍钨极、铈钨极时，应先切断电源。

（4）气瓶不能受到强烈的冲击和挤压，以免使气瓶损伤或内压升高而发生爆炸；瓶阀冻结时，严禁用火烤，最好用热水或蒸汽解冻，以免使瓶内的可燃气体着火或瓶阀密封材料被烤坏；气瓶不能靠近热源，与明火的距离一般不小于 10 m，以免瓶内气体受热膨胀而发生爆炸。

（5）瓶内气体保护不能用尽，必须保留一定的气体压力，一是便于防止空气进入气瓶；二是当气瓶上的漆色标志不明时，可以抽出剩余气体化验鉴别，以免充瓶时气体混装。

（6）焊接工作结束时，切断电源、关闭冷却水和气瓶阀门（断电、断水、断气），扑灭残余的火星后再离开作业现场。

三、安全操作规程

1. 焊接工作场地必须备有防火设备，如砂箱、灭火器、消防栓、水桶等。易燃物品距离焊接场所不得小于 5 m。若无法满足规定距离时，可用石棉板、石棉布等妥善覆盖，防止火星落入易燃物品。易爆物品距离焊接所不得小于 10 m。氩弧焊工作场地要有良好的自然通风和固定的机械通风装置，减少氩弧焊有害气体和金属粉尘的危害。

2. 手工钨极氩弧焊机应放置在干燥通风处，严格按照使用说明书操作。使用前应对焊机进行全面检查。确定没有隐患，再接通电源。空载运行正常后方可施焊。保证焊机接线正确，必须良好、牢固接地以保障安全。焊机电源的通、断由电源板上的开关控制，严禁负载扳动开关，以免形成触头烧损。

3. 应经常检查氩弧焊枪冷却水系统的工作情况，发现堵塞或泄漏时应即刻解决，防止烧坏焊枪和影响焊接质量。

4. 焊接人员离开工作场所或焊机不使用时，必须切断电源。若焊机发生故障，应由专业人员进行维修，检修时应做好防电击等安全措施。焊机应至少每年除尘清洁一次。

5. 钨极氩弧焊机高频振荡器产生的高频电磁场会使人产生一定的头晕、疲乏。因此焊接时应尽量减少高频电磁场作用的时间，引燃电弧后立即切断高频电源。焊枪和焊接电缆外应用软金属编织线屏蔽（软管一端接在焊枪上，另一端接地，外面不包绝缘）。如有条件，应尽量采用晶体脉冲引弧取代高频引弧。

6.氩弧焊时,紫外线强度很大,易引起电光性眼炎、电弧灼伤,同时产生臭氧和氮氧化合物刺激呼吸道。因此,焊工操作时应穿白帆布工作服,戴好口罩、面罩及防护手套、脚盖等。为了防止触电,应在工作台附近地面覆盖绝缘橡皮,工作人员应穿绝缘胶鞋。

任务二 手工钨极氩弧焊的基本操作技术

一、引弧

手工钨极氩弧焊通常采用引弧器进行引弧。即将钨极与工件之间保持一定距离,一般为 2 ~ 3 mm,按下焊枪开关,利用引弧器产生的高频高压电或高压脉冲电击穿空气隙,引燃电弧。这种引弧的优点是钨极与焊件保持一定距离而不接触,就能在施焊点上直接引燃电弧,可使钨极端头保护完整,钨极损耗小,引弧处不会产生夹钨缺陷。

没有引弧器时,可用紫铜板或石墨板作引弧板。将引弧板放在焊件接口旁边或接口上面,在其上接触引弧(以避免夹钨缺陷),使钨极端头加热到一定温度后(约 1 s),立即移到待焊处引弧。这种引弧适用于简易的氩弧焊机。但是,在钨极上与紫铜板(或石墨板)接触引弧时,会产生很大的短路电流,很容易烧损钨极端头。

目前,很多钨极氩弧焊设备都具备小电流诱导引弧功能。对于具有电流上升时间控制的氩弧焊机,当按下开关后,首先产生很小的微弱电弧(起弧电流不大于 20 A,甚至只有几安培),而后按照预先设定好的电流上升时间,电弧电流上升到正常的焊接电流,操作时可利用这段时间快速找到正确的焊接位置。对于不具有电流上升时间控制的氩弧焊机,该小电流诱导引弧功能,一般是通过两次按压开关实现的,第一次按压开关完成起弧并找到正确的焊接位置,第二次按压开关正常焊接。具体采用什么方式起弧,必须在详细了解具体所用的氩弧焊机的功能后,才能确定。

二、填丝

填丝分连续填丝和断续填丝。

连续填丝操作技术较好,对保护层的扰动小,但是比较难掌握。它要求焊丝比较平直,用左手拇指、食指和中指配合送丝,无名指和小指夹住焊丝控制方向,如图 5 - 2 - 1 所示。连续送丝时手臂动作不大,待焊丝快用完时才前移。此法特点是电流大、焊速快、波纹细成形美观,但需要熟练的送丝技能。

断续送丝是用左手拇指、食指、中指捏紧焊丝,焊丝末端应始终处于氩气保护区内。填丝动作要轻,不得扰动氩气保护层,以防空气侵入;更不能像气焊那样在熔池内搅拌,而是靠手臂和手腕的上下反复动作,将焊丝端部的熔滴送入熔池。此法容易掌握,适用于小电流、慢焊速,焊缝波纹相对较粗,当间隙较大或电流不合适时,背面易产生凹陷。在全位置焊时多采用此法。

在填充焊丝时要注意以下几点:

(1)必须等坡口两侧熔化后才填丝,以免造成熔合不良。

(2)焊丝低角度送入,应与工件成 10° ~ 15°夹角,快速从熔池前沿点进,随后撤回,如此反复动作。

（3）填丝要均匀,快慢适当。过快,焊缝余高大;过慢,则焊缝下凹和咬边。焊丝端头应始终处在氩气保护区内。

（4）间隙较大时,焊丝应随电弧作横向同步摆动,无论采用哪种填丝方式,送丝速度都要与焊接速度相适应。

（5）填充焊丝时,不能把焊丝直接放在电弧下面,一是易造成钨极与焊丝相碰,发生短路,造成焊缝污染或夹钨;二是焊丝在弧柱高温作用下剧烈熔化,易引起飞溅,破坏电弧的稳定,造成保护不好、熔池内部污染和焊缝外观成形不良等缺陷。同时也不能把焊丝抬得过高,如图 5 - 2 - 2 所示。撤回焊丝时,不要让焊丝端头离开氩气保护区,以免焊丝端头被氧化,在下次点进时进入熔池,造成氧化物夹渣或产生气孔。

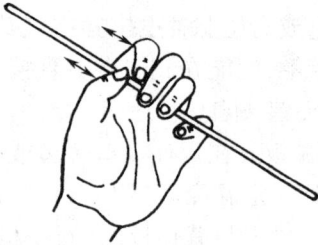

图 5 - 2 - 1　连续填丝操作
技术示意图

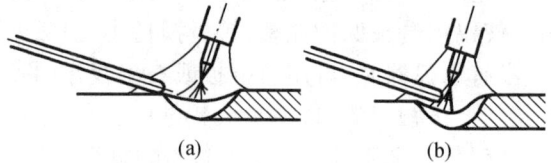

图 5 - 2 - 2　正确的添丝位置示意图
（a）正确;（b）不正确

此外,在实际操作中,还按照焊丝进入的方向和位置,分为外填丝法、内填丝法和依丝法三种。常用的氩弧焊操作,如板对接、大型管道对接等,一般均采用外填丝法操作。但对于某些操作困难的焊接接头、焊接位置,焊丝正面填入有困难时,让焊丝在另一面从坡口间隙内送入,这就是内填丝法。实际上,内填丝法也不可能整条焊缝全部采用,通常只在困难位置或指定时才采用。而依丝法则是将焊丝弯成弧形紧贴坡口间隙处,电弧同时熔化坡口钝边和焊丝,适用于困难位置焊接。

在焊接操作过程中,由于操作不慎,焊丝与钨极相碰,造成瞬间短路,发生所谓的打钨现象,熔池被炸开,一阵烟雾,造成焊缝表面污染和内部夹钨。必须立即停止焊接,将接缝污染处用机械法清理、钨极表面处理或端部形状修磨后,方可继续焊接。

三、收弧

收弧方法不正确,容易产生弧坑裂纹、气孔和烧穿等缺陷。常用收弧方法有以下四种:

1. 焊接电流衰减法

利用电流衰减装置,逐渐减小焊接电流,从而使熔池逐渐缩小,以致母材不再熔化,达到收弧处无弧坑或缩孔之目的。

2. 增加焊速法

在焊接终止时,焊枪前移速度逐渐加快,焊丝的给送量逐渐减少,直到母材不熔化时为止。基本要点是逐渐减少热量输入,重叠焊缝 20 ～ 30 mm。此法最适合于环缝,无弧坑,无缩孔。

3. 多次熄弧法

终止时焊速减慢,焊枪后倾角加大,拉长电弧,使电弧热主要集中在焊丝上,而焊丝给送量增大,填充熔池,使焊缝增高,熄弧后马上再引燃电弧,重复两三次。此法可能会造成收弧处焊缝过高,需要修磨。

4.应用熄弧板法

平板对接时常应用熄弧板,焊后将熄弧板去掉修平。

实际操作证明,有衰减装置用电流衰减法收弧最好,无衰减装置用增加焊速法收弧最好,可避免弧坑和缩孔。熄弧后,焊枪不能马上移走,氩气会自动延时一定时间后停气(因焊机具有提前送气和滞后停气的控制装置),以防止金属在高温下氧化。

任 务 考 核

1.简述氩弧焊焊接原理。

2.简述氩弧焊分类及其应用。

3.钨极氩弧焊的安全操作规程有哪些规定?

4.通过实训,总结二氧化碳气体保护焊与焊条电弧焊比较有哪些特点。

5.通过实训,试分析氩弧焊过程中常见缺陷有哪些,防止对策有哪些。

6.通过实际操作练习,试分析钨极氩弧焊的工艺参数对接头外观形状、焊接质量是怎样影响的。

学习情境六　气焊与气割

● 情境描述

气焊是利用可燃气体与助燃气体混合燃烧的火焰去熔化工件接缝处的金属和焊丝而达到金属间牢固连接的方法。气焊主要应用于薄钢板、低熔点材料(有色金属及其合金)、铸铁件、硬质合金刀具等材料的焊接,以及磨损、报废零件的补焊、构件变形的火焰矫正等。气割是利用可燃气体与氧气混合燃烧的火焰热能将工件切割处预热到一定温度后,喷出高速切割氧流,使金属剧烈氧化并放出热量,利用切割氧流把熔化状态的金属氧化物吹掉,而实现切割的方法。气割可实现对纯铁、低碳钢、中碳钢和低合金钢以及钛等金属的切割。

【一】知识目标

1. 熟悉气焊与气割的焊接特点及其分类和适用范围。
2. 熟练掌握气焊与气割设备。
3. 掌握气焊与气割的工艺参数对焊接过程和质量的影响。

【二】能力目标

1. 能根据接头类型、材料、工件厚度、技术要求等,合理选用气焊与气割工艺参数。
2. 能正确使用气焊气割设备。
3. 能正确进行气焊与气割基本操作。
4. 能正确掌握气焊与气割安全操作规程。

【三】任务链接

1. 认知气焊与气割工艺。
2. 气焊与气割设备。
3. 气焊与气割工艺。
4. 气焊与气割操作技术。

项目一　气焊与气割概述

任务一　认知气焊与气割

一、气焊与气割的基本原理和适用范围

1.气焊

气焊是利用可燃气体与助燃气体混合燃烧的火焰去熔化工件接缝处的金属和焊丝而

达到金属间牢固连接的方法。这是利用化学能转变成热能的一种熔化焊接方法。它具有设备简单、操作方便、实用性强等特点。因此,在各工业部门的制造和维修中得到了广泛的应用。

气焊所用的可燃气体主要有乙炔(C_2H_2)、液化石油气[丙烷(C_3H_8)、丁烷(C_4H_{10})、丙烯(C_3H_6)等]和氢气(H_2)等。氧气(O_2)为助燃气体。

气焊用的焊丝起填充金属的作用,焊接时与熔化的母材一起组成焊缝金属。因此,应根据工件的化学成分、机械性能选用相应成分或性能的焊丝,有时也可用以被焊板材上切下的条料作焊丝。

焊接有色金属、铸铁和不锈钢时,还应采用焊粉(熔剂)来消除覆盖在焊材及熔池表面上的难溶的氧化膜和其他杂质,并在熔池表面形成一层熔渣,保护熔池金属不被氧化,排除熔池中的气体、氧化物及其他杂质,提高熔化金属的流动性,使焊接顺利并保证质量和成形。

气焊主要应用于薄钢板、低熔点材料(有色金属及其合金)、铸铁件、硬质合金刀具等材料的焊接,以及磨损、报废零件的补焊、构件变形的火焰矫正等。

2. 气割

气割是利用可燃气体与氧气混合燃烧的火焰热能将工件切割处预热到一定温度后,喷出高速切割氧流,使金属剧烈氧化并放出热量,利用切割氧流把熔化状态的金属氧化物吹掉而实现切割的方法。金属的气割过程实质是铁在纯氧中的燃烧过程,而不是熔化过程。可燃气体与氧气的混合及切割氧的喷射是利用割炬来完成的,气割所用的可燃气体主要是乙炔、液化石油气和氢气。

气割时应用的设备器具除割炬外均与气焊相同。气割过程是"预热—燃烧—吹渣"过程,但并不是所有金属都能满足这个过程的要求,只有符合下列条件的金属才能进行气割:

(1)金属在氧气中的燃烧点应低于其熔点;

(2)气割时金属氧化物的熔点应低于金属的熔点;

(3)金属在切割氧流中的燃烧应是放热反应;

(4)金属的导热性不应太高;

(5)金属中阻碍气割过程和提高钢的可淬性的杂质要少。

符合上述条件的金属有纯铁、低碳钢、中碳钢和低合金钢以及钛等。其他常用的金属材料,如铸铁、不锈钢、铝和铜等,则必须采用特殊的气割方法(如等离子切割等)。目前气割工艺在工业生产中得到了广泛的应用。

3. 气焊与气割的特点

气焊的特点:

(1)设备简单、使用灵活;

(2)对铸铁及某些有色金属的焊接有较好的适应性;

(3)在电力供应不足的地方需要焊接时,气焊可以发挥更大的作用。

(4)生产效率较低;

(5)焊接后工件变形和热影响区较大;

(6)较难实现自动化。

气割的特点:

(1)设备简单、使用灵活;

（2）对切口两侧金属的成分和组织产生一定的影响，以及引起被割工件的变形等。

二、气焊与气割的安全特点

气焊与气割的主要危险是火灾与爆炸，因此，防火、防爆是气焊、气割的主要任务。

气焊与气割所用的乙炔、液化石油气、氢气等都是易燃、易爆气体；氧气瓶、乙炔瓶、液化石油气瓶和乙炔发生器均属于压力容器。而在焊补燃料容器和管道时，还会遇到其他许多易燃、易爆气体及各种压力容器，同时又使用明火。如果焊接设备和安全装置有故障，或者操作人员违反安全操作规程进行作业等，都有可能引起爆炸和火灾事故。

在气焊火焰的作用下，尤其是气割时氧气射流的喷射，使熔珠和铁渣四处飞溅，容易造成灼烫事故。而且较大的熔珠和铁渣能飞溅到距操作点 5 m 以外的地方，引燃可燃易爆物品，从而发生火灾与爆炸。

气焊与气割的火焰温度高达 3 200 ℃以上，被焊金属在高温作用下蒸发成金属蒸气。在焊接镁、铜、铅等有色金属及其合金时，除了这些金属蒸汽之外，焊剂还散发出氯盐的燃烧产物；黄铜在焊接过程中蒸发出大量锌蒸气，铅在焊接过程中蒸发出铅和氧化铅蒸气等有害物质。在焊补操作中，还会遇到产生其他有毒和有害气体，尤其是在密闭容器、管道内的气焊、气割操作等均会对焊接作业人员造成危害，也有可能造成焊工中毒。

任务二　气焊与气割设备

气焊与气割所用的设备包括氧气瓶、乙炔瓶或乙炔发生器以及回火防止器等，气焊所用的工具包括焊炬、减压器及橡皮气管等。这些设备和工具的连接见图 6-1-1。

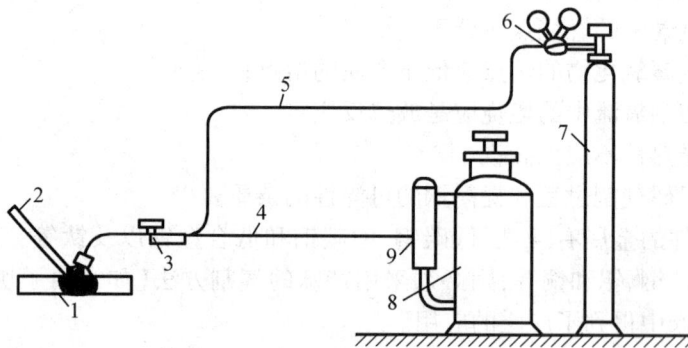

图 6-1-1　气焊设备和工具示意图
1—焊件；2—焊丝；3—焊炬；4—乙炔橡皮气管；5—氧气橡皮气管；
6—氧气减压器；7—氧气瓶；8—乙炔发生器；9—回火防止器

一、氧气瓶

1. 氧气瓶的构造与规格

氧气瓶是储存和运输氧气的高压容器。通常将空气中制取的氧气压入氧气瓶内，瓶内的额定氧气压力为 15 MPa(150 atm)。氧气瓶的形状和构造见图 6-1-2，其规格见表 6-1-1。

表 6 - 1 - 1　氧气瓶的规格

瓶体表面漆色	工作压力/MPa	容积/L	瓶体外径/mm	瓶体高度/mm	质量/kg	水压试验压力/MPa	采用瓶阀
天蓝	15.0	33 40 44	219	1 150 ± 20 1 137 ± 20 1 490 ± 20	45 ± 2 55 ± 2 57 ± 2	22.5	QF - 2铜阀

氧气瓶主要是由瓶体、瓶阀、瓶帽、瓶箍及防震橡胶圈组成。

2. 氧气瓶的正确使用及注意事项

（1）氧气瓶（包括瓶帽）的外表为天蓝色，并用黑漆标注"氧气"字样，以区别于其他气瓶。它不准与其他气瓶放在一起。

（2）氧气瓶内的氧气不可全部放净，最后要留有余气，其压力为 0.1 ~ 0.3 MPa，以便充氧时鉴别气体的性质和吹除瓶阀口的灰尘，以及避免混进其他气体。

（3）氧气瓶应直立放置，安放稳固，防止倾倒。

（4）氧气瓶阀处，严禁沾染油脂，不允许用带油脂的手套去搬运氧气瓶，以免发生事故。

（5）取瓶帽时，只能用手或扳手旋取，禁止用铁锤等铁器敲击。

（6）夏季使用氧气瓶，必须安放在凉棚以内，以避免强烈的阳光照射，使氧气膨胀而发生爆炸。

（7）冬季使用氧气瓶要防止冻结。如果氧气瓶已经冻结，只能用热水或蒸汽解冻，严禁用明火直接加热。

（8）氧气瓶在运送时，应避免互相碰撞，不能与可燃气体气瓶、油料以及其他可燃物同车运输。在厂内运输应采用专用小车，并且要固定牢。不能把氧气瓶放在地上滚动，以免发生事故。

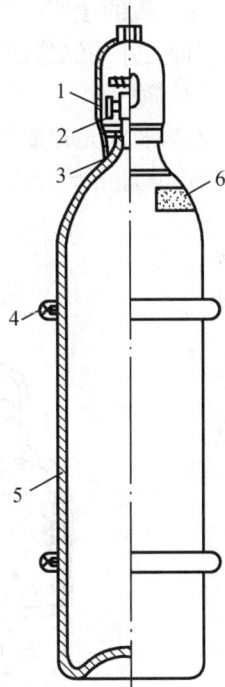

图 6 - 1 - 2　氧气瓶结构图
1—瓶帽；2—瓶阀；3—瓶钳；
4—防震圈；5—瓶体；6—标志

（9）氧气瓶在使用过程中，还应作定期检查（每 3 年不得少于一次），合格后才能继续使用。严重腐蚀的瓶体应降压使用或报废。

3. 氧气瓶阀常见故障及排除

氧气瓶阀由于长期使用，会发生漏气或阀杆空转等故障。这些故障是在装上减压器后，开启氧气阀门时才易发现。瓶阀常见故障及排除方法如下：

（1）压紧螺母周围漏气。压紧螺母未压紧，用扳手拧紧；密封垫圈破裂，更换垫圈。

（2）气阀杆和压紧螺母中间孔周围漏气。由于密封垫圈破裂和磨损造成，应更换垫圈或将石棉绳在水中浸湿后把水挤出，在气阀杆根部缠绕几圈，再拧紧压紧螺母。

（3）气阀杆空转，排不出气。开关板断裂或方套孔或阀杆方棱磨损呈圆形，需更换或修理；瓶阀内有水被冻结，应关闭阀门用热水或蒸汽缓慢加温，使之解冻，但严禁用明火烘烤。

在排除氧气瓶阀故障时，应当特别注意，一定要先把氧气阀门关闭之后，才能进行修理或更换零件，以防发生意外事故。

二、乙炔瓶

1. 乙炔瓶的构造

乙炔瓶是一种储存和运输乙炔用的容器,外形与氧气瓶相似,但它的构造比氧气瓶复杂。因乙炔不能以高压压入普通钢瓶内,必须利用乙炔能溶解于丙酮的特性,采取必要的措施才能把乙炔压入钢瓶内。乙炔瓶的构造见图 6-1-3。

乙炔瓶主要由瓶体、瓶阀、瓶母、瓶口、瓶座和瓶内的多孔性填料组成。

（1）瓶体

乙炔瓶的主要部分是用优质碳素钢或低合金钢轧制而成的圆柱形无缝瓶体。其外表漆成白色,并用红漆注明"乙炔"字样。

（2）瓶阀

乙炔瓶阀是控制乙炔瓶内乙炔进出的阀门。它主要由阀体、阀杆、压紧螺母、活门以及垫料、过滤件等部分组成。构造详见图 6-1-4。

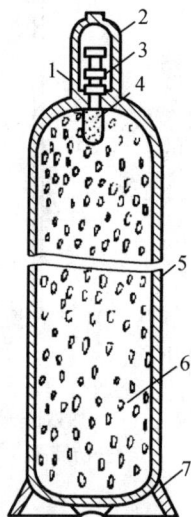

图 6-1-3　乙炔瓶的构造图
1—瓶口;2—瓶帽;3—瓶阀;4—石棉;
5—瓶体;6—多孔填料;7—瓶座

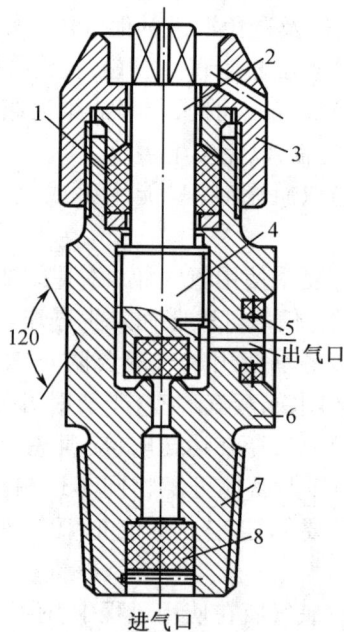

图 6-1-4　乙炔瓶阀的构造图
1—防漏垫圈;2—阀杆;3—压紧螺母;4—活门;
5—密封垫料;6—阀体;7—锥形尾;8—过滤件

乙炔瓶阀没有旋转手轮,活门的开启和关闭是利用方孔套筒扳头,旋转阀杆上端的方形头,使嵌有尼龙 1010 制成的密封垫料的活门向上(或向下)移动来实现的。当方孔套筒扳头按逆时针方向旋转时,活门向上移动而开启瓶阀;相反则关闭瓶阀。

乙炔瓶阀体由低碳钢制造,阀体下端加工成带有螺纹的锥形尾。

乙炔瓶的工作压力为 1.5 MPa,水压试验的压力为 6 MPa,水压试验合格后才能出厂使用。

2. 乙炔瓶的正确使用及注意事项

乙炔瓶的使用除了必须遵守氧气瓶的使用要求外,还必须严格遵守下列各项。

(1)乙炔瓶在工作时应直立放置,因为卧置时会使丙酮随乙炔流出,甚至通过调压器而流入乙炔橡皮管和焊割炬内,这是非常危险的。

(2)乙炔瓶不应遭受剧烈的震动或撞击,以免瓶内的多孔性填料下沉而形成空洞,影响乙炔的储存。

(3)乙炔瓶体表面的温度不应超过 30 ℃,因为乙炔瓶温度过高会降低丙酮对乙炔的溶解度,而使瓶内的乙炔压力急剧增高。

(4)乙炔调压器与乙炔瓶的瓶阀连接必须可靠,严禁在漏气的情况下使用,否则会形成乙炔与空气的混合气体,而一触及明火就会发生爆炸事故。

(5)乙炔瓶内乙炔不能全部用完,当高压表读数为零、低压表读数为 0.01 ~ 0.03 MPa 时,应将瓶阀关紧。

(6)乙炔瓶使用压力不得超过 0.15 MPa,输出流量不应超过 1.5 m^3/h。

三、减压器

由于气瓶内压力较高,而气焊和气割所需的压力却较小,所以需要用减压器来把储存在气瓶内的较高压力的气体降为低压气体,并应保证所需的工作压力自始至终保持稳定状态。总之,减压器是将高压气体降为低压气体,并保持输出气体的压力和流量稳定不变的调节装置。

1. 减压器的分类

(1)按用途不同可分为氧气减压器和乙炔减压器等,还可分为集中式和岗位式两类。

(2)按构造不同可分为单级式和双级式两类。

(3)按工作原理不同可分为正作用式和反作用式两类。

目前,常见的国产减压器以单级反作用式和双级混合式(第一级为正作用式、第二级为反作用式)两类为主。常用减压器的型号和主要技术数据如图 6 - 1 - 5 所示。

2. 减压器的正确使用及注意事项

(1)安装调压器之前,要略开氧气瓶阀门吹除污物,以防灰尘和水分带入调压器内,然后才能装上调压器。在开启气瓶阀时,操作者不应站在瓶阀出气口前面,以防止高压气体突然冲击伤人。

(2)应预先将调压螺钉旋松后,才能打开氧气瓶阀,开启氧气瓶阀时要缓慢进行,不要用力过猛,以防高压气体损坏减压器及高压表。

(3)开启氧气阀后,检查各部位有无漏气现象,压力表工作是否正常,待检查完毕后,再接氧气橡皮气管。

(4)调节工作压力时,应缓慢地旋转调压螺钉,以防高压气体冲坏弹性薄膜装置或使低压表损坏。

(5)减压器上不得沾染油脂、污物,如有油脂,必须在擦拭干净后才能使用。

(6)减压器在使用过程中,如发生冻结,应用热水或蒸汽解冻,不许用火烘烤。

(7)停止工作时,应先松开调压螺钉,再关闭氧气瓶阀,并把调压器内的气体慢慢放尽,这样可以保护弹簧和减压活门免受损坏。

(8)减压器必须定期检修,压力表必须定期校验,以确保调压的可靠性和压力表读数的

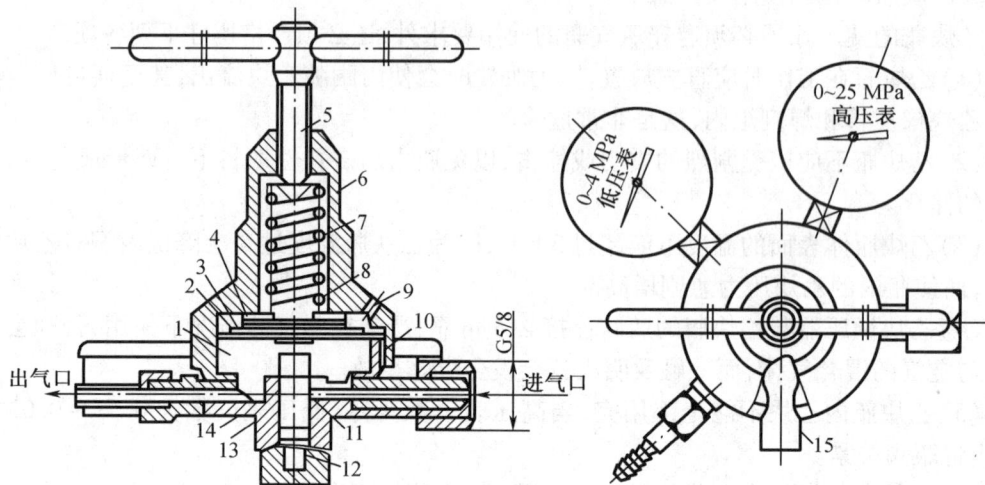

图 6 – 1 – 5　QD – 1 型氧气减压器的构造图

1—低压气室;2—耐油橡胶平垫片;3—薄膜片;4—弹簧垫块;5—调压螺钉;6—罩壳;7—调压弹簧;
8—螺钉;9—活门顶杆;10—本体;11—高压气室;12—副弹簧;13—减压活门;14—活门座;15—安全阀

准确性。

（9）氧气减压器和乙炔减压器不得相互换用。

3. 减压器常见故障及排除

减压器由于使用不当或其他因素会产生各种故障,现将其常见故障、产生原因及排除方法列于表 6 – 1 – 2。

表 6 – 1 – 2　减压器常见故障、产生原因及排除方法

常见故障	产生原因	排除方法
减压器连接部分漏气	1. 螺纹配合松动; 2. 垫圈损坏	1. 把螺帽扳紧; 2. 调换垫圈
安全阀漏气	活门垫料与弹簧产生变形	调整弹簧或更换活门垫料
减压器漏气	减压器上盖薄膜损坏或未拧紧,造成漏气	更换橡皮薄膜,拧紧丝扣
调压螺钉虽已旋松,但低压气表有缓慢上升的自流现象(或称直风)	1. 调压活门或活门座上有污物; 2. 调压活门或活门座损坏; 3. 调压弹簧破裂或失去弹性	1. 去除污物; 2. 调换调压活门; 3. 调换调压弹簧
减压器使用时压力下降过大	1. 调压活门密封垫料损坏; 2. 调压弹簧失去弹性; 3. 氧气瓶阀未全打开	1. 去除污物和调换密封垫料; 2. 更换调压弹簧; 3. 全打开氧气瓶阀
工作过程中,发现气体供应不上或压力表指针有较大摆动	调压活门产生冻结现象	用热水或蒸汽加热方法消除,切不可以明火加温,以免发生事故
高、低压力表指针不回到零值	压力表损坏	修理或调换后再使用

四、焊炬

1. 焊炬的作用与分类

焊炬又称焊枪,是气焊时用于控制气体混合比、流量及火焰,并进行焊接的工具。

焊炬的作用是将可燃气体和氧气按一定比例混合,并以一定的速度喷出燃烧而生成具有一定能量、成分和形状的稳定火焰。

焊炬的好坏直接影响着焊接质量,因此要求焊炬能很好地调节和保持氧气与可燃气体比例以及火焰大小,并使混合气体喷出速度等于燃烧速度,以形成稳定燃烧;同时焊炬本身的质量要轻,气密性要好,还要耐腐蚀和耐高温。

焊炬按可燃气体与氧气混合方式不同可分为射吸式(见图 6 - 1 - 6)和等压式(见图 6 - 1 - 7)两种;按尺寸和质量不同可分为标准型和轻便型两种;按火焰的数目不同可分为单焰和多焰两种;按可燃气体的种类不同可分为乙炔、氢气、汽油等种类;按使用方法不同可分为手用和机械两种。

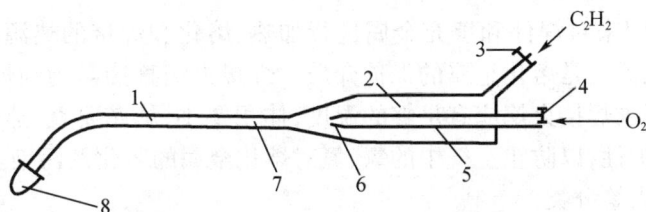

图 6 - 1 - 6　射吸式焊炬原理示意图
1—混合气道;2—乙炔通道;3—乙炔调节阀;4—氧气调节阀;
5—氧气通道;6—混合室;7—混合室;8—割嘴

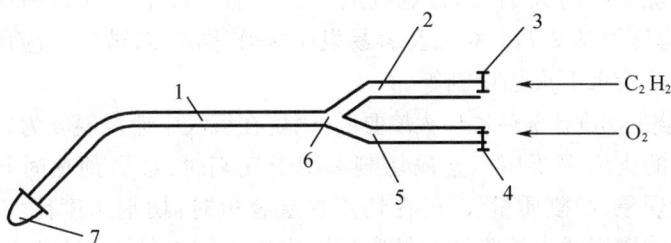

图 6 - 1 - 7　等压式焊炬原理示意图
1—混合气道;2—乙炔通道;3—乙炔调节阀;4—氧气调节阀;
5—氧气通道;6—混合室;7—焊嘴

2. 焊炬的正确使用

(1)检查焊嘴及气阀处有无漏气现象,并用扳手将焊嘴拧紧,以拧到不漏气为止。

(2)使用前,应检查焊炬的射吸能力。

(3)检查合格后,将乙炔胶管接在乙炔管接头上,并和氧气胶管一起用卡子或细铁丝扎紧。

(4)前三点完成后才能点火。点火时先把氧气调节阀稍微打开,然后再打开炔调节阀,接着应迅速用点火枪点火,并随即调整火焰的大小及形状至正常状态。

(5)在使用过程中,如发现气体通路或阀门有漏气现象,应立即停止工作,消除漏气后,才能继续使用。

(6)焊炬各气体通路均不得沾染油脂,以防氧气遇到油脂而燃烧爆炸。再者,焊嘴的配合面不能碰伤,以防止因漏气而影响使用。

(7)停止使用时,应先关闭乙炔调节阀,然后再关闭氧气调节阀,以防止火焰倒袭和产生烟灰。在使用过程中若发生回火,应迅速关闭乙炔调节阀,同时关闭氧气调节阀。

(8)焊炬停止使用后应挂在适当的场合,或拆下橡皮管将焊炬存放在工具箱内。严禁将带气源的焊炬存放在工具箱内。

项目二　气焊与气割工艺

一、气焊气割火陷

气焊的火焰是用来对焊件和填充金属进行加热、熔化和焊接的热源;气割的火焰是预热的热源;火焰的气流又是熔化金属的保护介质。焊接火焰直接影响到焊接质量和焊接生产率,气焊气割时要求焊接火焰应有足够的温度,体积要小,焰芯要直,热量要集中;还应要求焊接火焰具有保护性,以防止空气中的氧、氮对熔化金属的氧化及污染。

1. 焊接切割的火焰分类

气焊气割的气体火焰包括氧–乙炔焰、氢氧焰及液化石油气体(丙烷(C_3H_8)含量占50%~80%,此外还有丁烷(C_4H_{10})、丁烯(C_4H_8)等)燃烧的火焰。乙炔与氧混合燃烧形成的火焰,称为氧–乙炔焰。氧–乙炔焰具有很高的温度(约3 200 ℃),加热集中,因此是气焊气割中主要采用的火焰。

氢与氧混合燃烧形成的火焰,称为氢氧焰。氢氧焰是最早的气焊利用的气体火焰,由于其燃烧温度低(温度可达2 770 ℃),且容易发生爆炸事故,未被广泛应用于工业生产,目前主要用于铅的焊接及水下火焰切割等。

液化石油气燃烧的温度比氧–乙炔火焰要低(丙烷在氧气中燃烧温度为2 000~2 850 ℃)。液化石油气体燃烧的火焰主要用于金属切割。用于气割时,金属预热时间稍长,但可以减少切口边缘的过烧现象,切割质量较好,在切割多层叠板时,切割速度比使用乙炔快20%~30%。液化石油气体燃烧的火焰除越来越广泛地应用于钢材的切割外,还用于焊接有色金属。国外还有采用乙炔与液化石油气体混合,作为焊接气源。

乙炔(C_2H_2)在氧气(O_2)中的燃烧过程可以分为两个阶段:首先乙炔在加热作用下被分解为碳(C)和氢(H_2),接着碳和混合气中的氧气发生反应生成一氧化碳(CO),形成第一阶段的燃烧;随后在第二阶段的燃烧是依靠空气中的氧气进行的,这时一氧化碳和氢气分别与氧气发生反应分别生成二氧化碳(CO_2)和水(H_2O)。上述的反应释放出热量,即乙炔在氧气中燃烧的过程是一个放热的过程。

氧–乙炔火焰根据氧和乙炔混合比的不同,可分为中性焰、碳化焰和氧化焰三种类型,其构造和形状如图6–2–1所示。

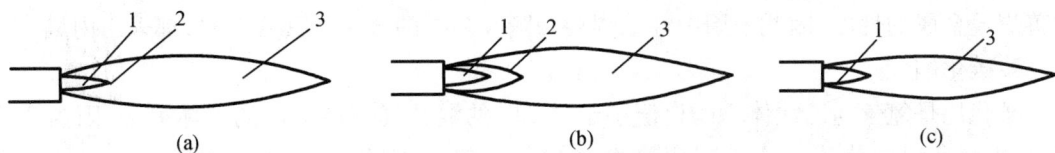

图 6 - 2 - 1　氧 - 乙炔焰的构造和形状

（a）中性焰；（b）碳化焰；（c）氧化焰

1—焰芯；2—内焰；3—外焰

2. 中性焰

中性焰是氧气与乙炔体积的比值为 1.1~1.2 的混合气燃烧形成的气体火焰,中性焰在第一燃烧阶段既无过剩的氧又无游离的碳。当氧与丙烷容积的比值为 3.5 时,也可得到中性焰。中性焰有三个显著区别的区域,分别为焰芯、内焰和外焰,如图 6 - 2 - 1(a)所示。

(1)焰芯　中性焰的焰芯呈尖锥形,色白而明亮,轮廓清楚。焰芯由氧气和乙炔组成,焰芯外表分布有一层由乙炔分解所生成的碳素微粒,由于炽热的碳粒发出明亮的白光,因而有明亮而清楚的轮廓。

在焰芯内部进行着第一阶段的燃烧。焰芯虽然很亮,但温度较低(800~1 200 ℃),这是由于乙炔分解而吸收了部分热量的缘故。

(2)内焰　内焰主要由乙炔的不完全燃烧产物,即来自焰芯的碳和氢气与氧气燃烧的生成物一氧化碳和氢气所组成。内焰位于碳素微粒层外面,呈蓝白色,有深蓝色线条。内焰处在焰芯前 2~4 mm 部位,燃烧量激烈,温度最高,可达 3 100~3 150 ℃。气焊时,一般就利用这个温度区域进行焊接,因而称为焊接区。

由于内焰中的一氧化碳和氢气能起还原作用,所以焊接碳钢时都在内焰进行,将工件的焊接部位放在距焰芯尖端 2~4 mm 处。内焰中的气体中一氧化碳的含量占 60%~66%,氢气的含量占 30%~34%,由于对许多金属的氧化物具有还原作用,所以焊接区又称为还原区。

(3)外焰　处在内焰的外部,外焰的颜色从里向外由淡紫色变为橙黄色。在外焰,来自内焰燃烧生成的一氧化碳和氢气与空气中的氧气充分燃烧,即进行第二阶段的燃烧。外焰燃烧的生成物是二氧化碳和水。

外焰温度为 1 200~2 500 ℃。由于二氧化碳(CO_2)和水(H_2O)在高温时容易分解,所以外焰具有氧化性。

中性焰应用最广泛,一般用于焊接碳钢、紫铜和低合金钢等。

中性焰的温度是沿着火焰轴线而变化的,如图 6 - 2 - 2 所示。中性焰温度最高处在距离焰芯末端 2~4 mm 的内焰的范围内,此处温度可达 3 150 ℃,离此处越远,火焰温度越低。

此外,火焰在横断面上的温度是不同的,断面中心温度最高,越向边缘,温度就越低。

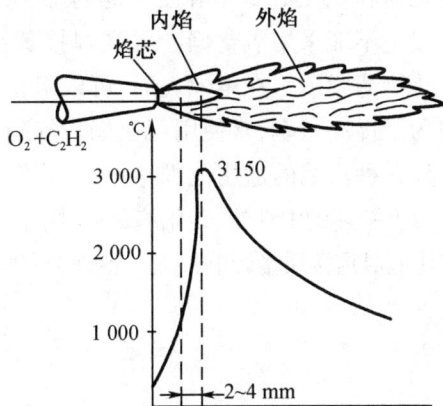

图 6 - 2 - 2　中性焰的温度分布情况图

由于中性焰的焰芯和外焰温度较低,而且内焰具有还原性,内焰不仅温度最高还可以改善焊缝金属的性能,因此采用中性焰焊接切割大多数的金属及其合金时,都采用内焰。

3. 碳化焰

碳化焰是氧气与乙炔体积的比值小于 1.1 时的混合气燃烧形成的气体火焰,因为乙炔有过剩量,所以燃烧不完全。碳化焰中含有游离碳,具有较强的还原作用和一定的渗碳作用。

碳化焰可分为焰芯、内焰和外焰三部分,如图 6-2-1(b)所示。碳化焰的整个火焰比中性焰长而柔软,而且随着乙炔的供给量增多,碳化焰也就变得更长、更柔软,其挺直度就更差。当乙炔的过剩量很大时,由于缺乏使乙炔完全燃烧所需要的氧气,火焰开始冒黑烟。

碳化焰的焰芯较长,呈蓝白色,由一氧化碳、氢气和碳素微粒组成。碳化焰的外焰特别长,呈橘红色,由水蒸气、二氧化碳、氧气、氢气和碳素微粒组成。

碳化焰的温度为 2 700 ~ 3 000 ℃。由于在碳化焰中有过剩的乙炔,它可以分解为氢气和碳。在焊接碳钢时,火焰中游离状态的碳会渗到熔池中去,增高焊缝的含碳量,使焊缝金属的强度提高而使其塑性降低。此外,过多的氢会进入熔池,促使焊缝产生气孔和裂纹。因而碳化焰不能用于焊接低碳钢及低合金钢。但轻微的碳化焰应用较广,可用于焊接高碳钢、中合金钢、高合金钢、铸铁、铝和铝合金等材料。

4. 氧化焰

氧化焰是氧气与乙炔体积的比值大于 1.2 时的混合气燃烧形成的气体火焰,氧化焰中有过剩的氧,在尖形焰芯外面形成了一个有氧化性的富氧区,其构造和形状如图 6-2-1(c)所示。

氧化焰由于火焰中含氧较多,氧化反应剧烈,使焰芯、内焰、外焰都缩短。氧化焰的内焰很短,几乎看不到;焰芯呈淡紫蓝色,轮廓不明显;外焰呈蓝色,火焰挺直,燃烧时发出急剧的"嘶嘶……"声。氧化焰的长度取决于氧气的压力和火焰中氧气的比例,氧气的比例越大,则整个火焰就越短,噪声也就越大。

氧化焰的温度可达 3 100 ~ 3 400 ℃。由于氧气的供应量较多,整个火焰具有氧化性。如果焊接一般碳钢时,采用氧化焰就会造成熔化金属的氧化和合金元素的烧损,使焊缝金属氧化物和气孔增多并增强熔池的沸腾现象,从而较大地降低焊接质量。所以,一般材料的焊接绝不能采用氧化焰。但在焊接黄铜和锡青铜时,利用轻微的氧化焰的氧化性,生成的氧化物薄膜覆盖在熔池表面,可以阻止锌、锡的蒸发。由于氧化焰的温度很高,在火焰加热时为了提高效率,常使用氧化焰。气割时,通常使用氧化焰。

5. 各种火焰的适用范围

以上叙述的中性焰、碳化焰、氧化焰,因其性质不同,适用于焊接不同的材料。氧与乙炔不同体积比值对焊接质量影响很大。各种金属材料气焊时火焰种类的选择详见表 6-2-1。

表 6 – 2 – 1　各种金属材料气焊火焰的选择

焊件材料	应用火焰	焊件材料	应用火焰
低碳钢	中性焰或轻微碳化焰	铬镍不锈钢	中性焰或轻微碳化焰
中碳钢	中性焰或轻微碳化焰	紫铜	中性焰
低合金钢	中性焰	锡青铜	轻微氧化焰
高碳钢	轻微碳化焰	黄铜	氧化焰
灰铸铁	碳化焰或轻微碳化焰	铝及其合金	中性焰或轻微碳化焰
高速钢	碳化焰	铅、锡	中性焰或轻微碳化焰
锰钢	轻微氧化焰	蒙乃尔合金	碳化焰
镀锌铁皮	轻微碳化焰	镍	碳化焰或轻微碳化焰
铬不锈钢	中性焰或轻微碳化焰	硬质合金	碳化焰

二、气焊与气割主要工艺参数

1. 气焊主要工艺参数

气焊主要工艺参数包括焊丝的牌号和直径、熔剂、火焰种类、火焰能率、焊炬型号和焊嘴的号码、焊嘴倾角和焊接速度等。由于焊件的材质、气焊的工作条件、焊件的形状尺寸和焊接位置、气焊工的操作习惯和气焊设备等的不同,所选用的气焊焊接工艺参数也不尽相同。

下面对一般的气焊工艺参数(即焊接规范)及其对焊接质量的影响分别说明如下。

(1)焊丝直径　焊丝直径应根据焊件的厚度、坡口形式、焊缝位置、火焰能率等因素确定。在火焰能率一定时,即焊丝熔化速度确定的情况下,如果焊丝过细,则焊接时往往在焊件尚未熔化时焊丝已熔化下滴,这样容易造成熔合不良和焊波高低不平、焊缝宽窄不一等缺陷;如果焊丝过粗,则熔化焊丝所需要的加热时间就会延长,同时增大了对焊件的加热范围,使工件焊接热影响区增大,容易造成组织过热,降低焊接接头的质量。

焊丝直径常根据焊件厚度初步选择,试焊后再调整确定。碳钢气焊时焊丝直径的选择可参照表 6 – 2 – 2。

表 6 – 2 – 2　焊件厚度与焊丝直径的关系　　　　　　　单位:mm

工件厚度	1.0 ~ 2.0	2.0 ~ 3.0	3.0 ~ 5.0	5.0 ~ 10.0	10 ~ 15
焊丝直径	1.0 ~ 2.0 或不用焊丝	2.0 ~ 3.0	3.0 ~ 4.0	3.0 ~ 5.0	4.0 ~ 6.0

在多层焊时,第一、二层应选用较细的焊丝,以后各层可选用较粗的焊丝。一般平焊应比其他焊接位置选用粗一号的焊丝,右焊法比左焊法选用的焊丝要适当粗一些。

(2)火焰性质　一般来说,需要尽量减少元素的烧损时,应选用中性焰;对需要增碳及还原气氛时,应选用碳化焰;当母材含有低沸点元素(如锡、锌等)时,需要生成覆盖在熔池表面的氧化物薄膜,以阻止低熔点元素蒸发,应选用氧化焰。总之,火焰性质选择应根据焊接材料的种类和性能。

由于气焊焊接质量和焊缝金属的强度与火焰种类有很大的关系,因而在整个焊接过程中应不断地调节火焰成分,保持火焰的性质,从而获得质量好的焊接接头。

不同金属材料的气焊所采用焊接火焰的性质参照表6-2-1。

(3)火焰能率　火焰能率指单位时间内可燃气体(乙炔)的消耗量,单位为L/h。火焰能率的物理意义是单位时间内可燃气体所提供的能量。

火焰能率的大小是由焊炬型号和焊嘴号码大小来决定的。焊嘴号越大火焰能率也越大。所以火焰能率的选择实际上是确定焊炬的型号和焊嘴的号码。火焰能率的大小主要取决于氧气、乙炔混合气体中,氧气的压力和流量(消耗量)及乙炔的压力和流量(消耗量)。流量的粗调通过更换焊炬型号和焊嘴号码实现;流量的细调通过调节焊炬上的氧气调节阀和乙炔调节阀来实现。

火焰能率应根据焊件的厚度、母材的熔点和导热性及焊缝的空间位置来选择。如焊接较厚的焊件、熔点较高的金属、导热性较好的铜和铝及其合金时,就要选用较大的火焰能率,才能保证焊件焊透;反之,在焊接薄板时,为防止焊件被烧穿,火焰能率应适当减小。平焊缝可比其他位置焊缝选用稍大的火焰能率。实际生产中,在保证焊接质量的前提下,应尽量选择较大的火焰能率。

(4)焊嘴倾斜角　焊嘴的倾斜角是指焊嘴中心线与焊件平面之间的夹角,详见图6-2-3。焊嘴的倾斜角度的大小主要是根据焊嘴的大小、焊件的厚度、母材的熔点和导热性及焊缝空间位置等因素综合决定的。当焊嘴倾斜角大时,因热量散失少,焊件得到的热量多,升温就快;反之,热量散失多,焊件受热少,升温就慢。

一般低碳钢气焊时,焊嘴的倾斜角度与工件厚度的关系详见图6-2-3。一般说来,在焊接工件的厚度大、母材熔点较高或导热性较好的金属材料时,焊嘴的倾斜角要选得大一些;反之,焊嘴倾斜角可选得小一些。

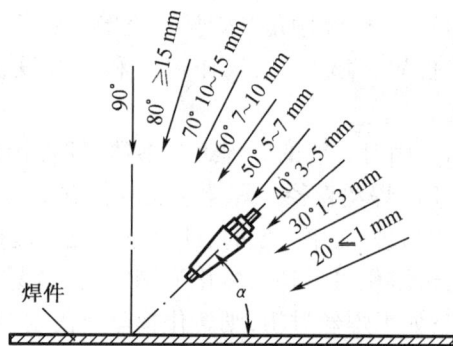

图6-2-3　焊嘴倾斜角与
焊件厚度的关系图

焊嘴的倾斜角度在气焊的过程中还应根据施焊情况进行变化。如在焊接刚开始时,为了迅速形成熔池,采用焊嘴的倾斜角度为80°~90°;当焊接结束时,为了更好地填满弧坑和避免焊穿或使焊缝收尾处过热,应将焊嘴适当提高,焊嘴倾斜角度逐渐减小,并使焊嘴对准焊丝或熔池交替地加热。

在气焊过程中,焊丝对焊件表面的倾斜角一般为30°~40°,与焊嘴中心线的角度为90°~100°,如图6-2-4所示。

(5)焊接速度　焊接速度应根据焊工的操作熟练程度,在保证焊接质量的前提下,尽量提高焊接速度,以减少焊件的受热程度并提高生产率。一般说来,对于厚度大、熔点高的焊件,焊接速度要慢些,以避免产生未熔合的缺陷;而对于厚度小、熔点低的焊件,焊接速度要快些,以避免产生烧穿和使焊件过热而降低焊接质量。

2.气割主要工艺参数

气割主要工艺参数包括割炬型号和切割氧压力、气割速度、预热火焰能率、割嘴与工件间的倾斜角、割嘴离工件表面的距离等。

(1)割炬型号和切割氧压力 被割件越厚,割炬型号、割嘴号码、氧气压力均应增大。当割件较薄时,切割氧压力可适当降低。但切割氧的压力不能过低,也不能过高。若切割氧压力过高,则切割缝过宽,切割速度降低,不仅浪费氧气,同时还会使切口表面粗糙,还将对割件产生强烈的冷却作用;若氧气压力过低,会使气割过程中的氧化反应减慢,切割的氧化物熔渣吹不掉,在割缝背面形成难以清除的熔渣黏结物,甚至不能将工件割穿。

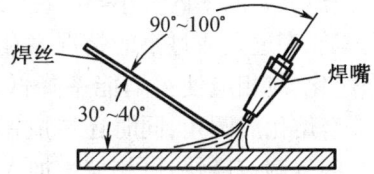

图 6 – 2 – 4　焊嘴与焊丝的相对
位置示意图

除上述切割氧的压力对气割质量的影响外,氧气的纯度对氧气消耗量、切口质量和气割速度也有很大影响。氧气纯度降低,会使金属氧化过程缓慢、切割速度降低,同时氧的消耗量增加。图 6 – 2 – 5 为氧气纯度对气割时间和氧气消耗量的影响曲线,在氧气纯度为 97.5% ~ 99.5% 的范围内,氧气纯度每降低 1% 时,气割 1 m 长的割缝,气割时间将增加 10% ~ 15%,氧气消耗量将增加 25% ~ 35%。

氧气中的杂质如氮等在气割过程中会吸收热量,并在切口表面形成气体薄膜,阻碍金属燃烧,从而使气割速度下降和氧气消耗量增加,并使切口表面粗糙。因此,气割用的氧气的纯度应尽可能地提高,一般要求在 99.5% 以上。若氧气的纯度降至 95% 以下,气割过程将很难进行。

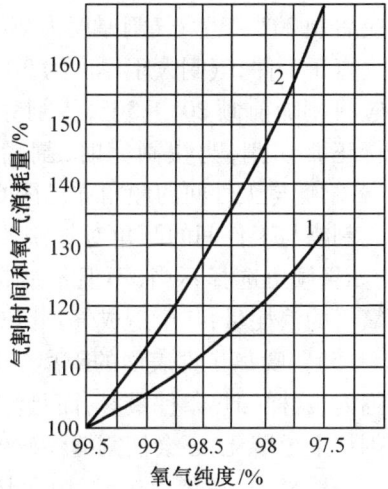

图 6 – 2 – 5　氧气纯度对气割时间和
氧气消耗量的影响曲线图
1—对气割时间的影响;
2—对氧气消耗量的影响

(2)气割速度 一般气割速度与工件的厚度和割嘴形式有关,工件愈厚,气割速度愈慢;相反,气割速度应较快。气割速度由操作者根据割缝的后拖量自行掌握。所谓后拖量,是指在氧气切割的过程中,在切割面上的切割氧气流轨迹的始点与终点在水平方向上的距离,如图 6 – 2 – 6 所示。

在气割时,后拖量总是不可避免的,尤其气割厚板时更为显著。合适的气割速度应以使切口产生的后拖量比较小为原则。若气割速度过慢,会使切口边缘不齐,甚至产生局部熔化现象,割后清渣也较困难;若气割速度过快,会造成后拖量过大,使割口不光洁,甚至造成割不透。

总之,合适的气割速度可以保证气割质量,并能降低氧气的消耗量。

(3)预热火焰能率 预热火焰的作用是把金属工件加热至金属在氧气中燃烧的温度,并始终保持这一温度,同时还使钢材表面的氧化皮剥离和熔化,便于切割氧流与金属接触。

气割时,预热火焰应采用中性焰或轻微氧化焰。碳化焰因有游离碳的存在,会使切口边缘增碳,所以不能采用。在切割过程中,要注意随时调整预热火焰,防止火焰性质发生变化。

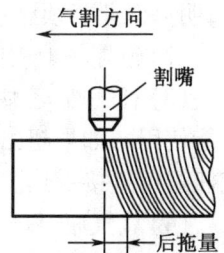

图 6 – 2 – 6　后拖量
示意图

　　预热火焰能率的大小与工件的厚度有关,工件愈厚,火焰能率应愈大,但在气割时应防止火焰能率过大或过小的情况发生。如在气割厚钢板时,由于气割速度较慢,为防止割缝上缘熔化,应相应使火焰能率降低;若此时火焰能率过大,会使割缝上缘产生连续珠状钢粒,甚至熔化成圆角,同时还造成割缝背面黏附熔渣增多而影响气割质量。如在气割薄钢板时,因气割速度快,可相应增加火焰能率,但割嘴应离工件远些,并保持一定的倾斜角度;若此时火焰能率过小,使工件得不到足够的热量,就会使气割速度变慢,甚至使气割过程中断。

　　(4)割嘴与工件间的倾角　割嘴倾角的大小主要根据工件的厚度来确定。一般气割厚度为 4 mm 以下的钢板时,割嘴应后倾 25°~45°;气割厚度为 4~20 mm 的钢板时,割嘴应后倾 20°~30°;气割厚度为 20~30 mm 的钢板时,割嘴应垂直于工件;气割大于厚度为 30 mm 的钢板时,开始气割时应将割嘴前倾 20°~30°,待割穿后再将割嘴垂直于工件进行正常切割,当快割完时,割嘴应逐渐向后倾斜 20°~30°。割嘴与工件间的倾角详见图 6-2-7。

　　割嘴与工件间的倾角对气割速度和后拖量产生直接影响,如果倾角选择不当,不但不能提高气割速度,反而会增加氧气的消耗量,甚至造成气割困难。

图 6-2-7　割嘴与工件间的倾角示意图

　　(5)割嘴离工件表面的距离　通常火焰焰芯离开工件表面的距离应保持在 3~5 mm 的范围内,这样加热条件最好,而且渗碳的可能性也最小。如果焰芯触及工件表面,不仅会引起割缝上缘熔化,还会使割缝渗碳的可能性增加。

　　一般来说,切割薄板时,由于切割速度较快,火焰可以长些,割嘴离开工件表面的距离可以大些;切割厚板时,由于气割速度慢,为了防止割缝上缘熔化,预热火焰应短些,割嘴离工件表面的距离应适当小些,这样可以保持切割氧流的挺直度和氧气的纯度,使切割质量得到提高。

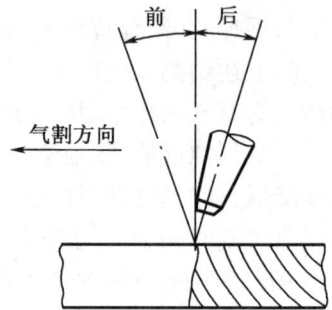

项目三　气焊与气割操作技术

一、气焊与气割安全操作基本要求

　　(1)上岗前必须经过有关部门安全技术培训,取得特种作业操作证后,方可独立上岗操作;明火作业必须履行审批手续。

　　(2)施焊场地周围应清除易燃、易爆物品或进行覆盖、隔离。

　　(3)氧气瓶、乙炔瓶必须按照《气瓶安全监察规程》的规定,严格进行技术检验,合格后方能使用。如果超出有效期,不得使用。应远离高温、明火和熔融金属飞溅物 10 m 以上,氧气瓶避免直接受热。

　　(4)氧气瓶、氧气表及焊割工具上,严禁沾染油脂。

　　(5)氧气瓶、乙炔瓶应有防震胶圈,旋紧安全帽,避免碰撞和剧烈震动,并防止曝晒。冻结时应用热水加热,不准用火烤。氧气瓶、乙炔瓶必须按规定单独摆放,使用时确保两者间的安全距离。

（6）点火时，焊枪口不准对人，正在燃烧的焊枪不得放在工件或地面上。

（7）不得手持连接胶管的焊枪爬梯、登高。

（8）严禁在带压的容器或管道上焊、割，焊接带电设备时必须先切断电源。

（9）在储存过易燃、易爆及有毒物品的容器或管道上焊、割时，应先把容器或管道清理干净，并将所有的孔、口打开。

（10）铅焊时，场地应通风良好，皮肤外露部位应涂护肤油脂，工作完毕应洗漱。

（11）工作完毕，应将氧气瓶、乙炔瓶的气阀关好。氧气瓶应拧上安全罩。检查操作场地，确认无着火危险，方准离开。

二、气焊基本操作技术

气焊基本操作技术包括焊接火焰的点燃，调节和熄灭、起焊、焊接过程中焊炬和焊丝的运动，接头和收尾的操作技术及左焊法和右焊法。焊接火焰的点燃、调节和熄灭在前已作介绍，本节不再重复。

1.焊接过程中焊炬和焊丝的运动

焊接过程中，焊炬除了沿焊缝方向前进外，还要根据所需焊缝的宽度作一定幅度的横向摆动。而焊丝除了上述的两个动作外，还要不断地向熔池送进。焊炬和焊丝的动作必须配合协调，使焊接坡口边缘能很好地熔合，又不致使焊缝产生过烧和烧穿，并控制液体金属的流动，使焊缝成形良好，同时使液体金属中各种非金属杂质和有害气体能从熔池中排出，得到优质的焊缝。焊炬和焊丝的运动包括三种动作：

（1）沿焊缝的纵向移动，不断地熔化工件和焊丝，形成焊缝；

（2）焊炬沿焊缝作横向摆动，充分加热焊件，使液体金属搅拌均匀，得到致密性好的焊缝，在一般情况下，板厚增加，横向摆动幅度应增大；

（3）焊丝在垂直焊缝的方向送进，并上下移动，调节熔池的热量和焊丝的填充量。

同样，在焊接时，焊炬在沿焊缝纵向移动、横向摆动的同时，还要作上下跳动，以调节熔池的温度；焊丝除作前进运动、上下移动外，当使用熔剂时也应作横向摆动，以搅拌熔池。

在正常气焊时，焊丝与焊件表面的倾斜角度一般为30°～40°，焊丝与焊炬中心线夹角为90°～100°。焊炬和焊丝的协调运动，使焊缝金属熔透、均匀，又能够避免焊缝出现烧穿或过热等缺陷，从而获得优质、美观的焊缝。

焊炬和焊丝的摆动方法及幅度与焊件厚度、焊件材质、焊缝的空间位置和焊缝尺寸等因素有关。平焊时焊炬与焊丝常见的几种摆动方法详见图6－3－1。图6－3－1中（a）（b）（c）所示方法适用于各种材料较厚大焊件的焊接和堆焊；图6－3－1（d）所示方法适用于各种薄板焊件的焊接。

2.接头与收尾

焊接中途停顿后，又在焊缝停顿处重新起焊和焊接时，把与原焊缝重叠部分称为接头。焊到焊缝的终端时，结束焊接的过程称为收尾。

接头时，应用火焰把原熔池重新加热至熔化形成新的熔池后，再填入焊丝重新开始焊接，注意焊丝熔滴应与熔化的原焊缝金属充分熔合。接头时要与前焊缝重叠5～10 mm，在重叠处要注意少加或不加焊丝，以保证焊缝的高度合适和接头处焊缝与原焊缝的圆滑过渡。

收尾时，由于焊件温度较高，散热条件也较差，所以应减小焊嘴的倾角和加快焊接速

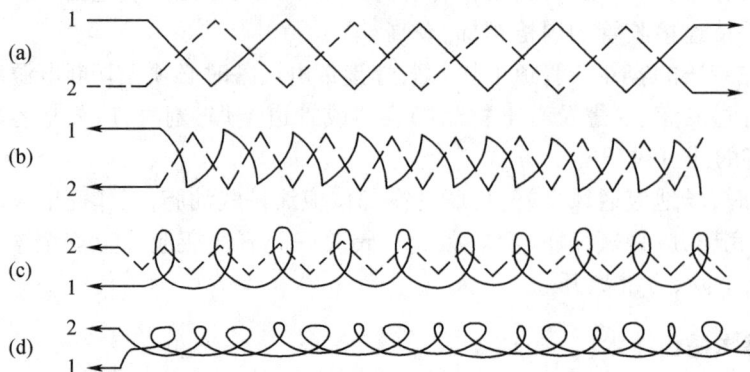

图 6 – 3 – 1　焊嘴和焊丝的摆动方法示意图

1—焊嘴;2—焊丝

度,并应多加一些焊丝,以防止熔池面积扩大,避免烧穿。收尾时应注意使火焰抬高,并慢慢离开熔池,直至熔池填满后,火焰才能离开。总之,气焊收尾时要掌握好"倾角小、焊速增、加丝快、熔池满"的要领。

3.左焊法和右焊法

气焊操作时,按照焊炬移动方向和焊炬与焊丝前后位置的不同,气焊的操作方法又可分为左焊法和右焊法两种。焊炬从右向左移动,称为左焊法;焊炬从左向右移动,称为右焊法。

左焊法时,焊接火焰背着焊缝而指向焊件的未焊部分,并且焊接火焰跟在焊丝后面运走,见图 6 – 3 – 2(a)。左焊法的基本特点是操作简单,容易掌握,适于焊接较薄和低熔点的工件,因而应用较普遍。但由于焊接火焰与工件有一定的倾斜角度,所以熔深较浅,对焊缝金属保护不好,易氧化,冷却速度较快,热量利用率低。在采用左焊法时,焊工能很清楚地看到熔池上部凝固边缘,并可以获得高度和宽度均匀的焊缝;由于焊接火焰指向焊件的未焊部分,还对金属起到了预热作用。左焊法主要适用于焊接 5 mm 以下的薄板和低熔点金属,具有较高的生产率。

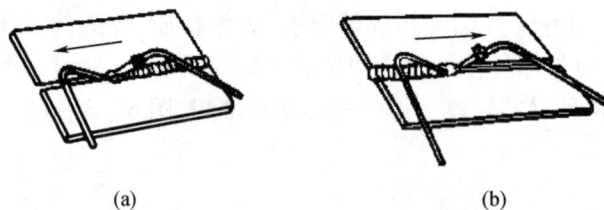

(a)　　　　　　　　　　　　　(b)

图 6 – 3 – 2　左焊法和右焊法示意图

(a)左焊法;(b)右焊法

右焊法时,焊接火焰指向焊缝,并且焊接火焰在焊丝前面移动,见图 6 – 3 – 2(b),采用右焊法时,由于焊接火焰始终对着熔池,并把整个熔池包围在内,使周围的空气与熔池隔离,起到保护焊缝金属的作用,从而有效地防止焊缝金属的氧化,减少气孔和夹渣的产生,同时由于焊接火焰始终指向已焊完的焊缝,会使焊缝缓慢冷却,起到后热和改善焊缝金相组织的作用。另外,由于焰芯距熔池较近以及火焰受到坡口和焊缝的阻挡,使焊接火焰的热量较为集中;火焰能率的利用程度较高,熔深增加并提高生产率。但右焊法操作难度大,不易掌握,成型也不够美观,故一般很少应用。右焊法主要适用于焊接厚度较大或熔点较高的焊件。

任 务 考 核

1. 简述气焊与气割原理。
2. 简述气焊与气割设备的使用要求。
3. 简述气焊与气割的安全特点。
4. 气焊与气割安全操作技术基本要求有哪些?
5. 简述如何选择气焊与气割主要工艺参数。

学习情境七　金属材料的焊接

● 情境描述

金属材料的焊接性又叫做金属材料的可焊性,主要是指在一定的焊接工艺条件下,一定的金属材料获得优质焊接接头的难易程度,它包含两个方面的内容:接合性能和使用性能。

金属的焊接性既与本身的化学成分有关,也与焊接工艺条件有密切的联系。分析研究金属焊接性的目的是:查明一定的金属材料在给定的工艺条件下可能产生的问题及其原因;确定焊接工艺的合理性及金属材料的改进方向。

【一】知识目标

1. 熟练掌握各类金属材料的焊接特点。
2. 理解各类金属材料的焊接工艺。
3. 掌握各类金属材料的焊接方法。

【二】能力目标

1. 能根据不同金属材料的焊接特点选择焊接方法。
2. 能根据不同金属材料的焊接特点制订焊接工艺。

【三】任务链接

1. 认知金属焊接性。
2. 碳素钢的焊接。
3. 低合金结构钢的焊接。
4. 不锈钢的焊接。
5. 铬钼耐热钢的焊接。
6. 铝及铝合金的焊接。
7. 铜及铜合金的焊接。
8. 铸铁的焊补。

项目一　认知金属焊接性

一、焊接性的含义

金属材料的焊接性可理解为金属材料对焊接加工的适应性,又叫做金属材料的可焊性。主要是指在一定的焊接工艺条件下,一定的金属材料获得优质焊接接头的难易程度。

它包含两个方面的内容:接合性能和使用性能。

接合性能是指在给定的焊接工艺条件下,金属形成焊接缺陷的敏感性,又叫做工艺可焊性。

使用性能是指在给定的焊接工艺条件下,金属的焊接接头对使用要求的适应性。

金属的焊接性既与本身的化学成分有关,也与焊接工艺条件有密切的联系。它是一个相对的概念,对于一定的金属,在简单的焊接工艺条件下,既能保证不产生焊接缺陷,又具有优异的使用性能(或能满足技术条件的要求),则可认为焊接性是优良的。若必须采用复杂的焊接工艺条件(如预热、保温、后热等)方能实现优质焊接时,应认为焊接性较差。

分析研究金属焊接性的目的如下:

(1)查明一定的金属材料;

(2)给定的工艺条件下可能产生的问题及其原因;

(3)确定焊接工艺的合理性及金属材料的改进方向。

二、钢的焊接性

1. 碳当量的含义

各种钢材的化学成分不同,其焊接性也不同。

在钢材的各种化学元素中,碳(C)、锰(Mn)、硅(Si)、镍(Ni)、铬(Cr)、铜(Cu)和钼(Mo)等,对钢的淬硬性和焊接热影响区产生裂纹的倾向都有不同程度的影响,其中影响最大的是碳。故我们常把钢中碳含量的多少作为判断钢材焊接性的主要标志。所以,我们可将各种合金元素根据它们对金属焊接性影响的大小,折合成相当的碳元素的总含量,称为碳当量,用 C_{eq} 表示。

2. 碳当量的公式

国际焊接学会(IIW)推荐的估算碳钢和低合金钢的公式为

$$C_{eq} = C + \frac{Mn}{6} + \frac{Cr + Mo + V}{5} + \frac{Ni + Cu}{15}$$

上式中的元素符号代表其在钢中含量的百分数。

3. 碳当量与焊接性

碳当量大小可作为评定钢的焊接性的参考指标。一般来说,碳当量越大,焊接性越差。根据经验,碳当量值大小的意义如表 7 - 1 - 1 所示。

表 7 - 1 - 1　碳当量值大小的意义

碳当量范围	焊接性等级	焊接性描述
$C_{eq} < 0.25\%$	优良	焊接时不必预热
$0.25\% \leqslant C_{eq} < 0.4\%$	良好	淬硬倾向不明显;焊接时一般不预热
$0.4\% \leqslant C_{eq} < 0.6\%$	尚可	淬硬倾向较明显;需采取适当预热,控制线能量等工艺措施
$C_{eq} \geqslant 0.6\%$	差	淬硬倾向很强;需采取较高的预热温度和严格的工艺措施

从碳当量公式及表 7 - 1 - 7 可见,金属焊接性主要取决于材料的化学成分。实际上金属焊接性同时还与结构的复杂程度、刚性大小、焊接工艺条件、焊接方法、焊接材料的种类以及结构的使用条件等密切相关。碳当量方法估算钢材的焊接性,具有快速、经济的优点,但因它只考虑了钢材的化学成分,故它只能做出一个大致的定性估计,而不能定量地断定钢材全面的焊接性。

项目二　船用钢的焊接

任务一　碳素钢的焊接

一、低碳钢的焊接

1. 低碳钢的焊接性

Q235,10,15,20 等低碳钢是应用最广泛的焊接结构材料,由于其含碳量低于 0.25%,塑性很好,淬硬倾向小,不易产生裂纹,因此焊接性最好。焊接时,采用任何焊接方法和最普通的焊接工艺即可获得优质的焊接接头。但由于施焊条件、结构形式不同,焊接时还需注意以下问题:

(1)在低温环境下焊接厚度大、刚性大的结构时,应该进行预热,否则容易产生裂纹;

(2)重要结构焊后要进行去应力退火以消除焊接应力。

2. 低碳钢的焊接工艺

低碳钢对焊接方法几乎没有限制,应用最多的是手工电弧焊、埋弧焊、气体保护电弧焊和电阻焊。采用电弧焊时,低碳钢焊接材料的选择参见表 7 - 2 - 1。

表 7 - 2 - 1　低碳钢焊接材料的选择

焊接方法	焊接材料	应用情况
手工电弧焊	J421,J422,J423 等	一般结构
	J426,J427,J506,J507 等	承受动载荷、结构复杂或厚板重要结构
埋弧焊	H08 配 HJ430,H08A 配 HJ431	一般结构
	H08MnA 配 HJ431	重要结构
CO_2 气体保护焊	H08Mn2SiA	一般结构

二、中碳钢的焊接

1. 中碳钢的焊接性

中碳钢含碳量为 0.30%~0.60%。当含碳量接近 0.30% 而含锰量不高时,焊接性能良好。随着含碳量的增加,焊接性逐渐变差。如果含碳量为 0.5% 左右而仍按焊接低碳钢常用的工艺施焊时,则热影响区可能产生硬脆的马氏体组织,易于开裂。当焊接材料和焊接过程控制不好时,甚至焊缝也如此。焊接时,相当数量母材会熔化进入焊缝,使其含碳量增加,容易产生焊缝热裂纹。特别是杂质 S 控制不严时,容易显示出来。这种热裂纹在弧坑处更为敏感。此外,由于含碳量增高,气孔敏感性也增大。

如果中碳钢母材系焊后才热处理,而要求热处理后焊缝与母材性能匹配,则必须注意选择焊接材料。如果对已经热处理的部件进行焊接,则必须采取措施防止裂纹产生。

2. 中碳钢焊接工艺要点

(1)大多数情况下,中碳钢焊接需要预热和层间温度,以降低焊缝和热影响区冷却速度,从而防止产生马氏体。预热温度取决于碳当量、母材厚度、结构刚性、焊条类型和工艺方法。通常,35 号和 45 号钢预热温度可为 150～250 ℃,若含碳量增加,或厚度增大,或刚性增大,则预热温度可在 250～400 ℃。

(2)焊后最好立即进行消除应力热处理,特别是大厚度工件,大刚性结构件和苛刻的工况条件下工作的工件更是如此。消除应力回火温度一般为 600～650 ℃。

(3)如果不可能立即消除应力,也应当后热,以便扩散氢逸出。后热温度不一定与预热温度相同,视具体情况而定。后热保温时间大约为每 10 mm 厚度 1 h。

(4)当焊接沸腾钢时,加入含有足够数量脱氧剂的填充金属,可以防止焊缝气孔。埋弧焊的焊丝和焊剂配合适当,可以有足够的脱氧剂,也可防止焊接沸腾钢引起焊缝气孔。

三、高碳钢的焊接

1. 高碳钢的焊接性

高碳钢含碳量大于 0.6%,除了高碳结构钢外,还包括高碳碳素钢铸件和碳素工具钢等。它们的含碳量比中碳钢更高,更容易产生硬脆的高碳马氏体,所以淬硬倾向和裂纹敏感倾向更大,从而焊接性更差。因此,这类钢实际上不用于制造焊接结构,而用于高硬度或耐磨部件、零件和工具,以及某些铸件,亦即用于工具钢和铸钢,所以它们的焊接也大多数为焊接修复。为了获得高硬度或耐磨性,高碳钢零件一般都经过热处理,常为淬火 + 回火,因此,焊接前应经过退火,可以减少裂纹倾向,焊后再进行热处理,以达到高硬度和耐磨要求。

2. 焊接材料的选用

焊接材料通常不用高碳钢,具体根据钢的含碳量、工件设计和使用条件等,选用合适的填充金属。焊缝要与母材性能完全相同比较困难,这些钢的抗拉强度大多数在 675 MPa 以上,选用的焊接材料视产品设计要求而定,要求强度高时,一般用 E7015 - D2(J707)或E6015 - D1(J607),要求强度不高时可用 E5016(J506)或 E5015(J507)等焊条,或者分别选用与以上强度等级相当的低合金钢焊条或填充金属。所用焊接材料都应当是低氢型的。

3. 高碳钢焊接工艺要点

(1)高碳钢应先行退火,方能焊接。

(2)采用结构钢焊条焊接时,焊前必须预热,一般为 250～350 ℃以上。焊接过程中还需要保持与预热一样的层间温度。

(3)焊后工件保温,并立即送入炉中,在 650 ℃保温,进行消除应力热处理。

(4)工件刚度、厚度较大时,应采取减少焊接内应力的措施,例如合理排列焊道,分段倒退焊法,焊后锤击焊道等。

任务二 低合金高强度钢的焊接

一、概述

低合金钢是在碳素钢的基础上添加一定量的合金化元素而成,其合金元素的质量分数一般不超过5%,用以提高钢的强度并保证其具有一定的塑性和韧性,或使钢具有某些特殊性能,如耐低温、耐高温或耐腐蚀等。

二、低合金高强度钢的焊接性

低合金高强度钢含有一定量的合金元素及微合金化元素,其焊接性与碳钢有差别,主要是焊接热影响区组织与性能的变化对焊接热输入较敏感,热影响区淬硬倾向增大,对氢致裂纹敏感性较大,含有碳、氮化合物形成元素的低合金高强度钢还存在再热裂纹的危险等。只有在掌握各种不同低合金高强度钢焊接性特点和规律的基础上,才能制订正确的焊接工艺,保证低合金高强度钢的焊接质量。

1. 焊接热影响区组织和性能

依据焊接热影响区被加热的峰值温度不同,焊接热影响区可分为熔合区(1 350 ~ 1 450 ℃)、粗晶区(1 000 ~ 1 300 ℃)、细晶区(800 ~ 1 000 ℃)、不完全相变区(700 ~ 800 ℃)及回火区(500 ~ 700 ℃)。不同部位热影响区组织与性能取决于钢的化学成分和焊接时加热和冷却的速度。对于某些低合金高强度钢,如果焊接冷却速度控制不当,焊接热影响区局部区域将产生淬硬或脆性组织,导致抗裂性或韧性降低。

低合金高强度钢焊接时,热影响区中被加热到1 100 ℃以上的粗晶区及加热温度为700 ~ 800 ℃的不完全相变区是焊接接头的两个薄弱区。热轧钢焊接时,如果焊接热输入过大,粗晶区将因晶粒严重长大或出现魏氏组织等而降低韧性;如果焊接热输入过小,由于粗晶区组织中马氏体比例增大而降低韧性。正火钢焊接时,粗晶区组织性能受焊接热输入的影响更为显著。防止不完全相变区组织脆化的措施是控制焊接冷却速度,避免脆硬的马氏体产生。

2. 热应变脆化

热应变脆化容易在最高加热温度范围200 ~ 400 ℃的亚临界热影响区产生。如有缺口效应,则热应变脆化更为严重,熔合区常常存在缺口性质的缺陷,当缺陷周围受到连续的焊接热应变作用后,由于存在应变集中和不利组织,热应变脆化倾向就更大,所以热应变脆化也容易发生在熔合区。

3. 冷裂纹敏感性

焊接氢致裂纹(通常称焊接冷裂纹或延迟裂纹)在低合金高强度钢焊接时最容易产生,而且是危害最为严重的工艺缺陷,它常常是焊接结构失效破坏的主要原因。低合金高强度钢焊接时产生的氢致裂纹主要发生在焊接热影响区,有时也出现在焊缝金属中。根据钢种的类型、焊接区氢含量及应力水平的不同,氢致裂纹可能在焊后200 ℃以下立即产生,或在焊后一段时间内产生。

热影响区最高硬度可被用来粗略地评定焊接氢致裂纹敏感性。对一般低合金高强度钢,为防止氢致裂纹的产生,焊接热影响区硬度应控制在 HV 350 以下。热影响区淬硬倾向可以采用碳当量公式加以评定。

强度级别较低的热扎钢,由于其合金元素含量少,钢的淬硬倾向比低碳钢稍大。如Q345 钢、15MnV 钢焊接时,快速冷却可能出现淬硬的马氏体组织,冷裂倾向增大。但由于热轧钢的碳当量比较低,通常冷裂倾向不大。但在环境温度很低或钢板厚度大时应采取措施以防止冷裂纹的产生。

控轧控冷钢碳含量和碳当量都很低,其冷裂纹敏感性较低。除超厚焊接结构外,490 MPa 级的控轧控冷钢焊接,一般不需要预热。

正火钢合金元素含量较高,焊接热影响区的淬硬倾向有所增加。对强度级别及碳当量较低的正火钢,冷裂倾向不大。但随着强度级别及板厚的增加,其淬硬性及冷裂倾向都随之增大,需要采取控制焊接热输入、降低含氢量、预热和及时后热等措施,以防止冷裂纹的产生。

4. 热裂纹敏感性

与碳素钢相比,低合金高强度钢的含碳量、含硫量较低,且含锰量较高,其热裂纹倾向较小,但有时也会在焊缝中出现热裂纹。采用锰、硅含量较高的焊接材料,减小焊接热输入,减少母材在焊缝中的熔合比,增大焊缝成形系数(即焊缝宽度与高度之比),有利于防止焊缝金属的热裂纹。

5. 再热裂纹敏感性

低合金钢焊接接头中的再热裂纹亦称消除应力裂纹,出现在焊后消除应力热处理过程中。再热裂纹属于沿晶断裂,一般都出现在热影响区的粗晶区,有时也在焊缝金属中出现。

6. 层状撕裂倾向

大型厚板焊接结构(海洋工程、核反应堆及船舶等)焊接时,如在钢材厚度方向承受较大的拉伸应力,可能沿钢材轧制方向发生阶梯状的层状撕裂。这种裂纹常出现于要求熔透的角接接头或丁字接头中。选用抗层状撕裂钢,改善接头型式以减缓钢板 Z 向的应力应变,在满足产品使用要求的前提下,选用强度级别较低的焊接材料或采用低强焊材预堆边,采用预热及降氢等措施都有利于防止层状撕裂。

三、低合金高强度钢的焊接工艺

1. 焊接方法的选择

低合金高强度钢可采用焊条电弧焊、熔化极气体保护焊、埋弧焊、钨极氩弧焊、气电立焊、电渣焊等所有常用的熔焊方法焊接。具体选用何种焊接方法取决于所焊产品的结构、板厚、堆性能的要求及生产条件等。其中焊条电弧焊、埋弧焊、实心焊丝及药芯焊丝气体保护电弧焊是常用的焊接方法。对于氢致裂纹敏感性较强的低合金高强度钢的焊接,无论采用哪种焊接工艺,都应采取低氢的工艺措施。厚度大于 100 mm 低合金高强度钢结构的环形和长直线焊缝,常常采用单丝或双丝载间隙埋弧焊。当采用高热输入的焊接工艺方法(如电渣焊、气电立焊及多丝埋弧焊)焊接低合金高强度钢时,在使用前应使焊缝金属和热影响区的韧性能够满足使用要求。

2. 焊接材料的选择

低合金高强度钢焊接材料的选择首先应保证焊缝金属的强度、塑性、韧性达到产品的技术要求,同时还应该考虑抗裂性及焊接生产效率等。由于低合金高强度氢致裂纹敏感性较强,因此选择焊接材料时应优先采用低氢焊条和碱度适中的埋弧焊焊剂。焊条、焊剂使用前应按制造厂或工艺规程规定进行烘干。为了保证焊接接头具有与母材相当的冲击韧性,正火钢与控轧控冷钢焊接材料优先选用高韧性焊材,配以正确的焊接工艺以保证焊缝金属和热影响区具有优良的冲击韧性。

3. 焊接热输入的控制

焊接热输入的变化将改变焊接冷却速度,从而影响焊缝金属及热影响区的组织组成,并最终影响焊接接头的力学性能及抗裂性。屈服强度不超过 500 MPa 的低合金高强度钢焊缝金属,如能获得细小均匀针状铁素体组织,其焊缝金属则具有优良的强韧性。而针状铁素体组织的形成需要控制焊接冷却速度。因此为了确保焊缝金属的韧性,不宜采用过大的焊接热输入。焊接操作上尽量不用横向摆动和挑弧焊接,推荐采用多层窄焊道焊接。

热输入对焊接热影响区的抗裂性及韧性也有显著的影响。低合金高强度热影响区组织的脆化或软化都与焊接冷却速度有关。由于低合金高强度钢的强度及板厚范围都较宽,合金体系及合金含量差别较大,焊接时钢材的状态各不相同,很难对焊接热输入作出统一的规定。各种低合金高强度钢焊接时应根据其自身的焊接性特点,结合具体的结构形式及板厚,选择合适的焊接热输入。

与正火或正火加回火钢及控轧控冷钢相比,热轧钢可以适应较大的焊接热输入。含碳量较低的热轧钢(09Mn2,09MnNb 等)以及含碳量偏下限的 16Mn 钢焊接时,焊接热输入没有严格的限制。因为这些钢焊接热影响区的脆化及冷裂纹倾向较小。但是,当焊接含碳量偏上限的 16Mn 钢时,为降低淬硬倾向,防止冷裂纹的产生,焊接热输入应偏大一些。

碳及合金元素含量较高、屈服强度为 490 MPa 的正火钢(如 18MnMoNb 等)选择热输入时既要考虑钢种的淬硬倾向,同时也要兼顾热影响区粗晶区的过热倾向。一般为了确保热影响区的韧性,应选择较小的热输入,同时采用低氢焊接方法配合适当的预热或及时的焊后消氢处理来防止焊接冷裂纹的产生。

4. 预热及焊道间温度

预热可以控制焊接冷却速度,减少或避免热影响区中淬硬马氏体的产生,降低热影响区硬度,同时预热还可以降低焊接应力,并有助于氢从焊接接头的逸出。因此,预热是防止低合金高强度钢焊接氢致裂纹产生的有效措施。但预热常常恶化劳动条件,使生产工艺复杂化,不合理的、过高的预热和焊道间温度还会损害焊接接头的性能。因此,焊前是否需要预热及合理的预热温度,都需要认真考虑或通过试验确定。

预热温度的确定取决于钢材的成分(碳当量)、板厚、焊件结构形状和拘束度、环境温度以及所采用的焊接材料的含量等。随着钢材碳当量、板厚、结构拘束度、焊接材料的含氢量的增加和环境温度的降低,焊前预热温度要相应提高。对于厚板多道多层焊,为了促进焊接区氢的逸出,防止焊接过程中氢致裂纹的产生,应控制焊道间温度不低于预热温度并进行必要的中间消氢热处理。

5. 焊接后热及焊后热处理

(1)焊接后热及消氢处理　焊接后热是指焊接结束或焊完一条焊缝后,将焊件或焊接区立即加热到 150 ~ 250 ℃ 范围内,并保温一段时间;而消氢处理则是在 300 ~ 400 ℃ 加热温度范围内保温一段时间。两种处理的目的都是加速焊接接头中氢的扩散逸出,消氢处理效果比低温后热更好。焊后及时后热及消氢处理是防止焊接冷裂纹的有效措施之一,特别是对于氢致裂纹敏感性较强的 14MnMoV,18MnMoNb 等钢厚板焊接接头,采用这一工艺不仅可以降低预热温度、减轻焊工劳动强度,还可以采用较低的焊接热输入使焊接接头获得良好的综合力学性能。对于厚度超过 100 mm 的厚壁压力容器及其他重要的产品构件,焊接过程中应至少进行 2~3 次中间消氢处理,以防止因厚板多道多层焊氢的积聚而导致的氢致裂纹。

(2)焊后热处理　热轧、控轧控冷及正火钢一般焊后不进行热处理。电渣焊的焊缝及热影响区的晶粒粗大,焊后必须进行正火处理以细化晶粒。某些焊成的部件在热校和热整形后也需要正火处理。正火温度应控制在钢材 Ac_3 点以上 30~50 ℃,过高的正火温度会导致晶粒长大,保温时间按 1~2 min/mm 计算。厚壁受压部件经针火处理后产生较高的内应力,正火后应作回火处理。

(3)消除应力处理　厚壁高压容器、要求抗应力腐蚀的容器以及要求尺寸稳定性的焊接结构,焊后需要进行消除应力处理。此外,对于冷裂纹倾向大的高强钢,也要焊后及时进行消除应力处理。

消除应力热处理是最常用的松弛焊接残余应力的方法,该方法是将焊件均匀加热到 Ac_1 点以下某一温度,保温一段时间后,随炉冷却到 300~400 ℃,最后焊件在炉外空冷。合理的消除应力热处理工艺可以起到消除内应力并改善接头的组织与性能的目的。对于某些含 V,Nb 的低合金钢热影响区和焊缝金属,如焊后热处理的加热温度和保温时间选择不当,会因碳、氮化合物的析出产生消除应力脆化,降低接头韧性。因此应恰当地选择加热制度和加热温度,避免焊件在敏感的温度区长时间加热。另外消除应力热处理的加热温度不应超过母材原来的回火温度,以免损伤母材性能。

任务三　不锈钢的焊接

一、不锈钢的分类

(一)按化学成分分类

1. 铬不锈钢　如 1Cr13,2Cr13,3Cr13,4Cr13,Cr17,Cr28 等。

2. 铬镍不锈钢　如 0Cr18Ni9,1Cr18Ni9Ti,Cr18Ni12MO2Ti 等。

3. 铬镍锰氮不锈钢。

(二)按组织不同分类

1. 铁素体不锈钢　如 Cr17,Cr17Ti,Cr28。

2. 马氏体不锈钢　如 2Cr13,3Cr13,4Cr13。

3. 奥氏体不锈钢　如 0Cr18Ni9,1Cr18Ni9Ti,Cr28Ni12MO2Ti 等。

4. 奥氏体 – 铁素体不锈钢。

5. 铁素体 – 奥氏体不锈钢。

二、铬镍奥氏体不锈钢的焊接

(一)铬镍奥氏体不锈钢的焊接特点

铬镍奥氏体不锈钢具有良好的耐蚀性、塑性、高温性能和可焊性。但如果焊条选用不当或焊接工艺不正确时,也会产生一些问题,其主要问题是晶间腐蚀和热裂纹等问题。

(二)产生原因

1. 晶间腐蚀

晶间腐蚀主要产生于奥氏体不锈钢,是一种极其危险的破坏形式。它的特点是沿晶界开始腐蚀,从表面上看有时不易发觉,但使接头机械性能显著下降和早期破坏。一般认为其产生是由于晶粒边界形成贫铬区造成的。当温度在 450~850 ℃时,碳在奥氏体中的扩散速度大于铬的扩散速度。当奥氏体中含碳量超过它在室温的溶解度(0.02%~0.03%)后,碳就不断地向奥氏体晶粒边界扩散,并与铬化合,析出碳化铬($Cr_{23}C_6$),但由于铬的原子半径较大,扩散速度较慢,来不及向边界扩散,晶界附近大量的铬和碳化合成碳化铬,导致奥氏体边界贫铬;当晶界附近的金属含铬量低于 12%时,就失去了抗晶间腐蚀的能力,在腐蚀介质作用下,晶粒边界产生局部腐蚀,即晶间腐蚀。

2. 热裂纹

因奥氏体不锈钢的导热系数小,线膨胀系数大,焊接时因局部高温加热和快速冷却,焊接接头容易形成较大的拉应力;另外,因奥氏体不锈钢的液、固相线的区间较大,结晶时间较长,即凝固过程有较大的温度范围,且奥氏体结晶的枝晶方向较强,使低熔点杂质偏析严重而集中于晶界处,形成低熔点共晶夹层,引起热裂纹。

(三)奥氏体不锈钢防止晶间腐蚀和热裂纹的措施

1. 晶间腐蚀的防止措施

(1)采用热量集中的焊接方法,如钨极氩弧焊(TIG)、焊条电弧焊等。

(2)由于奥氏体不锈钢没有淬硬倾向,因此可以采取焊后快速冷却的工艺措施,避免焊接接头在敏化温度区(450~850 ℃)停留时间过长。例如:采取小焊接电流、快焊速、短弧、焊条不摆动施焊等工艺措施;还可以采取在焊缝反面加铜垫板,甚至在焊缝背面浇冷水的快冷措施。

(3)多层多道焊时,控制层间温度,待先焊的一道焊缝冷却到 60 ℃以下时再焊下一道。

(4)与腐蚀介质接触的一面应最后施焊。

(5)选用含有钛、铌等稳定化元素的焊接材料,以及超低碳的母材。例如:1Cr18Ni9Ti,1Cr18Ni12Mo2Ti 钢材采用 E0—19—10Nb—15 焊条或 H0Cr19Ni9Ti 焊丝等。

(6)焊后进行固溶处理或稳定化热处理。固溶处理就是将焊件加热至 1 050~1 150 ℃后淬火,可使晶界上产生的碳化铬溶入奥氏体,由于淬火时的快速冷却,碳化物来不及析出,而使焊件成为均匀的奥氏体组织。这种热处理方式适用于热处理后不再经受 450~850 ℃加热的结构。另外,也可以将接头加热至 850~900 ℃的温度下保温 2 h,使奥氏体晶粒内部的铬逐步扩散到晶界,晶界处的含铬量又重新恢复到大于 12%,从而防止产生晶间腐蚀,这种热处理方式叫做稳定化热处理。

(7)采用双相组织。在焊缝中加入铁素体形成元素,如铬、硅、铝、钼等,以使焊缝形成奥氏体加铁素体双相组织。因为铬在铁素体中的扩散速度比在奥氏体中快,因此铬在铁素体内较快地向晶界扩散,减轻了奥氏体晶界的贫铬现象。一般铁素体的含量应控制在 4%~12%,因铁素体过多,会使焊缝变脆,在高温工作下脆化更严重。

2. 热裂纹的防止措施

(1)采用双相组织的焊条。焊缝若形成奥氏体加少量铁素体的双相组织时,奥氏体的晶粒长大受到阻碍,因而既细化了晶粒,又打乱了柱状晶的方向,使焊缝中的杂质均匀分散,避免了集中。另外,铁素体还可溶解较多的杂质,从而减少了低熔点共晶在奥氏体晶粒边界上的偏析,这些都有利于防止热裂纹,但铁素体双相组织含量不易超过 5%,否则易造成焊缝的脆化。

(2)控制钢材及焊材的化学成分。选用含有适量铬、钼、锰等元素且杂质元素硫、磷含量少的钢材和焊材。

(3)选用适当的焊条药皮类型。纯奥氏体不锈钢用碱性焊条焊接,能促使焊缝晶粒细化,减少杂质;用酸性焊条焊接,因氧化性强,使合金烧损而降低抗裂性,容易产生热裂纹。而 1Cr18Ni9Ti 钢可用酸性焊条焊接。

(4)采用小线能量焊接。可采用小焊接电流、窄焊道技术、快焊速、短弧、运条时不摆动等操作技术。

(5)收弧时填满弧坑。焊接结束或中断时,收弧要慢,弧坑填满,防止弧坑裂纹。

四、奥氏体不锈钢常用焊接方法及工艺

奥氏体不锈钢常用焊接方法有焊条电弧焊、埋弧焊、气体保护焊等。

(一)焊接前的准备工作

1. 根据不同的板厚、焊接方法开适当的坡口。

2. 焊接前将坡口两侧范围内用丙酮擦净,并涂石灰粉或白垩粉,以防焊件表面被飞溅损伤。

3. 最好选用直流反接极电源,以保证电弧稳定。

4. 焊条按规定烘焙,确保焊条使用时干燥。

(二)焊接材料的选择

焊接材料基本上应根据"等成分原则"选择,即应确保所熔敷的焊缝金属与母材成分相近;同时还必须考虑到焊缝的金相组织和焊件的使用状态。

奥氏体不锈钢焊条有钛钙型和低氢型两种。常用奥氏体不锈钢焊材的选用见表7－2－2。

表7－2－2 常用奥氏体不锈钢焊材的选用

母材牌号	焊条		氩弧焊、埋弧焊	焊剂	焊件使用状态
	牌号	GB 型号	焊丝		
1Cr18Ni9	A102	E0—19—10—16	H0Cr21Ni10	HJ260 HJ151	焊态或固熔处理
0Cr18Ni9	A107	E0—19—10—15			
0Cr17Ni12Mo2	A202	E0—18—12Mo2—16	H0Cr19Ni12Mo2		
	A207	E0—18—12Mo2—15			
0Cr19Ni13Mo3	A242	E0—19—13Mo3—16	H0Cr20Ni14Mo3	—	
00Cr19Ni11	A002	E00—19—10—16	H00Cr21Ni10	HJ172 HJ151	焊态或消除应力处理
00Cr17Ni14Mo12	A022	E00—18—12Mo2—16	H00Cr19Ni12Mo2		
1Cr18Ni9Ti	A132		H0Cr20Ni10Ti		焊态或稳定化和消除应力处理
0Cr18Ni11Ti	A137	E0—19—10Nb—16	H0Cr20Ni10Nb		
0Cr18Ni11Nb					
0Cr23Ni13	A302	E1—23—13—16	H1Cr24Ni13	—	焊态
2Cr23Ni13	A307	E1—23—13—15			
0Cr25Ni20	A402	E2—26—21—16	H0Cr26Ni21	—	
2Cr25Ni20	A407	E2—26—21—15	H1Cr26Ni21		

　　低氢型焊条的抗裂性较好,焊接时焊条与母材金属中的铬含量易被药皮中碳酸盐分解出的二氧化碳气体及熔渣中的二氧化硅、氧化锰等化合物氧化,使焊缝中的铬含量降低,因而对耐蚀性有些不利,且焊缝成型也不如钛钙型焊条。当焊接裂纹敏感性较大的焊件时,可采用低氢型不锈钢焊条。

　　钛钙型焊条的药皮氧化性强,焊接时焊条及母材中的合金元素烧损较多,从而减少焊缝金属的合金元素含量,在焊缝金属中形成夹杂物,降低接头的抗裂性能。因这类焊条具有良好的工艺性能,适宜于薄板平焊,生产中应用较多。

　　(三)焊接工艺

　　1.焊条电弧焊(SMAW)

　　焊条电弧焊的操作技术要领有如下几点:

　　(1)采用小的焊接电流施焊,焊接奥氏体不锈钢的焊接电流要比相同规格的焊条小10%左右;

　　(2)操作时,采用短弧、快焊速、窄焊道技术,运条时最好不作或少作横向或前后摆动;

　　(3)多层多道焊时,每焊完一道需彻底清渣,并仔细检查焊缝,确定无缺陷后,并等此焊缝冷却到60 ℃以下,再焊接下一道;

　　(4)多层焊时每层焊缝厚度不应超过3 mm,焊道宽度不超过焊条直径的4倍;

　　(5)必要时可采取在焊缝背面衬铜垫板,或将焊件进行水冷的强冷措施;

　　(6)与腐蚀介质接触的一面的焊缝应最后焊接;

　　(7)不可在坡口以外的地方起弧,地线要接好,以免损坏金属表面而使其耐腐蚀性下降。

　　当结构钢焊道和奥氏体不锈钢焊道相连或相交时,不允许把结构钢焊道焊在不锈钢焊道上,否则会由于二者膨胀系数的不同而产生裂纹。在操作时应做到:

　　(1)单道焊的对接缝、T型角焊缝等,应先焊结构钢焊道,后焊不锈钢焊道;

　　(2)多层焊时,可将结构钢一端的焊道正、反面全部焊完,最后焊不锈钢焊道;

　　(3)对接接头和T型接头的多层焊,可同时进行焊接,但接头要错开,即在交界处的结构钢焊道长度应逐道缩短,使不锈钢焊道覆盖在结构钢焊道上面,缩短长度不应小于30 mm。

　　2.埋弧焊(SAW)

　　埋弧自动焊焊接奥氏体不锈钢板,由于焊接规范稳定,熔合比波动很小,焊缝成分和组织较稳定,焊缝表面光洁,无飞溅损失。故接头的耐腐蚀性很好。但只有在保证焊透和良好的焊缝成型条件下,采用小线能量焊接才可能减少合金元素及杂质的偏析和组织过热倾向。采用埋弧自动焊焊接奥氏体不锈钢,基本上都应用直流电源反极性接法。焊接时,焊丝的干伸长要短些,一般为焊丝直径的十倍。

　　3.手工钨极氩弧焊(GTAW)

　　手工钨极氩弧焊因其热量集中,线能量易于控制,焊接热影响区小,焊接变形小,最适于奥氏体不锈钢的焊接。常用于板厚小于10 mm的奥氏体不锈钢板的对接和角、薄壁不锈钢管的对接、不锈钢管子与板件的焊接以及中、厚板封底层的焊接等。对于厚度大于12 mm的奥氏体不锈钢板,因其熔敷速度低,采用此工艺是不经济的。工艺要求如下:

（1）手工钨极氩弧焊一般采用直流电源正接法，否则易烧损钨极；

（2）焊接厚度小于 1 mm 的奥氏体不锈钢薄板可不加填充焊丝；

（3）厚度小于 2.5 mm 的奥氏体不锈钢板一般采用单面焊、反面衬有垫板的对接缝，可留 1～2 mm 的间隙；

（4）大于 6.5 mm 的奥氏体不锈钢板可以采用多层多道焊；

（5）奥氏体不锈钢管打底焊时，管子内应通氩气，以防管子内侧焊缝氧化；

（6）焊接规范如表 7－2－3 所示。

三、铁素体不锈钢的焊接

（一）铁素体不锈钢的焊接特点

铁素体不锈钢的焊接特点是在高温和低温状态下都是铁素体组织，它没有相变过程。在焊接时，焊缝金属及热影响区是不会硬化的，但由于受到焊接热循环的高温作用，近缝区晶粒急剧长大形成粗晶粒，使钢的塑性和冲击韧性急剧降低，脆性增大，而容易开裂。它的含铬量越高，在高温停留时间越长，其脆性也越严重。此外晶粒长大还容易引起晶间腐蚀，降低耐腐蚀性能，这种钢在晶粒长大后，不能用热处理方法使晶粒细化，因此在焊接时防止铁素体不锈钢过热是主要问题。另外，由于这种钢在室温时的冲击韧性很小，在焊接时要防止裂纹的产生。

（二）焊接工艺要点

1. 焊接材料

根据接头性能要求，可选用和基本金属成分相近的铁素体铬钢焊条进行焊接，如 E0—17—16（铬 302），E0—17—15（铬 307）焊条。焊后需进行 700 ℃回火处理，使焊后组织均匀化，从而提高接头的塑性和耐腐蚀性。生产上也常选用奥氏体不锈钢焊条进行焊接，如焊接 Cr17，Cr17Ti 时用 E0—19—10—15（A107），E0—18—12Mo2—15（A207）；焊接 Cr28 时用 E2—26—21—16（A402），E2—26—21—15（A407）等。用奥氏体焊条时，焊缝的塑性和韧性较高，焊后可不进行热处理。

2. 焊前预热

为了避免焊接时产生裂缝，焊前可以进行低温预热。为了防止过热脆化，预热温度应尽可能低些，一般不超过 150 ℃，但若钢中含铬量高时，预热温度也应相应提高些，有时预热温度达 200～300 ℃。

3. 操作要点

为防止过热，焊接时应采取下列措施：

（1）小电流快焊速焊接；

（2）焊条最好不摆动，以获得窄焊道；

（3）层焊时要控制层间温度，待前一道焊缝冷却到预热温度时，再焊下一道，以减少焊缝及热影响区的高温停留时间，防止晶粒长大。

表7-2-3　奥氏体不锈钢对接接头手工钨极氩弧焊推荐规范参数

板厚/mm	坡口形式	坡口尺寸			焊接层数/层	钨极直径/mm	焊丝直径/mm	焊接电流/A	焊接速度/(mm/min)	氩气流量/(L/min)	备注
		间隙/mm	钝边/mm	角度/℃							
1.0	不开坡口	—	—	—	1	2	1.6	35~70	100~120	6~8	单面焊
1.5~2.0	不开坡口	—	—	—	1	2	1.6	45~80	100~120	8~10	单面焊
2.5~3.0	不开坡口	0.5~1.0	—	—	1	3	1.6~2.0	80~130	100~120	8~10	单面焊
4.0	不开坡口	0.5~1.0	—	—	2	4	2.0~3.0	150~200	110~115	12~14	双面焊
6.0	V型坡口	1.0~1.5	1.0~1.5	60±5	正2/反1	4	3.0	150~200	110~115	12~14	双面焊
6.0	V型坡口	2.0	1.0~1.5	60±5	正1/反1	4	3.0	200~250	150~200	12~14	反面垫板
12.0	V型坡口	1.0~2.0	1.5~1.5	60±5	正5/反1	4	3.0~4.0	200~250	150~200	12~14	无垫板
12.0	V型坡口	1.0~2.0	1.5~2.0	60±5	正6	5	3.0~4.0	180~250	110~150	14~16	反面垫板

四、马氏体不锈钢的焊接

（一）马氏体不锈钢的焊接特点

马氏体不锈钢主要用于既耐磨又耐腐蚀的工作环境，一般均经调质处理。这种钢有强烈的淬硬倾向，焊接时在热影响区容易产生粗大的马氏体组织。加之，它的导热性差，焊接时残余应力较大，容易产生裂缝。钢中含碳量越高，淬硬倾向和裂缝倾向越大。此外，这类钢还有较大的过热倾向，使晶粒粗化，塑性下降，同时也存在 475 ℃脆性，所以在预热和热处理时必须加以注意。

（二）焊接工艺

1. 焊接材料的选择

可选用和基本金属相近的 E1—13—16（铬 202），E1—13—15（铬 207）焊条。为提高焊接接头的塑性、韧性及抗蚀性，焊后应及时进行高温 600~730 ℃回火处理。当焊件不允许进行预热和回火处理时，或者为提高焊接接头的塑性、韧性，也可采用奥氏体不锈钢焊条进行焊接，如 E0—19—10—15（A107），E0—19—10—16（A102），E0—18—12Mo2—15（A207），E2—26—21—15（A407）等，但焊缝强度低于基本金属，在热影响区有淬硬层，而焊后不需热处理，并可降低焊接接头的裂缝倾向。

2. 焊前预热

为了提高焊接接头的塑性，减少内应力，避免产生裂缝，焊前必须预热，预热温度可根据焊件的厚度和刚度来决定，一般为 200~400 ℃。

3. 操作要点

焊接时应采取适当大的焊接电流慢焊速焊接，以减慢冷却速度，防止产生裂缝。焊后应将焊件缓慢冷却到 150~200 ℃，才能空冷。

任务四　铬钼耐热钢的焊接

高温下具有足够的强度和抗氧化性的钢叫做耐热钢。珠光体耐热钢是以铬、钼为主要合金元素的低合金钢，由于它的基体组织是珠光体（或珠光体 + 铁素体），故又称珠光体耐热钢。

一、珠光体耐热钢的焊接性

铬和钼能提高金属的高温强度和高温抗氧化性，但它们却使金属的焊接性变差。在热影响区具有淬硬倾向，焊后在空气中冷却时易产生硬而脆的马氏体组织，不但影响焊接接头的机械性能，而且焊后会产生很大的内应力，使热影响区有冷裂倾向。含碳量和含铬量越多，淬硬倾向越严重。

由于耐热钢中含有铬、钼、钒等合金元素，因此还有再热裂纹的问题。

二、珠光体耐热钢的焊接工艺

钢中加入铬和钼，虽保证了耐热钢的高温强度和高温抗氧化性，但却给焊接带来了一定的困难。为了防止热影响区淬硬及产生裂纹，其焊接工艺包括焊接方法的选择、焊接材料的选配和管理、焊接线能量的确定、焊前预热、焊后热处理及焊接工艺规程。这些环节都对焊接接头的性能产生重要影响。

1. 预热

预热是焊接珠光体耐热钢的重要工艺措施。为了确保工艺质量,不论是在点固焊或焊接过程中,都应预热并保持在150~300℃温度范围内。

2. 焊条的选择

选择耐热钢焊条主要是根据母材的化学成分选择,而不是机械性能。为了确保焊接接头的高温强度和高温抗氧化性不低于基本金属,焊条的合金含量应与焊件相当或者稍高一些。

使用铬、钼耐热钢焊条应严格遵守碱性焊条的如下各项要求:

（1）按要求严格烘焙焊条;

（2）使用时,焊条放入通电的保温筒内,随用随取;

（3）焊前仔细清理坡口及其边缘的水分、油漆、油渍及氧化皮等污物;

（4）使用直流反接电源,即工件接直流电源的负极,焊钳接直流电源的正极;

（5）操作时,采用短弧焊。

耐热钢用焊条见表7-2-4。

表7-2-4　铬钼耐热钢焊条的选用及预热、焊后热处理温度

材料牌号	焊接工艺		焊后热处理温度/℃
	预热温度/℃	焊条型号	
16Mo	200~250	E5015—A1	690~710
12CrMo	200~250	E5015—B1	680~720
15CrMo	200~250	E5515—B2	680~720
20CrMo	250~350	E5515—B2	650~680
12Cr1MoV	200~250	E5515—B2—V	710~750
13Cr3MoVSiTi3	300~350	E5515—B3—VNb	740~760
12Cr2MoWVB	250~300	E5515—B3—VWB	760~780
10MoVWBSiRe(无铬8号)	250~300	E5515—B2—V	750~770
13SiMnWVB	250~300	E5515—B2—V	750~770
ZG20CrMoV	305~400	E5515—B2—V	690~710
ZG15Cr1Mo1V	350~400	E5515—B2—V	720
13CrMo44	150~200	E5515—B2	680~720
14MoV63	200~250	E5515—B2—V	700~720
10CrMo910	200~300	E5515—B3	700~775
10CrSiMov7	200~300	E5515—B2—V	730

铬钼耐热钢焊条电弧焊时,也可选用奥氏体不锈钢焊条,如E1—23—13—16,E0—18—12Mo2—16,E1—23—32Mo2—16等,焊前仍需要预热,焊后一般可不热处理。这种方法特别适用于有些含铬量较高而焊后不能热处理的焊件。

3. 尽量降低焊件的刚度

由于这类钢的裂纹倾向较大，故焊接时焊缝的拘束度不能过大，以免造成较大的焊接应力。特别是后来焊接时，妨碍焊缝自由收缩的拉肋和夹具、卡具应尽量避免使用。

4. 保温焊和连续焊

所谓保温焊是指整个焊接过程中，应使焊件(焊缝附近30～100 mm范围内)保持足够的温度。因此，整个焊接过程中应不断测温，在使温度不下降的情况下连续焊接。

所谓连续焊是指焊接过程不间断。如果必须间断，则应使焊件缓慢均匀地冷却，再焊之前仍要重新按要求预热。

5. 焊后缓冷

焊后缓冷是焊接铬、钼耐热钢必须严格遵守的原则，即使在炎热的夏季也必须做到这一点。一般是焊后立即用石棉布覆盖焊缝及近缝区。较小的焊件可以直接放在石棉灰中。覆盖必须严实，以确保缓冷。

6. 焊后热处理

焊后应立即进行热处理，其目的是为了防止延迟裂纹，消除焊接残余应力和改善组织。

对于厚壁容器及管道，焊后常进行高温回火，即将焊件加热到700～750 ℃，保温一定时间，然后在静止空气中冷却。

为了改善组织、提高性能，可进行退火处理，即将焊件加热到840～910 ℃，保温一定时间(2～3 min/mm)，然后以每小时约30 ℃的冷却速度降至540 ℃，再炉冷或空冷至室温。

项目三　非铁金属的焊接

任务一　铝及铝合金的焊接

一、概述

(一)铝及铝合金的性质和分类

1. 铝及铝合金的性质

铝及铝合金是银白色的轻金属，具有良好的塑性和耐蚀性，较高的比强度、导电性及导热性。

在钝铝中加入镁、锰、硅、铜及锌等合金元素，形成的铝合金除了具有纯铝一系列的优良性能外，还具有较高的机械性能和良好的加工性，因此已广泛用于航空、造船、化工及机械制造等工业部门。

2. 铝及铝合金的分类

根据铝合金的化学成分和制造工艺，可分成变形铝合金和铸造铝合金两大类。变形铝合金又可分为热处理强化和非热处理强化型铝合金。非热处理强化型铝合金(即防锈铝合金)包括铝锰和铝镁合金两类。这种合金的特点是强度中等，塑性良好，容易通过压力加工制成各种半成品，并具有满意的焊接性、良好的耐振性和耐腐蚀性。热处理强化型铝合金可分为硬铝、锻铝和超硬铝合金三类。

（二）铝及铝合金的焊接特点

1. 容易氧化

铝和氧气的亲和力很大，在常温大气中就能与氧气化合，生成一层致密而难熔的氧化膜（Al_2O_3），其熔点高达 2 050 ℃，远远超过铝合金的熔点（约 600 ℃），焊接时覆盖在液态铝的上面，它既阻碍填充金属与母材之间的结合，又妨碍熔融填充金属润湿；此外，氧化膜的密度大，约为铝的 1.4 倍，容易形成夹渣。因此在焊接铝及铝合金时，为了保证焊接质量，焊前必须清除焊件表面的氧化膜，并对熔化金属和处于高温下的金属进行有效的保护，防止在焊接过程中再氧化。

2. 容易产生气孔

焊接铝合金时，焊缝易产生氢气孔，氢气能大量溶解于液态铝中，其熔解度随温度的升高而增大，铝合金焊接时因熔池冷却很快，氢气来不及从焊缝中逸出，形成气孔。当焊丝、焊件、焊条等含有水分时，生成气孔更加敏感。

焊接时，为了减少氢气的来源，焊前对焊件和焊接材料都应认真地清除潮气及油污，并选择强规范焊接工艺，采用大线能量，增加熔池存在时间，有利于氢气的逸出。另外，在焊接过程中应尽可能少中断，以防止氢气孔的形成。

3. 焊接变形和形成裂纹倾向大

铝的线膨胀系数是钢的 2 倍，而凝固时的收缩率又是钢的 3 倍，因此焊接铝及铝合金时产生较大的内应力和焊接变形。此外铝合金的成分对热裂纹的产生有较大的影响，当合金的液相线与固相线的距离大或杂质过多形成低熔点共晶时，都容易形成热裂纹。

铝合金焊接防止热裂纹的措施主要有：

（1）合理选择焊丝的成分，可以在较大范围内调整焊缝的化学成分；

（2）应用加热集中的焊接方法；

（3）采用较大的焊接电流和较快的焊接速度，减少焊接应力，采用熔化极氩弧焊工艺；

（4）采用窄间隙焊；

（5）采用合理的焊接顺序等。

4. 高温时强度低

铝在 370 ℃时强度仅为 0.1 MPa，常常因为支承不住液态熔池的重力而破坏焊缝金属的成形，有时还容易造成焊缝金属塌落和烧穿现象，因此常采用反面衬垫板的方法来解决。

5. 无色泽变化

因铝及铝合金由固态变成液态时无明显的颜色变化，故焊接时操作者容易迷惑。

6. 合金元素易蒸发和烧损

铝合金中如镁、锌、锰等元素的沸点很低，在电弧高温作用下极易蒸发和烧损，从而减少了焊缝金属合金元素的含量，降低了接头的机械性能。

二、铝及铝合金的焊接工艺

（一）焊前准备

铝及铝合金的焊前准备包括焊件及焊丝的表面清理。

铝及铝合金表面一般都覆盖着油污和氧化铝薄膜，它们阻碍着焊缝金属的熔合，而导致焊缝产生气孔、夹杂以及未焊透等缺陷，影响接头的性能，同时还会恶化焊缝的成形。因此，焊接之前必须严格清除焊接区（焊缝边缘 30 ~ 50mm 范围内）和焊丝表面的油污及氧化膜等杂质。清理方法有化学清理法和机械清理法两种。

1. 化学清洗法

除油污的方法是用有机溶剂(汽油、丙酮、四氯化碳等)擦净铝材表面,也可用40%～50%工业磷酸三钠,40%～50%碳酸钠和20%～30%水玻璃配成的溶剂,然后将溶剂加热到60～70℃,浸5～8 min去除油污。最后将焊件或焊丝放在60～70℃的热水中洗掉黏附在焊件表面的溶液,再在流水中冲洗干净。

除氧化膜可将焊件或焊丝放入6%～10%的氢氧化钠溶液中,取出后用热水冲洗干净,随即放在30%～50%的硝酸溶液中进行中和,最后将焊件或焊丝在流水中冲洗干净,并进行烘干。

这种方法清洗效率高,质量稳定,适用于焊丝或构件尺寸不大的焊件。

2. 机械清理法

在去除油污后,用细钢丝刷(不锈钢或铜丝刷)刷净焊接区域表面的氧化膜,对小尺寸焊件以及化学清洗后又局部氧化的焊件也可用刮刀清除,直到露出金属光泽为止。因砂粒留在金属表面,焊接时会出现夹渣等缺陷,一般不宜用砂轮、喷砂等方法进行清理。

清洗后焊件及焊丝应保持清洁和干燥。在存放过程中,特别在潮湿的环境中会很快生成新的氧化膜。因此,清洗后的焊件和焊丝存放时间不得超过24 h,潮湿环境及蒸汽、酸、碱等污染环境不得超过4 h,否则要重新清洗。

(二)焊条电弧焊工艺

铝及铝合金的熔点较低,焊条与焊件由于电弧热的作用,操作较困难,对焊工的熟练程度要求较高,一般只在无气焊、氩弧焊的条件下,对板厚大于2 mm的情况采用。主要用于纯铝、铝锰、铸铝及部分铝镁合金结构的焊接和补焊。

1. 焊条的选用(见表7-3-1)

表7-3-1　铝及铝合金电焊条牌号、焊芯成分、机械性能及用途

焊条牌号	焊芯成分				接头抗拉强度 /MPa	用途
	$\omega(Si)/\%$	$\omega(Mg)/\%$	$\omega(Mn)/\%$	$\omega(Al)/\%$		
Al 109	—	—	—	≈99.5	≥65	纯铝或接头强度不高的铝合金
Al 209	≈5	—	—	余量	≥120	纯铝、铝硅铸件,一般铝合金及硬铝,不适宜焊铝镁合金
Al 309	—	—	≈1.3	余量	≥120	铝锰合金、纯铝及其他铝合金
Al 409	—	≈5	—	余量	≥178	铝镁合金、铝镁铸件及高强度铝镁合金

纯铝焊条主要用来焊接铝及对接头性能要求不高的铝合金。铝硅焊条的焊缝具有较高的抗裂性能。铝锰焊条具有较好的耐蚀性,铝镁焊条具有较高的强度。

2. 操作技术

（1）焊条使用前应经 150 ℃左右烘焙 1 ~ 2 h，使用时应储存在保温筒或干燥密封容器内，以免受潮。

（2）坡口形式：$\delta < 6$ mm，可不开坡口；6 mm ≤ δ ≤ 12 mm，开 V 型坡口，坡口角度为 70°；$\delta > 12$ mm，开 X 型坡口，坡口角度为 70°。

（3）按前述要求焊前清理焊件表面的油污、氧化膜。

（4）对 I 型及 V 型坡口，应在坡口背面衬上带有弧槽的垫板（如石墨、不锈钢、碳钢等）来托住熔化金属，以保证焊缝反面成形。

（5）采用直流电源焊接，焊条接电源的正极，工件接电源的负极。

（6）焊接规范见表 7 - 3 - 2。

表 7 - 3 - 2　铝及铝合金的焊接规范

板厚 /mm	焊条直径 /mm	焊接电流 /A	焊接速度 /(mm/min)	焊接层数	预热温度 /℃
2	3.2	60 ~ 80	420	1	不预热
3	3.2	80 ~ 100	370	1	不预热
4	4.0	110 ~ 130	350	1	100 ~ 200
5	4.0	130 ~ 150	330	1	100 ~ 200
6	5.0	150 ~ 200	300	1	200 ~ 300
12	5.0	270 ~ 320	300	1	200 ~ 300

（7）由表 7 - 3 - 2 可见，一般采用快速焊接，超过 3 mm 的焊件需预热。焊接过程中，焊条应垂直于焊件表面作往复直线运动；电弧应尽量短，以防止金属氧化，减少飞溅和增加熔透深度；更换焊条必须迅速。

（8）引弧或接头处起弧时电弧宜长些，使之产生喷射过渡，待熔池充满液态金属后再逐渐压缩电弧。熄弧时需填满弧坑，然后缓慢移去电弧。

（9）铝铸件焊补时焊接电流应稍大，但铝镁铸件焊补时，宜用较细的焊条及较小的焊接电流，否则会产生塌陷现象。

（10）铝铸件多条裂纹焊补时，应先焊补小裂纹，再焊补大裂纹。长裂纹的焊补要采用分段焊补，每段长度为 60 ~ 70 mm，先从裂纹中间向一端焊去，再回到裂纹中间向另一端焊去。

（11）铸件焊补后应进行 300 ~ 350 ℃的整体退火处理，然后缓冷，以改善焊缝金属的组织及消除焊接残余应力。

（12）多层焊接或焊补应逐层清渣，以免引起夹渣。

（13）焊接结束后，应仔细清除焊件表面的焊渣，以防焊件腐蚀。

（三）氩弧焊

由于氩弧焊的保护作用好，热量集中，焊缝质量好，成形美观，热影响区小和焊件的变形小，因此对质量要求高的铝及铝合金构件常用氩弧焊焊接。氩弧焊时由于氩气的保护作用以及使用适当的电源极性，对熔池金属表面的氧化膜产生"阴极破碎"作用而避免了焊后清除焊渣的工序。

钨极氩弧焊一般适用于薄板的焊接,具有电弧稳定、成形美观、焊接变形小,操作灵活等优点,适合于尺寸较精密的小零件的焊接。由于受到钨极允许电流密度的限制,它的熔透能力小,因此厚度大于6 mm 的厚板一般不采用,否则就要开坡口采用多层焊,这样不但生产率低,不经济,而且变形大,故厚板一般不用钨极氩弧焊。

钨极氩弧焊的电源应采用交流电源,这样既对熔池表面铝的氧化膜有"阴极破碎"作用,又可采用较高的电流密度。

熔化极氩弧焊适用于焊接厚度大于8 mm 的铝或铝合金板材,可选用大的电流密度和高的焊接速度,因此其生产率较钨极氩弧焊提高3～5倍。焊件越厚,生产率提高越显著。

熔化极氩弧焊应采用直流反接电源,对熔池的氧化膜有"阴极破碎"作用,焊接电流应尽量选大些,以期达到喷射过渡。焊接电弧不宜过短,否则会引起严重飞溅;焊接电弧也不宜过长,以防电弧飘动的氩气的保护作用变差。

任务二　铜及铜合金的焊接

一、概述

铜及其合金根据所含合金元素的不同,可分为紫铜、黄铜、青铜及白铜等。

1.紫铜

紫铜又叫做钝铜,因其色泽呈紫红色,故称紫铜。紫铜具有很高的导电性、导热性、耐蚀性和良好的塑性,易于热压加工和冷压加工。广泛用于电气及化工等工业中制造导体、散热器、耐蚀零件等。

工业纯铜按其所含杂质多少分为一号铜(T1)、二号铜(T2)、三号铜(T3)、四号铜(T4)、一号无氧铜(TU1)、二号无氧铜(TU2)及磷脱氧铜(TP1)、锰脱氧铜(TP2)等,其中 T1 含杂质最少。

2.黄铜

铜和锌的合金称为黄铜。黄铜的耐腐蚀性高,冷、热加工性能好,机械性能和铸造性能比紫铜好,成本也较低,因此广泛用于各种结构零件。

黄铜根据性能和用途的不同,可分为压力加工黄铜和铸造黄铜两类。

3.青铜

铜合金中的主要合金元素是锡、铝、硅等其他元素时通称为青铜,如锡青铜、铝青铜、硅青铜等。

青铜具有高的耐磨性及良好的机械性能、铸造性能和耐腐蚀性能,常用于制造各种耐磨零件及与酸、碱、蒸汽等腐蚀介质接触的零件。

4.白铜

铜和镍的合金称为白铜。由铜和镍组成的合金叫普通白铜,加有锰、铁、锌、铝等元素的合金称为锰白铜、铁白铜、锌白铜和铝白铜。白铜具有良好的综合力学性能,而且由于导热性与碳钢接近,因此容易焊接,不需要预热。

按照性能和应用范围不同,可把白铜分为结构用白铜和电工用白铜两类。

二、铜及铜合金的焊接特点

1. 焊缝成形能力差

铜及铜合金电弧焊时,因其导热性强,液态金属流动性大,致使填充金属与母材难于熔合、坡口焊不透和焊缝表面成形差。因此,铜及铜合金电弧焊时需采用热量集中的强热源。对于厚大焊件,还需预热。

2. 焊缝和热影响区热裂纹倾向大

铜及铜合金焊接形成热裂纹的原因主要有以下几个方面:

(1)铜及铜合金的线膨胀系数比低碳钢大50%以上,由液态转变成固态时的收缩率也较大,对于刚性大的焊件,焊接时会产生较大的内应力;

(2)熔池结晶过程中,在晶界易形成低熔点的氧化亚铜(铜的共晶物);

(3)凝固金属中的过饱和氢向金属的显微缺陷中扩散,或者它们与偏析物(如氯化亚铜)反应生成的水在金属中造成很大的压力;

(4)焊件中的铋、铝等低熔点杂质在晶界上形成偏析。

防止焊缝及热影响区裂纹的措施主要有以下几个方面:

(1)严格限制铜中杂质(氧、铋、铅、硫等)的含量;

(2)采用脱氧能力强的焊丝;

(3)选用能获得双相组织的焊材,以打乱柱状晶的方向;

(4)采取预热缓冷等措施来减少焊接内应力。

3. 气孔倾向严重

铜及铜合金产生气孔的倾向远比钢严重。其原因之一是铜的导热性好,焊接熔池凝固速度快,液态熔池中气体上浮的时间短、来不及逸出造成气孔。

防止气孔产生的措施如下:

(1)减少氢气和氧气的来源;

(2)焊前预热,以延长熔池存在时间,使气体有足够的时间逸出;

(3)采用含铝、钛等强脱氧剂的焊丝。

4. 接头性能低

焊接铜及铜合金时,由于存在合金元素的氧化及蒸发,有害杂质的侵入,焊缝和热影响区组织的粗大,再加上一些焊接缺陷等问题,接头的强度、塑性、导电性、耐腐蚀性等往往低于母材。

改善接头性能的措施主要有以下几方面:

(1)控制铜中杂质的含量,减少合金元素烧损;

(2)通过合金化对焊缝进行变质处理;

(3)焊后消除应力处理,以减弱接头性能下降的程度。

三、铜及铜合金的焊接工艺

(一)焊条电弧焊

1. 紫铜

(1)焊条的选择　可选用纯铜焊芯焊条 TCu—7(铜107)或磷青铜焊芯焊条 TCuSn—7(铜227)。电源采用直流反接极法。

（2）坡口形式　小于 5 mm 的焊件可不开坡口，大于 5 mm 的焊件可开 V 型或 X 型坡口，坡口角度为 60°～70°。

（3）焊接规范见表 7－3－3。

表 7－3－3　紫铜的焊接规范

板厚/mm	焊条直径/mm	焊接电流/A
2	2	120～140
3	3	120～140
4	3	150～170
5～10	5	180～220

（4）焊前预热　超过 4 mm 的焊件，焊前必须预热，且焊件厚度及尺寸越大，预热温度也应相应提高，焊接电流适当减小，预热温度一般为 400～500 ℃。

（5）操作要领

①短弧操作，焊条不作横向摆动，只作直线往复运条。

②超过 1 000 mm 的长焊缝应采用逐步退焊法。

③多层焊时，必须彻底清除层间的焊渣。

④焊后必须用平头锤敲击焊缝，以清除焊接应力，改善接头质量。

2. 黄铜

（1）焊条的选择　一般不采用黄铜芯焊条，因为焊接时锌大量蒸发并随之引起严重的飞溅，故其工艺性能差。所以一般采用青铜芯的电焊条，如 TCuSnB（铜 227）和 TCuAl—7（铜 237），对焊补要求不高的黄铜铸件可采用紫铜芯焊条 TCu—7（铜 107）。电源为直流反接极接法。

（2）焊前预热　当焊件厚度超过 14 mm 时，为了改善焊缝成型，要预热 150～250 ℃。

（3）操作要领

①焊接电流取为

$$I = (25 \sim 30)d$$

式中，d 为焊条直径，mm；

②采用短弧焊，焊条不作横向和前后摆动，只作直线运动；

③焊接速度要快，一般不低于 0.2 m/min；

④多层焊时，必须彻底清除层间的焊渣；

⑤尽量水平焊，一般倾角不大于 15°；

⑥与腐蚀介质（如氨）接触的铜焊件，焊后必须进行 350～400 ℃ 的退火处理；

⑦因黄铜焊接时会产生严重的烟雾，须采用通风装置。

3. 锡青铜

焊条电弧焊主要用于锡青铜铸件缺陷的焊补。

（1）焊条的选择　可选用 TCuSnB（铜 227）或专用青铜焊条。

（2）焊前预热　焊前对铸件进行 100～200 ℃ 的预热。由于过高的预热温度会使强度和塑性降低，因此在保证熔透条件下尽量降低预热温度。多层焊时，控制层间温度不要超过预热温度。

（3）操作要领　短弧操作，快速焊接；层间焊后用平头锤子锤击焊缝，一般第一层和最后一层不锤击。为提高焊接接头韧性，焊后可将接头加热到 480 ℃左右后快速冷却。

4. 铝青铜

（1）焊条的选择　可采用 TCuAl—7（铜 237）焊条焊接。

（2）坡口形式　加大坡口角度，一般为 90°～100°。

（3）焊前预热　预热温度为 300～600 ℃。

（4）操作要领：

①采用直流电源反接极；

②短弧焊接；

③焊件只能处于水平位置焊接；

④焊条不作横向摆动；

⑤尽可能采用大电流焊接；

⑥焊后使焊件缓慢冷却；

⑦焊后热态锤击焊缝，以消除焊接应力。

（二）钨极氩弧焊

1. 紫铜

（1）焊丝的选择　采用 HSC（丝 201）和丝 202 紫铜焊丝，若采用普通紫铜焊丝，必须铜气焊剂（气剂 301），以期改善熔池的流动性和脱氧能力。

（2）坡口清洁　坡口及坡口边缘必须仔细清除油污、氧化膜及水分等。

（3）预热温度　焊件厚度为 4 mm 以下可不预热。焊件厚度为 4～12 mm 时，预热温度为 200～450 ℃。

（4）操作要领：

①采用直流电源正接极性；

②采用大电流，快焊速焊接；

③焊接规范见表 7－3－4；

表 7－3－4　纯铜钨极手工氩弧焊的焊接规范

板厚 /mm	钨极直径 /mm	焊丝直径 /mm	焊接电流 /A	喷嘴口径 /mm	氩气流量 /（L/min）
＜1.5	2.5	2	140～180	8	6～8
2.0～3.0	2.5～30	3	160～280	8～10	6～10
4.0～5.0	4	3～4	250～350	10～12	8～12
6.0～10	5	4～5	300～400	10～12	10～14
11～12	5～6	5～6	350～500	12～14	12～16

④焊炬、焊件、焊丝相对位置见图 7－3－1。

2. 黄铜

黄铜的手工钨极氩弧焊与焊紫铜相似。

（1）焊丝　选用 QSi3—1 青铜焊丝。

（2）焊前预热　焊件通常不预热，只有当焊件厚度大于 12 mm 和焊接边缘厚度相差比较大的铸件焊接时，需采取预热措施，预热温度一般为 150～250 ℃。

（3）焊接电源　可用直流正接，也可用交流电源。

（4）焊接规范　与紫铜的焊接基本相同。宜选用硬规范、高的焊接速度，以期减少热影响区范围。例如，ZHMn55—3—1 铸造黄铜氩弧焊规范见表 7－3－5。

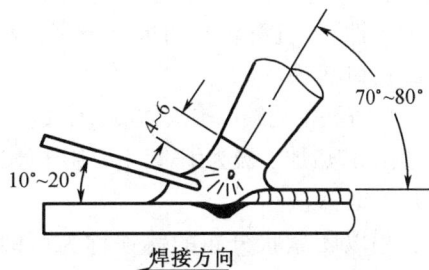

图 7－3－1　焊炬、焊件、焊丝相对位置示意图

表 7－3－5　ZHMn55—3—1 铸造黄铜氩弧焊规范

板厚/mm	电流种类	钨极直径/mm	焊丝直径/mm	焊接电流/A	喷口直径/mm	氩气流量/(L/min)
16～20	交流	5	3.5～4.0	260～300	14～16	20～25

3. 锡青铜

锡青铜的氩弧焊工艺与紫铜氩弧焊工艺基本相同。对于不含锌的锡青铜，可选用与基本金属化学成分相同的焊丝；对于含锌的锡青铜，可选用黄铜焊丝。焊接电流可采用直流正接极。如果缺陷所在位置刚性不大，焊件可以不预热。焊补时，尽可能减少焊接部位过热。多层多道焊时，等上道焊缝冷却到 60～100 ℃时，再焊第二道焊缝。在焊补缺陷较多或面积较大的情况下，应分散进行焊接。

4. 铝青铜

一般采用与基本金属成分相同的材料作焊丝。用交流电源焊接，对于板厚大于 12 mm 的焊件，焊前预热到 150～200 ℃。焊接电流比焊接紫铜时小 25%～30%。

项目四　铸铁的焊补

一、概述

含碳量大于 2% 的铁碳合金叫做铸铁。铸铁中除了铁和碳以外，还有硅、锰、硫、磷等元素。在特殊用途的合金铸铁中，还含有铜、镁、镍、钼、铝等元素。铸铁常以铸件的形式应用于生产，铸件在铸造过程中经常产生缺陷，使用时损坏的也很多。因此，应采用相应的焊补工艺进行修复。这是一项具有很大经济意义的工作。

（一）铸铁的分类和性能

铸铁按照碳在组织中存在的形式不同可分为灰铸铁、白口铸铁、可锻铸铁和球墨铸铁。

1. 灰口铸铁

它断口呈暗灰色，基体上分布着很多石墨片，石墨片相当于小裂缝，割裂基体，使基体的强度和塑性降低。由于灰口铸铁中石墨以片状存在,所以具有良好的耐磨性、消震性和切削加工性,并且有较高的抗压强度,因此在工业上应用极广,主要用于铸造汽缸、齿轮等。

2. 白口铸铁

白口铸铁中的碳以渗碳体(Fe_3C)的形式存在,其断面呈银白色。其性能硬而脆,塑性几乎为零,冷加工和热加工极为困难,主要用于制造可锻铸铁,工业上应用极少,也不宜进行焊接。

3. 可锻铸铁

石墨以团絮状分布的铸铁称为可锻铸铁,它是由白口铸铁经长时间退火而成,具有较高的抗拉强度和良好的塑性,但不能锻造。可锻铸铁适宜制造薄壁和形状复杂而受冲击载荷的零件,如各种管接头,拖拉机、汽车、纺织机零件等。

4. 球墨铸铁

球墨铸铁中的碳以球状石墨形式存在。它具有良好的耐磨性和一定的塑性,强度近似碳钢,并能通过热处理提高性能,因此被广泛用于机械制造业中。

铸铁中应用最广泛的是灰口铸铁,本节主要介绍灰口铸铁的焊接特点和焊接方法。

(二)灰口铸铁的焊接特点和焊接方法

灰口铸铁的焊接性不良,特别是在电弧焊时,如果焊条选择不当或者没有采取一些特殊的工艺措施,在焊接过程中会产生一系列的缺陷。

1. 焊后产生白口组织

由于熔合线附近化学成分难以控制,同时紧靠基本金属散热快,因此极易在熔合线上产生白口层,严重时会使整个焊缝断面全部白口化。它不仅增大裂缝的倾向,还给焊后切削加工带来困难。

焊补铸铁时,产生白口的原因主要是冷却速度和石墨化元素不足。预防措施主要有以下两点:

(1)增加焊缝中石墨化元素的含量可以在一定条件下防止焊缝金属产生白口。在焊条或焊丝中加入大量的碳、硅元素,以便在一定的焊接工艺条件配合下,使焊缝形成灰口组织。此外,还可采用非铸铁焊接材料(镍基、铜钢、高钒钢)来避免焊缝金属产生白口或其他脆硬组织的可能性。

(2)减慢冷却速度。延长熔合区处于红热状态的时间,以使石墨充分地析出。焊前将焊件预热到400 ℃(半热焊)左右或600 ~ 700 ℃(热焊)后进行焊接,焊后将焊件保温冷却,都可减慢冷却速度,从而防止白口的产生。

2. 产生裂缝

由于灰口铸铁强度低,塑性几乎为零,当焊接应力较大时,极易产生裂缝。此外,当焊缝处产生白口组织时,因它的冷却收缩率比基本金属大得多,更促使焊缝金属冷却收缩时易于开裂。为避免产生裂缝,主要从减小或消除焊接应力着手,常用方法有以下几种:

(1)焊前预热和焊后缓冷 焊前将焊件整体或局部预热和焊后缓冷,不但能减少焊缝的白口倾向,而且能减小焊接应力和防止焊件开裂。

(2)采用加热减应区法 就是选择结构的适当部位,进行低温或高温加热,使之伸长后,再焊原来刚性较大的焊缝,使焊补区能自由收缩,从而达到减小拉应力的目的,见图7-4-1。

(3)选用塑性较好的焊接材料 如用镍、铜、镍铜、高钒钢等作为填充材料,使焊缝金属通过塑性变形松弛应力,防止裂缝。

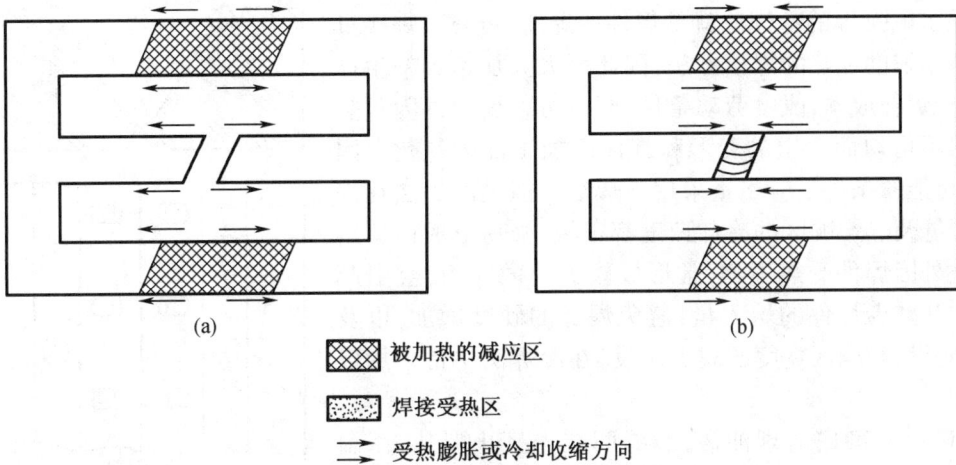

被加热的减应区

焊接受热区

受热膨胀或冷却收缩方向

图 7 - 4 - 1　加热减应区法示意图

（a）加热减应区时焊口间隙增大；（b）焊后焊接受热区与减应区一起冷却收缩

（4）采用细直径焊条、小电流、断续焊、分散焊、在尽量窄的坡口内多层焊等办法来防止焊补区局部的热输入，以减小与整体之间的温度差从而减小焊接应力，见图 7 - 4 - 2。

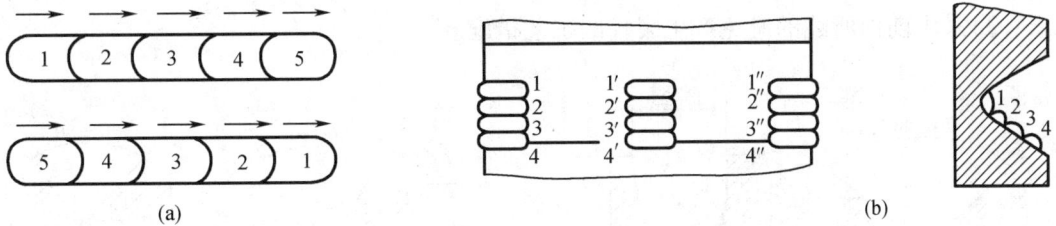

图 7 - 4 - 2　电弧冷却焊焊接操作方法示意图

（a）短段、断续焊（1~2 层）；（b）短段、断续、分散焊（多层焊的第一层）

（5）通过锤击焊缝消除应力，防止裂缝。

（6）焊补厚壁深坡口时可用装加强筋钢条焊法（见图 7 - 4 - 3），以及用栽丝焊法等（见图 7 - 4 - 4）来减少应力和防止焊缝剥离。

二、灰口铸铁的焊补

目前我国采用的灰口铸铁的焊补方法有焊条电弧焊、气焊、钎焊和电渣焊等。按照焊件焊补前是否预热和预热温度的高低，又可分为冷焊、半热焊（预热温度在 400 ℃左右）和热焊（预热温度为 400~700 ℃）。下面主要介绍手工电弧焊的焊补方法。

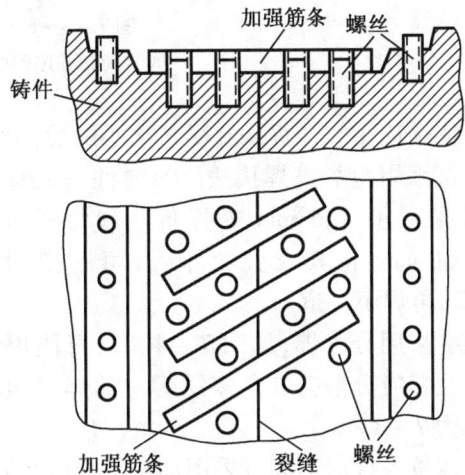

图 7 - 4 - 3　装加强筋钢条焊法示意图

1. 冷焊法

手工电弧焊的冷焊法就是焊件在焊前不预热、焊接过程中也不辅助加热的焊接方法,因此可大大加速焊补生产率,降低焊补成本,改善劳动条件,同时可减少焊件因预热时受热不均匀而产生的变形和焊件已加工面的氧化。因此,在可能的条件下应尽量采用冷焊法。但是冷焊法在焊后因焊缝及热影响区的冷却速度都很快,极易形成白口组织。此外因焊件受热不均,常形成较大的内应力,会引起裂缝。从减少焊件的熔入量,避免焊缝的硬度增加,以及尽量降低热影响区宽度的观点出发,在冷焊法中常采用以下措施:

(1)焊前彻底清理油污,裂缝两端先打止裂孔,用扁铲、砂轮或连续钻孔等办法将坡口加工成图 7 - 4 - 5 所示的形式,坡口角度不大于 90°,原则是在保证焊透的前提下,尽量减小坡口角度,又便于焊补及减少焊件的熔化量。

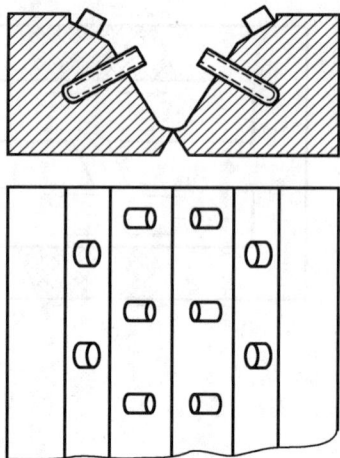

图 7 - 4 - 4   栽丝焊法示意图

(2)焊接材料选择按焊后焊缝的可加工性来决定。如焊后不需要机加工的铸件,则选用钢芯铸铁焊条铸 208(EZCQ);如焊后需要机加工的铸件,则选用纯镍焊条铸 308(EZNi—1)、镍铁铸铁焊条铸 408(EZNiFe)、镍铜铸铁焊条铸 508(ENiCu—1)。

(3)采用前面所述的避免产生裂缝的工艺措施。

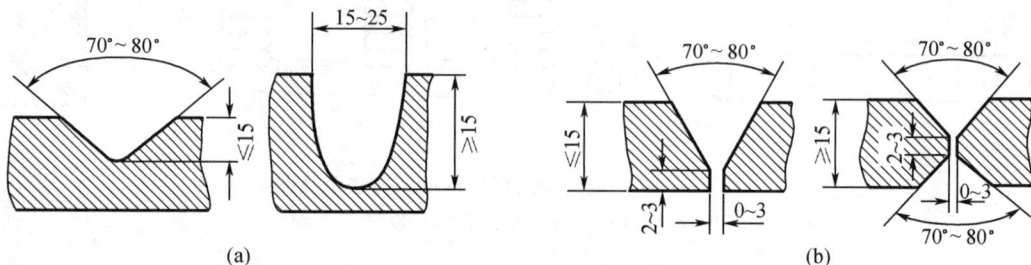

图 7 - 4 - 5   缺陷的坡口形式图

(a)未穿透缺陷的坡口;(b)穿透缺陷的坡口

①采用小直径焊条并尽量用小的焊接电流。

②采用短焊道焊接法。对薄件一般每道焊缝为 10 ~ 15 mm,对厚件一般每道为 30 ~ 50 mm。待其充分冷却后(可手摸约 60 ℃)再焊下一道。

③采用分段焊,见图 7 - 4 - 2,每段焊道的位置应分散分布。多层焊时的焊接顺序见图 7 - 4 - 6。

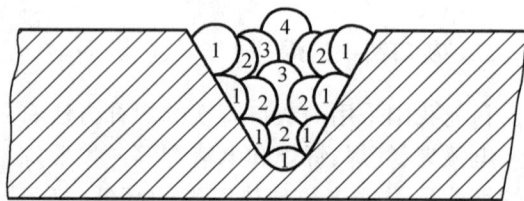

图 7 - 4 - 6   多层焊时的焊接顺序示意图

④按条件的不同可采用加热减应区法和栽丝焊法。

⑤每焊一短焊道后,立即用圆头锤快速锤击焊缝。

2. 热焊法

焊前将焊件局部或整体预热至 600～700 ℃，并在 400 ℃以上焊接，焊后保温冷却的焊接方法，称为热焊法。用热焊法焊接可使焊件冷却缓慢，温度分布均匀，能有效地防止裂缝和白口，焊接质量比其他方法高。但这种方法成本高，工艺复杂，生产周期长，而且劳动强度大，因此一般只在重要结构上使用，尽量少用。热焊时，焊条型号用 EZCQ（铸208），采用大直径焊条，大电流（焊接电流可为焊条直径的 50～60 倍），连续焊，整个焊接过程应一次完成，最好处于平焊位置。焊接时，为了减少热量损失，除焊接部位外其余部分均用石棉板盖上。焊后焊件应放在石棉灰中缓冷，结构复杂的大厚度焊件可放在炉内加热到一定温度后，随炉冷却。

3. 半热焊

焊前将焊件预热到 400 ℃左右进行焊接的焊接方法，称为半热焊。采用钢芯石墨化型铸铁焊条，如 EZCQ（铸208），药皮中加入大量石墨化元素，如碳、硅、铝等，在焊接过程中过渡入焊缝中，使焊缝在缓冷时可得到灰口铸铁组织。但当冷却速度快时，在熔合区仍可能产生白口，因而在操作时应使焊缝能缓慢冷却，应选用大电流（$\phi4$ mm 的焊条，电流为 170～200 A），连续焊。电弧适当拉长，以使药皮能充分熔化。由于焊缝是铸铁组织，焊后不宜锤击。

三、球墨铸铁与可锻铸铁的焊补

（一）球墨铸铁焊补

由于球墨铸铁中镁的存在使焊接时易形成白口及淬火组织，对加工性和抗裂性都会产生不利影响，同时球墨铸铁的线收缩率大使得焊后变形和应力都较大，因此球墨铸铁的焊补比灰口铸铁更困难，一般多采用 500～700 ℃高温预热，选用铸 238 钢芯球墨铸铁焊条进行电弧热焊。焊后缓冷，再经过正火或回火处理。

球墨铸铁的冷焊主要用镍铁焊条（铸408）或高钒焊条（铸116、铸117）。当气温较低及焊补厚大件时，应预热到 100～200 ℃，电流应尽量小些。冷焊或热焊的具体操作工艺与灰口铸铁基本相同。

（二）可锻铸铁焊补

可锻铸铁焊补时的主要困难是产生白口的倾向比较大而使机械性能变差。一般用黄铜钎焊可得较好的效果。对于可锻铸铁的裂缝焊补用 J422 焊条，焊条以小电流短焊道进行多层冷焊，也可用不锈钢焊条或高钒铸铁焊条冷焊，但都要注意熔合区产生的白口层组织，而影响到切削加工性能。

任 务 考 核

1. 什么叫做焊接性？
2. 什么叫做碳当量？解读碳当量公式的意义。
3. 研究金属焊接性的目的何在？
4. 阐述金属焊接性与碳当量之间的关系。
5. 试分析中碳钢的焊接性。
6. 简述中碳钢焊接工艺要点。

7. 试分析高碳钢的焊接性。

8. 简述高碳钢焊接工艺要点。

9. 试分析低合金高强度钢的焊接性。

10. 简述低合金高强度钢的焊接工艺。

11. 试分析铬镍奥氏体不锈钢的焊接。

12. 试分析晶间腐蚀产生的机理。

13. 简述奥氏体不锈钢防止晶间腐蚀和热裂纹的措施。

14. 简述奥氏体不锈钢常用焊接方法及工艺。

15. 试分析铁素体不锈钢的焊接特点。

16. 简述铁素体不锈钢的焊接工艺要点。

17. 试分析马氏体不锈钢的焊接特点。

18. 简述马氏体不锈钢的焊接工艺要点

19. 试分析珠光体耐热钢的焊接性。

20. 简述珠光体耐热钢的焊接工艺。

21. 试分析铝及铝合金的焊接特点。

22. 试分析铜及铜合金的焊接特点。

23. 简述铜及铜合金的焊接工艺。

24. 简述灰口铸铁的焊接特点。

25. 简述灰口铸铁的焊补工艺。

学习情境八 焊接质量控制与保证

● 情境描述

焊接质量控制与保证是保证焊接产品质量优良、防止废品出厂的重要保证。通过检验可以发现制造过程中发生的质量问题,找出原因,消除缺陷,使新产品或新工艺得到应用,质量得到保证;在正常生产中,通过完善的质量检验制度可以及时消除生产过程中的缺陷,防止类似的缺陷重复出现,减少返修次数,节约工时、材料,从而降低成本。所以,焊接质量检验是焊接生产必不可少的重要工序。

【一】知识目标

1. 掌握各类焊接缺欠与缺陷特征及产生原因。
2. 掌握检验焊接质量的各种方法和原理。
3. 掌握三个阶段焊接检验内容及要求。
4. 掌握各类焊接缺陷的修整方法。

【二】能力目标

1. 能正确分析各类焊接缺陷产生的原因,并提出预防措施。
2. 具有分析焊接检验三个阶段检验内容及要求的能力。
3. 能正确理解焊接质量控制与保证知识。

【三】任务链接

1. 焊接质量控制。
2. 焊接质量保证和质量控制管理。
3. 认知焊接缺欠。
4. 焊接缺陷(欠)分析方法与步骤。
5. 焊接质量检验。
6. 焊接缺陷修整。

项目一 焊接质量控制与保证

任务一 焊接质量控制

焊接生产的整个过程包括原材料、焊接材料、坡口准备、装配、焊接和焊后热处理等工序。因此,焊接质量保证不仅仅是焊接施工的自身质量管理,还与焊接之前的各道工序的质量控制有密切的联系,所以焊接施工的质量控制应该是一项全过程的质量管理。它应该包括焊接前质量控制、焊接施工过程质量控制和焊接后最终质量检验三个阶段。

焊接质量控制的目标是以保证焊接产品的最终性能为目的,从而达到降低生产成本和提高产品质量的效能。

焊接质量控制应该实施焊工、焊接工段长和专职焊接检查员的三级质量控制的管理责任制。

焊接质量控制职能包括:焊工应对违反焊接工艺规程及操作不当的质量事故承担责任,焊接检查员则应对漏检或误检造成的质量事故承担责任。

一、焊前质量控制

焊前质量控制的目的是预防焊接质量事故出现的可能性,是保证焊接质量的积极的有效管理。控制项目如下:

1. 母材质量确认

(1)核对和确认母材牌号及规格是否符合图样及技术文件所规定的材质和规格。不一致时,应检查是否办理了材料代用或更改手续凭证。

(2)核查材质证明书或工厂材质复验单,包括材料牌号、规格和尺寸、炉批号、检验编号、数量、质量、供货状态、力学性能、化学成分和其他特殊要求的内容。

(3)核查工件材质的表面质量和移植钢印标记的正确性和齐全性。材料表面不应有裂纹、分层及超出标准允许的凹坑和划伤等缺欠。钢印标记应包括产品编号、入厂检验编号、材料牌号和规格等项目,并有检查员见证的确认标记。

2. 焊接材料管理

焊接材料管理的重点是控制二级库。

(1)核查所发的焊材质量证明书或工厂对焊材复验合格证及试样编号。

(2)监督检查焊材的储存和烘干制度的执行。

(3)检查发放的焊材表面质量,焊丝表面应除锈、无油污、药皮无开裂、脱落或霉变。

(4)监督焊材的领用发放,核对领用发放焊材牌号和规格与焊接工艺规程是否一致。不一致时应核查是否办理焊材代用或焊接工艺规程更改手续凭证。

3. 焊接坡口制备质量检查

(1)检查坡口尺寸(深度、角度、钝边等)和精度是否符合技术标准。

(2)检查坡口表面粗糙度及表面缺陷,对于超标者,提出修整处理。

(3)检查坡口表面清理质量。坡口面每侧至少 20 mm 范围内应清理干净,不得有杂物。

(4)坡口面的无损探伤。板厚 > 30 mm,σ_s > 400 MPa 或 Cr - Mo 类钢,进行磁粉或渗透探伤。发现缺欠时(分层、裂纹)应预以清除。

4. 装配和定位焊质量检查

(1)检查装配几何形状和尺寸是否符合图样规定。

(2)检查焊缝位置和分布是否符合图样规定。

(3)复核和检查装配件的材质。

(4)检查定位焊和装配马所用焊材、预热温度和焊工技能资格及定位焊缝质量和尺寸是否达到标准规定。

(5)用样板检查组装坡口的形状、尺寸、间隙和对口错边量是否符合技术标准。

5.焊工技能资格管理

焊工的技能水平是保证焊接质量的决定因素,从事重要产品焊接施工的焊工必须经过专门培训和合格考试,并持有有效的合格证书。然而,因焊接产品种类、规格、钢种的不同,焊工技能资格等级也不同,因此必须对焊工技能资格项目加以严格的管理。

(1)核查和确认焊工技能资格,即考试项目(焊接方法、试件类别和焊材、母材)与所担任的焊接工作一致。

(2)监督和控制焊工技能资格期限的有效性。

6.焊接工艺评定合格的确认

(1)确认焊接工艺规程是否经过焊接工艺评定合格和有效。

(2)核查所使用的焊接工艺规程是否与所需进行的焊接工作一致。

二、焊接施工过程质量控制

焊接施工过程(包括焊接、后热和焊后热处理)的质量控制是焊接质量管理的重要部分,直接影响焊接质量。

在焊接施工过程中,检查员通常巡回现场,对焊接施工过程进行监督和检查,重点是监督焊工是否执行焊接工艺规程所规定的内容和要求以及焊接工艺纪律情况。一般控制下列几个项目:

1.焊接方法确认

不一致时应核查是否办理焊接工艺更改手续凭证。

2.检查焊接设备完好性和工装适用性

(1)检查所用设备和工装是否符合工艺规程规定。

(2)检查设备的表、计、装置等,失灵时不允许焊接。

3.复核焊接材料

(1)防止错用焊材,造成焊接质量事故。

(2)监督和检查焊条保温筒的使用情况。

(3)抽验焊条、焊剂是否烘干。

4.焊接预热温度和预热方式检查

(1)检查预热方式(方法和加热范围)是否符合焊接工艺规程规定。

(2)检查和控制预热温度是否符合工艺规定。

5.焊接环境监督

焊接环境包括温度、湿度和气候条件。当出现下列情况时应采取措施:温度大于0 ℃,湿度大于90%,风速大于10 m/s,有穿堂风、雨、雾、雪时。

6.监督焊工执行工艺情况

(1)核查焊工是否持有相应的焊接技能操作证和按照焊接规程进行操作。

(2)监督和检查焊工执行焊接工艺规程正确与否。

7.确认和检查产品焊接试板的设置和焊接

产品焊接试板是以模拟产品的制造工艺过程而焊制的试验板,从试板切取样坯并制成一定形状尺寸的理化试验试样。产品焊接试板在一定程度上反映出产品的焊接质量情况,应严格加以控制和管理,具体如下:

(1)检查试板的下料取向,应与产品焊缝的方向平行。

（2）确认试板的钢印标记，包括产品编号、钢材牌号及规格、试板编号，以及焊工钢印号。

（3）检查试板的数量、材质、规格及尺寸，数量应符合工艺规程，试板材料规格和坡口形状应与所代表的焊缝相同。

（4）监督试板的装配和定位，纵缝试板应作为产品纵缝的延长部分与纵缝装配在一起。

（5）监督试板的焊接。纵缝试板作为纵缝的延长部分同时焊接，环缝试板可单独焊接。试板焊接应由进行产品焊缝焊接的焊工施焊，若产品焊缝由多名焊工完成，则由检查员确定其中一名焊工施焊试板。监督试板焊接用的焊材、焊接设备和工艺条件等与所代表的产品焊缝相同。

（6）监督焊接安全和劳动保护。

（7）焊后热处理监督检查。

三、焊接后最终质量检验

焊接后最终质量检验即焊接成品检验。应根据产品图样、技术标准和焊接工艺规程所确定的项目和方法进行检查，全面正确地评价焊接质量。

焊后最终质量检验包括表面质量检查、焊缝无损探伤、焊接试板质量检验、耐压和致密性检验等。

任务二　焊接质量保证和质量控制管理

传统的焊接质量管理是应用统计质量管理，即通过各种检测手段对焊缝进行检查，以检验结果判定和确认焊缝质量是否符合标准要求，焊接质量管理的着重点在焊缝质量的最终检查上。

现代焊接质量管理已发展成为全面质量管理和建立以预防为主的质量保证体系，实行全员全过程（从原材料开始，到焊接，至焊后热处理）的质量控制和管理。

一、焊接质量保证

焊接技术发展已成为金属加工中不可缺少的重要工艺技术之一。影响焊接质量的因素复杂多变，往往难以进行定量分析，其中包括设计、焊接前的各项工序质量都将影响焊接质量的优劣，并且焊接质量又和焊工的职业道德和个人技术素质密切相关。焊接质量保证的基本体现是全员参加，建立"下道工序是上道工序的顾客"之意识。

二、焊接质量控制管理

焊接质量控制的目的在于监督焊接生产全过程，使焊接生产处于受控状态。首先，应按图纸、技术标准和焊接工艺规程确定所需控制的对象和目标，对影响焊接质量的主要因素实行控制和监督，从而达到保证产品制造质量；然后，制定检验规程或检验指导书；再具体规定焊接质量的检验方法和检验程序，用以指导焊接检查员开展检验工作。

1. 焊接质量控制点

焊接质量控制点是按照焊接施工的特点，通过对影响焊接质量的诸因素进行分析，明确重点质量的控制位置，采用控制点方式实施焊接质量的控制管理。

2. 焊接质量计划

焊接质量计划是工厂针对具体产品，根据产品的质量计划、质量目标、产品图纸和技术文件、产品质量特性重要性分级的要求，对有关质量项目（如原材料、焊接材料和焊接施工等）的质量控制职责和依据进行总体安排的文件。

焊接质量计划应包括原材料、焊接材料、材料代用、焊接工艺评定、焊工技能考试、焊前准备、焊接过程、焊后热处理以及最终检验等项目的监督，按产品加工工艺程序，在焊接质量计划中逐项规定具体的监督内容。

焊接质量计划中的控制要求应规定质量控制的执行部门（如厂质保部审核认可，或质检部门控制，或第三方授权的检验师监查）和方式（如巡回检查的控制点、需暂停经检验见证确认转序的停止点、须第三方监检在场并确认转序的监检停止点）。

3. 焊接质量检验流程图

焊接质量检验流程图是按照焊件的加工工艺流程，将检验程序以流程图的方式表达检验活动流程、检验点设置及检查方式和方法。焊接质量检验流程图可以工艺流程图为参考，沿着产品的加工顺序，系统地设计绘制。在某些情况下，也可以直接利用工艺流程图在上面绘出所需要检验的符号，即可作为检验流程图。

三、焊接质量检验记录和文件

焊接质量检验记录是通过对现场焊接的控制和焊缝质量检查的实况数据记录，用以评价出焊缝合格与不合格的原始依据。

焊接检查员应做好焊接质量检验记录，做到记录的及时性、真实性和完整性。凡在现场出现的一切质量情况应及时认真地记录下来，做到可追溯性。记录应真实，如实记载，做到数据准确可靠，使之能确切反映焊接的实际质量。凡是检验文件中所规定的项目、内容和数据都应按照规定记录，保证检验资料的技术数据准确、齐全、达到规范化，为编制焊接质量证明文件提供详实依据，分析和提高焊接质量提供可靠信息和数据。

1. 焊接质量检验记录

（1）原始记录　包括原材料（母材、焊接材料）型号或牌号、规格及理化检验记录凭证（材质单）、材料代用单、设计和工艺更改单。

（2）焊接实况记录　包括焊接日期，施焊产品名称、图号和产品编号，实际施焊记录（如实际预热温度、实际焊接参数、实际后热条件等），焊后热处理记录，以及焊接工艺纪律执行情况，焊工姓名及焊工钢印代号。

（3）检验记录　包括焊缝外观质量检查记录、焊缝无损探伤方法及检验报告、产品焊接试板无损探伤及理化性能检验报告、焊缝修补记录（修补部位、长度、修补方法、修补次数、不合格项处理单等）。

2. 竣工质量文件

在产品焊接完工后，焊接检查员应及时收集焊接质量检验记录资料，并进行汇总而编制焊接质量证明书面报告，焊接质量证明文件应对焊缝质量作出肯定或否定的评定，即"合格"或"不合格"的结论。

应备齐下列技术文件备查：

（1）制造工艺图或制造工艺卡；

（2）材料证明文件或材料表；

（3）焊接工艺和热处理工艺记录；

（4）标准中要求产品检验的项目记录；

（5）产品焊接过程中及完工后的焊缝外观检查记录；

（6）产品竣工图。

船厂应向买方提供质量证明书和说明书：产品竣工总图；主要零部件表；主要零部件材料的化学成分和力学性能；无损探伤结果；焊接质量检查结果（包括修补记录）；水压试验结果；与技术标准和图样不符合的项目。

项目二　焊接缺欠（陷）的产生与防止

任务一　认知焊接缺欠（陷）

一般地说，焊接缺欠（陷）按其性质，可分为形状尺寸缺陷、结构缺陷、性能缺陷三类。形状尺寸缺陷即有焊接变形，包括尺寸偏差（包括错边、角度偏差、焊缝尺寸过大或过小等，外形不良（包括焊缝高低不平、波纹粗劣、宽窄不齐等）、飞溅和电弧擦伤。结构缺陷即有焊缝表面气孔和内部气孔、夹渣、未熔合、未焊透、焊瘤、凹坑、咬边和焊接裂纹。性能缺陷即焊接接头力学性能（抗拉强度、屈服点、冲击韧性及冷弯角度）、化学成分等性能不符合技术要求。

影响焊接接头质量的技术因素有很多，如母材、焊接材料、焊接方法、工艺及规范参数、焊件的几何尺寸和应力，乃至环境任一环节的波动都可能对焊接质量带来影响，造成不同的缺陷。了解缺陷产生的原因，以采取相应措施来杜绝、减少缺陷产生，对提高焊接质量和焊工的技术水平是很有帮助的。

焊接缺陷的类型较多，按其在焊接接头中所处的位置可分为外部缺陷和内部缺陷两种。

外部缺陷是指用肉眼或低倍放大镜即可看到的咬边、气孔、裂纹、焊瘤等存在于焊缝表面的缺陷。而内部缺陷则是指存在于焊缝内部需要用无损探伤、机械性能试验等方法检验出的缺陷，如未熔合、未焊透、夹渣、内部气孔、内部裂纹。我们主要介绍裂纹、气孔、未焊透、夹渣缺陷的产生原因及防止方法。

一、裂纹

裂纹是在焊接应力及其他致脆因素共同作用下，焊接接头中局部区域的金属原子结合力遭到破坏而形成新的界面所产生的缝隙，它具有尖锐的缺口和大的长宽比的特征。当焊接结构承受载荷时，裂纹会延伸直至完全断裂。据统计，世界上焊接结构所出现各种事故中，除少数是由于设计不当、选材不合理和运行操作上的问题之外，绝大多数是由裂纹而引起的脆性破坏，因此裂纹是引起焊接结构发生破坏事故的主要原因。在我国不论何种焊缝探伤评级标准都不允许裂纹缺陷存在，在焊缝缺陷分类列为第一类缺陷。当一种新钢材问世时会作抗裂性试验，以其裂纹倾向的大小来评定该钢材的焊接性，并是该钢材综合性能中的一个重要因素。值得注意的是，有的裂纹出现在焊接过程中，有的则会在焊完后一段时间出现，某些重要的强力焊接结构的探伤检验要求在焊后48 h乃至一周进行的原因就在于此。

如图 8-2-1 所示,在焊接生产中由于钢材、结构、焊材、工艺的原因可能产生各种不同的裂纹。按区域可分为焊缝表面裂纹、焊缝内部裂纹、热影响区裂纹;按裂纹方向可分为平行于焊缝的纵向裂纹和垂直于焊缝的横向裂纹;而按裂纹形成时温度高低范围可分为热裂纹和冷裂纹,它是我们从本质上认识裂纹形成的方法。

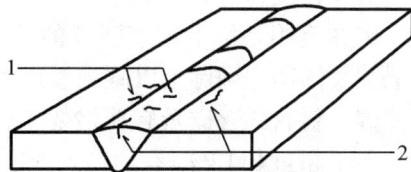

图 8-2-1　裂纹示意图
1—横向裂纹;2—纵向裂纹

（一）热裂纹

1. 热裂纹及其特征

焊接过程中焊缝和热影响区金属冷却到固相线附近的高温区产生的焊接裂纹称为热裂纹。一般将热裂纹分为结晶裂纹、液化裂纹、多边化裂纹三种。它们都具备热裂纹的基本特征:

（1）形成于焊接过程中,温度在固相线上下;

（2）大多数出现在焊缝中,少数出现在热影响区;

（3）开裂断口处有氧化色彩;

（4）显微镜下可见裂纹走向均为沿晶开裂。

结晶裂纹较多地发生在碳钢,低、中合金钢,奥氏体钢,铝及镍基合金中,所以现将结晶裂纹作为热裂纹的典型分析。

2. 结晶裂纹形成的原因

可以认为焊缝便是凝固了的焊接熔池,熔池金属冷却凝固过程也是晶核生长和长大的过程。当熔池金属开始结晶时,总是从近熔合线处母材的晶粒表面开始形成晶核,并以柱状形态由熔池周边向焊缝中心长大。先结晶的金属较纯而后结晶的金属含杂质较多,并富集在晶界,这些杂质所形成的共晶都具有较低的熔点,随着焊缝金属不断地凝固结晶,低熔点共晶被不断长大的柱状晶排挤到它们相交的中间部位。注意,所谓低熔点共晶因其熔点较低仍然以液态形式存在,我们称之为"液态薄膜"。这样,液态薄膜便成了焊缝中最薄弱区,当受到拉伸应变时即产生开裂。

这个拉伸应力从何而来呢,当焊缝金属开始冷却凝固时会在体积上产生收缩,因受到焊缝周边的金属制约而对焊缝产生拉应力,只是由于晶粒刚形成生长,液态金属在各晶粒之间自由流动,拉伸应变造成的缝隙被及时填满。随着结晶的继续,当熔池结晶到固液阶段,由于液态金属已很少（即所谓"液态薄膜"）时,拉伸应变产生的微小缝隙都已无法填充,只要很小的拉伸应力就会产生裂纹。因此可知,结晶裂纹的产生原因是焊缝中存在"液态薄膜"和焊缝凝固过程中受到拉伸应力共同作用的结果。焊接时,焊缝冷却过程中形成的拉伸应力是必然存在的,而低熔点共晶形成的"液态薄膜"则是产生结晶裂纹的主要根源。

对结晶裂纹的微观检验证明结晶裂纹的裂纹走向都是沿晶界开裂的。

3. 防止结晶裂纹的措施

从分析结晶裂纹的形成原因知道,由低熔点共晶形成的薄膜是产生结晶裂纹的主要根源,因此必须严格控制其产生低熔点共晶物的有害杂质的来源。

（1）材料因素　控制焊缝中的硫、磷杂质。硫、磷不仅能形成低熔共晶,还会促使偏析,增加了结晶裂纹的敏感性。硫与铁形成硫化亚铁（FeS）,熔点只有 988 ℃。对钢板,焊接材料的硫、磷含量必须严格控制,一般应小于 0.03%～0.04%;当焊接高合金钢时,要求硫、磷含量必须控制在 0.03% 以下。

碳在钢中是影响结晶裂纹的重要因素,过多的碳能加剧硫、磷在晶界的富集从而增加结晶裂纹倾向。国际上以碳当量作为评定钢材焊接性的一种考核指标,可见碳在钢中的影响。焊接材料的含碳量有严格要求,一般都低于钢板,用于低碳钢和低合金钢的焊丝含碳量一般不超过 0.12%,有的还要求超低碳($\omega(C) = 0.03\% \sim 0.06\%$)焊丝。

在控制杂质含量的同时,向焊缝中添加某些细化晶粒元素如 Mo、V、Ti、Nb、Zr、Al 等以改善焊缝凝固结晶细化晶粒,也是提高焊缝抗裂性的重要手段。

一些重要结构的焊接采用碱性焊条或焊剂可有效地控制有害杂质进入焊缝,以防止或降低结晶裂纹倾向。

(2)工艺因素　用工艺方法防止结晶裂纹的产生主要是改善焊接时的应力状态。试验证明,熔深较浅的对接焊缝(成形系数大)比熔深大而熔宽小(成形系数小)的焊缝抗裂性好。因为成形系数小的焊缝所承受的应力正好作用在焊缝的结晶面上,而这个面是低熔点共晶杂质富集区,所以易于起裂,特别在厚板对接焊时,应采用小电流多层焊法。

在大型结构焊接时注意焊接次序,在条件许可时尽量采用对称焊以分散应力,总的原则是尽量使大多数焊缝在较小刚度的条件下完成焊接,使焊缝受力较小。特别是焊接刚性大的焊接构件时应采取预热,保持层间温度,焊后缓冷措施,以减小焊接应力。

(二)冷裂纹

1.冷裂纹及其特征

焊接接头冷却至较低温度(对于钢来说在 Ms 温度以下)时产生的焊接裂纹称为冷裂纹。冷裂纹可能在焊后立即出现,也可能几小时至几天甚至更长时间才出现,并且随时间延长而增多,所以称为延迟裂纹。所谓焊趾裂纹、焊道下裂纹、根部裂纹只是不同形态的延迟裂纹。现主要介绍在一般中、高碳钢,低、中合金钢焊接时常见的冷裂纹。

冷裂纹的特征如下:

(1)焊后冷却过程中,当温度在 $200 \sim 300$ ℃ 区间或更低温度时逐渐产生;

(2)发生在有缺口效应的焊接热影响区(如有咬边或成形不良的焊趾、焊道处,少数发生在焊缝中如物理化学不均匀的氢聚集区域;

(3)宏观可见裂纹断口处有金属光泽,微观可见裂纹具有沿晶和穿晶走向的混合形态。

2.冷裂纹形成的原因

淬硬组织、焊接接头的含氢量、焊接接头的拘束应力是冷裂纹形成的三大因素。

(1)淬硬组织　因为钢种化学成分和偏析的原因,在焊接条件下,近缝区的加热温度很高(达 $1\,350 \sim 1\,400$ ℃),使奥氏体晶粒严重长大,而当冷却速度过快时,粗大的奥氏体将转变为马氏体淬硬组织,这个马氏体淬硬组织具有脆硬的特性,即硬度高而塑性差抗裂性能很低。而且,淬硬会形成更多的空位和位错的晶格缺陷,在应力作用下会发生移动和聚集,形成裂纹源。

由于形成淬硬组织的成分来自钢板和温度范围的原因,这些淬硬组织一般都处在熔合区过热区范围内(对易淬火钢则在淬火区内),因此这个区域抗裂性最差,当受到焊接应力时即产生开裂。冷裂纹较多地产生在热影响区内,表现为焊趾裂纹、焊道下裂纹、根部裂纹等,这是主要原因之一。

对于某些钢种的焊接接头常用打硬度的方法,根据硬度值的分布规律来评估其形成的淬硬倾向,就是因为它反映了马氏体的含量和形态的影响。

（2）含氢量的影响　氢是引起高强钢焊接冷裂纹重要因素之一，并且有延迟特征。在焊接过程中，由于电弧的高温作用焊缝金属中溶解了很多氢，冷却时，氢会进行扩散逸出，除向焊缝表面逸出外还向母材热影响区扩散。我们知道，钢板金属内部是有微观缺陷的，扩散氢会向这些缺陷处聚集，使这个部位的扩散氢浓度很快升高。当氢的浓度达到一定程度时，一方面产生较大的应力，另一方面阻碍位错移动而使该处变脆。当应力进一步加大时，促使缺陷扩展而形成裂纹，这种过程可周而复始断续进行，视氢的含量逸出和内部的能量而定，焊接延迟裂纹就是因许多单个的微裂断续集合而形成的宏观裂纹。

含碳量高或碳当量较高的钢种对裂纹和氢脆有较大的敏感性，因为焊缝金属的含碳量总是低于母材的，所以对一般低合金钢而言，延迟裂纹大多出现在焊缝热影响区。

氢的来源是焊接材料中的水分、焊件的铁锈、油污及环境湿度。

（3）拘束应力的影响　裂纹是一种力学行为，而由焊接产生的拘束应力是产生裂纹的必备条件，产生延迟裂纹不仅决定于钢的淬硬倾向和氢的有害作用，还决定于焊接接头所处的应力状态，甚至在某些情况下，应力状态还起决定性作用。在焊接条件下存在三种应力：

（1）不均匀加热及冷却过程中产生的热应力，焊接冷却时对焊缝的拉应力一直到焊后都会产生不同程度的残余应力，其大小与母材、填充金属物理性能有关，同时与结构的刚度有关。

（2）金属相变时产生的组织应力，即焊接热循环造成的金相组织变化带来的应力。

（3）结构自身拘束条件所造成的应力，包括结构的刚度大小、自重、负载以及焊缝位置和焊接顺序。

综上所述，高强钢焊接时产生冷裂纹的原因是钢板淬硬后受到氢的诱发和促进使之脆化，在拘束应力的作用下产生裂纹。

3. 防止冷裂纹的措施

针对冷裂纹产生的三大要素，防止冷裂纹产生的措施主要有以下两种：

（1）材料因素　选用低氢、超低氢型高韧性焊条、焊剂并严格按照规定焙烘和管理使用，以严格控制氢的来源，尽量减少氢进入焊缝的程度。

对某些淬硬倾向较大的合金钢焊接，利用奥氏体塑性好、抗裂性强的特点选用奥氏体焊接材料。

可选用作为低氢的焊接工艺 CO_2 气体保护焊以获得低氢含量的焊缝。

（2）工艺因素　焊前严格清理焊缝坡口，不得有油污、水、铁锈等杂质。

正确的焊接工艺应当是防止冷裂纹的重要手段，特别是适当地选择预热、后热和焊后热处理都能有效地防止或降低冷裂纹倾向。焊前预热可有效地防止冷裂纹，因此而研究出一些预热公式，可根据钢板的碳当量以及焊接结构的具体条件选用适当的预热温度、层间温度。

后热、焊后热处理都能使扩散氢逸出，在一定程度上能降低、消除焊后残余应力的影响，对一些淬硬倾向较大的钢还能韧化热影响区和焊缝组织，在工程上对某些刚度较大的焊接结构专门进行"消氢处理""消除应力热处理"，作为一种有效的手段广泛应用，其目的就是去氢、降低拘束应力。

确定焊接线能量，线能量过大引起近缝区晶粒粗大，线能量过小会使热影响区淬硬也不利于氢的逸出，所以对不同的钢种，结构刚度应选用其适当的焊接线能量并严格控制。

多层焊和盖面焊道退火焊布置法,后焊道对前焊道有去氢和改善热影响区组织的作用,盖面焊道退火焊布置也起改善热影响区组织的作用。严格控制层间温度。

视焊件条件选用合理的装焊顺序、焊接方向。

二、气孔

焊接时,熔池中的气泡在凝固时未能逸出而残留下来所形成的空穴称为气孔(见图8-2-2)。从碳钢、合金钢到有色金属,焊接时都有产生气孔的可能性。作为一种焊接缺陷,气孔削弱了焊缝的有效截面,还会带来应力集中,明显减低焊缝金属的强度韧性。

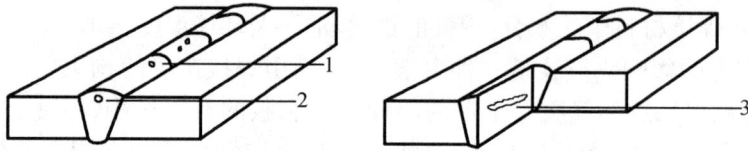

图 8-2-2　气孔示意图
1—表面气孔;2—内部气孔;3—条虫状气孔

从外观上看气孔的形状不同、分布不一:有出现在焊缝表面的表面气孔,有留在焊缝内部的内部气孔,有单个存在的单个气孔,有密集成堆的密集气孔,也有间断分布的间断气孔和链状气孔,还有贯穿焊缝截面的贯穿性气孔,形状上看有条虫状气孔,针状气孔等。

1. 气孔类型与形成原因

焊缝中产生气孔的根本原因是高温焊接时金属溶解了较多的气体,焊接冶金反应中又产生了相当多的气体,这些气体在焊缝凝固过程中来不及逸出而残留在焊缝中形成气孔。另外,由于产生气孔的气体不同,气孔的形状特征也不同。

研究表明,能形成气孔的气体不外如下两类:

(1)高温时某些气体溶解于熔池金属中,当熔池结晶和随后的相变时,气体的溶解度突然下降而来不及逸出,因此残留在焊缝内,如氢气、氮气。

(2)由于冶金反应产生的不溶于金属的气体如一氧化碳和水。

①氢气孔　在低碳钢、低合金钢焊接中,多数情况下氢气孔表现为表面气孔,气孔呈喇叭口状,一般较圆,内壁光滑,整个断面如同螺钉状。有时也会出现在焊缝内部,如焊材含有较多的结晶水使焊缝内部含氢量过高,焊缝凝固时来不及逸出而留在焊缝内部。铝及其合金的氢气孔则常在焊缝内弥散分布。

焊接时氢气主要来源于焊接材料及焊件中的水分含氢物质及电弧周围空气中的水蒸气等,高温时氢在熔滴、熔池金属中的溶解度很高,吸收了大量的氢气,当冷却时氢在金属中的溶解度急剧下降,使氢处于过饱和状态。这样促使产生如下反应:

$$2[H] \Longrightarrow H_2$$

反应生成的分子氢不溶解于金属,于是在液态金属中形成气泡,而当气泡向外逸出速度小于焊缝凝固速度时,就被留在焊缝中形成氢气孔,氢气孔是在结晶过程中形成的。

②CO气孔　主要在碳钢焊接时出现,表现特征为气孔沿结晶方向分布,有些像条虫卧在焊缝中心内部,所以形象地称为条虫状气孔。焊接低碳钢时,尽管母材和焊丝的含氧量很低,但由于金属与气相和熔渣作用的结果,焊缝的含氧量总是增加的。而钢中总是有一

定的碳含量,在焊接中因冶金反应产生了大量 CO。如:

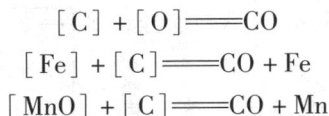

$$[C] + [O] = CO$$
$$[Fe] + [C] = CO + Fe$$
$$[MnO] + [C] = CO + Mn$$

而 CO 不溶于金属,高温时 CO 大部分会从熔池中逸出,当熔池开始冷却凝固时,熔池金属的黏度不断增大,另碳被氧化是吸热反应,这个吸热反应过程促使凝固加快,致使 CO 形成的气泡来不及逸出而形成气孔。CO 从气泡的生成到残留在焊缝内形成气孔是从熔池开始直至结晶凝固过程中产生的,所以一般都会沿结晶方向形成条虫状气孔。

当采用 CO_2 气体保护焊时,在焊丝脱氧能力不足的情况下,CO 气孔可能由内部转至焊缝表面。

③氮气孔　多为表面气孔并成堆出现,呈蜂窝状,与前两种气孔相比较,氮气孔出现较少。

氮气孔产生的原理与氢气孔相似,液态金属在高温时可溶解大量的氮气,当其凝固结晶时氮气的溶解度突然下降,这时过饱和的氮气以气泡的形式从熔池向外逸出,当凝固结晶速度大于逸出速度时就被留在焊缝中而形成气孔。

空气是氮的主要来源,当电弧保护不好时,空气中的氮气进入而形成气孔,如焊条电弧焊的引弧时操作不当电弧过长、焊条药皮脱落处、气体保护不良、偏吹严重处等都有可能出现氮气孔。

2. 防止气孔的措施

影响焊缝产生气孔的因素很多,有时可能是几种因素共同作用的结果,也有同一类型的气孔却是由不同原因造成的可能,在实际生产中从以下两方面预防:

(1)材料方面　包括焊接材料及焊件处理,焊条、焊剂必须严格按照规定焙烘和管理使用,焊丝的清洁、焊条的偏心度都要严格检查。气体保护焊所用气体的纯度应符合要求,焊丝的脱氧能力要强。

对焊缝坡口的清洁处理至关重要,铁锈,油污、水等都要清理干净。尤其以铁锈的影响最严重,它含有较多的 Fe_2O_3 和结晶水,对熔池金属既有氧化作用,又析出大量的氢气,氧化作用促使 CO 气孔生成,氢气可造成氢气孔。

(2)工艺方面　选用适当的焊接工艺参数,如埋弧焊焊接电压不宜过大,手工焊电弧不能过长,要用短弧施焊。要特别注意起弧时因电弧过长造成气孔。

焊接速度过快可致使焊缝结晶速度增快而不利于气体的逸出,所以焊接速度应适当。

气体保护焊时要正确选择气体流量。

应该注意施焊环境(如风、雨、雪、空气湿度)对气孔的形成是有影响的。

交流电源较直流电源焊接时气孔倾向大,直流反接极较直流正接极气孔倾向小。

三、夹渣

焊后残留在焊缝中的焊渣称为夹渣(见图 8 - 2 - 3)。一般出现在多层多道焊焊道与焊道,焊道与坡口之间,呈不规则线条状。夹渣缺陷造成焊缝有效工作截面减小,降低其机械性能,还可造成应力集中导致整个结构的失效,对焊接接头带来的潜在危险性大于气孔。

1. 夹渣产生的原因

造成夹渣缺陷多为工艺不对、操作不当所致，也有焊接坡口的原因。

焊接坡口角度过小，限制了电弧运动空间使电弧作用不能到位，焊接坡口边缘有夹层、较深的齿痕、氧化层等而引起边夹渣。

图 8 − 2 − 3　夹渣示意图
1—边夹渣;2—道间夹渣

焊接电流过小，焊接速度过快或过慢。焊条直径过大。

多道焊时，前道焊成形不良造成夹角使后续焊道电弧作用不能到位，或焊道布置不正确，操作方法不当，焊偏乃至焊道之间未将焊渣清理干净等都可能造成焊道间夹渣。

2. 防止措施

设计选择合理的坡口形式和角度，认真清理焊接坡口，选用适当工艺参数、焊条直径、正确的操作方法。

每道焊焊后必须将焊渣清理干净。

四、未焊透

焊接时接头根部未完全熔透的现象称为未焊透(见图 8 − 2 − 4)，表现特征为连续或间断地线状缺陷，出现在原焊缝坡口钝边处。未焊透缺陷会造成应力集中引起裂纹产生，给焊接结构带来破坏性后果，在无损探伤评级标准中未焊透与裂纹一样，一般都是不允许存在的焊接缺陷。

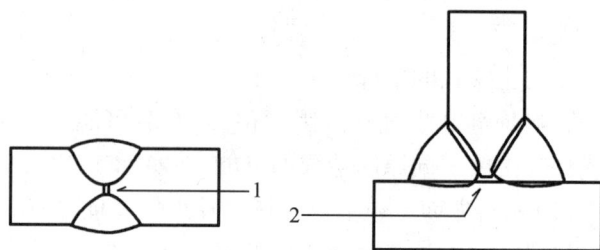

图 8 − 2 − 4　未焊透示意图
1—对接焊缝未焊透;2—角接焊缝未焊透

1. 未焊透产生的原因

坡口角度太小，钝边过大，封底焊前焊缝根部未清理干净。

焊接工艺参数不当:焊条直径过大，焊接电流过小，电弧电压过大，焊接速度过快或过慢，焊偏。

2. 防止措施

按图或标准确定正确的坡口形式，严格检查焊缝清根情况。

选用正确的焊接参数，防止焊偏。

五、未熔合

未熔合是指熔焊时，焊道与母材之间或焊道与焊道之间未完全熔化结合的部分。未熔合缺陷与未焊透缺陷一样会造成焊接结构的应力集中引起裂纹产生，给结构带来灾难性的后果。

1. 未熔合产生的原因

焊件坡口表面未处理干净，使电弧不能有效地作用于母材。

焊接规范参数不当:焊接电流过大,焊接速度过慢,造成过多的液态金属"堆积"而未与母材或前道焊缝有效地熔合;焊接线能量过小以致熔合不良。

操作不当,电弧的方向或角度不对。多层焊时道间清渣不彻底。

2.防止措施

严格清理坡口表面,多层焊时严格清理道间焊渣。

选用适当的焊接规范参数。提高操作水平,调整好电弧角度。

任务二 焊接缺陷(欠)分析方法与步骤

一、焊接缺陷(欠)分析方法

1.确定焊接缺陷(欠)的类型

根据焊接缺欠的形态、发生的部位(如焊缝金属、焊接热影响区、熔合区)、方位、尺寸、母材材质、缺陷(欠)发生的时间等分析。一般除焊接裂纹外,其他缺陷(欠)均可通过外观、金相微观、无损探伤判别。

2.查明焊接缺陷(欠)产生的原因

一般按下列情况分析:

(1)母材质量(力学性能、化学成分、热处理状态、板厚、坡口的制备);

(2)焊接方法及焊接条件(热输入、预热温度、后热温度、焊接参数);

(3)焊接材料(化学成分、药皮类型、烘焙条件);

(4)焊缝金属(化学成分、金相组织、抗拉强度、塑性);

(5)接头形式(对接、角接、T字、板厚、施焊层道数);

(6)拘束条件(拉伸拘束、弯曲拘束、残余应力);

(7)焊后热处理;

(8)施工环境。

按照查明的各类焊接缺陷(欠)所产生的原因而提出相应的对策,可采用因果统计分析法对各类焊接缺陷(欠)进行因果分析。

二、各类焊接缺陷(欠)分析步骤

1.确定分析的焊接缺陷(欠),将其填在"缺陷(欠)"框内。

2.确定影响焊接缺陷(欠)诸因素的分类,依次画出大枝、中枝、小枝和细枝。大枝表示主要原因,中枝表示造成大枝的一个原因,小枝表示造成中枝的一个原因,细枝表示影响小枝的更小原因。

3.从图中找出影响焊接缺陷(欠)的主要原因,提出有关的质量对策。

项目三 焊接质量检验

焊接质量的检验方法分为非破坏性和破坏性两类,见图8-3-1。

$$
焊接检验
\begin{cases}
破坏性检验
\begin{cases}
力学性能检验
\begin{cases}
拉伸试验 \\
弯曲试验 \\
硬度试验 \\
冲击试验 \\
断裂韧性试验 \\
疲劳试验 \\
其他
\end{cases} \\
化学分析及试验
\begin{cases}
化学分析 \\
腐蚀试验 \\
含氢量测定
\end{cases} \\
金相检验
\begin{cases}
宏观组织 \\
微观组织
\end{cases} \\
焊接性试验 \\
其他检验
\end{cases} \\
非破坏性检验
\begin{cases}
外观检验 \\
致密性检验
\begin{cases}
气密性试验 \\
氨气试验 \\
煤油试验 \\
水压试验 \\
气压试验
\end{cases} \\
无损探伤检验
\begin{cases}
荧光试验 \\
着色检验 \\
磁粉检验 \\
超声波检验 \\
射线检验
\begin{cases}
X 射线检验 \\
\gamma 射线检验 \\
高能射线检验
\end{cases}
\end{cases}
\end{cases}
\end{cases}
$$

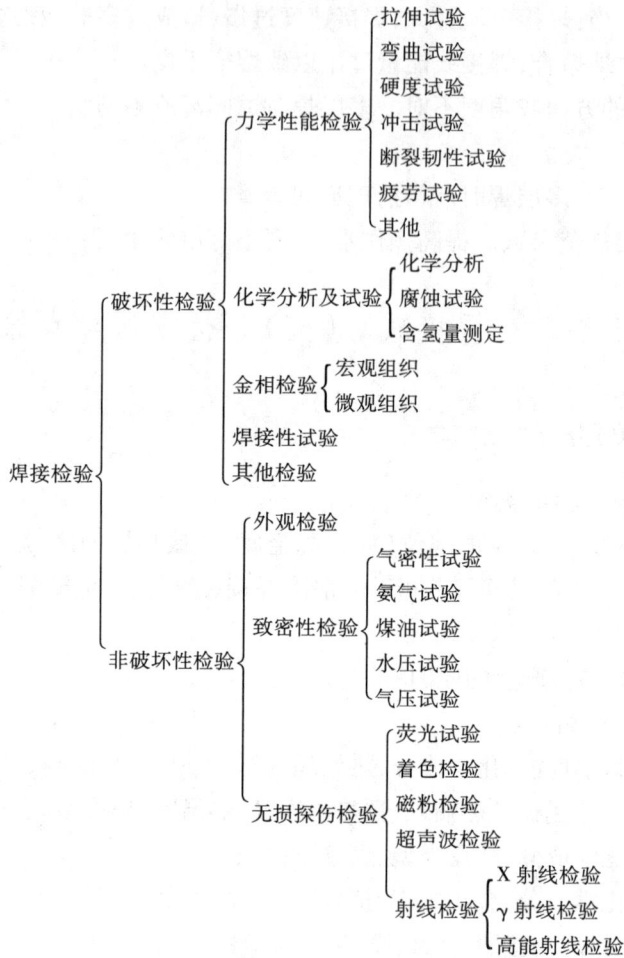

图 8 – 3 – 1　焊接质量检验方法

任务一　焊接接头的非破坏性试验方法

一、外观检查（VE）

外观检查是用肉眼借助样板或用低倍（约 10 倍）放大镜及量具观察焊件,检查焊缝的外形尺寸合不合格,以及有无焊缝外气孔、咬边、满溢以及焊接裂纹等表面缺陷的方法,所以也称为目视检查。

二、表面及近表面缺陷的检查

表面及近表面缺陷的检查有渗透探伤和磁粉探伤两种方法,其中磁粉探伤只适用于检查碳钢和低合金钢等磁性材料焊接接头,渗透探伤则更适合于检查奥氏体钢、镍基合金等非磁性材料焊接接头。

1. 渗透探伤（PT）

渗透法是利用毛细现象来检查工件表面缺陷（主要是裂纹）,包括着色法、荧光法、煤油渗透法等。一般可发现宽度 0.01 mm 以上、深度 0.03 mm 以上的表面缺陷。

（1）着色法　它的基本操作工序见图 8 - 3 - 2 所示。被探表面先用清洗剂洗净，烘干或晾干后喷上渗透剂（一般为红色），15 ~ 30 min 后渗透剂就在毛细现象作用下渗入缺陷部位。清洗干净表面多余的渗透剂，待干燥后再喷上显像剂（一般为白色），使残留在缺陷中的渗透液吸出，有缺陷处就显示出缺陷图像（红色）。微小缺陷的显影过程比较慢，一般按规定要等 15 ~ 30 min。若喷渗透剂后没有缺陷的地方清洗不彻底，可能出

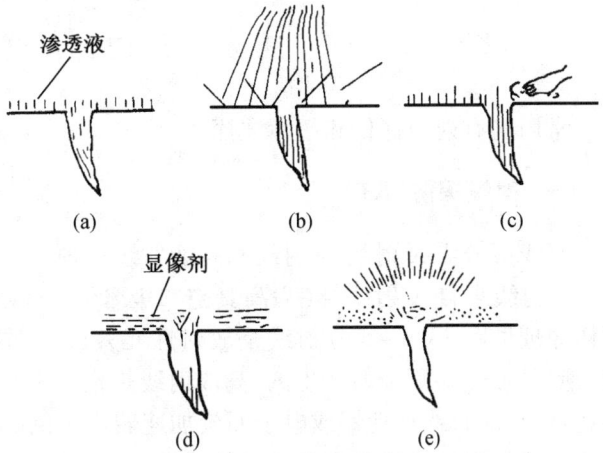

图 8 - 3 - 2　渗透探伤基本操作过程示意图

（a）渗透；（b）水清洗；（c）溶剂清洗；（d）显像；（e）观察

现伪缺陷。如手弧焊缝边缘焊渣没除清，渗透剂是难以洗去的，也会出现伪缺陷。所以对重要产品，焊工应把焊渣除尽，以免着色出现伪缺陷。

着色法探伤不需要大型设备，目前大多用喷罐着色探伤，使用方便，所以应用十分广泛。

（2）荧光法　将清洁后的工件被检部位用煤油和矿物油混合成的荧光液浸涂 5 ~ 10 min，使之在毛细现象作用下渗入缺陷部位，然后撒上氧化镁粉末，振动几下，使氧化镁粉末在缺陷中浸透，吹除多余的氧化镁粉末。在暗室中用紫外线照射，即可发现缺陷处残留的氧化镁粉末显示出清晰的黄绿色图像。若无暗室、无荧光照射设备，也可把焊缝用煤油浸涂后擦干表面，撒上氧化钙（石灰）粉，这样也可显示缺陷，这就是煤油渗透法。荧光检验示意图见图 8 - 3 - 3。

2. 磁粉探伤（MT）

和渗透探伤一样，磁粉探伤是对材料近表面缺陷进行检测。不过，磁粉探伤只适于磁性材料，而且它对裂纹、未焊透较灵敏，对气孔、夹渣不太灵敏。

磁粉探伤是利用缺陷部位发生的漏磁吸引磁粉来进行探伤的，它的原理见图 8 - 3 - 4。磁粉探伤仪的触头接触工件后，通电建立磁场（也可用其他方法建立磁场），如果材料没有缺陷，磁场是均匀的，磁力线均匀分布；当有缺陷（如裂纹、未焊透、夹渣）时，磁阻变化，磁力线也改变，绕过缺陷而聚集在材料表面，形成较强的漏磁场，事先撒在工件表面的磁粉就会在漏磁处堆积，从而显示缺陷的位置轮廓。

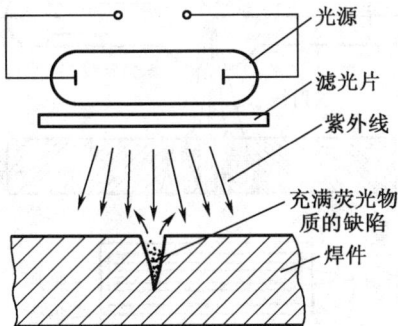

8 - 3 - 3　荧光检验示意图

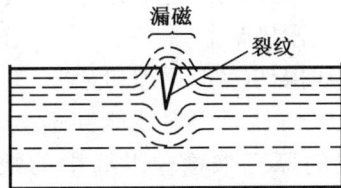

图 8 - 3 - 4　磁粉探伤原理图

任务二 内部缺陷的检查

常用的有射线探伤和超声波探伤。

一、射线探伤（RT）

射线可分为 X 射线、γ 射线和高能射线三种。

X 射线来自 X 射线管（为高真空二极管），是高速电子撞击到阳极金属靶时产生的，其工作原理见图 8-3-5；γ 射线是放射性元素（工业探伤中常用的是人工放射性同位素钴、铱、铯）的原子核裂变时产生的；高能射线是指能量在 106 eV 以上的 X 射线，是由电子感应加速器、高能直线加速器或电子回旋加速器产生的。射线探伤的物理基础是射线具有可以穿透物质并因被物质吸收而衰减的特性。

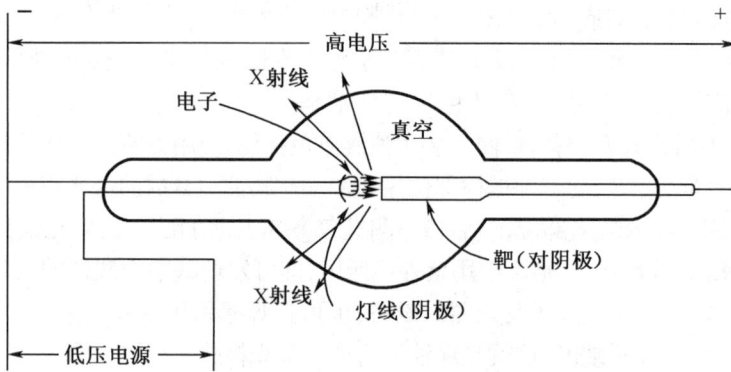

图 8-3-5 X 射线管的工作原理示意图

X 射线由高速运动着的带电粒子与某种物质相撞击后猝然减速，且与该物质中的内层电子相作用而产生的。

以下是 X 射线产生的几个基本条件：

（1）产生自由电子；

（2）使电子作定向高速运动；

（3）在电子运动的路径上设置使其突然减速的障碍物；

（4）将阴、阳极封闭在大于 10^{-3} Pa 的高真空中，保持两极清洁，促使加速电子无阻地撞击到阳极靶上。

1.射线探伤（RT）原理和意义

射线探伤是利用射线能穿透金属、使底片感光的原理来检验焊缝中的缺陷的（见图 8-3-6）。将射线源对准受检部位，使射线透过焊件照射到胶片上。焊件的厚

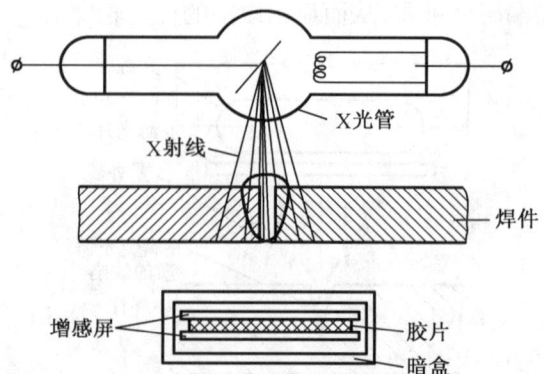

图 8-3-6 X 射线照相探伤示意图

度或组织不同,射线透过时的衰减程度也不同,胶片感光程度也不同。如焊缝内存在缺陷(比如气孔),则由于缺陷处密度比金属小,所以射线在有缺陷的地方透过的强度比没有缺陷的地方大。由于底片感光程度不同,有缺陷处显得比较黑,没有缺陷的地方就比较亮,由此可发现缺陷的位置、大小和种类。

当前国内外对锅炉、压力容器等重要结构的无损检验多侧重用射线探伤,除了可以直观判断缺陷外,主要因为有底片记录可存档备查。

2. 焊缝质量分级

射线探伤质量检验标准根据缺陷性质和数量可将焊缝质量分为4级:

Ⅰ级　　应无裂纹、未熔合、未焊透和条状夹渣;

Ⅱ级　　应无裂纹、未熔合和未焊透;

Ⅲ级　　应无裂纹、未熔合及双面焊或加垫板的单面焊缝中的未焊透,不加垫板的单面焊中的未焊透允许长度按条状夹渣长度Ⅲ级评定;

Ⅳ级　　焊缝缺陷超过Ⅲ级者。

可以看出,Ⅰ级焊缝缺陷最少,质量最高;Ⅱ级、Ⅲ级、Ⅳ级焊缝的内部缺陷依次增多,质量逐渐下降。

3. 射线探伤的优缺点

射线探伤的优点是能从底片上直观、形象地判断缺陷的种类和分布;缺点是射线对操作者有危害,需要采取一定的防护措施,而且对平行于射线方向的平面形缺陷没有超声波灵敏。

4. 底片上缺陷的识别(见图8-3-7)

二、超声波探伤(UT)

超声波是频率超过20 kHz的机械振动波,具有能透入金属材料深处的特性,而且由一种介质进入另一种介质时,在界面发生反射和折射,同时在传播中被介质部分吸收,使能量发生衰减。超声波探伤就利用了超声波的上述特性。

1. 超声波的发生

磁致伸缩或电致伸缩都可产生超声波,工业探伤一般采用电致伸缩探头来发生和接收超声波。探头内的压电晶片由钛酸钡或石英片制成。晶片两面镀银形成两个电极。压电晶片可将高频电压转变为超声彼,即发射超声波;也可将超声波转变为高频电压,即接收超声波。

2. 超声波探伤原理

超生波探伤通常采用的是脉冲反射式超声波探伤仪,它是由脉冲超声波发生器(高频脉冲发生器)、声电换能器(探头)、接收放大器和显示器四大部分组成。其探伤原理是,开始扫描时,高频脉冲发生器发出的电压作用于探头上的晶片,使晶片振动,产生超声波脉冲,向工件中传播时遇到底面和不同声阻抗的缺陷时,就会产生反射波。反射波被晶片接收后转变为电脉冲信号,经放大器送至示波管,在扫描线上相应缺陷和底面位置显示出缺陷脉冲和底脉冲的波形,其波幅大小表示反射的强弱。因此,由示波管荧光屏上的图形可判断工件内有无缺陷以及缺陷的位置和大小。

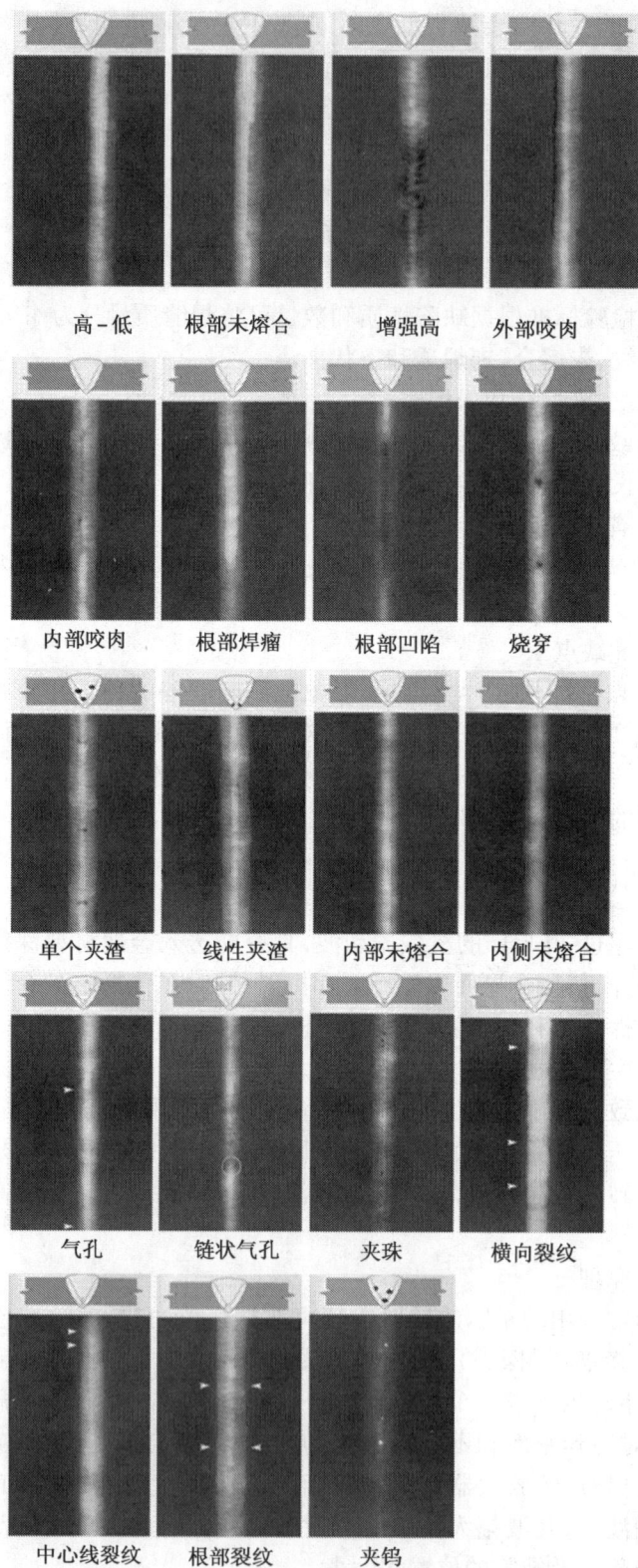

| 高-低 | 根部未熔合 | 增强高 | 外部咬肉 |

| 内部咬肉 | 根部焊瘤 | 根部凹陷 | 烧穿 |

| 单个夹渣 | 线性夹渣 | 内部未熔合 | 内侧未熔合 |

| 气孔 | 链状气孔 | 夹珠 | 横向裂纹 |

| 中心线裂纹 | 根部裂纹 | 夹钨 |

图 8 - 3 - 7　底片上缺陷的识别示意图

3.影响探伤灵敏性的因素

（1）超声波波长和频率。

（2）超声波发射重复频率。

（3）探伤仪的盲区。

（4）工件探伤面光洁度。

4.超声波探伤方法

超声波探伤方法分为脉冲反射法、穿透法和共振法三种。应用最多的是单探头式脉冲反射法。超声波脉冲反射法采用两种探头，即直探头和斜探头。直探头用纵波垂直入射，斜探头用横波斜射。纵波在固体、液体、气体中都能传播，而横波只能在固体中传播。横波斜探头探伤是焊缝探伤的主要方法。

5.超声波探伤的应用与特点

超声波探伤是无损探伤技术中的一种主要检测手段，既可用于锻件、铸件和焊件等加工产品的检测，也可用于板材、管材等原材料的检测。

超声波探伤与 X 射线探伤相比，其优点是对于平面形缺陷，当声束垂直于缺陷平面时，UT 比 RT 有较高的灵敏度，而且 UT 探伤周期短，对探伤人员无危害，费用较低。缺点是不能直接记录缺陷的形状，对缺陷定性需有丰富的经验，不适于检测奥氏体铸钢件，因为粗大的树枝状奥氏体晶粒和晶间沉淀物引起的散射会影响检测的进行。国外多偏重于应用 RT，我国则因为 UT 的优点而较多应用。

任务三　焊接接头强度试验

一、水压试验

水压试验的目的是检查焊缝和密封元件的紧密性和接头以及受压元件的强度，所以试验应在除最终热处理工序外所有生产工序完成后进行。

二、气压试验

气压试验主要用于检查对气密性要求特别高的容器或排水困难的容器。

三、致密性检查（泄漏试验）

致密性检查主要是对焊缝致密性和结构密封性进行检查，应在外观检查后进行，用于检查容器焊缝内是否有贯穿性裂纹、气孔、夹渣、未焊透等缺陷。按结构设计要求及制造条件可以有气密性试验、氨渗漏试验、煤油渗漏试验、真空试漏法。

四、硬度检验

作为无损检测的硬度试验，是指直接在产品的接头区测硬度，目的是对产品直接检测以检测焊工遵守工艺或制造过程（主要是热处理）是否符合技术要求。这种检测过去国内很少用，而国外则应用较多。瑞士产的 EQUOTIP 便携式数显硬度计，像一支钢笔可在工件的任意位置测硬度。接头区的硬度一般测三个区：焊缝（WM）、热影响区（HAZ）、母材（BM）以兹比较。特别是局部返修后，测定硬度有助于判断是否需要热处理或判断热处理效果是否良好。

任务四　焊接接头的破坏性试验方法

破坏性检验是指直接从产品的焊接接头取样进行各种理化性能检验。

一、力学性能试验

在国内,对压力容器等结构,力学性能以拉伸、弯曲、冲击试验为主,取样方法见图 8 - 3 - 8。

1. 拉伸试验

（1）目的　拉伸试验是为了测定接头或焊缝金属的抗拉强度、屈服极限、断面收缩率和延伸率等力学性能指标。

（2）取样　一般接头拉伸试样为垂直于焊缝的横向板状试样（见图8 - 3 - 8）,焊缝金属则为纵向圆试样。它们的形状尺寸国标都有规定。焊接接头与焊缝金属的高温短时强度试验应采用圆试样。试验温度为压力容器的最高工作温度。

在试板上截取试样尽可能用机械加工

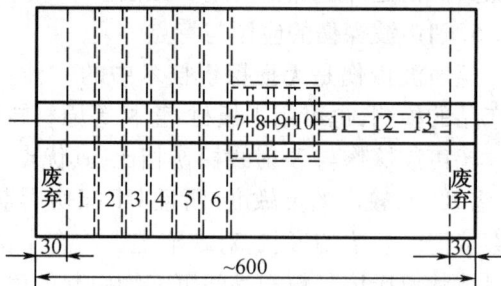

图 8 - 3 - 8　产品焊接试板的取样方法示意图
1,2—拉伸;3,5—面弯;4,6—背弯;
7,8,9—冲击;10,11,12,13—焊缝金属拉伸

方法。若用热切割取样,则画线时必须留出气割余量,并将气割面的热影响区全部加工掉,以便真实地反映接头的性能。

（3）合格标准　接头的常温抗拉强度与高温抗拉强度均应不低于母材标准规定值的下限。但应指出,接头延伸率不能以均匀母材延伸率的合格标准作验收指标。

2. 弯曲试验

（1）目的　是为了测定焊接接头或焊缝金属的塑性变形能力。

（2）取样　弯曲试样也有纵、横之分（见图8 - 3 - 8）,一般用横向试样,其形状尺寸国标也有规定。由于焊缝与母材强度不等,弯曲时塑性变形必然集中于低强区,因此对强度差别较大的异种钢接头应采用纵向试样。焊缝金属的弯曲试样通常采用纵向试样。

按弯曲试样的受拉面在焊缝中的位置可分面弯、背弯和侧弯。面弯与背弯时受拉面分别在焊缝的表面层和底层。侧弯则是焊缝的横截面受弯,故可测定整个接头的塑性变形能力。

（3）合格标准　弯曲试验结果的合格标准国内是按钢种来定弯曲角度下限的。碳钢、奥氏体钢为180°,低合金高强钢和奥氏体不锈钢为100°,铬钼和铬钼钡耐热钢为50°。试样弯至上列角度后,其受拉面上如有长度大于 1.5 mm 的横向裂纹或缺陷,或者有大于 3 mm 的纵向裂纹或缺陷,就认为不合格。

3. 冲击试验

（1）目的　是测定焊接接头各区的缺口韧性,从而检验接头的抗脆性断裂能力。冲击韧性试验对压力容器是必不可少的。

（2）试样　如果没有明确规定,也是取横向试样,试样的形状尺寸国标有规定,见图

8 – 3 – 8。

由于焊接接头的组织和性能不均匀,就有试样截取部位和缺口位置问题。对于薄壁试样,可以在整个厚度上取样;对于厚壁焊缝,则可从接头的表层、中心部位或底层取样。试样的缺口位置可开在焊缝、熔合区和 HAZ。缺口形式有 U 型和 V 型两种。U 型缺口底部回角较大,无法真实模拟焊接缺陷中可能出现的尖端,故不能反映接头的实际脆性转变温度。目前倾向于采用夏比 V 型缺口的冲击试验。

（3）合格标准　焊接接头各区的缺口冲击韧性应不低于母材标准规定的最低值。

4.硬度试验

在焊接工艺评定试验中一般都规定要作硬度检验,但国内还没有各钢种焊接接头的硬度合格标准。一般规定各区硬度值不能超过 HB280。图 8 – 3 – 9 所示为焊接接头的硬度测点位置图。

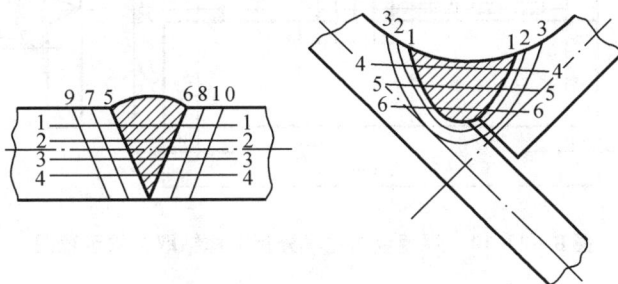

图 8 – 3 – 9　焊接接头的硬度测点位置图

二、金相检验

金相检验和硬度试验一样,都是检验产品焊接接头质量的一种方法,对有淬硬倾向的钢材,可以检查 HAZ 是否有不允许存在的脆硬马氏体组织、微裂纹以及接头内部缺陷。

国内现行压力容器制造规程并没有明确规定要作金相检验。

1.宏观分析

由产品焊接试板或工艺评定试板截取的接头宏观金相试样应包括完整的焊缝和 HAZ。经刨削、打磨使试样表面粗糙度达 $R_a0.8$ 后,用适当的腐蚀剂浸蚀后洗净吹干,用肉眼或低倍放大镜观察。小直径管件的对接接头可用断口检查代替宏观磨片检查。宏观金相检验的评定标准见表 8 – 3 – 1 的规定。

2.微观分析

制备金相试片,在显微镜下放大 100 ~ 2 000 倍进行观察,一般只对合金钢容器才作金相检查。它可以发现接头各区可能存在的显微缺陷及组织缺陷。

试样一般只有 20 mm × 20 mm 左右,所以选择试样的部位很重要。一般选取有缺陷处或接头中最易产生缺陷的区域,而且试样要包括整个接头区(WM,HAZ,BM)。

磨片上不应有脆硬马氏体组织或其他不允许有的组织或微裂纹。出现马氏体组织可以通过热处理来消除,裂纹则必须从冶金和工艺上分析原因并采取措施,对相应产品也要决定是返修还是报废。

三、化学分析

化学分析的目的是检查焊缝金属的化学成分。通常只有在接头力学性能及无损探伤不合格或制定焊接新工艺时才需要进行化学分析。

一般采用直径 6 mm 左右的钻头从焊缝中钻取样品(见图 8 – 3 – 10),也可在堆焊金属上钻取。取样区应离开起弧及收弧处 15 mm,且与母材之间的距离要大于 5 mm。取出的细屑厚度不能超过 1.5 mm,并用乙醚洗净。

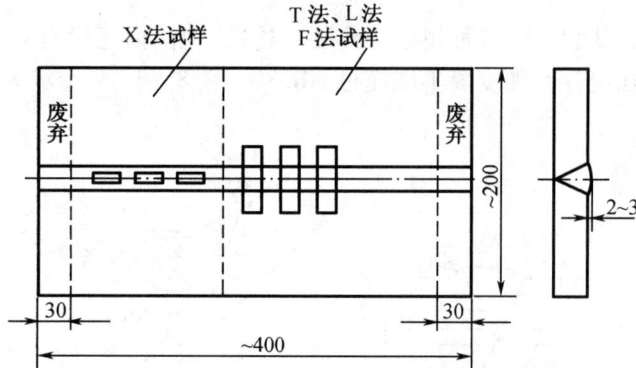

图 8 – 3 – 10　焊缝金属化学分析试样钻取要求示意图

试样钻取数量视所分析元素的数目而定。分析 C,Mn,Si,S,P 五大元素可取 30 g 细屑。若还需分析 Ni,Cr,Mo,Ti,V,Cu 等元素,则不能少于 50 g 细屑。

四、晶间腐蚀试验

不锈钢制压力容器的焊接接头应作晶间腐蚀试验。由焊接试板截取试片的方法见图 8 – 3 – 11。根据容器介质腐蚀性大小,可选用不同的晶间腐蚀试验方法。

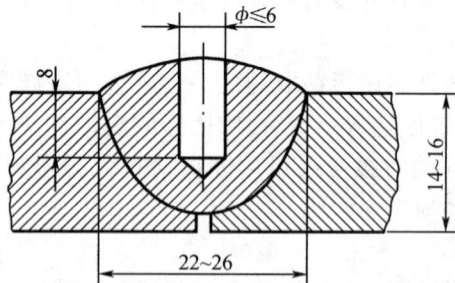

图 8 – 3 – 11　接头晶间腐蚀试片截取方法示意图

项目四　焊接缺陷修整

在生产过程中,总是有一些焊缝经无损探伤检测发现有超标缺陷存在而需返修的,甚至还可能发生两三次返修现象。究其原因,有的是返修过程中本身造成的新缺陷,还有的则是检测出的缺陷未清除或未清除干净便进行补焊,二次检测时发现缺陷原封未动而造成再次返工。实际上准确地清除焊接缺陷,返修好焊缝比重新焊好一段焊缝在技术、经验上要求高得多。

正确的焊接缺陷修正方法是:首先要确定焊接缺陷的准确位置和造成超标缺陷的形状,彻底清除缺陷,然后再采取相应的补焊方法进行补焊。

一、确定缺陷位置形状

(1)首先,仔细认真识别 X 光胶片上焊接缺陷及其他的影像特征,以便精确地确定缺陷所在位置和造成超标缺陷的形状特征。

(2)比对现场清除情况,以确认超标缺陷的彻底清除。因为 X 光胶片显示的缺陷为投影位置,而在厚板焊条电弧焊缝中出现的缺陷往往是多层次的。

(3)超声波探伤的焊缝应确认超标缺陷的类型、缺陷所在位置的深度范围,并在清除过程中比对确认。

二、缺陷的清除

(1)视焊件的材质、板厚、形状及缺陷部位、大小,可采用碳弧气刨、批铲、砂轮磨削等手段清除缺陷,工程中较多使用的是碳弧气刨加砂轮磨削方法。

(2)清除缺陷后,补焊槽上口应平齐,底部必须呈圆弧形,周边应有坡度保证补焊时电弧有足够的空间。

(3)碳弧气刨过后,应用砂轮打磨以免出现夹碳、粘渣、渗铜现象。

(4)除缺陷时,焊件每侧碳弧气刨深度不应超过板厚的 2/3,如缺陷深度已超过 2/3,则应将该侧面补焊完后,再从背面清除缺陷,补焊。

三、补焊

补焊工艺要求如下:

(1)焊件的返修,应制定返修补焊工艺,并由有经验的焊工操作;

(2)如原焊缝焊接工艺要求预热或层间温度,则补焊时亦同样要求,并取其温度的上限值;

(3)厚板焊缝缺陷的补焊,应采用多层多道焊法,每层每道焊缝的起弧、收弧处应尽量错开不能重叠。盖面层应采用退火焊道布置;

(4)如补焊焊缝长度超过 1 m,则应以 300~400 mm 为一段进行分段退焊法补焊;

(5)补焊焊缝表面应尽量与原焊缝形状一致,做到圆滑过渡,以减少应力集中;

(6)防止或减少焊接变形是补焊工艺重要部分之一,应根据焊件的具体条件采用相应的焊接工艺与对焊件加强相结合的控制焊接变形。

四、不同缺陷的清除与补焊方法

1. 裂纹的清除补焊

裂纹的修整必须谨慎小心,以防止在修整过程中裂纹延伸,一般修整方法如下:

(1)较长的裂纹应先从两端开始清除,必要时可在裂纹两端钻止裂孔以防止裂纹延伸;

(2)仔细清除裂纹缺陷,可用表面探伤法确认裂纹缺陷是否彻底清除;

（3）清除缺陷后,补焊槽底部必须呈圆弧形,周边有坡度,保证电弧有足够的空间,上口平齐;

（4）补焊工艺与焊接该焊缝工艺相同,如需预热者补焊处预热温度应达到预热温度的上限值。

2.气孔的清除补焊

超标气孔缺陷一般较大较多,除氮气孔外多在焊缝中间较易清除干净,但贯穿性气孔则先清除钢板厚度 2/3,补焊完后再清除背面,其他按裂纹的修整 3,4 条操作。

在 X 光胶片上气孔焊接缺陷的影像特征一般为呈圆形或近似圆形黑点状,有的中心黑度较大,以单个、密集或链状存在,分布不一。

3.夹渣的清除补焊

由于夹渣缺陷多出现在厚板多层多道焊缝中,所以缺陷的深度位置不易确定,可以无损探伤结果与原焊缝施焊者施焊情况结合分析,一定要确认对超标缺陷的清除。缺陷清除后修整方法按裂纹的修整 3,4 条操作。

在 X 光胶片上夹渣焊接缺陷的影像特征一般为呈不同形状规则的点、条影像,点状夹渣一般呈不规则有棱角的黑色点状,且黑度较均匀,而条状夹渣则表现为粗细不一的黑色条状。

4.未焊透的清除补焊

未焊透缺陷多在原焊缝坡口中间钝边处,较易确定位置,缺陷清除后修整方法按裂纹的修整 3,4 条操作。

在 X 光胶片上未焊透焊接缺陷的影像特征一般为呈连续或断续线条状,其宽度、位置和焊缝原始坡口间隙相近,黑度一般不均。

任 务 考 核

1.简述控制焊接质量三个阶段检验的内容及要求。

2.简述焊接坡口制备质量检查内容。

3.简述各类焊接缺欠与缺陷产生的原因及措施。

4.简述焊前质量控制内容。

5.简述焊接过程中质量控制内容。

6.简述焊接质量计划包含的内容。

7.简述焊接质量检验的方法有哪些。

8.简述焊接缺陷的修整方法。

9.什么叫做热裂纹?试分析其产生原因和防止措施。

10.什么叫做结晶裂纹?试分析其产生原因和防止措施。

11.什么叫做冷裂纹?试分析其产生原因和防止措施。

12.气孔类型有哪些?试分别分析各气孔产生的原因及预防措施。

13.试述补焊工艺要求。

学习情境九　焊接应力及变形控制

● 情境描述

构件焊后一般都要产生应力和变形,如果变形量超过了允许的数值,有的经矫正虽能达到使用要求,但却占用很多生产时间;有的经矫正无效而报废。因此,应力求预先防止产生超过允许数值的焊接变形。焊后结构内部产生的焊接残余应力,多数情况下对结构质量无影响。但有些情况下,残余应力对结构质量有影响。低温下工作和在动载荷下工作的金属结构,焊接应力的存在是不利的。焊接应力过大还可能造成焊接裂纹。

怎样才能防止或减小焊接应力及变形呢? 首先,要力求把产生焊接应力及变形的原因和各种影响因素弄清楚,才能进一步掌握它的变化规律,找出防止或减小焊接变形及应力的办法。

【一】知识目标

1. 理解焊接应力与变形产生的原因。
2. 理解影响焊接变形的因素。
3. 掌握控制和减小焊接应力与变形的工艺措施。
4. 掌握矫正焊接变形的措施。

【二】能力目标

1. 能正确分析各种结构焊接变形产生的原因。
2. 具有分析和控制焊接变形的基本能力。
3. 具有矫正焊接变形的基本能力。
4. 具有减小与消除焊接应力的基本知识。

【三】任务链接

1. 认知焊接应力及变形。
2. 影响焊接结构变形的因素。
3. 焊接变形的定性分析与估算。
4. 焊接变形的预防案例分析。
5. 各类焊接变形控制措施。
6. 焊接结构变形的矫正。
7. 减小焊接应力的几种办法。
8. 消除焊接残余应力的方法。

项目一 焊接应力及变形产生的原因及其影响因素

任务一 认知焊接应力及变形

一、焊接应力及变形产生的原因

图9-1-1中列举了最简单也最常见的几种变形形式。图中(a)是钢板对接焊后产生了长度缩短(称为纵向缩短)和宽度变窄(称为横向缩短)的变形;(b)是钢板V型坡口对接焊,焊后产生角变形;(c)是焊接丁字型梁以后产生的弯曲变形;(d)是薄板拼接以后的波浪变形;(e)是工字梁焊后的扭曲变形。

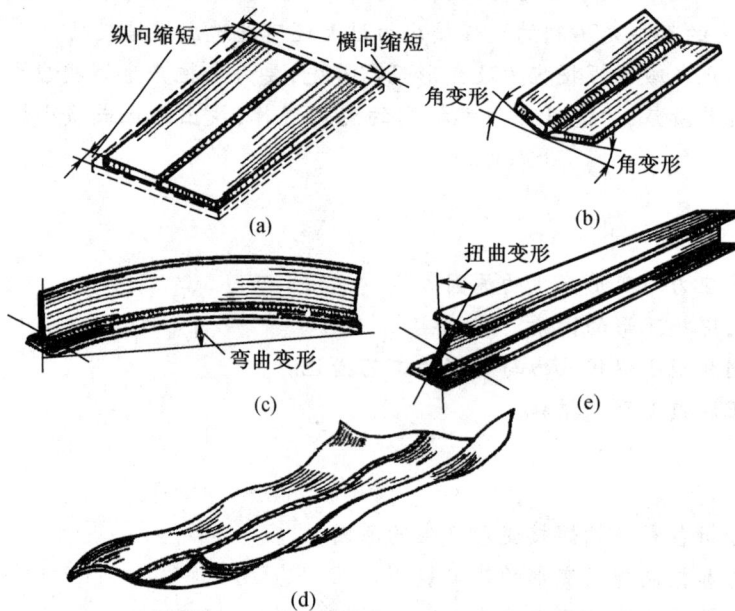

图9-1-1 焊接变形的基本形式示意图
(a)纵向缩短和横向缩短;(b)角变形;(c)弯曲变形;(d)波浪变形;(e)扭曲变形

可以粗略地说,焊接过程对焊件进行了局部的、不均匀的加热是产生焊接变形及应力的原因。焊接以后焊缝和焊缝附近受热区的金属都发生缩短。缩短主要表现在两个方向上,即沿着焊缝长度方向的纵向收缩和垂直于焊缝长度方向的横向收缩。正是由于焊缝处有这两个方向的收缩和收缩所引起的这两个方向上的缩短造成了焊接结构的各种变形。

为了叙述简便,以后在提到焊缝的收缩时,应理解为包括了焊缝附近某一部分受热区金属的收缩。

为什么金属经过不均匀加热后会发生收缩呢?既然金属和其他物体一样有热胀冷缩现象,那么热胀多少,冷却时就应该缩回多少。怎么会比原来缩小了呢?要解释这个问题得从下面三个试验的结果谈起。图9-1-2中(a),(b),(e)分别是三个试验过程的示意图。这三个试验都是用同样材质和同样长度的三根钢棒做试件。试验时采取均匀加热方式,加热温度为900 ℃。

从图中(a)所示的试验过程
看出,钢棒在自由状态下加热就发
生自由膨胀(伸长),随后冷却时
就发生自由收缩(缩短),冷却到
室温时钢棒又回到原来的长度,结
果是没有发生伸长和缩短。

从图中(b)所示的试验过程
看出,情况和上述试验不一样。由
于钢棒被加热到900 ℃后,立即就
用压力机把它热自由伸长的部分
压缩回去,结果自由冷却到室温时
钢棒就比原来缩短了。这就像将
钢材加热到红热时进行锻造一样,
钢棒在加热时发生过压缩塑性变
形,冷却后长度要发生缩短。

从图中(c)所示的试验和图
中(b)的过程有所不同,但结果是

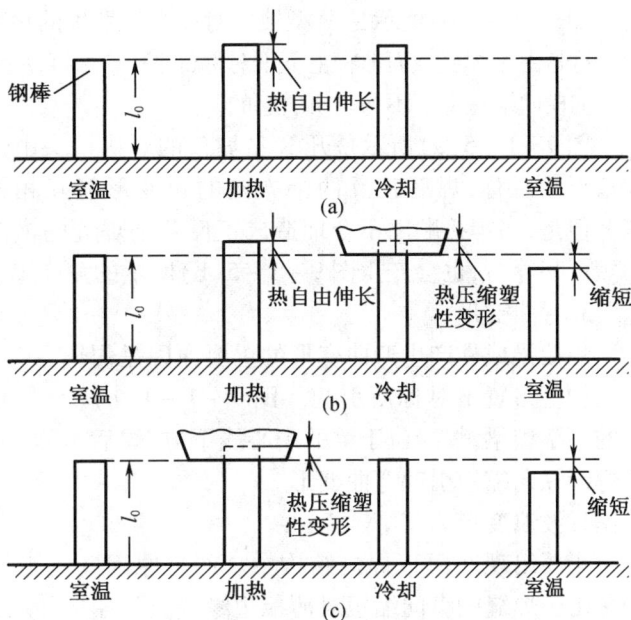

图9-1-2　金属棒在均匀加热和冷却时的变形示意图

相同的。这个试验的钢棒在加热时发生的热自由伸长一开始就受到阻碍,就好像热自由伸
长在整个加热过程中都被压缩回去了(图中虚线所示)。由于加热温度同样达到900 ℃,所
以这里被压缩的变形也是属于塑性变形。因此,从900 ℃自由地冷却到室温时,也发生长度
比原来缩短的现象。这就进一步证明了,凡是金属棒在加热时发生过压缩塑性变形,则冷
却后一定发生缩短的变形。

焊接过程对整个结构来说是不均匀加热的过程,在焊接区域(包括焊缝附近金属)发生
的加热过程就可以认为和图中(c)所示的过程相似。因为这一区域在焊接时的高温作用
下,热自由膨胀受到周围金属的阻碍,于是发生了压缩塑性变形,所以焊后这一区域的金属
就发生收缩。焊接时的实际情况是,这种收缩也不是自由的,也受到焊件其他部分的一定
的阻碍。结果在产生一定的收缩或缩短变形的同时,还产生一定的焊接残余应力。火焰矫
正就是利用这种规律矫正钢结构变形的。

二、各种变形产生的原因

1. 纵向缩短和横向缩短

图9-1-1(a)所示的两块板对接后发生长
度缩短和宽度变窄的变形。这种变形是分别由焊
缝的纵向及横向收缩所引起的。

图9-1-3所示是吊车梁,焊后该梁的长度
发生缩短。这里不仅纵向焊缝能引起结构的纵向
缩短,横向焊缝同样也能引起结构的纵向缩短,而
且往往起主要作用。

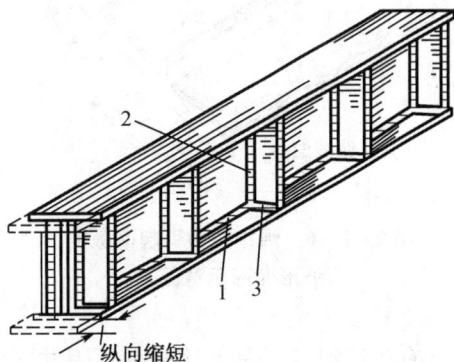

图9-1-3　吊车梁示意图

1—纵向焊缝;2,3—横向焊缝

2. 角变形

图 9-1-1(b)所示是 V 型坡口对接焊后发生的角变形。这是由于焊缝截面形状上下不对称(图9-1-4),从而焊缝的横向缩短上下不均匀所引起的。

图 9-1-5(a)所示是开 X 型坡口的对接接头由于坡口形状对称,焊后正反两个方向的角变形能互相抵消。但是,当焊接顺序不合理造成正反两条焊缝的横向缩短不相等时,也会产生图 9-1-5(b)所示的角变形。

3. 弯曲变形

焊接梁或柱产生弯曲变形的主要原因是焊缝在结构上布置不对称所引起。图 9-1-1(c)所示的丁字型梁,焊缝位于梁的中心线下方,焊后由于焊缝纵向缩短引起弯曲变形。

4. 波浪变形

主要出现在薄板焊接结构中。产生原因:一种是由于焊缝的纵向缩短对薄板边缘造成的压应力;另一种是由于焊缝横向缩短所造成的角变形(图 9-1-6,图 9-1-7)。

图 9-1-7 所示是船体结构中隔舱板角焊缝的横向收缩引起的角变形,这些角变形连贯起来形成波浪变形。

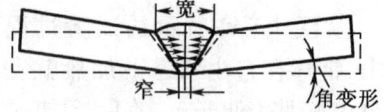

图 9-1-4　V 型坡口对接
接头示意图

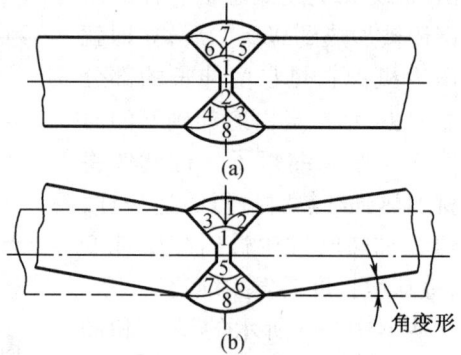

图 9-1-5　X 型坡口对接接头的角变形
焊后的角变形示意图

(a)合理的焊接顺序;(b)不合理的焊接顺序

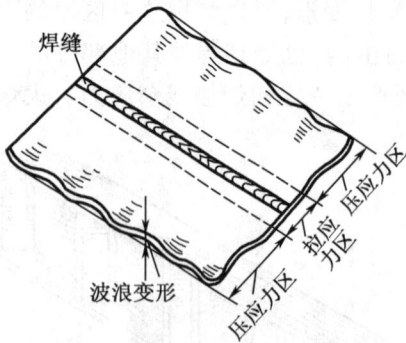

图 9-1-6　焊接应力引起薄板的
波形变形示意图

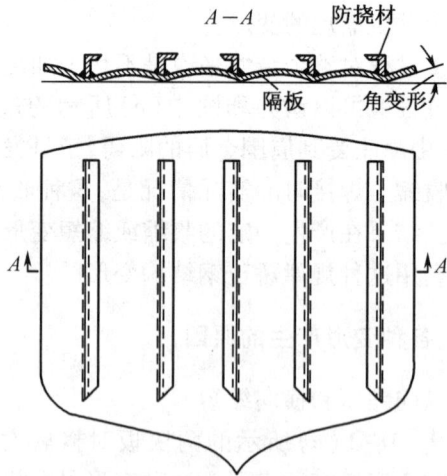

图 9-1-7　船体隔舱板焊角变形
引起的波浪变形示意图

有些波浪变形是上述两种原因共同作用引起的。

5. 扭曲变形

装配质量不好、工件搁置不当以及焊接顺序和焊接方向不合理,都可能引起扭曲变形。

但归根结底,是由于焊缝的纵向或横向缩短所致。

通过上述分析,进一步说明焊后焊缝的纵向及横向缩短是引起各种变形和应力的根本原因。同时也看出,焊缝缩短能否转变成各种形状的变形还和焊缝在结构上的位置、焊接顺序和焊接方向等因素有关。

焊接残余应力是在焊后状态下,在结构内部存在的焊接应力。

大多数情况下,焊缝都处在纵向拉应力状态。实测结果表明该处应力峰值都较大,一般都达到该金属材料的屈服强度。

在一个焊接结构中,焊接残余应力与变形之间有什么关系呢? 焊接应力和变形在焊接结构中是一个矛盾的两个方面。如果在焊接过程中焊件能够自由地收缩,则焊后焊件的变形较大而焊接应力较小;如果在焊接过程中焊件由于外力限制或自身刚性较大而不能自由收缩,则焊后焊件变形较小,但是内部存在着较大的残余应力。例如,焊接厚度较大的钢板和焊补刚性很大的铸件缺陷时,焊后不易变形,但焊接处产生较大拉应力。在实际的生产中,焊后结构既产生一些变形,又存在着一定的焊接残余应力。

任务二 影响焊接结构变形的因素

一、焊缝在结构中的位置对变形的影响

表9-1-1列举的是不同的焊缝位置焊后所引起的变形。从结构的设计上应尽量避免焊缝不对称布置。

表 9-1-1 焊缝处在不同位置时引起的变形

焊 缝 对 称 布 置	
图例	说明
	1. X 型坡口,焊缝对结构截面重心线对称布置; 2. 焊后主要引起结构纵向和横向缩短
	1. 焊缝位于结构截面重心线上; 2. 焊后主要引起结构纵向和横向缩短
	1. 两片半圆瓦对接成圆筒,焊缝对称布置; 2. 焊后主要产生纵向缩短和圆周长度减少
	1. 工字梁,焊缝对 $x—x$ 轴和 $y—y$ 轴均对称布置; 2. 焊后主要产生纵向缩短

表 9 – 1 – 1（续）

焊 缝 对 称 布 置

图例	说明
	1. 四条纵焊缝和所有筋板焊缝对 $x—x$ 轴和 $y—y$ 轴都对称； 2. 焊后四条焊缝纵向收缩和所有筋板焊缝横向收缩共同作用，主要引起整个工字梁的纵向缩短
	V 型坡口，焊缝重心偏离在结构截面重心线上侧 焊后不但有纵向和横向缩短，还有角变形
	1. 两块宽度不等的钢板拼接，焊缝位于结构截面重心线（$x—x$ 轴）的上侧，不对称； 2. 焊后由焊缝纵向收缩引起弯曲变形
	1. 钢板卷圆后进行对接，焊缝在截面上对 $x—x$ 轴不对称，位于上侧； 2. 焊后由于焊缝纵向收缩引起弯曲变形
	1. 丁字梁，焊缝对 $x—x$ 轴不对称布置，位于该轴下侧； 2. 焊后由于焊缝纵向收缩引起弯曲变形
	1. 主要焊缝对 $y—y$ 轴对称布置，但筋板焊缝都集中在 $x—x$ 轴的上侧，布置不对称； 2. 焊后筋板焊缝横向收缩引起整个工字梁弯曲变形

　　注：表中关于焊缝对称布置的说明，是忽略焊接顺序的影响。实际生产中由于焊接顺序不同，除产生纵向和横向缩短外，还会引起少量弯曲变形。

二、结构刚性对焊接变形的影响

　　有些金属结构在力的作用下不容易发生变形，就称它的刚性大。有些结构经不起外力作用，容易发生变形，则称它的刚性小。也就是说，受到同样大小的力，刚性大的结构变形小，刚性小的结构变形大。

　　金属结构的刚性主要决定于结构的截面形状及其尺寸的大小。

　　结构抵抗拉伸的刚性主要决定于结构截面积的大小。截面积越大刚性就越大，变形就越小。

　　结构抵抗弯曲变形的刚性主要看结构的截面形状和尺寸大小。各种结构抗弯刚性的比较见表 9 – 1 – 2。

表 9 - 1 - 2   焊接结构抗弯钢性大小的比较

图　　例		说明
刚性大,弯曲挠度小	刚性小,弯曲挠度大	
		尺寸完全相同的长方形截面的箱形梁,立着受力弯曲变形小,躺着受相同的力变形大,这是因为两个方向的抗弯刚性不同 $h > B$
		截面完全相同而长度不同的管子和其他结构,长度越大时,抗弯曲变形能力越小 $L_1 < L_2$
		板厚相同的丁字梁(或工字梁、箱形梁)腹板高度大时,抗弯曲变形能力强 $B_1 = B_2$ $h_1 > h_2$ $L_1 = L_2$
		高度、宽度和长度相同的工字梁或其他外部轮廓尺寸相同的结构,板厚越大,则刚性越大 $h_1 = h_2$ $\delta_1 > \delta_2$ $B_1 = B_2$ $P_1 > P_2$ $L_1 = L_2$

结构抵抗弯曲的刚性除决定于结构尺寸大小外,更为重要的是结构的截面形状。结构截面是封闭形式的则抗扭能力强;不封闭的则抗扭能力弱。

当我们能够判断结构刚性大小的时候,就可以大致估计焊后结构产生变形的程度。焊后焊缝一般都产生纵向和横向收缩,这种收缩受到整个结构的限制而产生"收缩力"。对于刚性大的焊接结构在这种力的作用下产生的变形比较小,而刚性小的焊接结构在这种力的作用下就产生较大的变形。

一般说来,对于短而粗的焊接构件,刚性较大,焊后发生变形较小;细而长的构件,其抗弯刚性小,焊后容易产生弯曲变形。如果结构中的焊缝不对称,产生弯曲变形更为显著。当焊接长、宽、高均相同的工字梁和箱形梁时,如果焊接方法不当都可能产生扭曲变形。但是,由于工字梁的断面形状不封闭,它的抗扭刚性比箱形梁差,所以焊后工字梁更易于发生扭曲变形。

从这里可以看出,对于刚性小的焊接结构,可以通过采用胎夹具或其他临时支撑等方法,增加结构在焊接时的刚性,就能达到减小焊接变形的目的。

三、装配和焊接顺序对结构变形的影响

一个焊接结构的整体刚性是随着装配焊接过程而形成的,即结构的整体刚性总是比它本身的零件或部件的刚性大。如果仅从增加刚性来减小焊接变形的角度来看,对于结构截面对称、焊缝布置也对称的简单焊接结构,采用先装配成整体,然后再焊接的顺序进行生产,对减小弯曲变形是有利的。

例如,工字梁的装配焊接过程,若按图 9 - 1 - 8(b)所示的边装边焊接的顺序进行生产,则焊后要产生较大的上拱弯曲变形;若采用图 9 - 1 - 8(c)所示先整装后焊接的顺序,焊后工字梁的弯曲变形就可减小。

但是,对于复杂的焊接结构采用整装后焊的顺序不一定合理。例如,桥式起重机箱形梁的上盖板与隔板之间的焊缝,如果在腹板组装到上盖板上以后焊接,则由于这些焊缝的横向收缩除引起上盖板的长度缩短外,还将引起腹板与上盖板组成的梁产生挠曲变形。如果按照图 9 - 1 - 10 和图 9 - 1 - 11 所示的办法焊接时,这些角焊缝只引起上盖板长度缩短,而对整个梁的变形则不发生影响。

有了合理的装配顺序还需要有合理的焊接顺序配合。因为尽管焊缝布置对称的焊接结构,在焊接规范相同的情况下进行焊接,每道焊缝所引起的变形并非相互抵消,而是先焊的焊缝引起的变形最大,最后的变形方向一般总是和最先焊的焊缝引起的变形方向一致。例如,工字梁(图 9 - 1 - 8(c))当整体装配好以后先焊接焊缝 1 和 2,然后焊接 3 和 4,焊后就会产生上拱的弯曲变形。如果按 1,4,2,3 的顺序进行焊接,焊后弯曲变形将会减小。

焊缝布置不对称的焊接结构也有可能利用调整焊接顺序来控制变形。

在拼接大面积的平板时,由于焊接顺序不当往往会引起波浪变形。这种情况在石油容器、船体制造中是经常遇到的。一般采取先焊横向焊缝,再焊纵向焊缝的焊接顺序来减小变形。图 9 - 1 - 9 所示有两种不同的焊接顺序,图中(a)是不合理的,因为先焊所有纵向焊缝后就必然把所有横向焊缝的装配间隙刚性地固定了,待焊接横向焊缝时就没有自由收缩的可能,于是产生较大的内应力,引起波浪变形。严重时在焊缝处可能产生裂纹。

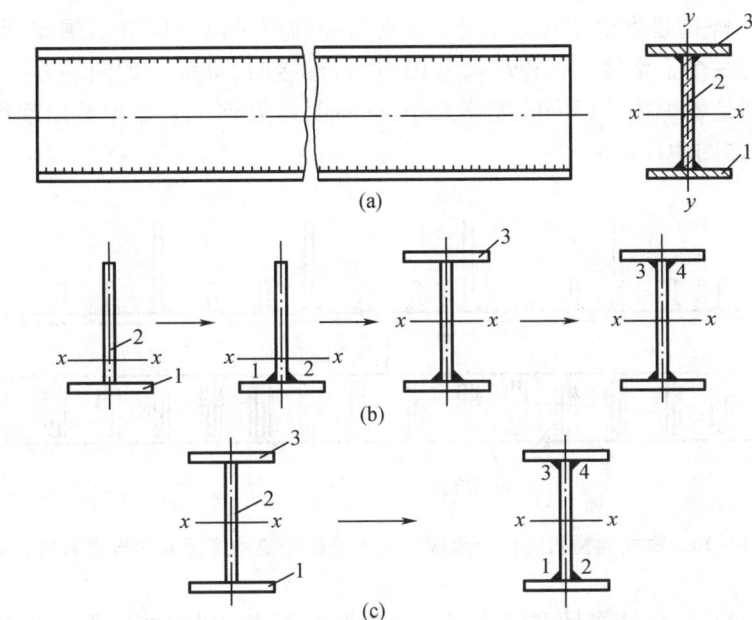

图 9-1-8　工字梁的装配顺序与焊接顺序示意图

(a)工字梁的结构形式;(b)边装边焊顺序;(c)整装后焊顺序;

1—下盖板;2—腹板;3—上盖板

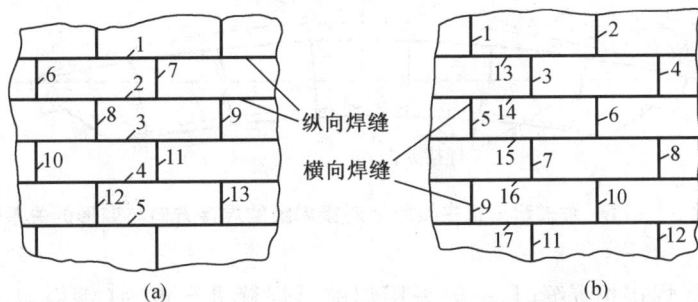

图 9-1-9　大面积平板拼接时的焊接顺序示意图

(a)先焊所有纵向焊缝,后焊横向焊缝;(b)先焊所有横向焊缝,后焊纵向焊缝

四、其他影响变形的因素

线能量、板厚、根部间隙或坡口、焊接方法、预热、焊接方向等对结构变形都有一定的影响。

对大多数焊接结构来说,变形随着焊接电流的增加而增大,而随焊接速度的增加而减小,即随着线能量的增加而增大。

焊接方向对变形的影响要看具体结构而定,同样一道焊缝可以从一端向另一端"直通"焊接,也可以从中间向两头或从两头向中间进行焊接。不同方向的焊接会引起不同程度的变形情况和内应力状态。这是由于焊接过程中,沿焊缝上热量分布不均匀、冷却有先后和冷却收缩过程中所受约束的程度不同等而引起的。

　　某厂在生产桥式起重机主梁过程中,摸索出并利用了以下的变形规律:对主梁的上盖板和大小隔板的每个丁字接头(图9-1-10)进行焊接时,都采用朝同一方向"直通"焊接,于是每道焊缝都是始焊端的横向收缩略大于终焊端,结果整个上盖板就出现终焊端向外凸出的旁弯变形(如图中虚线)。

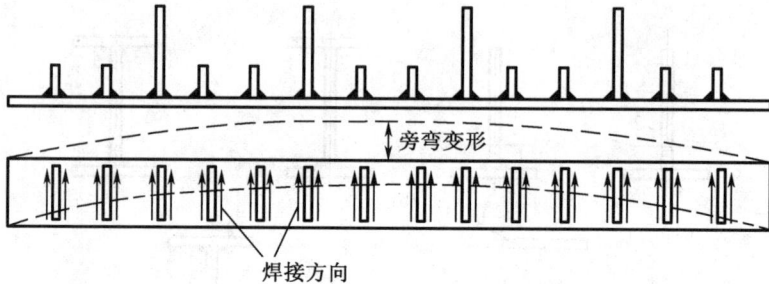

图9-1-10　桥式起重机主梁上盖板与大小隔板接缝的焊接方向与变形的关系图

　　在拼接主梁的腹板时,亦是采用朝同一方向"直通"焊,所得的变形结果却恰好和上述相反。如图9-1-11所示,各对接接头沿同一方向焊接后就形成始焊端向外凸出的弯曲变形。

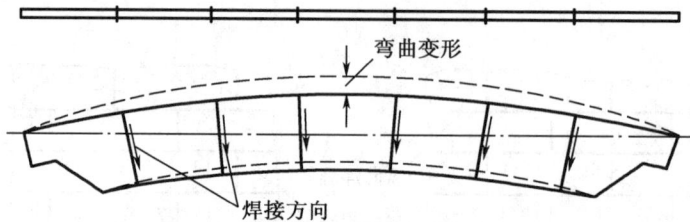

图9-1-11　桥式起重机主梁腹板对接焊缝的焊接方向与变形的关系图

　　用焊条电弧焊焊接长焊缝时,一般采用焊前沿焊缝进行点固(钢板越薄各点固焊的间距越短)。然后从中间向两头焊接,这不仅有利于减小变形,还有利于减小内应力。

　　备料情况和装配质量对焊接变形也会产生影响。例如,装配间隙大,焊缝的横向收缩也大。此外还应考虑焊件的自重和形状,对长形构件和容器之类的焊件或堆焊件,在焊前需恰当地加以支撑。

项目二　焊接变形的定性分析与估算

　　影响焊接变形的各种因素并不是孤立的,而是共同起作用的。制定防止变形措施时,必须综合考虑。

　　焊接以后的结构除形状发生变化外,一般在长度上也发生缩短。在实际生产中有时要求补尝焊后尺寸的缩短,为此在备料时就需预先留出收缩余量。采取计算方法确定余量是困难的,也是不准确的。在成批生产的情况下,一般都是结合本厂的具体条件,在试制过程中对结构焊后变形进行实际测量,找出规律,作为制订工艺措施的依据。

下面提供一些焊接构件在自由状态下,焊条电弧焊所积累的各种焊缝收缩量的关系和一些近似数值,供概略估计焊后变形量时参考。

(1)线膨胀系数大的材料,焊后焊缝收缩量也大。不锈钢和铝的线膨胀系数比低碳钢大,所以焊接变形也比低碳钢大。

(2)焊缝的纵向收缩随着焊缝长度的增加而增加,一般是以每米焊缝长度收缩多少毫米来计量。焊缝的横向收缩则随着焊缝宽度的增加而增加,一般是以每一条焊缝横向收缩多少毫米来计量。同一条焊缝横向收缩量相当于 2 ~ 4 m 长焊缝的纵向收缩量,所以在焊缝不长的情况下,焊缝的横向收缩是主要的。

(3)角焊缝的横向收缩比对接焊缝的横向收缩小。

(4)断续焊缝比连续焊缝的收缩量小。

(5)多层焊时,第一层引起的收缩量最大,第二层增加收缩量大约为第一层收缩量的 20%,第三层增加 5% ~ 10%,最后几层增加更小。

(6)在夹具固定条件下焊接的收缩量比没有夹具固定下焊接的收缩量小,减小 40% ~ 70%,但焊接后(指夹具没有松开时)结构内部将引起较大的焊接应力。

(7)焊脚等于平板厚度的丁字接头进行焊接后,角变形量为 2° ~ 3°,开 70° 左右的 V 型坡口的对接接头焊后产生的角变形也在 2° ~ 3° 之间。

表 9 - 2 - 1 和表 9 - 2 - 2 所列数据是结构处在自由状态下焊条电弧焊时,焊缝收缩的近似值。表 9 - 2 - 3 是结构钢焊接残余变形的估算式。

表 9 - 2 - 1　焊缝纵向收缩近似值　　　　　　　单位:mm/m

对接焊缝	连续角焊缝	间断角焊缝
0.15 ~ 0.3	0.2 ~ 0.4	0 ~ 0.1

表 9 - 2 - 2　结构钢焊接残余变形估算式　　　　　　　单位:mm

接头类型	钢板厚 / 横向收缩量	5	6	7	8	9	10	11	12	13	14	15	16	17	18	19	20	21	22	23	24
V 型坡口对接焊缝		1.3	1.3	1.4	1.4	1.5	1.6	1.7	1.8	1.8	1.9	2.0	2.1	2.2	2.4	2.5	2.6	2.7	2.8	2.9	3.1
X 型坡口对接焊缝		1.2	1.2	1.2	1.3	1.3	1.4	1.5	1.6	1.6	1.7	1.8	1.9	2.0	2.1	2.2	2.4	2.5	2.6	2.7	2.8
单面坡口十字角焊缝		1.6	1.7	1.7	1.8	1.9	2.0	2.0	2.1	2.2	2.3	2.4	2.5	2.6	2.7	2.9	3.0	3.1	3.2	3.4	3.5

表 9 - 2 - 2(续)

接头类型	横向收缩量	钢板厚 5	6	7	8	9	10	11	12	13	14	15	16	17	18	19	20	21	22	23	24
单面坡口角焊缝		0.8	0.8	0.8	0.8	0.8	0.8	0.7	0.7	0.7	0.7	0.7	0.6	0.6	0.6	0.6	0.6	0.5	0.4	0.4	0.4
无坡口单面角焊缝		0.9	0.9	0.9	0.9	0.9	0.9	0.9	0.9	0.8	0.8	0.8	0.8	0.7	0.7	0.7	0.6	0.5	0.4	0.4	
双面间断角焊缝		0.4	0.3	0.3	0.3	0.25	0.25	0.2	0.2	0.2	0.2	0.2	0.2	0.2	0.2	0.2	0.2	0.2	0.2	0.2	0.2

表 9 - 2 - 3　结构钢焊接残余变形估算式

变形	接头	估算式	注释
横向收缩 ΔB	对接接头	$\Delta B(\mathrm{cm}) = 2.95 \times 10^{-8} E/\delta_w$ $\Delta B(\mathrm{cm}) = 2.9 \times 10^{-6} E/\delta$	E—线能量,J/cm; δ_w—焊缝层厚,cm; δ—板厚
		$\Delta B(\mathrm{cm}) = 0.2 A_w/\delta + 0.05b$	A_w—焊缝截面积,cm²; δ—板厚,mm; b—根部间隙,mm
	T形接头	$\Delta B(\mathrm{cm}) = n_1 + n_2 E/\delta$ $n_2 = 2\delta/(2\delta + \delta_1)$ 	E—线能量,J/cm; δ—板厚,cm; n_1—系数
		$\Delta B(\mathrm{mm}) = K/\delta$	K—焊脚长,cm; δ—板厚,mm

表 9 – 2 – 3（续）

变形	接头	估算式				注释
纵向收缩 ΔL	对接接头	$\Delta L(\text{cm}) = 0.95 \times 10^{-8} LE/A$ $\Delta L(\text{cm}) = 0.86 \times 10^{-8} LE/A$				E—线能量，J/cm； L—杆件长度，cm； A—杆件截面积，cm^2
		$\Delta L(\text{cm}) = 3 \times 10^{-5} IL/\delta$				δ—板厚，mm； L—杆件长度，mm； I—焊接电流，A
	T型接头	$\Delta L(\text{cm}) = 0.025 A_w L/A$				A—杆件截面积，mm^2； L—杆件长度，mm； A_w—焊缝厚度，mm
	I字梁柱构件	$\Delta L(\text{mm}) = m_1 A_w L/A$				杆件截面积，mm^2； L—杆件长度，mm； A_w—焊缝厚度，mm
		方法	SMAW	$CO_2 W$	SAW	
		m_1	$0.048 \sim 0.057$	0.043	$0.071 \sim 0.076$	
角变形 $\Delta\Phi$	T型接头	$\Delta\Phi(\text{rad}) = 0.01 W/\delta^{3/2}$ $\Delta\phi(\text{cm}) = 0.07 BS^{1.3}/\delta^2$				W—单位长度焊缝金属质量，g/cm； δ—翼缘板厚，cm； B—翼缘板宽，cm； S—焊脚尺寸，cm
		$\Delta\Phi(\text{rad}) = 2.8\beta^{2.5} e^{-B\beta}$ $\beta = I \times 10^{-3} \delta^{-1} (\delta v)^{-1/2}$				I—焊接电流，A； v—焊接速度，cm/s； δ—翼缘板厚，cm
	平板堆焊	$\Delta\Phi(\text{rad}) = 4.3\beta^{2.5} e^{-10\beta}$				
挠曲变形 f	T型或I型构件	纵向收缩引起： $f(\text{cm}) = 0.12 \times 10^{-8} ZL^2 E/I$				I—惯性矩，cm^4； Z—焊缝断面中心与杆件中性轴的距离，cm； L—杆件长度，cm； E—线能量，J/cm
		$f(\text{cm}) = 0.72 \times 10^{-8} L^2 E/(H^2 \delta)$				L—杆件长度，cm； H—腹板高度，cm； δ—板厚，cm； E—线能量，J/cm
		$f(\text{cm}) = m_2 ZL^2 A_w \times 10^{-3}/I$				Z—焊缝断面中心与杆件中性轴的距离，cm； I—惯性矩，cm^4； L—杆件长度，cm； A_w—焊缝截面积，cm^2
		方法	SMAW	$CO_2 W$	SAW	
		m_2	$6.0 \sim 7.1$	5.4	$8.9 \sim 9.5$	

项目三　焊接变形的预防案例分析

焊接变形是焊接生产中颇为棘手的问题之一,控制焊接变形主要还是依靠经验,因生产条件多种多样,已有的经验未必总是适用,"理论联系实际"是一个很重要的原则,而"具体问题具体分析"则是处理问题的极为重要的和最基本的方法,这就需要创造性地结合具体情况去灵活运用,绝不可生搬硬套。下面介绍一些从生产中摸索出来的防止焊接变形的实例,可供分析参考借鉴。

一、反变形法

为了抵消(补偿)焊接变形,在焊前进行装配时,先将工件向与焊接变形相反的方向进行人为的变形,这种方法叫做反变形法。

图9-3-1(a)是某厂厚度为8~12 mm的钢板V型坡口单面对焊的变形情况。当采用反变形法后(见图9-3-1(b))基本上消除了变形。

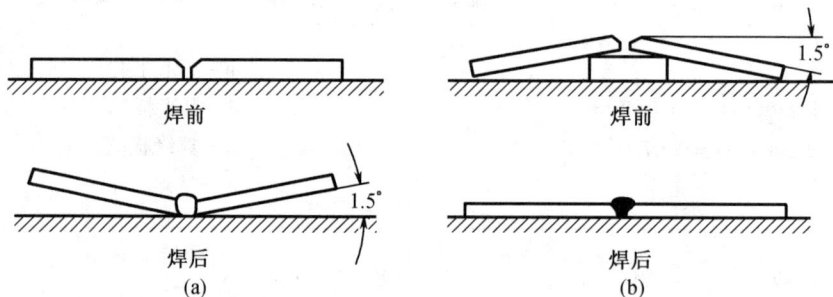

图9-3-1　厚度8~12 mm钢板对接焊的反变形图
(a)没采取反变形法;(b)采取反变形法

案例一　工字梁焊后由于角焊缝的横向收缩引起了角变形(图9-3-2(a)),如果用夹具把上下盖板夹紧获得反变形(图9-3-2(c))会有一定效果,但若夹具少,未夹紧处仍然有角变形,焊后盖板会出现如图9-3-2(d)所示的波浪变形。经修复后盖板边缘可以达到水平,但中部却存在"三道弯"(图9-3-2(e))。最好是焊前预先把上下盖板用顶床或其他设备压出如图9-3-2(f)所示的反变形,然后装配成图中9-3-2(b)所示的形状进行焊接。由于焊接顺序对角变形有影响,焊接时应采取图9-3-2(g)所示的焊接顺序。当采用埋弧自动焊时,要采取适当的装配角度(一般采取倾斜91.5°),而用焊条电弧焊时,不需要这一倾角。

为了提高造船质量,我国造船工业在焊接船体结构生产中也积累了很多防止变形的经验。

案例二　分段造船中合拢和大合拢中采用了反变形法。中合拢时,一般5~6 m长的船底分段焊接的变形量为5~8 mm(图9-3-3)。应用反造法时,在研装肋构时,可将中龙骨或旁龙骨水线由中部适当按顺序调高。现代造船中,当采用由坚固的胎架强制的正造法时,也应先将胎架做成反变形(图9-3-4)。

案例三　船体大合拢时产生的主要变形是艏艉部上翘。50 m长度左右的船体,艉部上

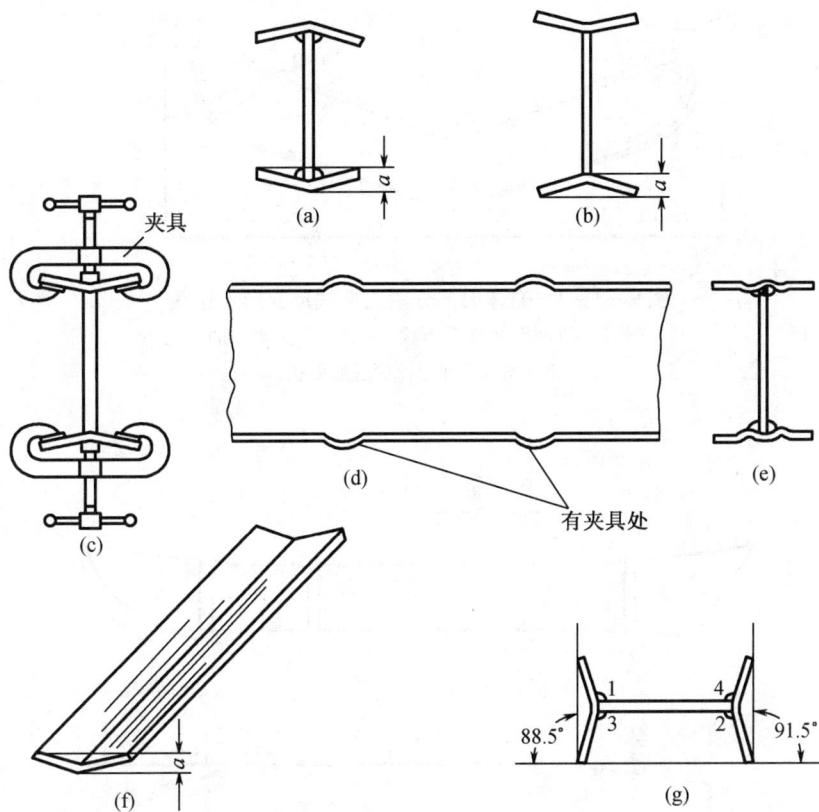

图 9 - 3 - 2 焊接工字梁的反变形法示意图

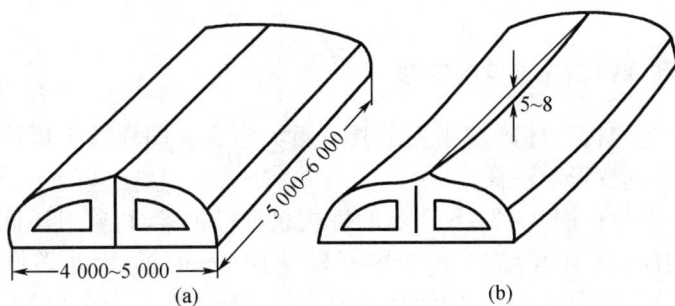

图 9 - 3 - 3 船体底部分段反造法焊后的变形示意图

(a)焊前;(b)焊后

翘 6 ~ 8 mm,艏部上翘 10 ~ 15 mm,而且随着船体长度的增加而增加。因此,在船台上需要进行反变形。当上层建筑在中部,艏艉的反变形量应一样;如果靠艉部,则艉部的反变形量应小。图 9 - 3 - 5 所示是某船厂在船台上制造 400 马力(约 294 kW)大型渔轮时各分段的反变形值。它是以船的中部第 3 分段作定位根据,然后按 2,4,1,5 分段顺序向艏艉由小到大作出反变形值。

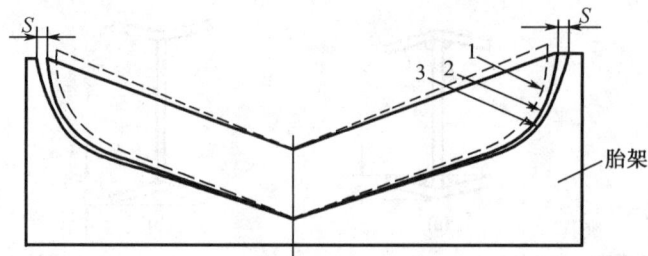

图9－3－4　船体底部分段正造法反变形示意图
1—未作反变形的焊后变形形状；2—图纸设计要求的形状；
3—胎架上作出反变形的形状

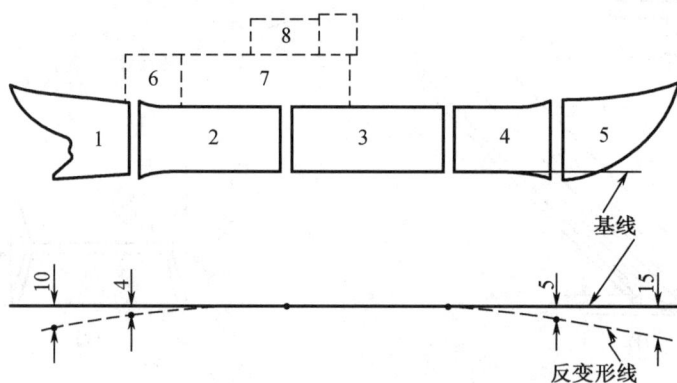

图9－3－5　船台上各段反变形示意图
1~5—船体分段；6~8—上层建筑分段

二、利用装配和焊接顺序来控制变形

采用合理的装配焊接顺序来减小变形具有重大意义。同样一个焊接构件采用不同的装配顺序，焊后产生的变形不一样。

案例一　某厂在生产图9－3－6所示的桥式起重机主梁时，曾对不同装配方案进行过比较。该主梁是封闭的箱形梁结构，由于内部需焊上大小隔板，因此必须先制成"∏"形梁以后才能制成箱形梁。图9－3－7所示是其中两种装配方案。图中（a）是属于边装边焊的装配顺序，先上盖板与大小隔板装配，焊接1缝，然后同时装配两块腹板，焊接2缝和3缝。图中（b）是属于整装后焊的装配顺序，首先把"∏"形梁全部装配好，然后焊接1缝，接着焊接2缝和3缝。比较结果是图中（a）所示的边装边焊的装配方案焊后产生的弯曲变形最小，因此实际生产中都采用这个装配方案。图中（b）所示的方案产生弯曲变形比较大的原因是焊缝1的位置在"∏"形梁截面上偏心较大。而图中（a）所示的方案焊缝1的位置几乎与上盖板截面重心重合，焊接1缝时对"∏"形梁的弯曲变形没有影响。所以对于焊缝在截面上布置不对称的复杂结构，需要注意选择合理的装配顺序。

对于一些简单结构只有一种装配方案的情况下，就需要考虑采用合理的焊接顺序。

案例二　某厂生产如图9－3－8（a）所示的压力机型胎时，由于焊缝不对称，焊后产生

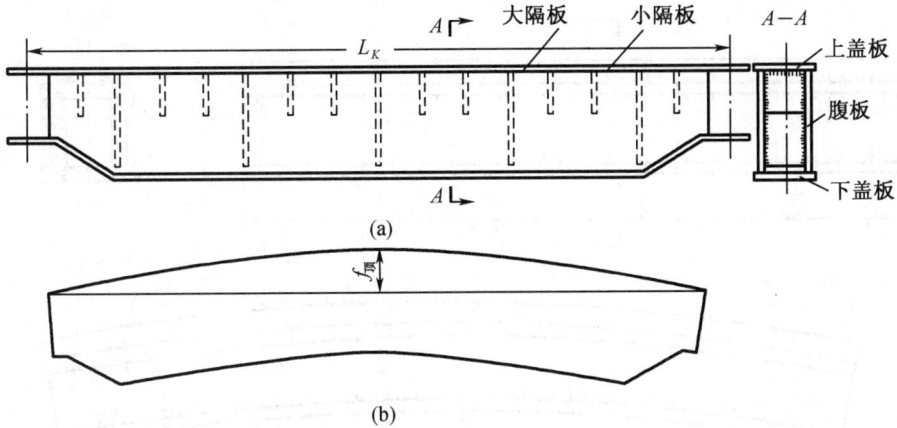

图 9-3-6　桥式起重机主梁防止下挠焊接变形的反变形法示意图
(a)桥式起重机主梁结构示意图；(b)主梁腹板预制止拱示意图

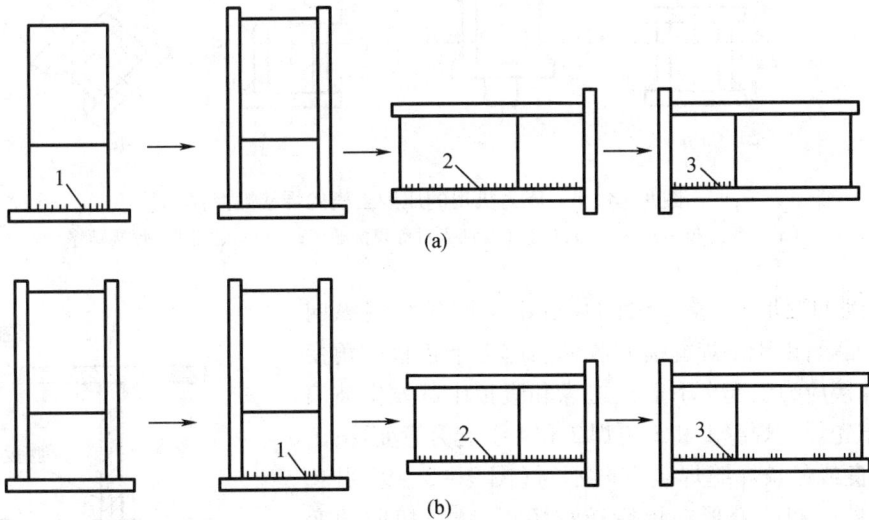

图 9-3-7　"Π"形梁的两种装配方案图

下挠弯曲变形。解决办法是两人对称地先焊只有两条焊缝的一侧(见图 9-3-8(b)中焊缝 1 和 1')，焊后就造成了如图 9-3-8(c)的上拱变形。由于这两条焊缝焊后增加了焊件的刚性，当焊接另一侧的两条焊缝时(图中(d)所示先焊 2 和 2'，再焊 3 和 3')，由于所引起的变形方向与对侧焊缝 1 和 1'引起的变形方向相反，这样焊后基本上防止了下挠变形。

当只有一个焊工操作时，则采用"船形"位置进行焊接(图 9-3-8(e))，由于是多层焊，焊接顺序是按图中所示来进行，总的规律也是焊缝少的一侧先焊。

案例三　有许多结构截面形状对称，焊缝布置也对称，焊后却发生弯曲或扭曲的变形。这主要是由装配和焊接顺序不合理引起的，也就是各条焊缝引起的变形没能互相抵消，于是发生变形。

工字梁虽然截面形状和焊缝布置对称，若装配和焊接顺序不适当也会发生各种变形。

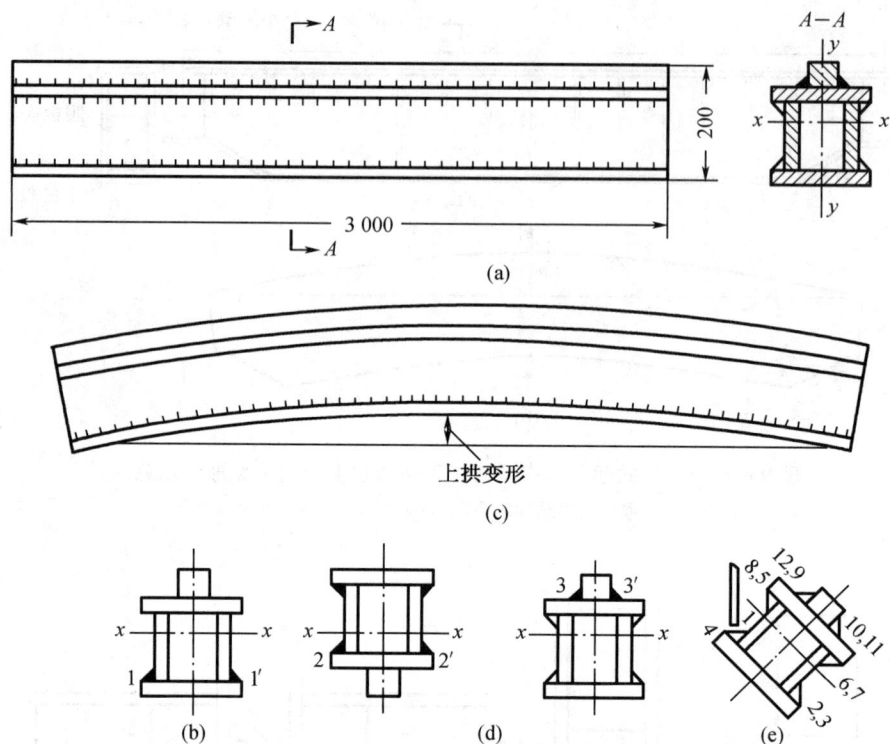

图9-3-8 压力机用的压型上模的焊接顺序图

(a)压型上模结构图;(b),(c),(d)两人对称焊接顺序;(e)单人"船形"焊接顺序

目前所遇到的变形有:整个梁的长度由于四条纵缝纵向收缩引起缩短;由于角焊缝横向收缩引起上下盖板的角变形;由于焊接应力引起上下盖板边缘和腹板中部发生波浪变形;由于先焊完焊缝1和3再焊2和4引起旁弯变形;由于装配不良或各条焊缝焊接方向不对(图9-3-9)引起工字梁扭曲。扭曲变形在焊后较难矫正,防止扭曲的变形要从以下两方面着手:

(1)保证装配质量。采用手工焊时,腹板和上下盖板的相对位置要垂直,上下盖板要水平,腹板和盖板之间要无间隙或间隙沿整个梁的长度很均匀。焊接前要把工字梁垫平。

(2)要避免如图9-3-10所示的各条焊缝的焊接方向相互错开的焊接顺序。

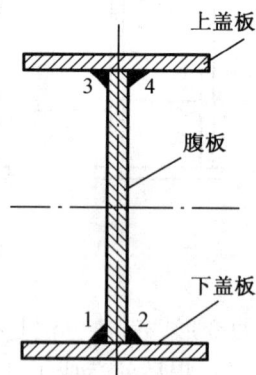

图9-3-9 工字梁四条纵向焊缝示意图

工字梁长度的缩短可通过备料时把上下盖板和腹板留出适当收缩余量解决。上下盖板的角变形可以利用夹具夹紧或反变形解决。上拱和旁弯的变形用焊接顺序去解决。

案例四 某厂在没有刚性工作平台时进行单件工字梁生产的经验。先把工字梁装配好,然后把它垫平(图9-3-11(a)),如果梁很长,防止因自重发生下垂,可在梁的下盖板适当位置增加垫木。如果是只有一个焊工操作的话,就先焊焊缝1再焊焊缝2,然后把工字梁翻过来焊接焊缝 3,4 和 5,6,最后又翻过来焊接焊缝 7 和 8。如果四条角焊缝不需焊两层,则先焊 1,2 焊缝时,不焊完焊缝的全长,留下焊缝长度的 30%～50%,等焊完 3,4 后再接着焊。在焊接每一道焊缝时,都是从中间向外分段焊,每段长度约 1 m,如图 9 - 3 - 11(b)所示顺序。两个焊工操作时,则按图 9 - 3 - 11(c)的顺序和方向焊接,这时两个焊工在互相对称的位置,采用相同的电流、焊速和方向进行焊接。上述方法的缺点是操作比较麻烦,焊工得来回走动。

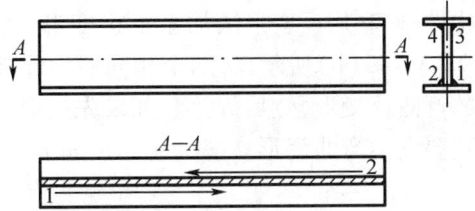

图 9 - 3 - 10 工字梁焊接过程中不合理的焊接方向示意图

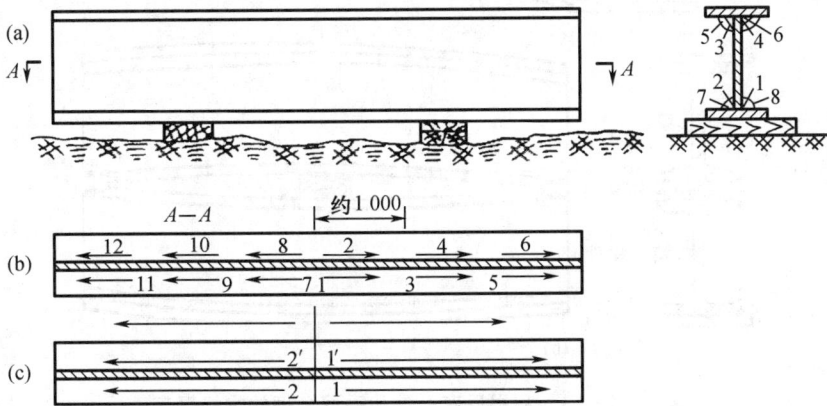

图 9 - 3 - 11 无工作台时工字梁焊接顺序图
(a)工字梁焊前垫平;(b)一个焊工焊接时的焊接顺序;
(c)两个焊工同时焊接时的焊接顺序

案例五 某厂利用焊接顺序控制了 3.6 m³ 煤气炉钢圈的焊接变形。四个对接接头开双 U 型坡口,开始采用平焊,先完成一侧所有焊缝,然后翻过来焊另一侧所有焊缝。焊后变形太大,而且扭曲变形。采取把焊件立起来由两个焊工对称焊立焊,这样变形大大减小,但焊接速度太慢。后采用翻个交替焊接的方法,既防止了变形,又提高了工作效率。具体做法如图 9 - 3 - 12 所示,先把焊件装配好,然后临时焊上两根圆钢作为翻转轴放在支架上。在平焊位置,由四名焊工同时对称进行平焊。采用

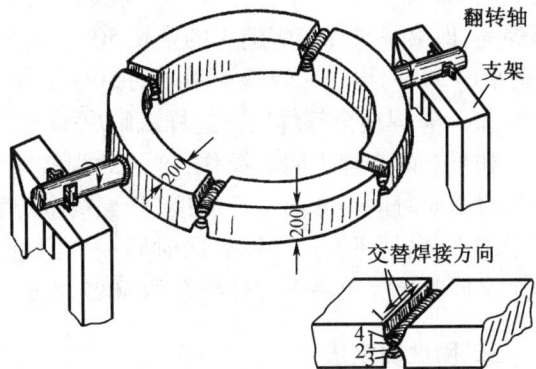

图 9 - 3 - 12 3.6 m³ 煤气炉钢圈焊接装置及焊接顺序图

同样大小的电流,焊接顺序是先焊焊缝 1,然后翻过来焊焊缝 2 和 3,再翻过来焊焊缝 4。焊接焊缝 3 的方向和焊接焊缝 2 的方向相反,焊接焊缝 4 的方向和焊接焊缝 1 的方向相反。这样依次交替地焊接,解决了变形问题。

案例六 防止变形的各种方法也可以配合起来使用。某厂在焊接图9-3-13(a)所示的构件时,利用反变形法加了上拱变形,采取合理的焊接顺序解决旁弯变形。具体方法如图9-3-13(b)所示,将两个相同的构件互相对称地点固起来,中间打进楔形木块,获得一定的弯曲反变形,然后焊接。如果先把第一个构件的两条纵缝全部焊完,再焊第二构件,结果还要发生弯曲变形。解决的办法如下:

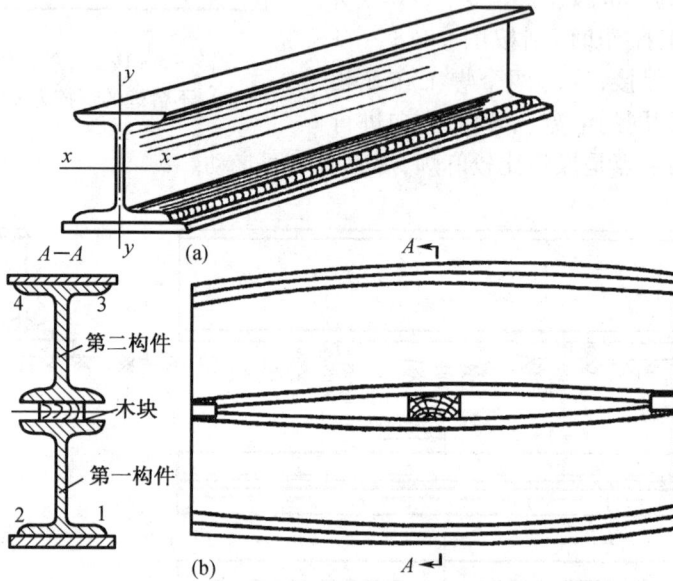

图9-3-13 利用反变形法和采取合理的焊接顺序解决工字梁构件的变形示意图

当一个焊工操作时,先焊焊缝1,其长度为全长的50%;再焊焊缝2,其长度为全长70%。这样做主要是解决旁弯。然后把两个构件翻过来焊第二个构件。第二个构件第一次焊接的顺序和第一个构件第一次焊接的顺序一样。不同的是,第二个构件是连续两次全部焊完,即第一次焊接焊缝3的全长50%;再焊焊缝4的全长70%;接着第二次又焊完焊缝3剩余的50%,再焊完焊缝4剩余的30%。然后再把两构件翻过来,把第一个构件剩余的50%和30%焊缝全部焊完。这样就解决了上拱和旁弯的变形。

如果有两个焊工同时操作,这时的焊接顺序是:先焊接第一构件,每人焊接一条焊缝,两人对面同时同一方向进行焊接,只焊接全焊缝长度的50%;然后把两构件翻转过来焊第二个构件,也是每人一条焊缝同时同一方向进行焊接,一次就全部焊完;再把构件翻过来,两个又同时焊完第一个构件剩余的50%焊缝。这样焊后就防止了变形。

三、刚性固定法

刚性大的构件焊后变形一般都较小。如果在焊接前加强焊件的刚性,那么焊后的变形可以减小。固定的方法很多,有的用简单的夹具或支撑,有的采用专用的胎具,有的是临时点固在刚性工作平台上,有的甚至利用焊件本身去构成刚性较大的组合体。

刚性固定法对减小变形很有效,且焊接时不必过分考虑焊接顺序。缺点是有些大件不易固定且焊后撤除固定后焊件还有少许变形。如果与反变形法配合使用则效果更好。

　　案例一　焊接较小型的工字梁时,采用刚性固定法可以减小弯曲变形和角变形,如图 9-3-14(a)所示,也可以把两个装配好的工字梁构成图9-3-14(b)所示的组合梁。利用简单的夹具(图中 B—B 所示),把两个翼板夹紧(每隔 500~600 mm 对称地布置一套),然后由两名焊工对称地按图中所示顺序和方向进行焊接。

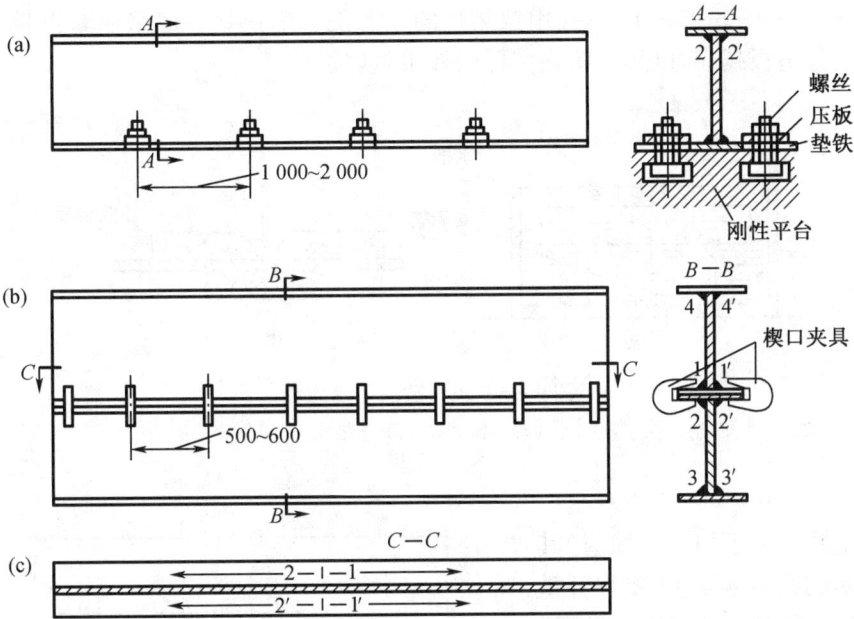

图9-3-14　工字梁在刚性夹紧下进行焊接示意图

　　案例二　丁字梁(图9-3-15(a))刚性较小,焊后主要产生上拱和角变形,有时也有旁弯。某厂的经验是当单件生产时,可以做一个临时操作台(图9-3-15(b)),把丁字梁用螺旋夹具夹紧,为了防止角变形,可采用反变形法,在中间垫一小板条,在夹具力的作用下,造成角反变形,焊接顺序可以任意进行;也可以利用丁字梁本身"背靠背"地进行刚性固定(图9-3-15(c)),同时采取反变形。

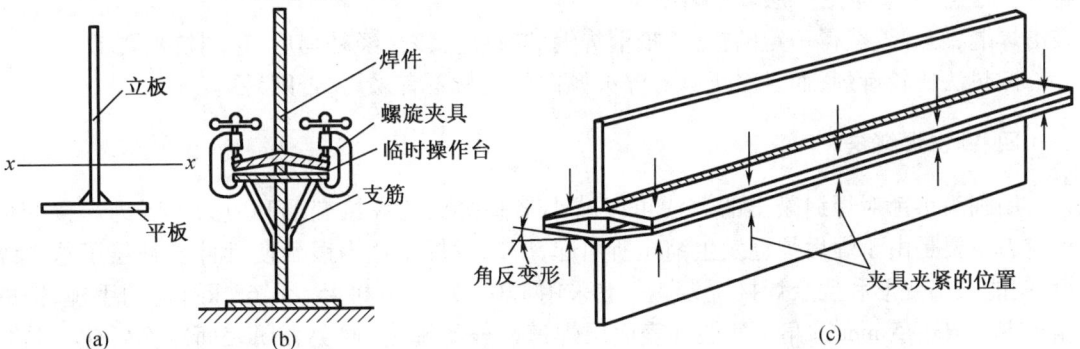

图9-3-15　丁字梁在刚性夹紧下进行焊接示意图

三、散热法

散热法又称强迫冷却法,就是把焊接处的热量迅速散走,使焊缝附近的金属受热面积大大减小,达到减小焊接变形的目的。图9-3-16(a)是水浸法的示意图,常用于表面堆焊和焊补。

案例一 图9-3-16(b)是应用散热垫的示意图。散热垫一般采用紫铜板,有的还钻孔通水。这些垫板越靠近焊缝,防止变形的效果越好。

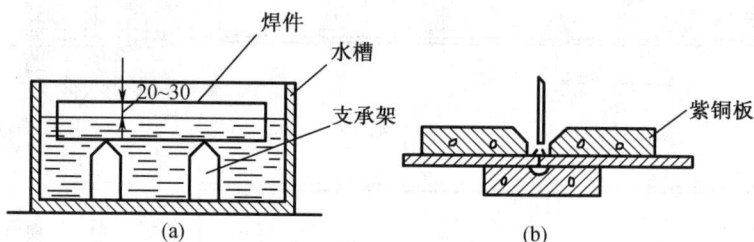

图9-3-16 散热法示意图
(a)水浸法;(b)散热垫法

案例二 图9-3-17所示是一个机械加工件。由于加工不慎,把其中一个φ18的孔钻偏了,需要焊补重钻。由于和它相邻的大孔(φ120)已经加工钻好,这个大孔将来要装轴承。因此,对此部位的变形限制较严。

焊补方法是把需要焊补的孔适当扩大2~3 mm,然后在孔底托上一块紫铜板加强散热,同时也起改善焊缝底部成形的作用。焊接时采用小电流多层焊。每焊完一层就用小锤

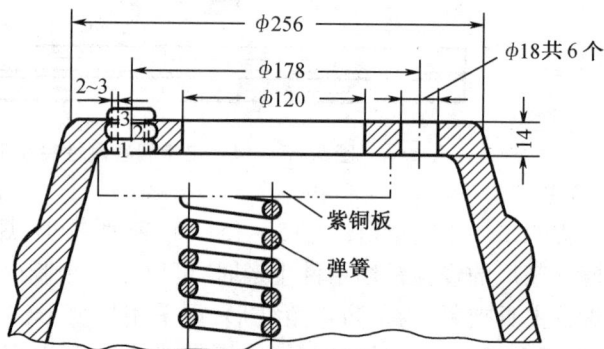

**图9-3-17 机械加工件修补时用加热散热法
减少变形示意图**

敲击焊缝,使焊缝获得一定的扩张,抵消焊缝的收缩。该件经补焊后,达到技术要求。

散热法比较麻烦,而且对于具有淬火倾向的钢材不宜采用,否则易裂。

四、锤击焊缝法

用圆头小锤对焊缝敲击的方法可以减小某些接头的焊接变形和应力。因为焊接变形和应力主要是由于焊后焊缝发生缩短所引起,所以对焊缝适当锻延使其伸长补偿了这个缩短,就能减小变形和残余焊接应力。一般采用1.0~1.5 lb(0.45~0.68 kg)重的手锤,锤的端头带有$R3~5$ mm圆角。底层和表面层焊道一般不锤击,避免金属表面冷作硬化。其余各焊道每焊完一道后,立刻锤击,直至将焊缝表面打出均匀的密密麻麻的点为止。

在冷焊补铸铁件时也经常应用锤击焊缝的方法,但其主要目的是防止产生热应力裂纹。

　　在实际生产中防止焊接变形的方法很多,上述仅仅是其中主要的几种,而且在实际应用中往往都不是单独采用,而是联合采用。选择防止变形的方法一定要根据焊件的结构形状和尺寸,并分析其变形情况来决定。

项目四　各类焊接变形控制措施

　　焊接变形控制方法与措施,需要根据变形种类及产生原因入手。不同类型的焊接变形,其控制措施不同。总体来说,可以从结构刚性约束、施焊顺序、操作方法、设计使用工装夹具等措施考虑,具体如表9-4-1。

表9-4-1　各类焊接变形防止措施

变形种类	防止措施
横向收缩	1. 由于拘束可减少收缩,但增加残余应力,实际效果不大,有适当的收缩量较适用; 2. 焊接断面大,收缩量相应增大,在可能范围内尽量减少焊接量; 3. 根部间隙大,收缩量增大,选用保证底层焊接良好的窄小间隙; 4. 使用粗焊条、铁粉焊条收缩量小; 5. 埋弧自动焊、半自动焊、电渣焊等大电流焊接法,收缩量小; 6. 层间温度、运条法、焊接方向等影响较小
纵向收缩	纵向收缩的对策,在部件预留收缩量,同时为了保证精度,应考虑焊后的加工量
回转变形	1. 点固焊要完善,根据需要在焊接终端处进行拘束; 2. 长的接头采用两个以上的焊工施焊,采用分段焊,多点同时焊; 3. 采用对称法、异向分段法、跳焊法; 4. 直线细长对接接头多、制作部件数量多,先进行大板对接,然后用门式焰割机切断,可提高效率防止回转变形
角变形	对接焊 1. 坡口的角度尽量小些; 2. 采用焊接速度大的焊接方法,例如采用埋弧自动焊; 3. 运用拘束卡具; 4. 采用反变形法
	填角焊 1. 特厚板采用焊接速度大的焊接法,例如用埋弧自动焊,角变形小; 2. 采用熔敷效率高的焊接法,粗径焊条、铁粉焊条对板厚(8~16 mm)效果较好,但是在板厚16 mm 以上时,焊条直径大小差异很小; 3. 断续焊、角变形小; 4. 采用卡具在变形反向卡固拘束法
纵弯变形	防止 T 型杆件的纵弯变形,先组装成对称 I 型杆件,腹板高加倍。角焊后,沿腹板中央用焰割机切断。效果很好

表 9 – 4 – 1(续)

变形种类	防止措施
波浪变形	对于桥梁钢桥面板的弯曲变形,因中央部位焊缝集中,端部易产生波浪变形,对以后钻孔、架设影响很大。故防止措施为端部残留待切处用型钢等拘束,焰割时加热收缩,可矫正波浪变形
扭曲变形	1. 焊缝尺寸勿过大; 2. 焊条熔敷量尽量小; 3. 避免焊缝集中; 4. 焊接顺序,由拘束大的部位开始,向拘束小的自由端进行; 5. 注意加工质量,特别注意焰割时的质量和防止变形; 6. 组装质量对变形影响很大,坡口不当以及由于千斤顶、卡具用的不合理使钢材变形,焊接时内应力释放,形成扭曲变形; 7. 注意卡具的应用

项目五 焊接结构变形的矫正

对于焊接构件,首先要采取各种有效措施防止或减小变形。但由于某种原因,焊后结构发生了超出产品技术要求所允许的变形,就应设法矫正,使之符合产品质量要求。实践表明,很多变形的结构是可以矫正的。各种矫正变形的方法实质上都是设法造成新的变形去抵消已经发生的变形。

生产中应用的矫正方法主要有机械矫正和火焰矫正两种。

一、机械法矫正焊接变形

机械法就是利用机械力的作用矫正变形。图 9 – 5 – 1 所示就是利用机械法进行矫正弯曲变形的例子。

薄板波浪变形主要是由于焊缝区的纵向缩短所引起,采取沿焊缝进行锻打的方法可以使焊缝得到延伸,从而达到消除薄板焊后波浪变形的目的。为了避免钢板或焊缝表面留下印痕,可以在工件表面垫上小平锤,然后用手锤打小平锤。

采用滚床或其他设备辗压焊缝,使焊缝区金属恢复原来长度,对消除薄板波浪变形也能收到一定效果。

二、气体火焰加热矫正焊接变形

对金属结构进行不均匀加热会引起变形。但是在一定条件下,也可以利用不均匀加热引起的变形去矫正焊接结构已经发生的变形。

气体火焰矫正又叫做火工矫正。所利用的是普通气焊用的氧 – 乙炔火焰或其他气体火焰。这种方法只需普通气焊用的工具和设备。火焰矫正的实质是利用金属局部受火焰加热后的收缩所引起的新的变形去矫正各种已经产生的焊接变形。而掌握火焰局部加热引起变形的规律是做好火焰矫正的关键。

决定火焰矫正效果的因素主要是火焰加热的位置和火焰热量,不同的加热位置可以矫

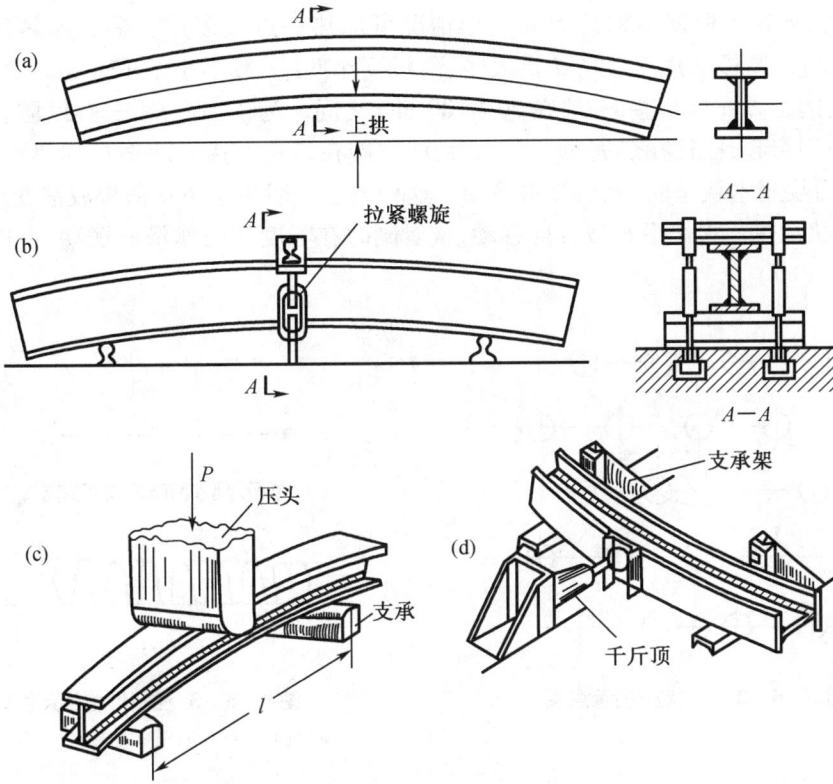

图 9 – 5 – 1　工字梁焊后变形的机械矫正示意图

正不同变形方向的变形。不同的加热量可以获得不同程度矫正变形的能力。一般情况下，热量越大，矫正能力越强，矫正变形量也就越大，但首要的是定出正确的加热位置。因为如果加热位置错了，会获得相反的结果。对低碳钢的普通低合金钢焊接结构常采用 600 ~ 800 ℃ 的加热温度。加热过程中的颜色变化所表示的温度参见表 9 – 5 – 1。

表 9 – 5 – 1　钢材表面颜色及其相应温度

颜色	温度/℃	颜色	温度/℃
深棕色	550 ~ 580	淡红色	830 ~ 900
红棕色	580 ~ 650	橘黄色	900 ~ 1 050
深红色	650 ~ 730	深黄色	1 050 ~ 1 150
深鲜红色	730 ~ 770	淡黄色	1 150 ~ 1 250
鲜红色	770 ~ 800	白黄色	1 250 ~ 1 300
淡鲜红色	800 ~ 830		

1. 加热方式

（1）点状加热　根据结构特点和变形情况可加热一点或多点。多点加热常用梅花式（图9-5-2）。厚板加热点直径 d 要大些、薄板要小些，一般不小于 15 mm。变形量越大，点与点之间的距离 a 应小些，一般在 50~100 mm 之间。为了提高矫正速度，防止冷却后在加热处有小泡突起，往往在热完每一个点后，就立即在该点上用木块锻打加热点及其周围。锻打时，背后要用木块垫底，然后浇水冷却。这种方法一般用于矫正薄板波浪变形。

（2）线状加热　火焰沿直线方向移动，或者同时在宽度方向作横向摆动，形成带状加热（图9-5-3(c)）。

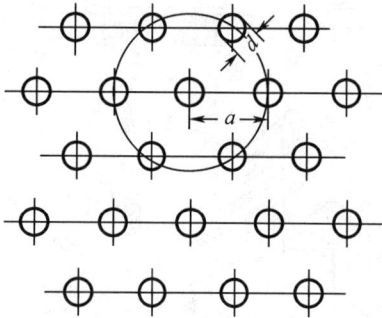

图9-5-2　点状加热示意图

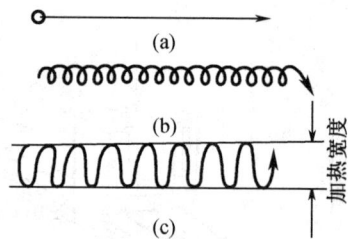

图9-5-3　线状加热示意图

（a）直通加热；（b）链状加热；（c）带状加热

加热线的横向收缩一般大于纵向收缩。因此，应尽可能发挥加热线横向收缩的作用。横向收缩随着加热线的宽度增加而增加，加热线宽度一般为钢板厚度的 0.5~2 倍。

线状加热多用于变形量较大或刚性较大的结构，有时也用于薄板矫正。

（3）三角形加热　三角形的底边在被矫正的钢板边缘，顶端朝内（图9-5-4）。

三角形加热的面积较大，因而收缩量也较大，常用于矫正厚度较大、刚性较强构件的弯曲变形。可以两个或更多个焊炬同时进行加热。

在矫正薄板结构的变形时，为了提高矫正效果，有时在火焰加热的同时用水急冷。这样做，在一般情况下，对低碳钢和部分普通低合金钢的性能没有不良影响，但对于厚度较大而又比较重要的构件或者淬硬倾向较大的钢材不可用水冷。为了提高矫正效果，在加热过程中有时施加外力。

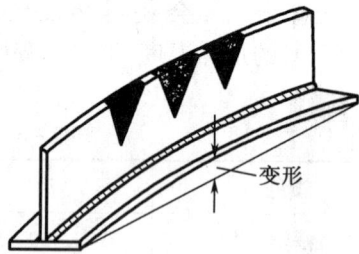

图9-5-4　三角形加热示意图

火焰矫正目前主要用在各种低碳钢。实践证明，火焰矫正对这种钢材性能影响不大。普通低合金结构钢大部分都可以采用火焰矫正。表9-5-2所列举的是有关工厂对部分普通低合金钢经过在一定条件下的试验得出的结论。

表 9 – 5 – 2　部分普通低合金钢经火焰矫正试验结果

钢种	试验结论及注意事项
14 锰铌半镇静钢	对焊接疲劳梁进行火焰矫正试验表明,火焰矫正对钢材性能影响不大
16 锰钢	具有良好火焰矫正和水火弯板①性能。水火弯板加热温度在 650 ℃ 左右时,机械性能几乎不受影响,即使在 850 ~ 900 ℃ 加热后仍具有足够的强度和塑性
15 锰钒钢	可以用氧 – 乙炔火焰局部加热矫正,不影响钢材机械性能
15 锰钒氮钢	可以用氧 – 乙炔火焰局部加热矫正,不影响钢材机械性能
14 锰钒钛稀土钢	可以用氧 – 乙炔火焰局部加热矫正,不影响钢材机械性能
10 锰磷铌稀土钢	可以用氧 – 乙炔火焰局部加热矫正,不影响钢材机械性能
15 锰钛钢	可以用氧 – 乙炔火焰进行矫正,薄钢板还可用水火弯板
08 锰磷稀土钢	用局部火焰烘烤来矫正变形时,温度以 600 ~ 700 ℃ 为宜。因为它在 600 ~ 700 ℃ 时,晶粒开始长大,700 ~ 800 ℃ 时就出现魏氏组织
09 锰铜磷钛钢	薄板在 900 ℃ 晶粒仍较细,在 900 ~ 1 000 ℃ 时出现魏氏组织,因此局部烘烤矫正时温度以 700 ~ 800 ℃ 为宜
12 钼铝钒钢	建议避免采用水火矫正

①水火弯板是船体制造中一个工序名称。过程和实质与火焰矫正完全相同,它是利用火焰局部加热钢板获得所需要的变形。在加热过程中用水急冷。

2. 火焰矫正的注意事项

(1)首先了解被矫正结构的材质。矫正后性能显著下降者,不能采用火焰矫正。一般情况下焊接性好的材料,经火焰矫正后材质性能变化也小。例如,低碳钢和 16 锰等强度较低、焊接性较好的普通低合金钢,不仅可以用火焰矫正,在板厚不大时,还可浇水,也就是可以用水火矫正提高矫正效率,火焰不超过 800 ℃。采用水火矫正时,要等钢材温度稍冷到失去红态时再浇水。

(2)加热用火焰一般采用中性焰;如果要求加热深度小,可采用氧化焰。

(3)矫正前应该仔细观察变形情况,考虑加热位置和矫正步骤。

(4)夏天室外矫正,应该考虑到日照的影响。往往发生这样的情况,中午矫正准确的,第二天清晨测量时又不准确了。所以要求高的构件应考虑这个因素。

(5)薄板变形的火焰矫正过程中需要锤击时,应采用木锤。

(6)进行火焰矫正时,要考虑下道工序的情况。如下道工序是焊接或气割,则接边的矫正可以"松"一些,待焊后或气割后该边即"紧"了,这样变形与应力都可以减小。

项目六　减小与消除焊接应力

结构在焊接以后不仅产生变形,而且内部存在着焊接残余应力。残余应力的存在对大多数焊接结构的安全使用没有影响,也就是焊后不必进行消除应力处理。有些情况下,需要消除焊接结构中的残余应力。

结构的变形和焊接应力不但在焊后,而且在整个焊接过程中始终存在着,并且在不断变化着。掌握这个变化规律对于焊接工人是很必要的,因为焊接应力对于焊接性不良的金属,常常成为造成焊接裂纹的原因之一。对于焊接性很好的材料,例如一般低碳钢,如果刚度太大,且焊接顺序和方法不当,焊接过程中也会产生由焊接应力造成的裂纹,也就是热应力裂纹。此时,应设法减小焊接应力。

任务一 减小焊接应力的几种办法

一、采用合理的焊接顺序

除了防止弯曲及角变形要考虑合理安排焊接顺序外,为了减小焊接应力也应选择合理的焊接顺序。

1. 平面上的焊缝焊接时,要保证焊缝的纵向及横向(特别是横向)收缩能够比较自由,而不是受到较大的约束。例如,焊对接焊缝时,焊接方向要指向自由端。因此,分段退焊法虽能减小一些变形,但焊缝横向收缩受阻较大,故焊接应力较大。

2. 收缩量最大的焊缝应当先焊,因为先焊的焊缝收缩时受阻较小,故应力较小。例如,一个结构上既有对接缝,也有角接缝时,应先焊对接焊缝,因对接焊缝的收缩量较大。

3. 在对接平面上带有交叉焊缝的接头时,必须采用保证交叉点部位不易产生缺陷的焊接顺序。例如,丁字焊缝和十字焊缝应按图9-6-1所示顺序焊接,才能使横向收缩比较自由,有助于避免在焊缝的交点处产生裂纹。同时焊缝的起弧和收尾也可避开交点或虽然在交点上,但在焊相交的另一条焊缝时,起弧或收尾处事先已被铲掉。大型油罐、船壳建造等大面积拼板焊接中必须注意这一点。

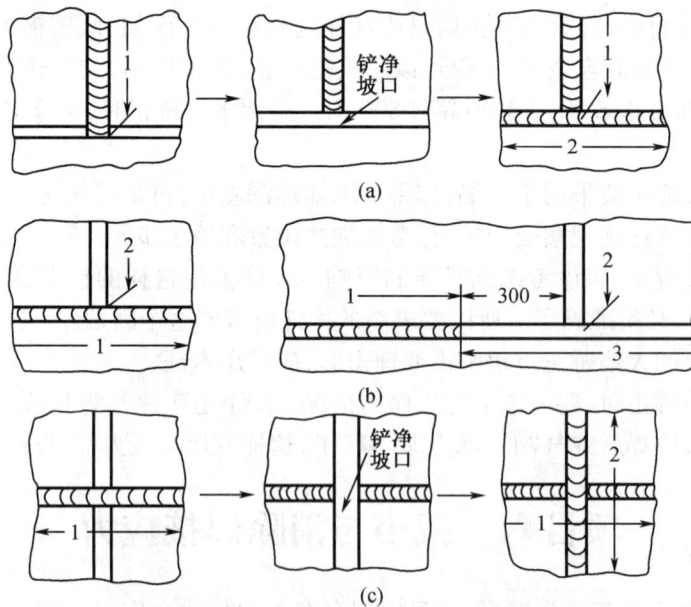

图9-6-1 交叉焊缝的焊接顺序图

(a)丁字型焊缝的焊接顺序;(b)丁字型焊缝,左图顺序不正确,应按右图所示进行焊接;
(c)十字交叉焊缝的焊接顺序

二、预留保证焊缝自由收缩的余量

船体或容器上,常常要将已有的孔用钢板堵焊起来(图9-6-2),这种环焊缝沿着纵向和横向均不能自由缩短,因此产生很大的焊接应力,在焊缝区特别是在焊第一、二层焊缝时,很容易产生被应力撕裂的热应力裂纹。这种裂纹产生在温度下降的过程中,总是沿着薄弱的断面开裂。克服的方法之一,是将补板边缘压出一定的凹鼓形,如图9-6-3所示。焊后补板由于焊缝收缩而被拉成平直形,起到减小焊接应力、避免裂纹产生的作用。

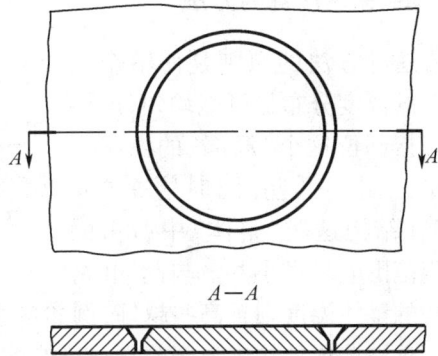

图9-6-2　补板焊接示意图

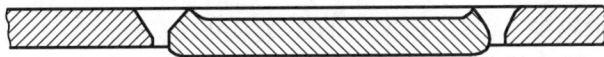

图9-6-3　凹鼓形热应力裂纹克服方法示意图

三、开缓和槽减小应力法

厚度大的工件刚性大,焊接时容易产生裂纹。在不影响结构强度性能的前提下,可以采用在焊缝附近开缓和槽的方法。这个方法的实质是减小结构局部刚性,尽量使焊缝有自由收缩的可能。图9-6-4(a)所示是一圆形封头,需补焊上一塞块。因钢板较厚,又是封闭焊缝,焊后易裂,采取在靠近焊缝的地方开槽以减小该处的刚性,见图9-6-4(b)。焊接时可避免裂纹。图9-6-5所示是锻焊结构。锻制的圆环套在轴上,焊接角焊缝。因为材料是合金钢,而且很厚,焊接时采取预热有困难。采取如图9-6-5所示的开缓和槽后,局部预热容易进行,焊接时可避免产生裂纹。图9-6-6(a)所示是一圆棒焊到厚板上,封闭焊缝刚性大,焊后易裂。采取图9-6-6中(b)或(c)所示的措施即可避免。

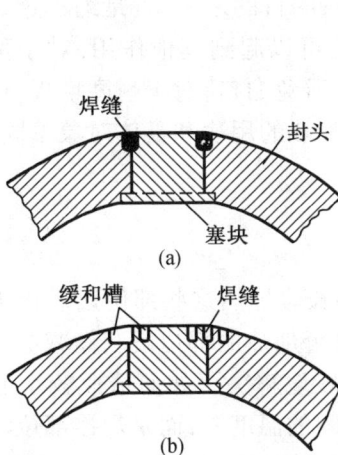

图9-6-4　锅炉封头焊补示意图

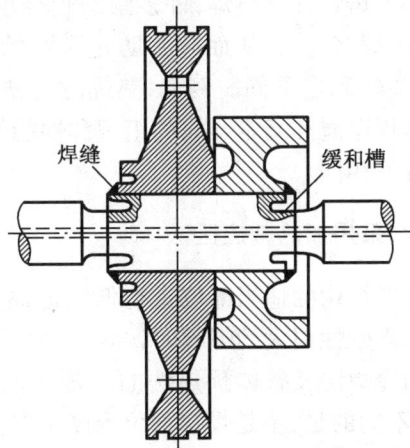

图9-6-5　汽轮机转子的焊接示意图

四、采用冷焊的方法

这种方法的原则是使整个结构上的温度分布尽可能均匀,即要求焊接部位这个"局部"的温度应尽量控制得低些,同时这个"局部"在结构这一"整体"中所占的面积范围应尽量小些。与此同时,

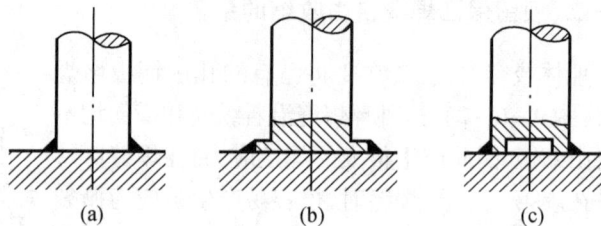

图 9 - 6 - 6 减小圆棒端部刚性示意图

结构的整体温度则越高些越好,例如冬季室内比室外好;30~40 ℃的环境温度比一般室温好。这种造成结构中温度差别尽可能缩小的方法,能有效地减小焊接应力和由此引起的热应力裂纹。

具体做法如下:

(1)采用焊条直径较小、焊接电流偏低的焊接规范。

(2)每次只焊很短的一道焊缝。例如,焊铸铁每道只焊 10~40 mm。焊刚度大的钢件,如图 9 - 6 - 2 的补板,每次焊半根到一根焊条。等这道焊缝区域的温度降到不烫手时才能焊下一道很短的焊缝。

(3)同时采用锤击焊缝的办法。在每道焊缝的冷却过程中,用小锤锻打焊缝,使焊缝金属受到锻打减薄而向四周伸长,抵消一些焊缝的收缩,起到减小焊接应力的作用。图 9 - 6 - 2 所示的补板焊接也可以采用这种冷焊法避免裂纹,但比起将补板事先加工成凹鼓形的工艺方法,效果差些。有时可把这两种办法结合起来采用。注意在每道只焊半根到一根焊条的前提下,第一层焊缝断面尽量厚大些。焊补铸铁件常从熔合线撕裂,故每一道焊缝的断面应稍薄些。

五、整体预热法

用这种方法减小焊接应力的原理同冷焊法本质上是相似的,即同样是使焊接区的温度和结构整体温度之间的差别减小。差别越小,冷却以后焊接应力也越小,产生裂纹的倾向也越小。铸铁件的热焊,许多耐磨合金堆焊时整体预热的目的之一,就是缩小这种温度差别、减小焊接应力,从而起到防止裂纹的作用。预热还可以起到其他作用,对于不同的金属,这些作用也不同。例如,热焊时铸铁焊补还有助于避免白口;对于耐磨堆焊,还有助于改善堆焊金属和基本金属的组织和性能等。由于整体加热的用途和具体对象不同,加热温度也各不相同。

六、采用加热减应区法

选择结构的适当部位进行低温或高温加热使之伸长。加热这些部位以后再去焊接或焊补原来刚性很大的焊缝时,焊接应力可大大减小。这个加热的部位就叫做减应区。这种方法和冷焊法及整体预热法的原理相似,只是更加巧妙地解决了如何造成较小的温度差(这里不同的是,不是焊接部位温度和焊件整体温度之间的温度差,而是焊接部位温度和焊件上那些阻碍焊接区自由收缩的部位温度之间的温度差),从而减小了焊接热应力,有利于避免热应力裂纹。很显然,与整体预热相比较,采用这种方法减小应力的技术难度较大,但加热成本大大降低。这是焊接工人在长期生产实践中总结出来的行之有效的方法。现用

图9-6-7来进一步说明这种方法。图中所示的减应区受到加热时,因热膨胀而伸长。由于焊接部位此时还没有受热,因此焊接部位的对缝间隙(或者是将要焊补的裂纹的间隙)增大。增大的数值取决于减应区伸长的数值。焊接或焊补以后,焊接部位与减应区同样处于较高温度,冷却时一起自由收缩,因此减小了应力。

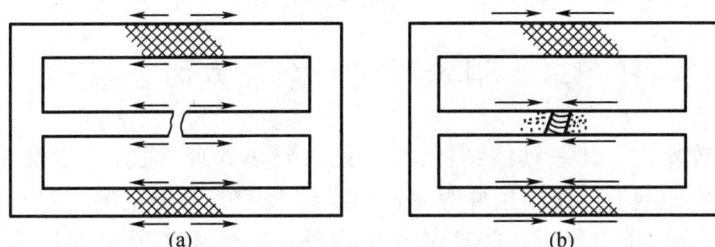

图9-6-7　加热减应区法示意图

(a)加热减应区时,焊口间隙增大;(b)焊后焊接受热区与减应区一起冷却收缩

图9-6-8所示为几种简单结构的减应区示意图。

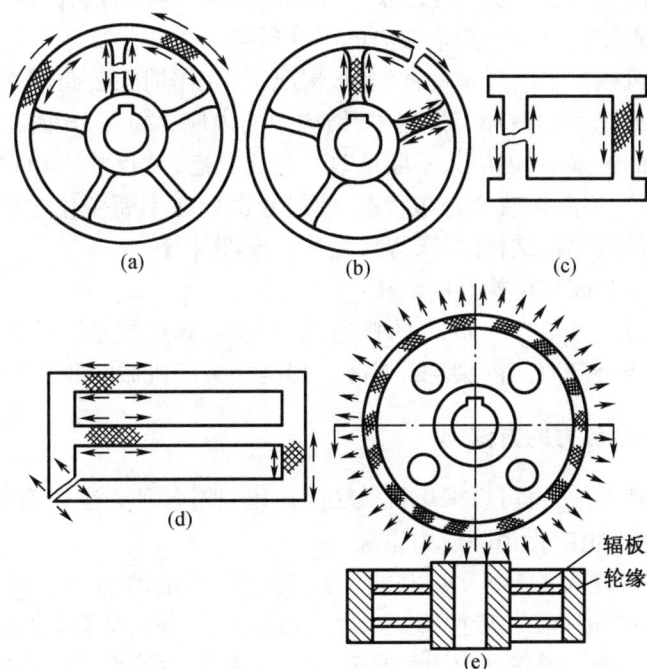

图9-6-8　几种简单结构的减应区示意图

图9-6-8中(e)是大型焊接飞轮或齿轮示意图。两块轮辐板的厚度较薄,四条环缝焊完时会造成这两块板的温度显著升高。而轮缘和轮壳比较厚大,焊后温度不高,整个结构焊接过程中,特别是在焊后冷却过程中,靠近轮缘的环缝中产生巨大的横向拉应力,容易沿焊缝产生裂纹。而靠轮壳的环焊缝中产生的是压应力,因此只要按图示选择轮缘为减应区,将轮缘预先加热,此时轮缘受热后周长增大,相应地直径也增大,环焊缝的间隙加大,焊后就可以使环焊缝的横向拉应力大大减小,甚至可能变为压应力。这对避免焊缝区裂纹很

有利。由于辐板焊接时温度升高得快,因此轮壳与辐板之间的关系就像机械加工中的"红装"一样,冷却后焊缝受的是横向压应力。从避免热应力裂纹的角度考虑,没必要预先加热轮壳。

总之,应力不像变形可以用眼睛看见,其变化的规律较难掌握。但是只要结合实际,用心思索并善于总结经验,焊接应力的变化规律是可以掌握,可以利用的。

任务二　消除焊接残余应力的方法

这个问题比较复杂。其一具体结构,焊后是否要热处理,通常是由设计部门根据钢材的性能、板厚、结构的制造及使用条件等多种因素综合考虑后决定的。对于某类产品,既要通过必要的科学实验,也要分析这类产品在国内外长期使用中所出现过的事故,确定在什么情况下必须进行消除残余焊接应力。

一、须消除残余应力的几种情况

1. 大型受压容器　对各种钢材的焊接容器有一个设计的壁厚界限。容器厚度超过这个界限时,要求消除残余应力,这样才能保证使用的安全。特别是有可能在低温下运输、安装、启动或使用时,更需慎重考虑残余应力的不利影响。

2. 对焊后要求机械加工的焊接构件,多数情况下,应作消除残余应力的热处理(高温回火或称消除应力退火),否则在加工过程中,结构中的内应力重新分布,造成尺寸不稳定,也就是整个机械加工的过程中,因应力不断地改变分布状态,使尺寸不稳定,也就是整个机械加工的过程中,因应力不断地改变分布状态,使尺寸也处在不断变化之中。典型的例子有:机车或船用大型柴油机焊接结构缸体、焊接结构机床部件等。

3. 有产生应力腐蚀破坏可能性的结构。

4. 某些屈服强度大于 50 kg/mm^2 的普通低合金钢,焊后要求及时进行回火处理,其作用之一是消除焊接残余应力,避免裂纹,对改善焊接接头的机械性能也有好处。

二、消除焊接残余应力的方法

主要采用热处理方法,也可以采用机械法。这里只对各种方法作简单介绍。

1. 整体高温回火(也叫做消除应力退火)

将焊接结构整体放入加热炉中,并缓慢地加热至一定的温度。对低碳钢结构来说,600 ~ 650 ℃,保温一定时间(一般按每毫米厚度保温 4 ~ 5 min 计算,但不少于 1 h),然后在空气中冷却或随炉缓冷。考虑到自重可能引起构件的歪曲等变形。在放入炉子时要把构件支垫好。

整体高温回火消除焊接残余应力的效果最好,一般可以将 80% ~ 90% 的残余应力消除掉,是生产中应用较广的一种方法。

2. 局部高温回火

就是对焊接结构应力大的地方及周围加热到比较高的温度,然后缓慢地冷却。这样做并不能完全消除焊接应力,但可以降低残余内应力的峰值,使应力分布比较平缓,起到部分消除应力的作用。

3. 低温处理消除焊接应力

这种方法的基本原理是利用在结构上进行不均匀的加热造成适当的温度差别来使焊缝区产生拉伸变形,从而达到消除焊接应力的目的。具体做法是在焊缝两侧(图9-6-9)用一对宽100~150 mm,中心距为120~270 mm的氧-乙炔火焰喷嘴加热,使构件表面加热至200℃左右。在火焰喷嘴后面一定距离,喷水冷却。造成加热区与焊缝区之间一定的温度差。由于两侧温度高于焊缝区,便在焊缝区产生拉应力,于是焊缝区金属被拉长,达到部分消除焊缝拉伸内应力的目的。这种方法属于机械法消除应力。消除应力的效果可达50%~70%。目前生产中已有应用。

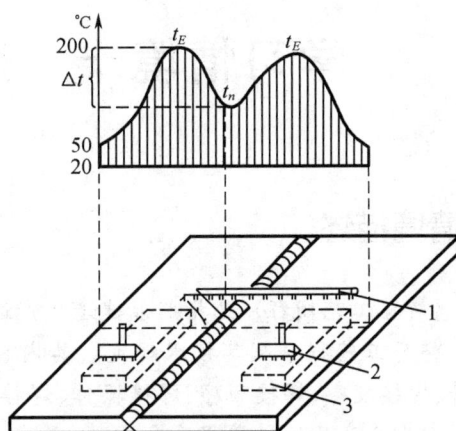

图9-6-9 低温消除焊接应力示意图
t_E—加热区温度;t_n—焊缝区温度;Δt—温度差;
1—冷却水管;2—火焰喷嘴;3—加热区

4. 整体结构加载法

把已经焊好的整体钢结构,根据实际工作情况进行加载荷,使结构内部应力接近屈服强度,然后卸载,能达到部分消除焊接应力的目的。例如,容器结构可以在进行水压试验的同时消除部分残余应力。但应注意,用这方法后,结构会产生一些残余变形。

任 务 考 核

1. 什么叫做焊接应力,什么叫做焊接残余变形?
2. 简述焊接应力与变形产生的原因。
3. 简述控制和减小焊接应力与变形的工艺措施。
4. 影响焊接变形的因素有哪些?
5. 分别简述各类焊接变形防止措施。
6. 矫正焊接变形的措施有哪些?
7. 消除焊接残余应力的方法有哪些?

学习情境十 船体结构焊接工艺

● 情境描述

《焊接工艺规程》是指船舶建造生产过程中为控制船体结构及分段焊接变形所编制的的一整套工艺程序及其技术规定。其内容包括:焊接方法、焊前准备加工、装配顺序、焊接材料、焊接设备、焊接顺序、焊接操作、焊接工艺参数以及焊后处理等。《焊接工艺规程》是工厂中生产产品的科学程序和方法;是产品零部件加工、装配焊接、工时定额、材料消耗定额、计划调度、质量管理以及设备选购等生产活动的技术依据。

《焊接工艺规程》是生产企业工艺文件中的指导性技术文件,也是工厂技术部门的核心工作之一。《编制焊接工艺规程》的目标要求:安全、质量、成本、生产率。

【一】知识目标

1. 掌握船体结构焊接工艺基本原则。
2. 掌握低氢型焊条的焊接范围。
3. 掌握船体结构焊接时的一般工艺要求。
4. 掌握整体建造船体结构的焊接工艺。
5. 掌握分段法建造船体结构的焊接工艺。
6. 掌握船台大合拢的焊接工艺。

【二】能力目标

1. 能将整体建造船体结构的焊接工艺应用于生产中。
2. 能将平面分段、立体分段、舣总段装配的焊接工艺应用于生产中。
3. 能将舱口结构、主机基座的焊接工艺应用于生产中。
4. 能将船台大合拢的焊接工艺应用于生产中。

【三】任务链接

1. 认知焊接工艺规程。
2. 船体结构焊接工艺基本原则。
3. 整体建造船体结构的焊接工艺。
4. 分段法建造船体分段焊接工艺。
5. 船台大合拢的焊接工艺。

项目一 焊接工艺规程及船舶焊接原则工艺

一、焊接工艺规程

为控制船体结构及分段焊接变形,保证船体建造质量,船舶在开工建造前,工厂应结合本厂的技术条件和生产经验,制订产品建造焊接工艺计划表交验船师认可。计划表中应针对建造中的焊缝出现于重要结构与结点的不同位置、形式和尺寸,列出拟使用的焊接工艺规程的名称和编号。

《焊接工艺规程》应提交船级社批准后方可采用。对于未曾批准过的工艺,工厂应制订详细的工艺规程并提交船级社认可,经工艺认可试验合格后方可使用。

提交认可的《船体结构焊接工艺规程》应包括下列内容:

(1)母材的牌号、级别、厚度和交货状态;

(2)焊接材料(焊条、焊丝、焊剂和保护气体)的型号等级和规格;

(3)焊接设备的型号和主要性能参数;

(4)坡口设计和加工要求;

(5)焊道的布置和焊接的顺序;

(6)焊接位置(平、立、横、仰焊等);

(7)焊接规范参数(电源极性、焊接电流、电弧电压、焊接速度和保护气体流量);

(8)焊前预热和道间温度、焊后热处理及焊后消除应力的措施等;

(9)施焊环境:现场施焊或车间施焊;

(10)其他有关的特殊要求。

在分段、总段或其他船体结构中,有大量接缝需要进行焊接。哪些接缝先焊,哪些接缝后焊,哪些接缝应该最后施焊,均应依照一定次序。这种按一定规律进行焊接的顺序,通常叫做焊接程序。

正确的焊接程序是减小结构焊接变形,降低残余应力并使其分布合理的基本保证,对减少变形矫正工作量,缩短建造周期,降低生产成本,合理组织焊接生产,以及提高船体建造质量等均具有重要意义。

二、制定焊接工艺的基本原则

(1)船体外扳、甲板的对接:当板缝铺开时,应先焊横缝,后焊纵缝;当板缝未错开时,应先焊纵缝,后焊横缝。

(2)构件中同时存在对接缝和角接缝时,应先焊对接缝,后焊角接缝。

(3)在焊接一个分段或整体建造船体结构时,应当从分段和船体的中央向左右、前后同时对称地进行施焊。

(4)具有对称轴的结构,应由双数焊工对称地施焊。

(5)焊条电弧焊时,长度大于 0.5 m 的接缝,应采用分段退焊或从中间向两端分段退焊法进行施焊。

(6)构件中同时存在单层缝和多层缝时,应先焊收缩变形较大的多层焊缝,后焊单层焊缝。施焊多层焊缝时,在条件允许的情况下,各层焊缝的焊接方向应相反,焊缝的接头应互相错开。

（7）分段和总段的外板纵向接缝，以及纵向构件与外板的角接缝，其两端应留出 200～300 mm 长度接缝暂时不焊，以便船台装配时对接调整。

（8）肋骨、舱壁等构件靠近总段大接缝一边的角接缝，以及双层底分段中内底边板与外板的上部角焊缝，一般允许大接缝焊接完毕后进行焊接。

（9）重要的接缝（如总段合拢缝、环形合拢缝）的焊接过程应连续完成。

（10）分段建造中所产生的焊接缺陷，以及超出标准的焊接变形，应在上船台前修补及矫正完毕，不得拖延到船台上进行。

三、船体结构的基本焊接程序

（1）板对接缝的焊接程序如图 10－1－1 所示。

（2）对接缝与角接缝同时存在时的焊接程序如图 10－1－2 所示。

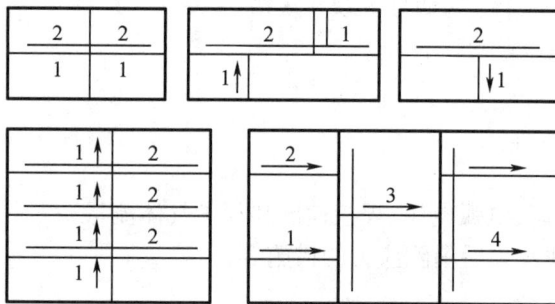

图 10－1－1 板对接缝的焊接程序图

1～7—焊接顺序

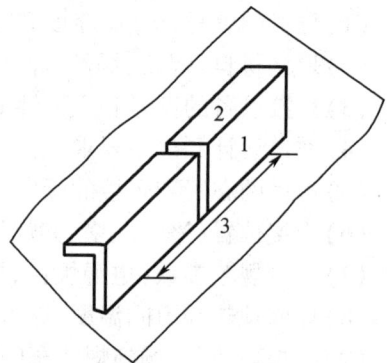

图 10－1－2 对接缝和角接缝同时存在的焊接程序图

（3）板列接缝埋弧自动焊的焊接程序如图 10－1－3 所示。

（4）立焊时，用普通焊条手弧焊可采用分段退焊方式，如图 10－1－4 所示。用下行焊条焊接为直通焊。

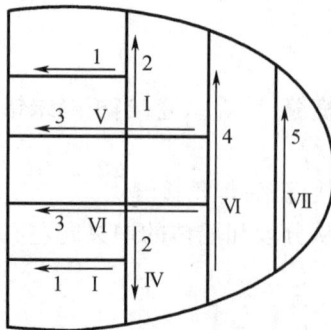

图 10－1－3 自动焊拼板时的焊接程序图

1,2,3—两台自动焊机同时焊接；

I，IV，V——台自动焊机焊接

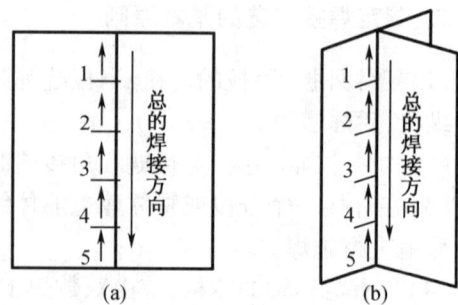

图 10－1－4 立焊的焊接顺序图

（a）对接缝立焊；（b）角接缝立焊

（5）船体内部构架相接处的焊接程序如图 10 - 1 - 5 所示。

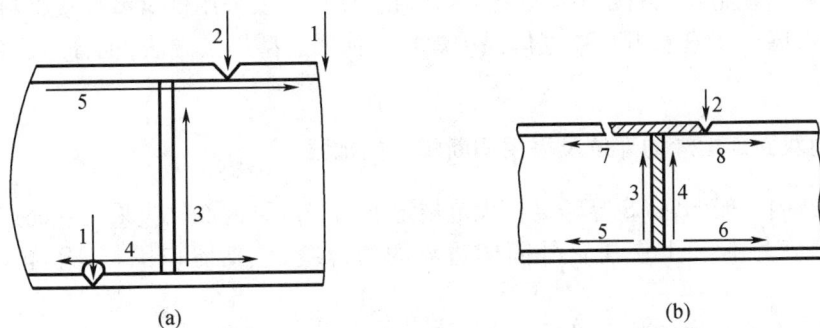

图 10 - 1 - 5　构架相接处的焊接程序图
（a）一个方向构架的相接；（b）纵横构架的相接，存在十字角接缝

（6）船体内部水密补板的焊接程序如图 10 - 1 - 6 所示。

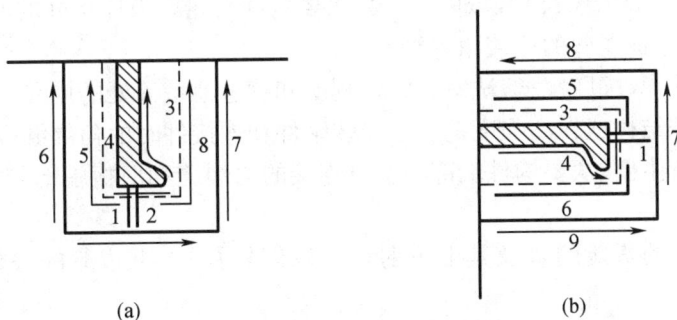

图 10 - 1 - 6　水密补板的焊接程序图
（a）立焊法；（b）横焊法

（7）船台合拢时，舷侧外板与艉部外板的横缝错开时，板缝的焊接程序如图 10 - 1 - 7 所示。

四、船体结构低氢型焊条使用范围

造船规范中明确规定下列结构和构件必须使用低氢型焊条：

（1）船体大合拢时的环形对接缝和纵桁材对接焊缝；

（2）具有冰区加强级的船舶，船体外板端接缝和边接缝；

（3）桅杆、吊货杆、吊艇架、系缆桩等承受强大载荷的舾装件及其他所有承受高应力的零部件；

（4）要求具有较大刚度的构件，如艏框架、艉框架、艉轴架等及其与外板和船体骨架的接缝；

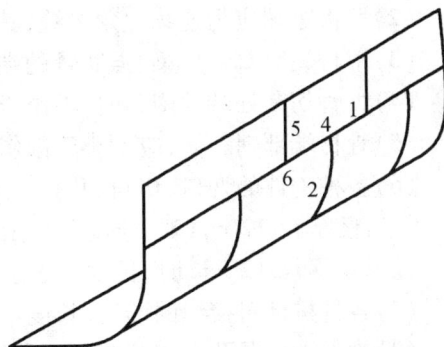

图 10 - 1 - 7　艉部板缝的焊接程序图

（5）主机基座及其相连接的构件；

（6）当焊接高强度钢或碳当量大于 0.41% 钢材时，建议采用低氢型焊接材料。

现在各大船厂普遍采用 CO_2 气体保护焊是一种低氢型焊接方法，也普遍适合焊接上述部位。

五、采用双面连续焊的部位及采用间断焊时的加强

1. 当建造内河船舶，CCS 等船级社规范规定下列船体结构部位应采用双面连续角焊缝：

（1）风雨密甲板和上层建筑外围壁边界的角焊缝，包括舱口围板、升降口和其他开口处；

（2）液体舱、水密舱室的周界；

（3）机座和机器支承结构的连接处；

（4）艉尖舱内所有结构（包括舱壁扶强材）的角焊缝；

（5）装载化学品和食用液体货舱内的所有角焊缝；

（6）液舱内所有的搭接焊缝；

（7）船首 $0.25L$（L 为船长）区域内，主要、次要构件与船底板连接处的所有角焊缝；

（8）中桁材与平板龙骨的连接角焊缝；

（9）厨房、冷冻库、配膳室、盥洗室、浴室、厕所和蓄电池室等处的周界角焊缝；

（10）其他特殊结构或在高强度钢板上安装附件和连接件时的角焊缝应特殊考虑；

（11）船体所有主要、次要构件端部与板材连接的角焊缝和肘板端部与板材连接的搭接焊缝；

（12）散装货船的货舱肋骨及其上下肘板与舷侧外板、上下边舱的底板之间的所有角焊缝；

（13）高强度钢角焊缝通常应为双面连续焊缝。

2. 当船体构件采用断续角焊缝时，对下列部位的规定长度内应采用双面连续角焊缝的加强焊：

（1）凡焊缝长度在 300 mm 以内者；

（2）肘板趾端应为连续包角焊缝，其长度应不小于连接骨材的高度，且不小于 75 mm；

（3）桁材、肋板、强横梁、强肋骨的端部应不小于腹板高度；且不小于削斜长度；

（4）纵骨切断处端部削斜时，不小于 1 个肋距；

（5）骨材端部削斜时，应不小于削斜长度；骨材端部以焊接固定时，应不小于骨材高度；

（6）各种构件的切口、切角、开孔（如流水孔、透气孔等）的两端，应按下述规定：

①当板厚 $t > 12$ mm 时，长度不小于 75 mm；

②当板厚 $t \leqslant 12$ mm 时，长度不小于 50 mm。

（7）各种构件对接缝的两侧，长度不小于 75 mm；

（8）构件上堵漏孔至密性舱壁的角焊缝；

（9）甲板机械下构件的角焊缝。

六、船体水密构件焊接要求

1. 双层底分段内的海底阀箱、污水井、测深仪舱、计程仪舱等要求水密的舱室，其周围贯通构件应开堵漏孔。

2.双层底分段内的水密肋板尤其是两舷呈尖角型的区域,除了焊双面连续角焊缝外,在内底边板边缘的水密肋板位处应开堵漏孔,以便焊接时在孔内将内底板厚度堆焊堵漏。

3.外板纵缝若为衬垫焊,如果纵缝里面设有水密舱壁,则其水密舱壁两侧的衬垫不得垫至舱壁,应留空一层垫板板厚的空隙,以便水密舱壁两侧能通焊堵漏。

4.艉轴支架等船体附件若支脚伸入船体又装焊在水密舱壁上,则外板上的覆板应在水密舱壁位置处间断,以便在间断处堆焊堵漏。

七、船体结构焊接时的一般工艺要求

1.构件的坡口加工、装配次序、定位精度及装配间隙应符合认可的工艺规程的要求,并应避免强制装配,以减小构件的内应力。若因焊缝坡口或装配间隙过大必需修正时,其修正方法应征得验船师的同意。

2.焊缝坡口区域的铁锈、氧化皮、油污和杂物等应予清除,并保持清洁和干燥。

3.涂有底漆的钢材,如在焊接之前未能将底漆清除,则应证明该底漆对焊缝的质量没有不良的影响,并应经船级社认可。

4.当焊接需要在潮湿、多风或寒冷的露天场地进行时,应对焊接作业区域提供适当的遮蔽和防护措施。

在下列情况下应考虑对焊件采取适当的预热和(或)缓冷措施,以防焊件内产生过大的应力或不良的组织:

(1)施工环境的温度低于 0 ℃时;

(2)材料的碳当量 C_{ep} 大于 0.45% 时,要考虑进行焊后热处理;

(3)结构刚性过大,构件板厚较厚或焊段较短时。

5.定位焊的数量应尽量减少,定位焊缝应具有足够高度。其长度按 CCS 规定,对一般强度钢,应不小于 30 mm;对高强度钢,应不小于 50 mm。定位焊的质量应与施焊的焊缝质量相同。有缺陷的定位焊应在施焊前清除干净。(定位焊的长度,不同船级社的规定也不一样)

6.凡是担任船体焊接的焊工,必须按相对应的船级社(如 BV,GL,ABS,LR,DNV 等)规则进行考试(包括定位焊工)并取得考试合格证。

7.为了保证焊透和避免产生弧坑等缺陷,在埋弧焊焊缝两端应安装引弧和熄弧板。引弧与熄弧板的尺寸,最小为 150 mm × 150 mm,厚度与焊件相同。

8.所有对接焊缝(包括 T 型构件的面板、腹板)正面焊好后,反面必须碳弧气刨清根,未出白的焊缝不得焊接。

9.缺陷未补,不上船台。分段建造产生的焊接缺陷和焊接变形,应修正和矫正完毕后,再吊上船台。

10.焊条、焊剂等材料的烘焙、发放应按有关技术要求严格执行,一次使用不得超过4 h,而且回收烘焙允许重复 2 次。

11.在焊接时,不允许在焊缝的转角处或焊缝交叉处起弧或收弧,焊缝的接头应避开焊缝交叉处。引弧应在坡口中进行,严禁在焊件边缘引弧。因为起弧、收弧都易产生缺陷,这些缺陷若产生在上述应力较大的部位,易留下安全隐患。

12.装配使用的定位焊条必须与焊工施焊焊条牌号相同。在施焊过程中,遇到接头定位焊开裂,使错边量超过标准要求,须修正后再焊接。如果坡口间隙过大,可采用堆焊坡口

方法,以及采用临时垫板工艺。切不可以嵌焊条或用切割余料等作为填充嵌补金属材料。这样易造成假焊、未熔合等缺陷。

13.在去除临时焊缝、定位焊缝、焊缝缺陷、焊疤和清根时,均不应损伤母材。

14.焊缝末端收口处应填满弧坑,以防止产生弧坑裂纹。进行多道焊时,在下道焊接之前,应将前道焊渣清除。

15.若全焊透对接焊缝因结构原因而无法进行封底焊时,经验船师同意,允许加固定垫板进行对接焊。此种接头的坡口形式及装配间隙应保证其在垫板上能完全熔合。

16.船体构件的角焊缝和板材的对接焊缝在交叉处,应符合下列规定:

(1)应将交叉处的对接焊缝的余高铲平,或将跨过对接焊缝的构件腹板边缘挖孔(通焊孔),以使构件与板材能贴紧,保证焊接质量;

(2)连续角焊缝的构件腹板上如有对接焊缝时,应先焊好对接焊缝,并将角焊缝处的余高铲平,然后进行连续角焊接。

项目二　船体建造焊接变形控制

任务一　整体建造船体结构的焊接工艺

一、整体建造的主要问题

1.艏艉上翘(中垂)

船体建造时绝大部分船体构件都在船台上安装,因此大量的板、构架的焊接工作都集中于船台上进行,焊后整个船体结构除了产生沿船长、船宽、型深方向的收缩外,还出现船体纵向的弯曲变形,即呈现船体中部下垂,艏艉两端上翘的中垂弯曲变形。这种艏艉上翘会影响螺旋桨的安装和主机功率的发挥,降低航速。因此应当尽量控制和避免产生这种变形。

2.艏部和艉部偏离中纵剖面

船体结构通常式对称于中纵剖面布置的。如果不采用对称施焊法,这些结构由于焊接变形将会偏离中纵剖面,尤其是艏柱。有这种变形的船舶,在航行时往往会偏离正常的航向。

3.船体发生扭曲

在整体建造中,如果焊接程序不正确,还容易使船体结构发生扭曲变形。

二、整体建造的焊接工艺

1.以每个舱位单元,把全船分成若干个单元,从船中的单元开始,向艏艉两端的单元进行焊接。

2.在每个单元内,按下面的次序进行焊接:

(1)板的对接缝　包括底板及甲板的对接缝和舷侧板的对接缝。在这些对接缝中,如果横缝是在一条直线上,应先焊纵缝,后焊横缝,如图10-2-1(a)所示;如果横缝是错开的,则应先焊横缝,后焊纵缝,如图10-2-1(b)所示。

(2)舱壁与壳板的角接焊缝　先焊舱壁与甲板及底板相交的角接缝,后焊与两舷相交的立角接缝。

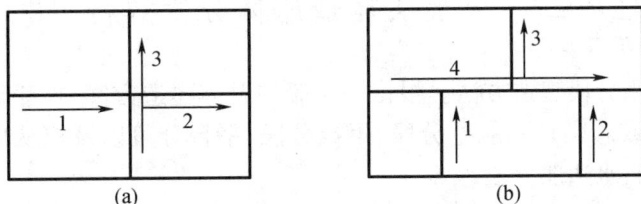

图 10 - 2 - 1　整体建造中板对接缝的焊接工艺图
(a)先焊纵缝,后焊横缝;(b)先焊横缝,后焊纵缝

(3)纵横构架之间的十字角接缝　先焊底部及甲板的纵横构架之间的十字角接缝,后焊舷侧的纵横构架之间的十字角接缝。

(4)纵横构架与壳板的角接缝　包括底部及甲板与纵横构架间的角接缝和舷侧板与纵横构架间的角接缝。这些角接缝的焊接应按照逐格法进行,即自船中向两舷先焊横向构架与壳板的角接缝,后焊纵向构架与壳板的角接缝,逐个方格地施焊,直到焊完该单元之内的所有方格中的角接缝。图 10 - 2 - 2 所示为甲板结构十字角接缝及仰角接缝的焊接程序。

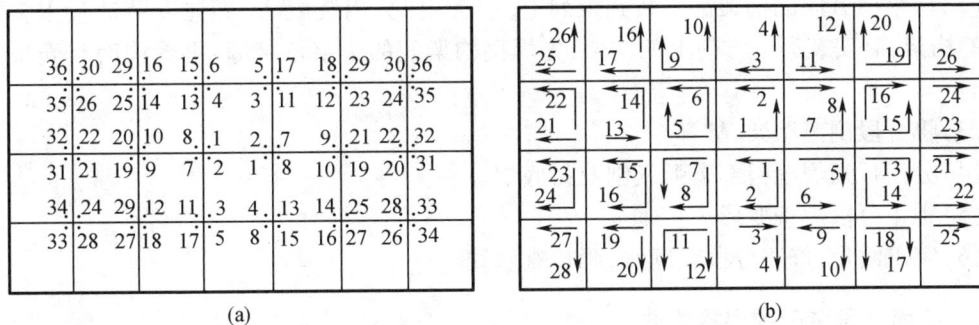

图 10 - 2 - 2　逐格法施焊纵横构架与壳板的角接缝示意图
(a)十字角接缝;(b)仰角接缝

(5)焊接甲板边板与舷顶列板间的角接缝　从船中向艉对称地施焊,先焊船舱内的角接缝,后焊外部的角接缝。

(6)焊接壳板与艏柱的接缝　为了避免艏柱上翘及偏离中纵剖面的变形,在焊接时必须由两名焊工同列对称地施焊,其焊接程序如图 10 - 2 - 3 所示。

(7)焊接护舷材的上下角接缝　护舷材是分段制作的,安装到船体上也是一段段装上去的。应当先把各段之间的对接缝焊完,最后焊角接缝。

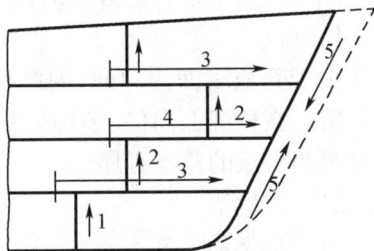

图 10 - 2 - 3　船首板及艏柱的焊接工艺图

为了便于组织焊接生产,可以在单元内板缝一面的焊接工作完成后(一般是指主焊缝),就开始角接缝的焊接。

任务二　分段法建造船体分段焊接工艺

船体建造多采用分段建造方法。根据一艘船的总体建造方案,把船体划分成若干个局部结构(部件、分段或总段),如舱壁分段、甲板分段、平台分段以及双从底、轴隧、带纵舱壁的舷侧分段、球鼻艏、水边舱分段等等。

总段是由底部、曲舷及甲板组成的环形船体段,此外,还有上层建筑总段等。

一、分段装配焊接的基本过程

船体分段有各种类型,但其装配焊接的过程存在共同的、基本的过程如下所述。

1. 拼板

如果板列是平面的,可在平台上拼焊。在安装构架前,一般都是将板缝的两面全部焊接完毕。如果板列是曲面,拼板要在胎架上进行。除了曲率很小的板列可用埋弧焊外,基本上均采用焊条电弧焊。这时,反面封底焊可暂时不进行。

2. 安装构架

(1)在分段拼板焊接后,勘划分段轮廓线、定位肋距线。

(2)将纵横方向的构架都安装到板列上,或选用"分离装配法"即先安装数量占多数方向上的构架,后安装另一方向上的构架;先焊接构架间的十字角接缝,再焊构架与壳板的角接缝。

(3)将分段割离胎架、翻身。

(4)分段板列焊缝根部碳弧气刨及封底焊。

(5)矫正分段焊接变形。

(6)完工测量,修正分段轮廓线,画检查水线。

二、平面分段装配的焊接工艺

船体分段中,只有平台、平甲板、舱壁、平直舷侧等分段是属于平面分段,而单底、甲板、艏区、艉区域舷侧等均属于曲面分段。这两种类型的分段,除了拼板焊接不同(如前述)外,其装配焊接基本过程是近似的,下面以舷侧曲面分段为例,说明装配焊接工艺。

1. 拼板

由于壳板表面为曲面,因此拼板应在舷侧分段胎架上进行,用定位焊把壳板与胎架焊牢固定。在板缝上面(安装构架一面)用碳弧气刨开槽,然后用焊条电弧焊进行焊接,焊接程序遵照拼板的基本程序。

2. 安装构架

由于构架曲率较大不能采用自动焊,因此可将所有肋骨和边龙筋都安装妥当,形成格子结构。首先焊接纵横构架间的十字角接缝,然后焊接构架与舷侧板间的角接缝。焊接程序如图10-2-4所示。

强肋骨(桁板肋骨)与外壳的角接缝,采用分段退焊法进行。普通肋骨(角钢肋骨)与外壳的角接缝采用直通焊。

3. 割离胎架,翻身

分段内应焊接的接缝焊完后,割离胎架,翻身。

16	10 11	6 7	2 3	1 4	8 5	12 9	14
14	9 12	5 8	1 4	2 3	7 6	11 10	13

(a)

↑12	↑11 ↑8	↑5	↑2	↑2	↑5 ↑8	↑10	↑13
	17	←4	←1	1→	4→	9	12
↓10 9↓	↓6	↓3	↓3	↓6 7↓	↓11	↓14	

(b)

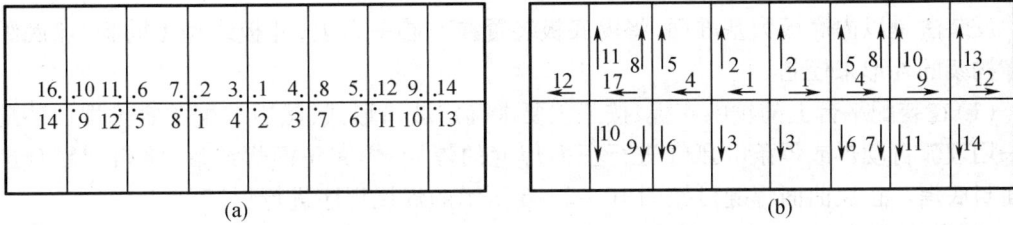

图 10 - 2 - 4　舷侧曲面分段的焊接程序图

(a)先焊十字角接缝;(b)后焊纵横角接缝

4.进行舷侧外板接缝的扣槽封底焊接

甲板分段中角接缝的焊接程序见图 10 - 2 - 5。

由于甲板分段对称于船体的纵中剖面,故应对称地进行施焊。视分段的大小,可由 2 ~ 4 人同时进行焊接。应当说明,由于甲板曲率较小,可采用构架的分离装配焊接法,尽量扩大自动焊的使用范围。图示分段为横构架式,如采用分离装配焊接法时,应先安装横梁,焊接后再装纵梁。先焊纵横梁间的角接缝,程序如图 10 - 2 - 5(a)所示;后焊纵架与甲板的角接缝,程序如图 10 - 2 - 5(b)所示。

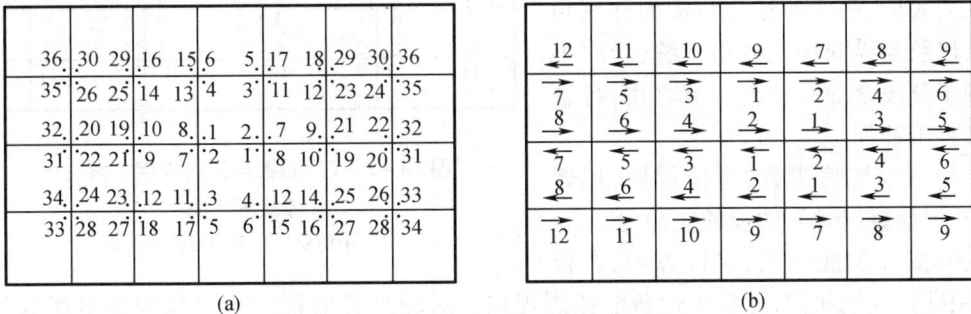

36	30 29	16 15	6 5	17 18	29 30	36
35	26 25	14 13	4 3	11 12	23 24	35
32	20 19	10 8	1 2	7 9	21 22	32
31	22 21	9 7	2 1	8 10	19 20	31
34	24 23	12 11	3 4	12 14	25 26	33
33	28 27	18 17	5 6	15 16	27 28	34

(a)

←12	←11	←10	←9	←7	←8	←9
7→	5→	3→	1→	2→	4→	6→
8→	6→	4→	2→	1→	3→	5→
←7	←5	←3	←1	2→	4→	6→
8→	6→	4→	2→	1→	3→	5→
←12	←11	←10	←9	←7	←8	←9

(b)

图 10 - 2 - 5　甲板分段的焊接程序图

(a)角接缝;(b)角接缝

三、立体分段的装配焊接工艺

立体分段有双层底、轴隧、带纵舱壁的舷侧分段、球鼻艏、边水舱分段等。

以双层底分段为例,说明立体分段的装配焊接过程和焊接工艺。

双层底分段是由底板、内底板、肋板和龙骨等组成的立体分段。它是船体的基础,结构复杂,焊接工作量大,其质量好坏直接影响船体的性能和线型的光顺。因此,要重视分段装配和焊接的质量。

双层底分段建造的方法分为正装法和反装法。正装法安装方便、变形小,容易保证底板外形正确;缺点是制造胎架需要大量的钢材,胎架制造复杂,成本高,多用于批量生产或精度较高的船舶上。反装法对胎架要求低,在空心平台上装配焊接内底板,不必制造复杂的专用胎架,成本低,可缩短分段建造周期;缺点是底板外部线型不容易得到保证。

1. 双层底分段反装法的装配工艺与焊接工艺

反装法是以内底板为基准面,将内底板装置在空心平台上,外板线型由肋板、船底纵桁等横构架的外形来控制。

(1)在装配平台上铺设内底板,按工艺要求确定坡口形式,然后装配并定位焊。装配后可采用埋弧自动焊或焊条电弧焊进行正面焊缝的焊接,焊完正面焊缝后,将板列翻身进行反面封底焊。正反曲面焊缝可按图10-2-6所示的焊接程序进行焊接。

(2)装配中桁材、旁桁材和船底纵骨。定位焊后(定位焊应放在构架单面连续焊缝的另一面),采用自动角焊机或重力焊装置焊接上述纵向构架与内底板的平角缝,其焊接程序见图10-2-6。

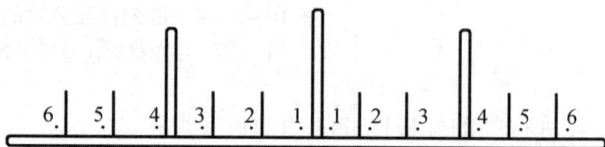

图10-2-6 内底板与纵向构架的焊接程序图

(3)安装肋板,定位焊后,用焊条电弧焊焊接肋板与中桁材、旁桁材的立角缝,其焊接程序如图10-2-7所示。然后焊接肋板与纵骨的立角缝。

(4)焊接肋板与内底板的平角接缝,其焊接程序如图10-2-8所示。

应当注意,在双层底分段长度方向两端,内底板、船底外板与肋板的外侧角接缝,以及与纵向构架的角接缝,暂时不焊,便于分段合拢时装配调节之用,待合拢后,再予补焊。

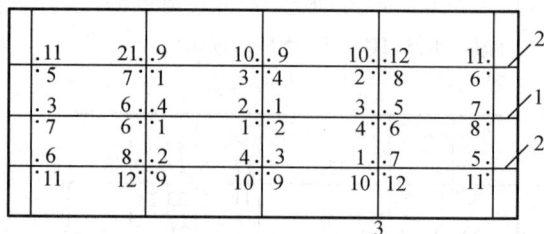

图10-2-7 肋板与纵向构架立角缝的焊接程序图

1—中桁材;2—旁桁材;3—肋板

(5)安装船底纵骨,定位焊后,用焊条电弧焊焊接纵骨与肋板的立角缝。

(6)安装船底外板,定位焊后,在板缝上用碳弧气刨扣槽,然后用焊条电弧焊焊接。对较平直的接缝也可用焊条电弧焊打底,再用埋弧自动焊。船底外板焊条电弧焊时的焊接程序见图10-2-9。

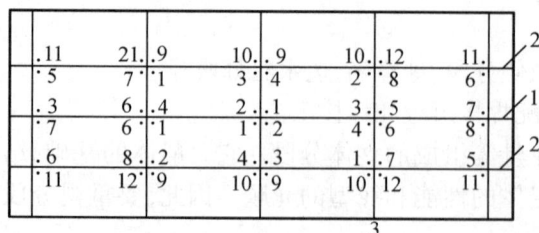

图10-2-8 肋板与内底板平角接缝的焊接程序图

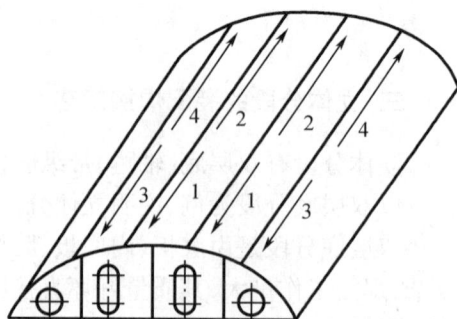

图10-2-9 船底外板对接缝的焊接程序图

(7)将双层底分段与胎架(平台)分离,分段翻身,进行外板的接缝封底焊。然后用焊条电弧焊焊接船底外板与肋板、中桁材、旁桁材、船底纵骨的角接缝,其焊接程序如图10-2-10

所示。

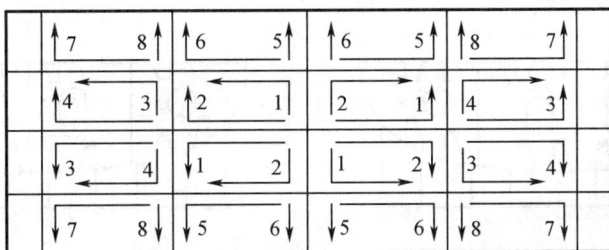

图 10 - 2 - 10 船底外板与肋板、纵向构架的角接缝的焊接程序图

焊接时,应由双数焊工从中央向前、后、左、有对称进行施焊。

双层底内底边板与外板之间的角接接头,在双层底分段制造阶段,只焊接内侧角焊缝,而外侧角接缝暂时不焊,待总段合拢后再焊接。

2. 双层底分段正装法的装配工艺与焊接工艺

正装法是以船底外板作为基准面,在胎架上制造。

(1)在胎架上装配船底外板,用定位焊将它与胎架固定。采用碳弧气刨开坡口,用焊条电弧焊焊接船底外板内侧接缝。如果外板对接缝比较平直,可采埋弧自动焊,如图 10 - 2 - 11 所示。

(2)在船底外板上安装中桁材、旁桁材、船底纵骨,定位焊后,用自动角焊机或重力焊装置焊接船底外板与上述纵向构架的角接缝,如 10 - 2 - 12 所示。

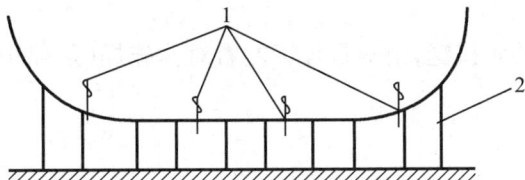

图 10 - 2 - 11 船底外板在胎架上
进行对接缝焊接示意图

1—边接缝;2—胎架

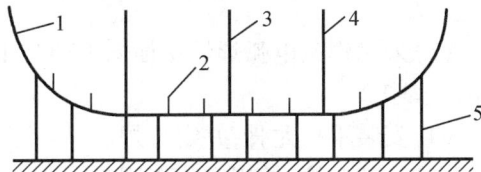

图 10 - 2 - 12 船底外板与纵向
构架的焊接示意图

1—船底板;2—舭底纵骨;3—中桁材;
4—旁桁材;5—胎架

(3)安装肋板,定位焊后,用焊条电弧焊先焊接肋板与中桁材、旁桁材、船底纵骨的角缝,再焊接肋板与船底外板的平面缝,纵横构架间的立角缝的焊接程序见图 10 - 2 - 7。肋板与船底平角缝的焊接程序见图 10 - 2 - 8。本阶段分段形成情况如图 10 - 2 - 13 所示。

(4)在平台上拼装内底板,定位焊后,采用埋弧自动焊焊接内底板对接板缝。焊完后将板列翻身,焊缝根部清根出白,并进行封底焊,其焊接程序见图 10 - 2 - 11。

(5)在焊完的内底板上装配纵骨,定位焊后,用自动角焊机焊接纵骨与内底板的角接缝。

(6)将焊有纵骨的内底板吊装到预装的双层底分段上,并用定位焊将它与底部构架、船底外板焊牢定位。

(7)将双层底分段割离胎架、翻身,用焊条电弧焊焊接内底板与中桁材、旁桁材及肋板的平角接缝,其焊接程序见图 10 - 2 - 10。同时将内底边板与外板的内侧角接缝焊好,外侧暂时不焊接。用碳弧气刨对船底外板焊缝根部开槽,然后用焊条电弧焊或埋弧自动焊焊接封底焊缝。焊完后,将制成的双层底分段翻身,并运到平台进行总段装焊或吊运到船台进行船体大合拢。制成的双层底分段如图 10 - 2 - 14 所示。

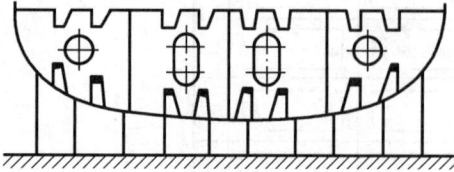

图 10 - 2 - 13　正装法在内底板装配前的
双层底分段示意图

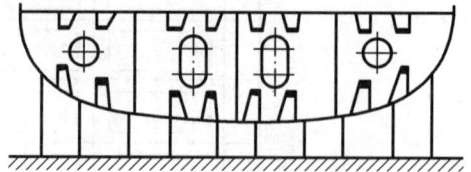

图 10 - 2 - 14　制成的双层底
分段(翻身前)示意图

四、艉总段装配的焊接工艺

艉总段是由艉柱、船侧外板、船底外板、甲板、艉舱壁及纵横构架组成的,形状复杂,通常作为一个总段进行建造。对于起重能力较小的船厂,可以将甲板平面作为分界,将艉总段分为 2 ~ 3 个分段分别建造,然后在船台上合拢成艉总段,再与其他分段进行大合拢。艉总段都是采用反装法。

1. 艉总段反装法建造时的装焊工艺

(1)在平台上装配焊接艉总段甲板对接缝,有条件时采用埋弧自动焊。

(2)拼焊完的甲板铺设在胎架上,按肋板位置线安装横向构架和艉舱壁,用定位焊固定。

(3)采用焊条电弧焊焊接横向框架与甲板的角接缝,由双数焊工左右对称施焊(从船中向两舷焊接)。

(4)安装平板龙骨,并定位焊。

(5)吊装艉柱,并用定位焊固定。

(6)焊条电弧焊焊平板龙骨与肋板的角接缝、平板龙骨与艉柱的搭接缝、艉柱与肋板的角接缝。

(7)安装艉总段一侧舷侧外板,定位焊后,用焊条电弧焊焊平板龙骨与舷侧外板及外板之间的接缝(先焊内面接缝)、外板与横向框架的角接缝。

(8)安装另一侧的舷侧外板(注意:另一侧与平板龙骨连接的一行舷侧外板、一满档钢板,暂时不安装),定位焊后焊接外板之间的对接焊缝,然后焊接横向框架与外板的角接焊缝。

(9)装配另一侧与平板龙骨连接的一行舷侧板(满档钢板),由于艉部船体狭窄,此板无法从舱内进行焊接,故采用永久性钢衬垫,从外面进行单面焊接,这一行舷侧板与肋板的连接采用塞焊。焊接总程序是:先焊加钢垫板的单面对接缝,后焊塞焊焊缝,最后焊外板对接的外表面封底缝及外板与艉柱的接缝。

2. 艉总段的形成与焊接

图 10 - 2 - 15 表示艉总段的形成与焊接情况。

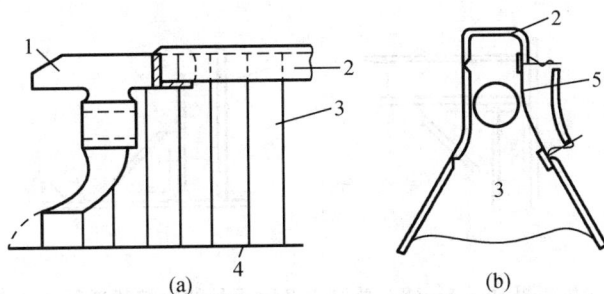

图 10 - 2 - 15　艉总段的形成与焊接示意图

（a）未装舷侧板之前的情况；（b）满档钢板的装焊示意图
1—艉柱；2—平板龙骨；3—肋板；4—甲板；5—满档钢板

五、总段合拢的装配焊接工艺

1. 焊接程序

由甲板分段、舷侧分段、舱壁分段以及船底分段组装焊接形成船体总段的过程，称为合拢。

一个双层底分段、甲板分段、两个舱壁分段与两舷分段合拢成的总段，其焊接程序见图 10 - 2 - 16 所示。这些分段之间接缝的焊接程序分述如下。

（1）舱壁与船底壳板间的焊接程序见图 10 - 2 - 17。

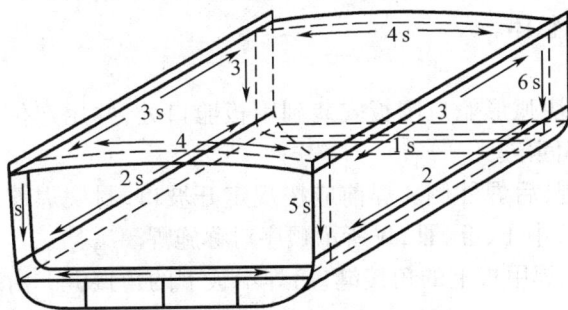

图 10 - 2 - 16　由分段合拢成总段的焊接程序图

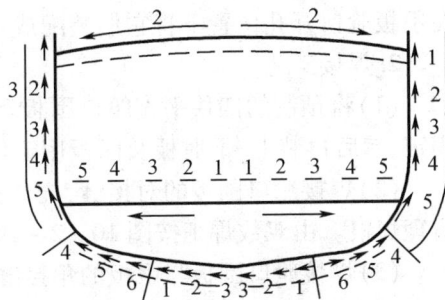

图 10 - 2 - 17　舱与壳板间角接缝的焊接程序图

（2）焊接舷侧外板与船底分段外板内侧的对接缝，采用手弧焊和分段退焊法。

（3）焊接舷侧分段外板与甲板的角接缝，先焊下面的角接缝，后焊上面的角接缝。

（4）焊接舱壁与甲板板、舷侧外板间的角焊缝，焊接程序见图 10 - 2 - 17，采用手弧焊和分段退焊法。

（5）先焊接肋骨与双层底分段外板的角接缝，然后焊接内底边板与外板的外侧角接缝，以及肘板与内底板的角接缝，见图 10 - 2 - 18（a）。

（6）焊接其他各肋板处的角接缝：梁肘板的焊接见图 10 - 2 - 18（b），舱壁扶强材与内底板、甲板之间肘板的焊接见图 10 - 2 - 18（c）和图 10 - 2 - 18（d）。

（7）舷侧外板与船底分段外板对接焊缝手工封底焊接。

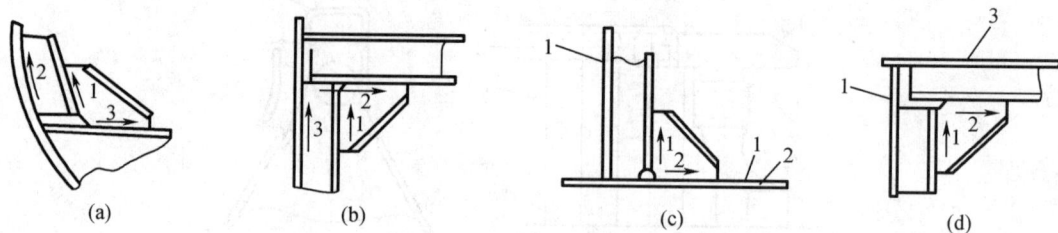

图 10 - 2 - 18　总段中各肘板处的焊接程序图

（a）双层底内底板角接缝；（b）梁肘板角接缝；（c）舱壁与内底板角接缝；（d）舱壁与甲板角接缝

1—舱壁；2—内底板；3—甲板

2. 焊接注意事项

由分段组装成总段后，所有需焊接的接缝（包括板的对接缝、构架与板的角接缝、肘板接缝等），都对称于总段的中央纵剖面，各项焊接工作均应由双数焊工对称地施焊，以保证总段焊后的变形最小。

六、舱口结构的焊接工艺

1. 舱口结构

舱口结构的主要作用是为了加强甲板开口处的强度，它由舱口围板（包括半圆铁和上、下面板）以及肘板等组成，其横剖面如图 10 - 2 - 19（a）所示。从上向下看，甲板舱口是一个长方形开口（四角为弧形），制造舱口围板时，一般先预制成四块平直部分和四块圆弧部分，在甲板舱口开孔位置下将它们装配成一个整体。

2. 焊接工艺

（1）将预制的四块平直舱口围板和四块弧形舱口围板安装到甲板舱口处，并用定位焊固定，然后再装上、下肘板及面板用定位焊固定。

（2）焊接舱口围板的对接缝，先焊内侧，后焊外侧。焊前应按规定开坡口，封底焊前应清理焊根。由双数焊工按图 10 - 2 - 19（b）中Ⅰ，Ⅱ，Ⅲ，Ⅳ所示顺序对称施焊。

（3）焊接舱口围板与甲板的角接缝，先焊甲板上的角接缝，后焊甲板下的角接缝。由双

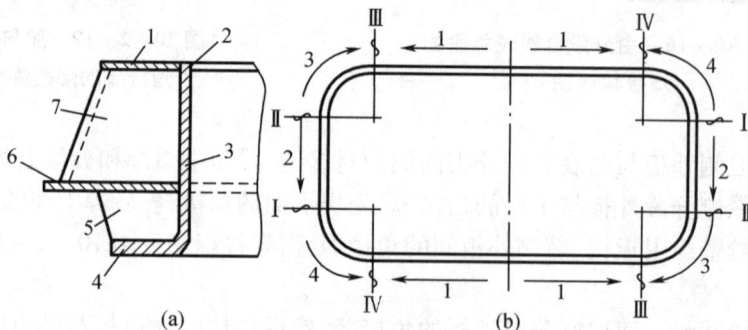

图 10 - 2 - 19　舱口结构及焊接程序图

（a）舱口结构；（b）舱口围板与甲板角接缝的焊接程序

1—上面板；2—半圆钢；3—舱口围板；4—下面板；5—下肘板；6—甲板；7—上肘板

数焊工按图 10 - 2 - 19(b)中 1,2,3,4 所示顺序对称施焊。

(4)最后焊接肘板与围板和甲板的角接缝以及其他接缝。

七、主机基座的焊接工艺

1. 主机基座

主机基座是船舶的重要结构之一,主机基座的焊接变形会影响到主机的安装。另外,主机基座承受着主机的质量和主机运转时传递来的动负荷,因此对主机基座的焊接质量要求较高,特别要防止产生焊接裂纹。

主机基座的装焊程序是:在平台上画主机基座中心线,以及主机基座纵桁、横隔板和横肘板的安装线→按线装放已经焊成部件的 T 型基座纵桁和横隔板,定位焊固定于平台上→装横肘板,并用定位焊固定于平台上→焊接(采用低氧焊条)→拆除定位焊→翻身→矫正变形→完工测量。

2. 主机基座焊接工艺

(1)首先焊接主机基座纵桁与横隔板的立缝,然后焊接横肘板与纵桁板的立角缝,其焊接程序见图 10 - 2 - 20。

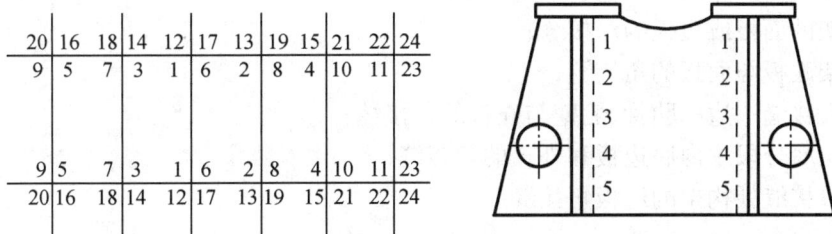

图 10 - 2 - 20　主机基座纵板与横隔板、横肘板的焊接程序图
(a)焊接程序;(b)立向分段退焊法

(2)焊接横隔板、横肘板与纵桁面板之间的平角焊缝,由两名焊工左右对称同时施焊。

(3)主机基座焊后并经矫正,上船安装时,它与内底板的连接是否需要焊透应注意图纸要求(一般为全焊透)。全焊透需要开坡口,如不要求全焊透应采取双面连续角焊缝。由 2 ~ 4 名双数焊工按图 10 - 2 - 21 所示的焊接程序对称施焊。应特别注意的是,主机基座与

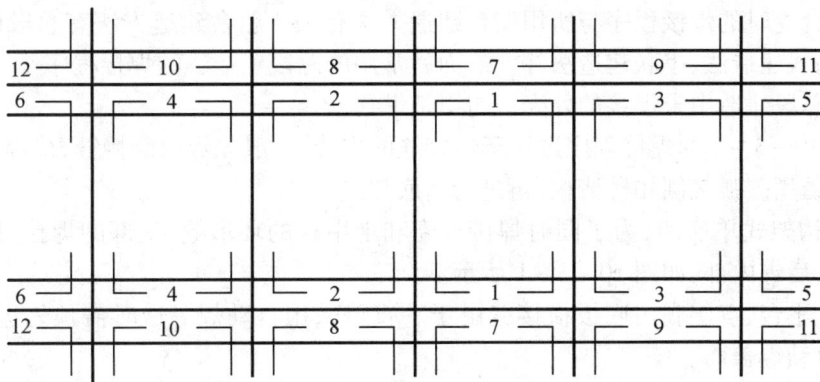

图 10 - 2 - 21　主机基座与内底板的焊接程序图

内板装配间隙大小要严格按规定要求。当间隙过大时，虽然能够焊接起来，但在主机运行中，容易造成基座与内底板间的焊缝开裂。

项目三　船台大合拢的焊接工艺

船台大合拢是指在船台上，将平面分段、立体分段或总段组装成整个船体的工艺过程。船台大合拢是船体建造的重要阶段，对船体的形状及尺寸、船体的强度和性能好坏有直接影响。因此我们必须充分重视船台大合拢的装配焊接工艺。

一、船台大合拢的焊缝

从控制船体的焊接变形方面要求，船台大合拢时的焊接工作量越小越好。因此，分段上除了规定暂时不焊的那些接缝外，所有的接缝都应在分段制造阶段内焊接完毕。此外，送到船台待合拢的分段，要求在形状和尺寸方面满足技术标准的有关规定。超出标准的分段，应先进行矫正，所有矫正工作必须在送船台前完成。

船台大合拢时要焊接的接缝有：

(1) 分段间壳板、甲板、内底板的对接缝；

(2) 构架的面板或腹板的对接缝；

(3) 构架腹板与面板的角接缝；

(4) 近大接缝一边的肋骨、舱壁与壳板的角接缝；

(5) 双层底分段中内底边板和外板的角接缝；

(6) 分段接缝处构架的肘板角接缝。

二、船台大合拢的焊接要求

1. 大合拢的焊接是在随着总段的逐步形成，约束程度越来越大的条件下进行的，因此要求严格按照规定的焊接程序进行施焊。

2. 在焊接对称于纵中剖面的接缝时，要求两侧焊工尽量采用相同的焊接工艺参数，即焊条牌号、直径、焊接电流、焊接速度等应尽量接近。

三、船台大合拢的焊接工艺

船台大合拢时的焊接程序与所用船台建造方法有关。船台建造方法有总段建造法、塔式建造法、岛式建造法、串联建造法等。下面就常用的总段建造法的焊接程序作一说明。

1. 焊接总段建造中未焊接的外壳板与甲板纵缝。

2. 按图 10-3-1 的焊接程序进行环形接缝的焊接，一般先焊内侧接缝，待焊毕后，再在另一侧焊缝处用碳弧气刨扣槽清根，再进行封底焊接。

对于横构架式单底船，为了同时焊接外壳和上甲板的环形缝，底部的焊接可改为先焊底板的外部，后焊内部，如图 10-3-1 所示。

上甲板、平台、双层底内底板横接缝由于平直可采用自动焊。这时需预先进行仰焊封底，再进行自动焊盖面。

环形缝的焊接，由 4~12 名双数工人分别在上、下、左、右对称的位置，用分段退焊法进行焊接（甲板上面的接缝可以用自动焊盖面）。

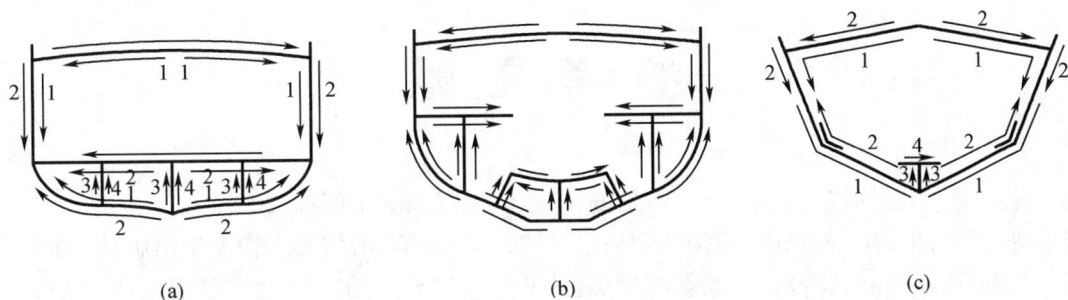

图 10 – 3 – 1　环形合拢缝的焊接程序图

　　3. 焊接环缝区的构架与构架之间的对接缝。为了扩大焊接工作面,该对接缝缝可以在环形缝正面焊接完成后开始进行。

　　4. 焊接构架之间的角接缝。

　　5. 焊接构架与底板、内底板、舷侧板、甲板间的角接缝。环型焊缝区结构的焊接程序如图 10 – 3 – 2 所示。

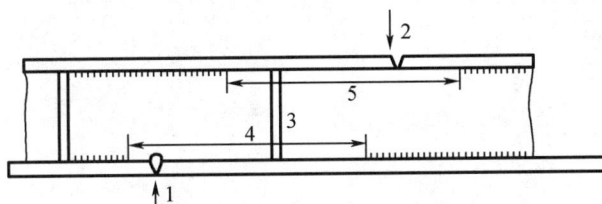

图 10 – 3 – 2　环型焊缝区结构的焊接程序图

任 务 考 核

　　1. 简述焊接工艺规程包括哪些内容。

　　2. 简述船体分段建造焊接工艺基本原则。

　　3. 船体结构低氢型焊条使用范围。

　　4. 船体结构哪些部位需要采用双面连续焊,哪些部位采用间断焊时需要加强?

　　5. 船体结构焊接时的一般工艺要求有哪些?

　　6. 简述整体建造船体结构的焊接工艺。

　　7. 简述平面分段装配的焊接工艺。

　　8. 简述立体分段的装配焊接工艺。

　　9. 简述艉总段装配的焊接工艺。

　　10. 简述总段合拢的装配焊接工艺。

　　11. 简述舱口结构的焊接工艺。

　　12. 简述主机基座的焊接工艺。

　　13. 简述船台大合拢的焊接工艺。

参 考 文 献

[1] 陈倩清.船舶焊接工艺学[M].哈尔滨:哈尔滨工程大学出版社,2005.

[2] 陈倩清,谢蒙生,黄凤虎.焊接实训与指导[M].哈尔滨:哈尔滨工程大学出版社,2007.

[3] 吴润辉,王永兴,张波,等.船舶焊接工艺[M].哈尔滨:哈尔滨工程大学出版社,1996.

[4] 中国机械工业标准汇编——焊接与切割卷(上)[M].北京:中国标准出版社,1999.

[5] 中国船舶工业总公司.中国船舶工业总公司职业技能鉴定规范(考试大纲):船舶电焊工.1997.

[6] 应潮龙.实用高效焊接技术[M].北京:国防工业出版社,1995.

[7] 芮树祥,忻鼎乾.焊接工工艺学[M].哈尔滨:哈尔滨工程大学出版社,1998.

[8] 陈伯蠡.焊接工程缺欠分析与对策[M].北京:机械工业出版社,1998.

[9] 船舶焊接手册编委会.船舶焊接手册[M].北京:国防工业出版社,1995.

[10] 周雅莺.船舶焊接操作技能[M].哈尔滨:哈尔滨船舶工程学院出版社,1994.